Eduard Bernstein

Der Friede ist das kostbarste Gut

edition pace | Band 26

*Regal: Pazifisten & Antimilitaristen
aus jüdischen Familien 5*

Herausgegeben von Peter Bürger

In Kooperation mit dem
Lebenshaus Schwäbische Alb

Eduard Bernstein

Der Friede ist das kostbarste Gut

Schriften zum Ersten Weltkrieg

Mit einem Essay von
Helmut Donat

edition pace

Diese Buchausgabe
folgt der schon erschienenen
Digitalversion des Online-Regals
beim Lebenshaus Schwäbische Alb e. V.

© 2024

Eduard Bernstein

DER FRIEDE IST DAS KOSTBARSTE GUT
Schriften zum Ersten Weltkrieg.
Mit einem Essay von Helmut Donat

edition pace (Gründungsreihe) Band 26
Regal: Pazifisten & Antimilitaristen aus jüdischen Familien I 5

Herausgegeben & bearbeitet von Peter Bürger

Foto auf dem Umschlag: Eduard Bernstein,
commons.wikimedia.org I Bildbearb. Anne Boskamp

Verlag: BoD · Books on Demand GmbH, In de Tarpen 42,
22848 Norderstedt I Druck: Libri Plureos GmbH,
Friedensallee 273, 22763 Hamburg
ISBN: 978-3-7693-1268-3

Inhalt

Eduard Bernstein (1850-1932)
Für Frieden und sozialdemokratische Völkerpolitik[1]

Helmut Donat

Am Abend des 26. Juni 1902 machten sich in Berlin etwa 1500 Personen auf, um einen Reichstagsabgeordneten zu hören – unter ihnen zahlreiche Angehörige der Berliner russischen, bulgarisch-rumänischen und armenischen Kolonie. Sie waren auf dem Weg zu einer „Volksversammlung", die in den „Germania-Sälen" in der Chausseestraße stattfinden sollte.[2] Der Vortragende war Eduard Bernstein, Sozialdemokrat, Journalist, Historiker und Politiker – bekannt geworden als Begründer und „Vater des Revisionismus".

Leidenschaftlich ergriff er für das armenische Volk Partei. Kein deutscher Politiker hat nach ihm jemals wieder so klar und unmissverständlich die blutigen Massaker an den Armeniern öffentlich zur Sprache gebracht, die Greueltaten der türkischen Regierung verurteilt, die Mitverantwortung der europäischen Großmächte an den Pranger gestellt und von der eigenen Regierung verlangt, ihren Einfluss auf die Türkei „energisch" geltend zu machen, um die Rechte der Minderheiten zu gewährleisten.

Doch Bernsteins Forderungen und Warnungen – bereits über ein Jahrzehnt vor dem Völkermord an den Armeniern vorgetragen – fanden kein Gehör. Und da sich niemand wirklich für die Betroffenen einsetzte, trat ein, wovor er und andere vor und nach ihm gewarnt haben.

Es ist schwer zu sagen, was Bernstein zu seiner „flammenden Rede" – wie es Steffen Reiche formuliert hat[3] – veranlasste. Er war eher ein reflektierter und bedächtiger Mensch, der Schlagworten und Verallgemeinerungen ablehnend gegenüberstand. Es lag ihm nicht, die Rolle eines „gewitzten Diplomaten"[4] zu spielen und seine Meinung zu verschlüsseln. Er sprach unbequeme Wahrheiten aus und „verteidigte zäh seine Ansichten und Überzeugungen, auch wenn das bittere Angriffe und den Bruch alter Freundschaften mit sich brachte, auch wenn er oft allein zu stehen schien. Das, wofür er eintrat, war oft unpopulär."[5]

Eduard Bernstein | 1850-1932

Das gilt für seine Kritik an der deutschen Außenpolitik in den Jahren vor dem Ersten Weltkrieg ebenso wie – in der Zeit von 1914 bis 1918 – für sein Engagement gegen die brutale Kriegsführung Deutschlands und seinen Widerspruch gegen die Annexionisten, Kriegsverlängerer, Volksausplünderer und Kriegsgewinnler in Landwirtschaft und Industrie.

Bernsteins Haltung war geprägt von einer tiefgreifenden Ablehnung des Militarismus und Denkens in Gewaltkategorien. Damit einherging seine grundsätzliche Bereitschaft, die Verdienste anderer Nationen und Völker anzuerkennen. Bereits als junger Mann widersprach er 1870 in einer Berliner Wirtschaft einem Literaten, der im Taumel des preußisch-deutschen Sieges über Frankreich in ehrabschneidender Manier erklärte, „die Franzosen seien unfähig zu großen geistigen Leistungen."[6] Derlei Hassgesänge und Vorurteile waren Bernstein ein Gräuel, und so nahm er es gelassen hin, als man ihn wegen seines Widerspruchs unsanft aus dem Lokal beförderte.

Bernstein scheute sich nie, unpopuläre Ansichten klar und deutlich zu vertreten oder Irrtümer öffentlich einzugestehen. Zunächst der allgemeinen Kriegsbegeisterung erlegen, bezeichnete er später den 4. August 1914 als den „schwärzesten Tag seines Lebens"[7]. Obwohl er sich mit dieser Haltung selbst in sozialdemokratischen Kreisen keine Freunde machte, war die Erkenntnis, dass die deutsche Regierung in hohem Maße für den Ersten Weltkrieg verantwortlich war, für sein weiteres Handeln von überragender Bedeutung. Er fühlte sich von dem Regierungspersonal hintergangen und betrogen, auch von der eigenen Partei, die sich auf die Seite der herrschenden Kreise geschlagen und mit dem „System", dem sie eigentlich keinen Groschen bewilligen wollte, einen „Burgfrieden" geschlossen hatte. „Fast seherisch", so der spätere Reichspräsident Paul Löbe, „muten die Reden Bernsteins an, in denen er auf die verhängnisvollen Wirkungen der deutschen Flottenpolitik hinwies – zuletzt noch im Mai 1914 –, in denen er die deutsche Regierung warnte, sich von der Habsburgischen Politik Österreichs ins Schlepptau nehmen zu lassen."[8] Die Zustimmung der Partei am 4. August 1914 im Reichstag zu den Kriegskrediten sei „ein Unheil für unser Volk, ein Unheil für die Kulturwelt"[9] gewesen. Und bereits Anfang September 1914 erklärte er: „Die deutsche Regierung ist die

Hauptschuldige am Kriege, wir sind eingeseift worden, die Bewilligung der [Kriegs-]Kredite war ein Fehler."[10]

Auch in den Jahren und Jahrzehnten danach blieb Bernstein bei seiner Einschätzung, was wohl bis heute dafür verantwortlich ist, dass er in der „Erinnerungskultur" sowohl in der SPD als auch darüber hinaus eher ein Schattendasein führt. Vor allem seine Haltung zur deutschen Kriegsschuld dürfte dabei eine große Rolle spielen. Auch in ihrer Fernwirkung gilt heute noch immer, was Bernstein im März 1930 schrieb: „Das deutsche Volk über die Urheberschaft am Weltkrieg aufzuklären, war und ist eine Grundbedingung der gesunden Entwicklung der inneren wie äußeren Politik Deutschlands. Solange das Volk in seiner Mehrheit das verlogene Gerede von der angeblich im Friedensdiktat der Entente enthaltenen ‚Alleinschuldlüge' für bare Münze nimmt und sich einreden lässt, die im Friedensdiktat Deutschland auferlegte schwere Zahlungspflicht stütze sich einzig auf jene ‚Lüge', wird es sich immer wieder für eine nationalistische Außenpolitik einfangen lassen, von der man ihm Abschüttelung jener Last und womöglich noch Kriegsgewinne dazu in Aussicht stellt, während sie tatsächlich für Deutschland mit Notwendigkeit nur verschärfte Isolierung und in deren Folge neue schwere Niederlagen nach sich ziehen würde. Erfährt das Volk aktenmäßig genau und unzweideutig, welche verhängnisvolle Rolle Wilhelm II. und seine Militärs bei der Hineintreibung Deutschlands in den furchtbaren Krieg gespielt haben, der Millionen Deutschen die Gesundheit, anderen Millionen das Leben, Hunderttausenden und Aberhunderttausenden die wirtschaftliche Existenz gekostet hat, und dass sie ohne die monarchistische Verfassung und die militaristischen Einrichtungen jene verhängnisvolle Rolle niemals hätten spielen können, dann wird es keinen Augenblick darüber in Zweifel sein, welches unvergleichlich köstliche Gut es in den demokratischen Einrichtungen seiner Republik und ihrer Friedenspolitik hat."[11]

Eduard Bernstein, am 6. Januar 1850 in Berlin geboren, wuchs in einer kleinbürgerlich-jüdischen Familie als das siebente von insgesamt fünfzehn Kindern auf. Der Lohn des Vaters, der als Lokomotivführer sein Brot verdiente, reichte gerade aus, die große Familie über Wasser zu halten. Die Eltern sparten, wo immer es ging, um die Kinder auf bessere Schulen zu schicken. Eduard besuchte das

Gymnasium, aber das Geld langte nicht, und so musste er als Sechzehnjähriger eine Lehre beginnen. Seit 1869 arbeitete er als Bankangestellter.

Bernsteins politischer Werdegang war geprägt von den sogenannten Reichsgründungskriegen, vor allem aber von dem preußischen Heeres- und Verfassungskonkflikt der 1860er Jahre. Dabei ging es um die künftige Rolle der Armee und der Gewalt in Staat und Gesellschaft.[12] Zwischen dem aufstrebenden Bürgertum und dem preußischen Junkertum war ein erbitterter Kampf entbrannt. Die liberale Fortschrittspartei beharrte im preußischen Abgeordnetenhaus auf dem Recht, die von den Militärs und Junkern verlangten geforderten Mittel für die Heeresreform abzulehnen. Bernstein schloss sich der liberalen Fortschrittspartei an und bekämpfte mit ihr das Bestreben Bismarcks, die Herrschaft des preußischen Feudaladels und der Junker zu festigen und – wie es August Bebel, ein Sozialdemokrat der ersten Stunde, ausgedrückt hat – mit den Mitteln von Krieg und Gewalt Preußens Macht zu erweitern und „Deutschland zu einer großen Kaserne zu machen"[13]. Auch als die Fortschrittspartei 1866 nach dem preußischen Sieg über die österreichischen Truppen ins Hintertreffen geriet, blieb Bernstein den Idealen der Partei treu und hielt an den Forderungen des politischen Liberalismus fest, während zahlreiche andere ihr den Rücken kehrten, in der Nationalliberalen Partei Frieden mit Bismarck schlossen und auf den neuen Kurs des preußischen Machtstaat einschwenkten. Wie der bedeutende Arzt, Politiker und Bismarck-Gegner Johann Jacoby[14] (1805-1877) trat er im April 1872 der drei Jahre zuvor von August Bebel und Wilhelm Liebknecht gegründeten Sozialdemokratischen Arbeiterpartei bei, die in ihrer Kritik an der Bismarckschen Reichsverfassung von 1871 Positionen der linksbürgerlichen „Fortschrittler" tradierte und aus ihrer antipreußischen Haltung keinen Hehl machte.

Im Unterschied zu den übrigen Großstaaten führte der Erfolg der Bismarckschen Reichsgründungskriege zum Fehlen einer großen radikalen republikanischen Partei. Versuche, sie neu zu beleben, scheiterten stets daran, dass sie politisch ohne Einfluss und weitgehend ohnmächtig blieb. Die normalen Elemente, Befürworter und Träger einer radikalen Partei sahen sich daher genötigt, der Sozialdemokratischen Partei beizutreten, die dadurch eine außergewöhnliche Stärke erhielt. In bürgerlich-demokratischen Persönlichkeiten wie Jacoby und Bernstein wirkten die politischen Ideale der französischen und deutschen Aufklärung – Freiheit, Gleichheit und Brüderlichkeit – fort. Bernstein selbst räumte im Oktober 1895 ein: „Praktisch sind wir eigentlich doch nur eine radikale Partei, d. h. wir tun nicht mehr, als was anderwärts bürgerliche Parteien tun."[15]

Im Oktober 1878 gab Bernstein seine Banktätigkeit in Berlin auf und trat in Lugano die Stelle eines Sekretärs und Reisebegleiters bei dem Privatgelehrten und wohlhabenden Sozialisten Karl Höchberg an, der „Die Zukunft", die erste wissenschaftliche Zeitschrift des Sozialismus, herausgab. Im selben Monat verabschiedete der Deutsche Reichstag das „Gesetz gegen die gemeingefährlichen Bestrebungen der Sozialdemokratie". Die Organisationen, Vereinigungen, Presseorgane, Versammlungen und Feste der Partei wurden ebenso verboten wie das Verbreiten von Druckschriften und Sammeln von Beiträgen. 1881 übernahm Bernstein die Leitung des 1879 mit Höchbergs Hilfe ins Leben gerufenen „Sozialdemokraten", des offiziellen „Organs der Sozialdemokratie deutscher Zunge", und baute sie zum Rückgrat der illegalen Partei aus. Immer wieder versuchte die Berliner Reichsregierung, die Wirkung des Blattes einzuschränken.

Schließlich trug der Druck auf die Schweizer Regierung doch noch Früchte, und Bernstein wurde im April 1888 aus Zürich ausgewiesen; er ging mit der Zeitung nach London, wo er die freundschaftlichen Bande zu Friedrich Engels vertiefte und sich auf dessen Anregung gründlichen volkswirtschaftlichen Untersuchungen widmete. Bismarck und der deutschen Innen- wie Außenpolitik stand er nach wie vor kritisch gegenüber. Im Juni 1889 schrieb er im „Sozialdemokrat": „Wie könnte Deutschland dastehen in Europa, wenn es seine Einigung auf demokratischem Wege errungen … hätte, und wie steht es da, dank der Einigung durch Blut und Eisen, dank der Leitung seiner auswärtigen Politik durch den Vollblutjunker Bismarck!"[16] Die Kriege von 1864, 1866 und 1870 „zeitigen bittere Früchte für das deutsche Volk"; nur Österreich und Italien stünden mit Deutschland in freundschaftlichen Beziehungen. „Überall sonst ist es verhasst, als Vertreter der brutalen Gewaltpolitik, als Bedroher der Freiheit und des Rechts."[17] Bismarck charakterisierte er als eine Persönlichkeit, die zwar die „romantisch-reaktionären Schrullen des Junkertums abgestreift, aber all dessen brutale Tendenzen getreulich beibehalten" habe.[18] Wilhelm II. begriff er als das „Produkt der ,nationalen Wiedergeburt' der ,glorreichen' Kriegsjahre 1870/71, in deren Atmosphäre er groß geworden"[19] war. Das Volk habe „dem Moloch Militarismus noch ganz andere Opfer zu bringen … Der Polizeisäbel wird dabei nicht in die Gefahr des Verrostens geraten". Und im Oktober 1889 verdeutlichte Bernstein: „So rüsten sie denn immer weiter, so ziehen sie die Militärschraube immer enger an, immer enger, … bis der Krieg, der blutige, massenmörderische Krieg da ist."[20]

Ende September 1890 hob der Reichstag das „Sozialistengesetz" auf, und das zentrale Parteiorgan musste fortan nicht mehr im Ausland erscheinen. Bernstein wurde aber weiterhin als gefährlich eingestuft und steckbrieflich gesucht, und so blieb er als freier Schriftsteller und Korrespondent des Berliner „Vorwärts" in London. Einst wären die Deutschen, führte Bernstein 1903 in der „Neuen Zeit" aus, „das Volk der Ideen, der Wissenschaftlichkeit par excellence" gewesen. Damit sei es inzwischen vorbei. „Dafür haben wir den Ruf, eine Nation von Soldaten zu sein, den Alb des heutigen Militarismus über Europa heraufbeschworen zu haben. Die Ära Bismarck hat unseren Namen weithin verhasst gemacht, man staunte den Mann an und verachtete die Nation, die sich von ihm tyrannisieren ließ."[21]

Deutschland gelte als das Musterland des Militarismus, „als der eigentliche beständige Bedroher des Friedens".[22] Infolge seiner ständigen Ausgabenerhöhung für militärische Zwecke müssten die anderen Mächte ebenfalls rüsten, „gewissermaßen schon eine Art Kriegsführung … Man könnte sagen, es ist die kalte Kriegsführung."[23]

Anfang 1901 kehrte er nach Berlin zurück und siedelte sich in Großlichterfelde an. Bis 1905 gab er die eigene Zeitschrift „Dokumente des Sozialismus" heraus. Von 1902 bis 1906 sowie von 1912 bis 1918 gehörte er als Vertreter der Breslauer Arbeiterschaft dem Reichstag an. Von 1910 bis 1918 wirkte Bernstein als Stadtverordneter in Berlin, seit 1919 als unbesoldeter Stadtrat in Berlin-Schöneberg. Von 1920 bis 1928 vertrat er die SPD erneut im Reichstag.

Bereits 1899 publizierte Bernstein sein Werk über „Die Voraussetzungen des Sozialismus und die Aufgaben der Sozialdemokratie". In ihm legte er seine Kritik am Marxismus dar und begründete den „Revisionismus", die Theorie einer evolutionären Entwicklung zur Verwirklichung des Sozialismus, und löste damit eine leidenschaftliche Debatte in der deutschen und internationalen Sozialdemokratie aus. Bernstein widersprach der bis dahin geltenden Zusammenbruchs-, Verelendungs- und Katastrophenideologie und setzte sich für die Befreiung der arbeitenden Klassen durch sozialreformerische Gesetzgebungsarbeit ein. Die Demokratie betrachtete er als unabdingbare Vorbedingung einer sozialistischen Gesellschaft. Sie lasse sich nicht aus dem Chaos aufbauen, sondern nur „aus der Verbindung der organisatorischen Schöpfungen der Arbeiter ... mit den Schöpfungen und Errungenschaften der kämpfenden Demokratie in Staat und Gemeinde".[24] Bernstein lehnte es ab und hielt es für gefährlich, auf den „großen Krach" zu spekulieren, und wollte den Sozialismus „durch Reformen und schrittweise fortschreitende Hebung des allgemeinen Kulturniveaus" erreichen.[25]

Deutlich sah er, dass die Arbeiterschaft – ungeachtet ihrer relativen Stärke – allein nicht in der Lage war, Deutschland in ein demokratisches Land zu verwandeln. Einen nationalen Befreiungskrieg gegen das Hohenzollern-Regime lehnte er angesichts der zu erwartenden Opfer entschieden ab. Stattdessen plädierte er für ein Bündnis mit dem zwar schwachen linksliberalen Bürgertum sowie mit dem neuen Mittelstand der Angestellten und Beamten.

Auch in der Haltung zur Friedensbewegung überwand er bereits vor dem Ersten Weltkrieg die zwischen Sozialdemokraten und Pazifisten bestehenden Schranken.[26] In der von Albert Kalthoff[27] gegründeten „Wochenschrift für Kultur und Politik", vom 19. Januar bis zum 22. Juni 1905 unter dem ebenso programmatischen und bezeichnenden Titel „Europa" erschienen, finden sich auch eine Reihe von Artikeln aus der Feder Eduard Bernsteins. Das Blatt unter der Redaktion von Heinrich Michalski lud jeden „nach vorwärts Schauenden und Drängenden", der sich in einer verständlichen Sprache auszudrücken verstehe, zur Mitarbeit ein. Es wollte ein Forum sein und schaffen für „Vertreter der verschiedenen Parteien und Richtungen der Linken" unter Ausschluss von Konservativen, Klerikalen und „besitzfreudigen" Liberalen sowie durch Diskussion, „Fehde und Polemik" jene Prinzipien herausarbeiten „unter Wahrung der gemeinsamen Basis, die [es] zugleich gegen die Mächte politischer, sozialer und geistiger Reaktion" zu verteidigen gelte. Ausdrücklich lehnte das Blatt den Gedanken ab, einer „großen deutschen Linken" zu dienen. Vielmehr ging es ihm darum, eine Brücke zu schlagen zwischen „echtem Liberalismus und Sozialismus", ohne dabei die Differenzen über die Fragen der künftigen Gesellschaftsordnung zu verwischen. Dem Konzept entsprachen die Mitarbeiter. Eduard Bernstein wirkte als „Leitartikler" für außenpolitische Fragen und hob hervor, dass die Niederlage Russlands im Krieg gegen Japan (1905) das zaristische System schwer getroffen, dessen Einfluss als Hort der Reaktion auf die Staaten und Völker Europas vermindert und damit die Gewichte zu Gunsten einer demokratischen Erneuerung Europas verschoben habe – eine Hoffnung, die sich als trügerisch erweisen sollte und die Bedrohung des europäischen Friedens durch das Zarenreich über- und die des Kaiserreiches unterschätzte. Die Auffassung Eduard Davids in dem Artikel über „Rüstungsstillstand zur See"[28] dürfte der von Bernstein entsprochen haben. Darin heißt es: „Deutschland trifft die Hauptschuld dafür, dass, wie zu Lande, so auch zur See ein immer tolleres Wettrüsten Platz gegriffen hat. Gerade bei der Seerüstung aber tritt das Unsinnige eines solchen Verfahrens am schärfsten zu Tage … Im Ernstfall … steht der größeren Schlachtflotte des eigenen Landes eine im gleichen Maßstab vergrößerte Schlachtflotte der Gegner gegenüber. Gewonnen ist also nichts."

Bemerkenswert ist, dass sich in der Wochenschrift Mitarbeiter zusammenfanden, die ansonsten nicht ohne weiteres nebeneinander anzutreffen waren. Sozialdemokraten, Linksliberale, Freisinnige und Pazifisten gaben sich hier ein Stelldichein und überwanden die bis dahin geltenden Abgrenzungen und Schranken, darunter viele Autoren mit Rang und Namen. Von sozialdemokratischer Seite sind außer Bernstein und E. David Hugo Lindemann, Edmund Fischer, Max Schippel und Paul Löbe zu nennen. Linksliberale Standpunkte brachten die für die Freisinnige Vereinigung im Reichstag wirkenden Heinz Potthoff und Hellmut von Gerlach sowie Persönlichkeiten wie Hugo Preuß, Ferdinand Toennies oder Felix Staudinger ein. Von Seiten des organisierten Pazifismus stellten Anita Augspurg, der Schweizer Gelehrte Auguste Forel, der Journalist Hans Leuß, der Sexualwissenschaftler Magnus Hirschfeld sowie der enge Mitarbeiter Bertha von Suttners und spätere Friedensnobelpreisträger Alfred Hermann Fried Beiträge zur Verfügung.[29]

Seit 1908 wirkte Bernstein in der SPD dafür, den Pazifismus nicht weiter als bürgerliche Ideologie abzutun und gering zu schätzen, sondern als Bündnispartner zu betrachten. Als erster Sozialdemokrat überhaupt veröffentlichte er in der Monatszeitschrift „Die Friedens-Warte für zwischenstaatliche Organisation", dem von A. H. Fried herausgegebenen Organ des deutschsprachigen Pazifismus, den Artikel „Wie man Kriegsstimmung erzeugt", der sich gegen den England-Hass und den deutschen „Taumel des Hetzpatriotismus"[30] wandte. Zugleich nahm er Fried gegen die Attacken aus dem radikalen Flügel seiner Partei in Schutz und verteidigte dessen „wissenschaftlichen Pazifismus". Außenpolitisch kritisierte Bernstein vor allem die Politik des Kaiserreiches gegenüber England, das ihm in schweren Zeiten Zuflucht geboten hatte und er besser kannte als irgendein anderer Deutscher.[31]

Bernstein musste seinem Revisionismus nicht abschwören oder sich selbst untreu werden, um die Kriegspolitik des Kaiserreiches abzulehnen. Sein Reformismus war pazifistisch, internationalistisch und demokratisch. Hinzutrat der starke „humanistische Einschlag seiner Persönlichkeit".[32] Der revolutionäre Marxismus, der die Anwendung von Gewalt in Gestalt des „letzten Gefechts" durchaus begrüßte, war ihm ein Gräuel. Erst recht wollte er nichts mit dem Kriegsmarxismus zu tun haben und bekämpfte deren Befürworter.

Bernstein war ein aufrichtiger, übernational denkender Politiker, der die deutsche Kriegspolitik als leidenschaftlicher Pazifist scharf attackierte. Als einer der ersten schloss er sich dem im Herbst 1914 gegründeten pazifistischen „Bund Neues Vaterland" an, der Konservative, Liberale und Sozialisten zu seinen Mitgliedern zählte, deren einigendes Band die Kriegsgegnerschaft war. Ebenso trat er der Deutschen Friedensgesellschaft bei. 1915 wurde er in den „Internationalen Rat", eines Organs der im Frühjahr 1915 in Den Haag ins Leben gerufenen „Zentralorganisation für einen dauernden Frieden", gewählt. Zusammen mit Hugo Haase und Karl Kautsky publizierte er am 19. Juni 1915 in der „Leipziger Volkszeitung" den Aufsehen erregenden und berühmt gewordenen Aufruf „Das Gebot der Stunde", der einen sofortigen Verständigungsfrieden forderte und den Waffengang als einen deutschen Eroberungskrieg charakterisierte.[33] Zusammen mit Heinrich Ströbel, Karl Kautsky und Hugo Haase erklärte Bernstein den „Kampf gegen den preußisch-deutschen Militarismus" zum „wichtigsten Anliegen der deutschen

Linken".[34] Ebenso unterstützte er die Gründung der „Zentralstelle Völkerrecht", deren Geschäftsführung er angehörte und die versuchte, der unterdrückten pazifistischen Opposition neue Bewegungsfreiheit zu verschaffen.

1917 fror Bernstein seine Kontakte zur SPD vollends ein, die ungeachtet des Völkermordens an den Fronten die kaiserliche Reichsregierung auch weiterhin unterstützte, und wurde einer der führenden Vertreter der Unabhängigen Sozialdemokratischen Partei (USPD). Im selben Jahr nahm er in Bern an dem Kongress zum Studium der Grundlagen eines künftigen Krieges teil und entwarf eine „sozialdemokratische Völkerpolitik", die auf einem demokratisch fundierten „Bund der Völker" beruhen sollte.[35]

Nach dem Krieg kehrte er 1919 infolge ihres Linkskurses zur SPD zurück. Bernsteins Isolation in der Partei, die ihm so viel zu verdanken hatte, war nicht zuletzt darauf zurückzuführen, dass er auch nach dem Ersten Weltkrieg in Konflikt mit führenden Sozialdemokraten geriet. Als er im Juni 1919 auf dem SPD-Parteitag ein großes Referat zur Außenpolitik hielt, sprach er sich erneut für die Feststellung der Alleinschuld Deutschlands am Weltkrieg als der Grundlage für eine neue Politik aus. Aber nicht das deutsche Volk sei schuld, sondern das „alte System" und diejenigen, „die das deutsche Volk damals belogen und betrogen haben".[36] Umso mehr bedauerte Bernstein, dass die Partei sich bislang nicht bereitgefunden habe, „den Strich, der uns von dem alten System trennt, so dick wie nur möglich zu ziehen".[37]

Um was es dabei – nicht zuletzt vor dem Hintergrund der Propaganda gegen die sogenannte „Kriegsschuldlüge" und der Hetzkampagne gegen „Versailles" – ging, verdeutlichte der linksliberale Politiker und Journalist Hellmut von Gerlach viele Jahre später. Ähnlich wie Bernstein beklagte er, wenn auch im September 1932 in einer etwas abgewandelten Form: „Nie wäre Hitler der Machtfaktor geworden, der er heute ist, wenn die Republik 1918 den Schnitt mit der Vergangenheit vollzogen hätte … Die deutschen republikanischen Machthaber aber zogen nicht den Strich zwischen sich und den Verantwortlichen von 1914, wohl aber zwischen sich und den paar Deutschen, die seit 1914 im Kampf gegen die kaiserliche Kriegspolitik standen. Statt die Wahrheit über die Ursachen des Kriegsausbruchs in den breitesten Schichten des Volkes zu verbreiten, ließen sie die Unschuldskampagne der Nationalisten die Massen vergiften. Sie säten nicht die Wahrheit. Darum konnte Hitler die Früchte der Unwahrheit ernten."[38]

Zwar charakterisierte auch Bernstein die Deutschland 1919 von den Siegermächten Deutschland auferlegten Friedensbedingungen als „sehr hart". Neun Zehntel davon seien aber, fügte er sogleich hinzu, „unabweisbare Notwendigkeiten". Vehement wandten sich Philipp Scheidemann, Otto und Adolf Braun gegen Bernsteins Auffassung und dessen Warnung, nicht in das Geschrei der bürgerlichen Presse einzustimmen und den Versailler Frieden in Bausch und Bogen zu verdammen, sondern das Vertragswerk einer gerechten Beurteilung zu unterziehen.

Hermann Müller, der spätere Reichskanzler, scheute sogar vor antisemitischer Verunglimpfung Bernsteins nicht zurück und warf ihm vor, die „Dinge unter dem Gesichtspunkt des Rabbiners von Minsk [zu] behandeln".[39] Derlei schlimmen Vorhaltungen stand Bernstein, immerhin „Nestor" der sozialdemokratischen Bewegung, weitgehend ohnmächtig gegenüber. Er hatte erneut ein Tabu gebrochen. Die Mehrheit der sozialdemokratischen Führer war nicht bereit, ihren Anteil an der Verantwortung für den Ersten Weltkrieg zur Sprache bringen zu lassen.

Zwar hielt auch Bernstein mit seiner Kritik an den Friedensbedingungen nicht hinter dem Berg, aber „Versailles" zum Übel schlechthin und zum „Schmachfrieden" zu erklären, dazu war er nicht bereit, und so verteidigte er den Vertrag gegen die Proteste aus der eigenen Partei. „Versailles" stellte für ihn in erster Linie eine Folge des Krieges dar.[40] Und wenn etwas an der Misere nach 1918 schuld war, so waren es in erster Linie nicht die Friedensbedingungen der Siegermächte, sondern der Krieg selber bzw. jene, die ihn herbeigeführt, provoziert und sich ihm bis zur Erschöpfung aller Kräfte verschrieben hatten. Die Reaktionen der sozialdemokratischen Parteiführer offenbarten jedoch, urteilt F. L. Carsten, „wie stark sie unter dem Einfluss der nationalistischen Propaganda gegen die Friedensbedingungen standen. Es war fast wie im August 1914."[41] Bernstein aber ließ sich nicht beirren und stand weiter „unermüdlich ... im Widerspruch zu denen, die jeden deutschen Anteil an der Kriegsschuld leugneten und damit den Nazis den Weg zu deren Wahlerfolgen in den frühen 1930er Jahren bahnten. Der

Bernstein von 1914, der im Taumel kurzschlüssiger Kriegsbegeisterung für eine Politik internationaler Verständigung geworben hatte,"[42] hielt auch darin an seinen Einsichten fest. Vor diesem Hintergrund war es nicht verwunderlich, dass seine Position selbst in der Sozialdemokratie nicht mehrheitsfähig war und er mit seiner Auffassung zum Krieg und Frieden isoliert und ohne nennenswerte Anhängerschaft blieb. Im Jahre 1927 musste er sich sogar damit abfinden, dass der „Vorwärts", das Zentralorgan der SPD, und Rudolf Hilferdings Zeitschrift „Die Gesellschaft" seine Artikel nicht mehr veröffentlichte.[43] Sein Tod am 18. Dezember 1932 – wenige Wochen vor dem Machtantritt Hitlers – bewahrte ihn vor Verfolgung, Demütigung, Inhaftierung und Schlimmeren.

Eduard Bernstein verkörperte in der SPD jenen ethisch orientierten und gereiften Typus linksbürgerlicher Demokratie, dem auch nach seinem Eintritt in die Partei Werte wie Wahrheit, Recht, Freiheit und moralische Verantwortung wichtiger waren als Macht, nationaler Behauptungswillen oder opportunistisches Festhalten an offensichtlichen Irrtümern bzw. korrumpierendes Beharren auf Fehlleistungen. Je weiter sich aber die Partei in politisch-historisch bedeutsamen Fragen und Entscheidungen von diesen Werten entfernte, umso mehr geriet er in die Situation, als unbequem zu gelten oder gar verächtlich gemacht zu werden. Offenbar vermochten viele Parteigenossen mit der Überzeugungstreue, Aufrichtigkeit und Geradlinigkeit Bernsteins nicht Schritt zu halten und sahen in ihm, je weiter sie sich ins Schlepptau nationaler Interessenpolitik begaben und von den übernationalen Idealen der deutschen und französischen Aufklärung entfernten, einen Abtrünnigen, mit dessen Kritik man glaubte, sich nicht mehr ernsthaft auseinandersetzen zu müssen.

Zurück zu Bernsteins Rede über die „Leiden des armenischen Volkes und die Pflichten Europas" vom 26. Juni 1902. Unter dem bezeichnend-glossierenden Titel „Eine Wunderkur" brachte „Die Neue Zeit", das führende, von Karl Kautsky geleitete theoretische Organ der Sozialdemokratie, schon am 16. Juli 1902 eine Kritik an den inzwischen bereits publizierten Ausführungen Bernsteins.[44] Zunächst hebt das Blatt sein Verdienst hervor, in der Sozialdemokratie „schon vor Jahren den ‚völlig unrichtigen Ansichten über das politische System der Türkei' entgegengetreten zu sein."[45] Auch in

Bezug auf den „alten Freund", den Bernstein in seiner Rede anführt und bei dem es sich zweifellos um Wilhelm Liebknecht handelt, gibt ihm der Kritiker Recht. Da es aber Bernsteins Interesse sei, mit seinem Protest ein über die Sozialdemokratische Partei hinausgehendes Echo zu erreichen und „den deutschen Philister und die deutsche Diplomatie gegen die armenischen Greuel auf die Beine zu bringen", stelle er die deutsche Geschichte in einem allzu milden Lichte dar und bezeichne die Deutschen nur als „Eroberer". Er unterschlage u. a. ihren „Sklavensinn", ihre „Verblendungen" und „Anstelligkeit als Landsknechte". Würde er wie Marx und Engels „frisch und ungeniert … von der sozialdemokratischen Leber reden", müsste er „jeden Philister und jeden Diplomaten vor den Kopf stoßen". Und: „Will er für die misshandelten Armenier demonstrieren über die Grenzen der Partei hinaus, so muss er konsequenter und logischer Weise die Grenze zwischen Bourgeoisie und Proletariat verwischen."[46]

Ähnlich „banal" aus heutiger Sicht nimmt sich der zweite Hauptpunkt der Kritik aus. Geschildert werden zunächst die „richtigen Ansichten" zum türkischen Problem, wie sie Bernstein „noch vor sechs Jahren mit anderen gegen Liebknecht vertreten hat."[47] In seiner Rede habe er zwar keiner „falschen Auffassung" das Wort geredet, aber er reduziere „ein verwickeltes historisches Problem auf einige verwaschene Redewendungen, wie sie dem deutschen Philister geläufig und ‚dem guten Willen besserer Staatsmänner' etwa noch erträglich sind." Zudem gäbe es keinen Grund zu der Annahme, „dass der deutsche Reichskanzler, auch bei der ‚vorsichtigsten' Behandlung etwas gegen die armenischen Gräuel tun werde." Wer mit allen kulturwidrigen Gräueln auf der Welt aufräumen wolle, „der darf nicht die wissenschaftliche Heilmethode aufgeben um einer Wunderkur willen, die ein einzelnes Symptom in der wunderlichsten Weise kurieren will. Wir beklagen die armen Armenier", heißt es am Schluss, „aber um eine wirkungsvolle Kundgebung für sie zu machen, geben wir nicht einen Zoll von dem Boden auf, den sich das moderne Proletariat, daher keuchend unter der kapitalistischen Misere, in jahrzehntelanger Arbeit zu erobern gewusst hat."[48] Ähnlich, wenn auch unter ganz anderem Vorzeichen, argumentierte Reichskanzler Bernhard von Bülow, nur dass er am 3. März 1902 nicht Bernstein vorwarf, den „Hans Dampf in allen Gassen zu spielen",[49] sondern dem sozialdemokratischen Abgeordneten Georg Gradnauer.[50] Wie Bülow reagierte auch der Kritiker Bernsteins. Beide trafen sich in der übereinstimmenden Aussage, dass ihre Kontrahenten offensichtlich etwas zu übereifrig ans Werk gegangen seien und nichts von den Realitäten und wirklichen Zusammenhängen verstünden.

Indes verfehlte Bernsteins „Kundgebung" durchaus nicht ihre Wirkung. Zumindest ist sie von den Teilnehmern der Versammlung mit selbst in Berlin „seltenen Zustimmungsbezeugungen"[51] bedacht worden. Ohne jede Gehässigkeit gegen die Türken als Nation stellte er das rückständige Wesen und die kulturhemmenden Wirkungen des türkischen Regierungssystems bloß und legte dar, warum das türkische Joch von den betroffenen Völkern im Laufe der Zeit als immer drückender empfunden werden musste. Er erinnerte an die Massenabschlachtungen in Armenien, die 1895 und 1896 die zivilisierte Welt mit Entsetzen erfüllten, und führte dem Zuhörer vor Augen, dass sie ihrer Natur nach keine Zufallserscheinungen, sondern ein wiederholt angewendetes Mittel türkischer Regierungspolitik waren und das armenische Volk jederzeit erneut treffen könnten. Deutschland habe durch den Berliner Vertrag von 1878 in Gemeinschaft mit den anderen Mächten die Pflicht auf sich genommen, die Sicherung des armenischen Volkes gegen Vergewaltigungen und Brandschatzungen zu überwachen, eine Pflicht, die umso mehr als eine schwere Schuld zu betrachten sei, da der Berliner Vertrag den Vertrag von San Stefano außer Kraft setzte, der für die Armenier sehr viel günstiger gewesen war. Doch selbst das neue Vertragswerk sei von der Türkei immer wieder mit Füßen getreten worden, wozu die Uneinigkeit und schmähliche Untätigkeit der Mächte erheblich beigetragen habe. Ungeachtet der ihm zustehenden Rechte sei das armenische Volk, wenn die europäischen Mächte die Türkei weiter gewähren ließen, von völliger Ausrottung bedroht. Einfacher und schlichter konnte man es kaum ausdrücken – und den Genozid prognostizieren. Berücksichtigt man darüber hinaus noch, dass sich in allen Ländern des westlichen Europas Komitees aus Mitgliedern der verschiedenen Parteien gebildet hatten, um die Regierungen zu veranlassen, endlich einmal auf die Türkei energischen Druck im Sinne der Bestimmungen des Berliner Vertrages auszuüben, so war Bernsteins Rede und Schrift besonders zeitgemäß. Insofern verwundert es auch nicht, dass sie noch im selben Jahr in einer französischen Druckfassung vorlag.[52] Offenbar kam es der „Neuen Zeit" mehr darauf an, die „reine Lehre" gegen jedwede revisionistische Aspiration zu verteidigen, als Bernsteins Protest zu Gunsten der Armenier rückhaltlos zu unterstützen. Die „Ethische Kultur", das Organ der linksbürgerlichen „Gesellschaft für ethische Kultur", machte denn auch unter dem Hinweis, dass „gerade in Deutschland … nicht bloß bei den Diplomaten und Regierenden, sondern ebenso auch bei den Regierten die sogenannte ‚Realpolitik' immerfort der Entwicklung des höheren Gewissens entgegen wirkt … und selbst die ‚Neue Zeit', das Organ des orthodoxen, dogmatischen Marxismus, nur zögernd und halb widerwillig der Aktion zu Gunsten der Armenier einigen Beifall gegeben"[53] habe.

Zurückhaltend reagierte auch Friedrich Naumann in der „Hilfe". Moritz Kronenberg schreibt dazu in der „Ethischen Kultur", dass der national-soziale Pfarrer von einem anderen „realpolitischen" Standpunkt aus „überlegen auf die gutmütigen, aber ahnungslosen und unklugen Vertreter der Humanität" herabblickte.[54] Dabei hatten gerade Bernsteins Rede sowie zwei große Versammlungen, die kurz zuvor in Paris und Berlin unter großer Anteilnahme des Publikums zugunsten der armenischen Waisenkinder veranstaltet worden waren, ein praktisch politisches Ziel.[55] Man wollte die Öffentlichkeit wachrütteln, um die europäische Diplomatie zu einer energischen Aktion zu veranlassen. Dem Ziel, sich endlich der unterdrückten Armenier anzunehmen, diente ein internationaler Kongress, der vom 17. bis 19. Juli 1902 in Brüssel tagte und als „Kongreß der Freunde Armeniens" in die Geschichte eingegangen ist. Über zweitausend Zustimmungserklärungen von bedeutenden Persönlichkeiten – Professoren, Priestern, Studierenden, Künstlern, Schriftstellern, Politikern und Journalisten – aller Parteien aus allen Ländern lagen vor. Zwar war die Zahl der aktiven Teilnehmer verhältnismäßig gering, doch das Gewicht der Namen wirkte umso bedeutender. Aus Frankreich waren z. B. neben den Konservativen Denys Cochin und Graf de Mun der Radikale Françis de Pressensé und der Sozialist Jean Jaurès sowie die in Paris lebende Schriftstellerin Caroline Séverine anwesend. Den Vorsitz führte der belgische Pazifist und Senator Charles Houzeau de Lehaie. Unter den Teilnehmern befanden sich weitere bedeutende Vertreter des organisierten Pazifismus wie Baron Paul Benjamin d'Estournelles-Constant, Henri Lafontaine, Ernesto Teodore Moneta, Bertha von Suttner und Baronin T.P. de Waszklewicz. Am Schluß ernannte man aus Deutschland, das nicht unmittelbar vertreten war, vier Delegierte in das vom Kongress ernannte Komitee: die Professoren Ludwig von Bar und Wilhelm Foerster sowie die Abgeordneten August Bebel und Eduard Bernstein. Die jeweiligen Kommissionen erhielten den Auftrag, dem Kongress, der im nächsten Jahr wieder zusammentreten sollte, praktische Vorschläge zu unterbreiten.[56]

Wenige Wochen zuvor war auch im deutschen Reichstag die Verfolgung der Armenier thematisiert worden. Am 3. März 1902 brachte der sozialdemokratische Abgeordnete Georg Gradnauer die Unterdrückung des armenischen Volkes zur Sprache und forderte die deutsche Regierung auf, ihrer Pflicht als Signatarmacht des Berliner Vertrages von 1878 nachzukommen und bei der türkischen Regierung auf Abhilfe zu drängen.[57] In seinem Beitrag war Gradnauer auch auf offenbare Völkerrechtswidrigkeiten deutscher Truppen in Südafrika und China eingegangen. Das erleichterte es, wie Bernstein in seiner Rede erläuterte, Reichskanzler Bülow Gradnauer vorzuhalten, gegen „jede Windmühle" anzurennen, die ihm nicht gefalle, und so auch in Armenien intervenieren zu wollen.[58] Damit war für Bülow der Fall erledigt. Wie später im Ersten Weltkrieg sollten die deutsch-türkischen Beziehungen nicht belastet werden. Dafür nahm man Menschenrechtsverletzungen und die Nichteinhaltung des Berliner Vertrags billigend in Kauf.

Was die Kritiker Bernsteins offenbar nicht begriffen bzw. ihnen nicht nachvollziehbar schien, war der Idealismus und Schwung, von dem er sich tragen ließ. Umso mehr sahen sie in ihm einen ausgesprochen gefährlichen Widersacher des marxistischen Radikalismus. Andererseits unterschieden sich seine politische Weltanschauung und sein Weitblick doch sehr von seinen revisionistischen Gesinnungsgenossen und Epigonen. Offenbar war er zu internationalistisch und weltbürgerlich orientiert.

Sein Eintreten für die Menschenrechte und für das armenische Volk stellte für ihn keine mechanisch übernommene formelle Verpflichtung dar, sondern war ein integrierender Bestandteil seiner Persönlichkeit. Seinem politischen und publizistischen Gegenspieler in der „Neuen Zeit", ob es sich dabei nun um Karl Kautsky oder

Franz Mehring gehandelt haben mag, blieb diese Welt offensichtlich verschlossen. Zweifellos unterschätzten die Gegner Bernsteins, indem sie auf politische Floskeln zurückgriffen, den Ernst der Lage, und so bleibt es zu beklagen, dass auch sie sein Anliegen herunterzuspielen suchten, als „bürgerlich" torpedierten und die diagnostische Schärfe seiner Analyse und die weitsichtigen Schlussfolgerungen daraus verkannten.

Das gilt auch und nicht zuletzt für Bernsteins Einsicht, dass dem Antisemitismus eine besondere Bedeutung zukomme. Ausführlich befasste er sich mit judenfeindlichem Schrifttum und antisemitischer Propaganda, warnte Friedrich Engels schon in den frühen 1880er Jahren davor, die Bewegung zu unterschätzen, und plädierte dafür, sich künftig mit ihr auseinanderzusetzen.[59] Vermehrt erschienen in der Hauptstadt infolge des Berliner Antisemitismusstreites (1879-1881) judenfeindliche Blätter, „und in der Provinz mehrt sich ihre Zahl mit jedem Tage. Ich glaube auch nicht", so Bernstein weiter, „dass die Bewegung [wovon Engels in Übereinstimmung mit anderen Berichten aber ausging] mit den Wahlen ihr Ende erreicht haben wird. Das ganze Beamtentum (inkl. Richter), die höhere Lehrerschaft, die Kleinbürger und die Bauern sympathisieren mit ihr".[60] Als Engels in seiner Antwort die vom Antisemitismus ausgehenden Gefahren herunterspielte – „Ich habe nie etwas so Dummes und Kindisches gelesen"[61] –, wandte Bernstein ein, dass die Judenhetze bei Bauern, Handwerkern, Beamten. Lehrern etc. auf sehr dankbaren Boden falle, „und ich meine, es wäre ein großer Fehler, wenn wir die antisemitische Bewegung nur als eine politisch-religiöse behandeln würden."[62]

Wenn Bernstein die Lösung der „Judenfrage" wie Marx im Sozialismus sah, so blieben ihm die antijüdischen Vorurteile vieler Parteigenossen jedoch nicht verborgen. Engels gegenüber stellte er am 10. November 1883 fest: „Sie müssen nämlich wissen, dass, wie überhaupt die Mehrzahl der ‚Gebildeten' in unserer Partei, ... nebenbei auch Antisemiten sind", was „ja auch zu ihrer Kleinbürgerei" passe.[63] Ob es nicht längst an der Zeit ist, danach zu fragen, wie viele antisemitische Vorurteile es in der Vergangenheit selbst in kritischen Kreisen gegeben hat und wie viele es heute noch gibt? Diese Fragen zu stellen und ihnen nachzugehen, wäre sicher nicht zuletzt im Sinne Eduard Bernsteins.

1   Bei der Schilderung des Lebenslaufes und politischen Werdeganges hat sich der Verfasser auf folgende Publikationen gestützt: Francis Ludwig CARSTEN, Eduard Bernstein 1850-1932 – Eine politische Biographie, München 1993; Paul MAYER, Eduard Bernstein. In: Neue Deutsche Biographie. Bd. 2, Berlin 1955, S. 133 f.; ‚Eduard Bernstein'. In: Deutsche Biographische Enzyklopädie. Hrsg. von Walther Killy. Bd. 1, München/London/Paris 1995, S. 475; S. WININGER, Eduard Bernstein. In: Große Jüdische National-Biographie – Ein Nachschlagewerk für das jüdische Volk und dessen Freunde. Bd. 1, Czernowitz 1925, S. 351 f.; Alexander SCHIFRIN, Eduard Bernstein. In: Deutsche Republik, 7. Jg., Heft 14, S. 430-433, 1.1.1933; Wolfram WETTE, Kriegstheorien deutscher Sozialisten – Marx, Engels, Lasalle, Bernstein, Kautsky, Luxemburg. Ein Beitrag zur Friedensforschung, Stuttgart/Berlin 1971; Manfred REXIN, 18. Dezember 2002: 70. Todestag von Eduard Bernstein – Kranzniederlegung der SPD Tempelhof/Schöneberg auf dem städtischen Friedhof Eisackstraße (Nähe Innsbrucker Platz) und Ansprache am Grab von Eduard Bernstein. https://www.spdschoenberg.de/inhalte/rexin.htm, Zugriff 5.3.2005; Lothar WIELAND, Eduard Bernstein. In: Helmut Donat / Karl Holl (Hrsg.), Die Friedensbewegung – Organisierter Pazifismus in Deutschland, Österreich und in der Schweiz. Mit einem Vorwort von Dieter Lattmann, Düsseldorf 1983, S. 39 f. – Die beste und sehr zu empfehlende Darstellung bietet F. L. CARSTENS Biographie, die auch die Veröffentlichungen Bernsteins verzeichnet. Allerdings fehlt ein Hinweis auf die Publikation von Bernsteins Armenier-Rede, die Carsten offenbar entgangen ist, weshalb er zu Bernsteins Engagement in dieser Frage auch nichts sagt. In jüngerer Zeit erschienen sind: Yuval RUBOVITCH, Eduard Bernstein: Deutscher, Sozialdemokrat und „trotz allem Jude", Berlin 2019; Horst HEIMANN / Hendrik KÜPPER / Klaus-Jürgen SCHERER (Hrsg.), Geistige Erneuerung links der Mitte. Der Demokratische Sozialismus Eduard Bernsteins [= Schriftenreihe der Hochschulinitiative Demokratischer Sozialismus, Bd. 31], Marburg 2020, und Klaus LEESCH, Eduard Bernstein (1850-1932). Leben und Werk, Frankfurt am Main/New York 2024. (Mit 1788 Seiten, einem Gewicht von 3 kg und einem Preis von 180 € dürfte der Band nicht gerade zu einem „Volksbuch" werden.)

2   Vgl. dazu den Artikel „Versammlungen". In: Vorwärts, 19. Jg., Nr. 149, 2. Beilage, 29. Juni 1902 (mit einem Abdruck der nach Bernsteins Rede angenommenen Resolution).

3   Steffen REICHE, „Schaudernd ob der Unmöglichkeit, aus der Zeit zu schreiten" – denn Dein Herz ist durchstochen". Rede zum Gedenktag des Genozids an den Armeniern in Berlin am 24. April 2004. In: Eduard BERNSTEIN / Otto UMFRID, Armenien, die Türkei und die Pflichten Europas. Hrsg. von H. Donat, Bremen 2005, S. 135.

4   So nach der Charakterisierung von Gustav Mayer, des Historikers der deutschen Arbeiterbewegung, in seinen Erinnerungen, zit. nach F. L. CARSTEN, Eduard Bernstein, S. 199.

5   Ebenda, S. 198.

6   Ebenda, S. 11.

7   Zitiert nach L. WIELAND, Eduard Bernstein. In: H. Donat / K. Holl (Hrsg.), Die Friedensbewegung, S. 39, sowie nach F. L. CARSTEN, Eduard Bernstein, S. 145.

8   Zitiert nach M. REXIN, Ansprache am Grab Eduard Bernsteins, S. 2.

9   Zitiert nach L. WIELAND, Eduard Bernstein. In: H. Donat / K. Holl (Hrsg.), Die Friedensbewegung, S. 39, sowie nach F. L. CARSTEN, Eduard Bernstein, S. 145.

10   Zitiert nach Volker ULLRICH, Die nervöse Großmacht – Aufstieg und Untergang des deutschen Kaiserreiches, Frankfurt am Main ⁵2004, S. 451 f. Darin auch eine kurz geraffte Darstellung dazu, welchen Schwierigkeiten Bernstein und andere Kriegsgegner durch die Disziplinierungsanstrengungen der Rechten ausgesetzt waren. Ebenda, S. 452-455.

11   E. BERNSTEIN, Der Sinn der Kriegsschuldfrage – Eine zeitgemäße Erörterung. In: Die Zeit – Organ für grundsätzliche Orientierung. Hrsg. von Friedrich Wilhelm Foerster, 1. Jg., Heft 6, S. 167-170, 20. März 1930.

12   Vgl. Helmut DONAT, Zur preußischen Wende der deutschen Geschichte – Die Unterredung Bernhardi-Roon im Februar 1862. In: Max Lehmann, Bismarck – Eine Charakteristik. Hrsg. von Gertrud Lehmann. Mit Beiträgen zur Neuausgabe von Gerd Fesser und H. Donat sowie einer Zeittafel und Bibliographie [= Schriftenreihe Geschichte & Frieden, Bd. 31], Bremen 2015, S. 291-332, sowie H. DONAT, Der preußische Heereskonflikt und die deutschen Reichseinigungskriege (1859-1871) – Informationen, Daten und Zusammenhänge. In: Ebenda, S. 189-290.

13   Zitiert nach F. L. CARSTEN, Eduard Bernstein, S. 14.

14   Jacoby, einst in Deutschland ein gefeierter Freiheitsheld, stammte aus Königsberg und befand sich als führender Vertreter der Fortschrittspartei und Gegner der diktatorischen Aspirationen Bismarcks im Zentrum des Kampfes um Krieg und Frieden. Wie August Bebel und Wilhelm Liebknecht protestierte er im August 1870 gegen die Annexion Elsaß-Lothringens und bekam dafür Festungshaft. Im April 1867 prognostizierte Jacoby vor dem Hintergrund seiner Auseinandersetzung mit der machtstaatlichen Einigung Deutschlands von oben: „Deutschland – in staatlicher Freiheit geeint – ist eine sichere Bürgschaft für den Frieden Europas. Unter preußischer Militärherrschaft dagegen ist Deutschland eine beständige Gefahr für die Nachbarvölker, der Beginn einer Kriegsepoche, welche Europa in die barbarischen Zeiten des Faustrechts zurückzuwerfen droht." Michael HUBENSTORF, „Si vis pacem, para libertatem" – Johann Jacoby (1805-1877) und die „Internationale Friedens- und Freiheitsliga". In: Thomas M. Ruprecht / Christian Jenssen (Hrsg.), Äskulap oder Mars? Ärzte gegen den Krieg, Bremen 1991 [= Schriftenreihe Geschichte und Frieden, Bd. 4], S. 65-73, hier S. 69; vgl. auch

Reinhard BOCKHOFER, „Unter preußischer Militärherrschaft ist Deutschland eine beständige Gefahr" – Johann Jacoby (1805-1877). In: Ders. (Hrsg.), Verachtet, verfolgt, verdrängt – Deutsche Demokraten 1760-1986. Erinnerung anlässlich des Grundgesetztages am 23. Mai 2005, Bremen 2007, S. 67-87.

15 Zitiert nach F. L. CARSTEN, Eduard Bernstein, S. 66.

16 Ebenda, S. 43 f.

17 Ebenda, S. 44.

18 Ebenda – Bernsteins Auffassung bestätigt u.a. von Max LEHMANN, Bismarck – Eine Charakeristik, siehe Anmerkung 10.

19 Zitiert nach F. L. CARSTEN, Eduard Bernstein, S. 44.

20 Ebenda, S. 44 f.

21 Ebenda, S. 60.

22 Ebenda

23 Ebenda

24 Ebenda, S. 100.

25 Ebenda, S. 101.

26 Vgl. L. WIELAND, Eduard Bernstein. In: H. Donat / K. Holl (Hrsg.), Die Friedensbewegung, S. 39.

27 Kalthoff war als freigeistiger Pastor an der Bremer St. Martini Gemeinde tätig und repräsentierte den im Januar 1906 gegründeten Deutschen Monistenbund als erster Vorsitzender bis zu seinem plötzlichen Tod im Mai 1906. Vgl. H. DONAT, Albert Kalthoff – Ein „vergessener" Pazifist und Pionier der Bremer Friedensbewegung. Hrsg. i. A. des Bildungswerkes evangelischer Kirchen im Lande Bremen von H. Donat und Reinhard Jung, Bremen 1988, S. 27-57.

28 Europa, 15. Juni 1905.

29 Fried schrieb z. B. über „Der russisch-japanische Krieg und die Friedensbewegung". Neben Berichten zu politischen Ereignissen und Situationseinschätzungen über Länder wie Italien, Frankreich, Deutschland, Russland oder Österreich-Ungarn finden sich Abhandlungen über weltanschauliche Fragen sowie über Themen auf dem Gebiet der Literatur und des Theaters, des Strafrechtes (§ 175) und des Alkoholismus', der Aufrüstung, des Militarismus, der Wohnungsreform etc. Innenpolitisch unterstützte das Blatt den großen Bergarbeiterstreik im Ruhrrevier.

30 Siehe Friedens-Warte, XIV. Jg., Heft 1, S. 2-7, Januar 1912; über Fried vgl. den Beitrag von Dieter RIESENBERGER, Alfred Hermann Fried (1864-1921). In: A. H. Fried, Mein Kriegstagebuch – 7. August 1914 bis 30. Juni 1919. Hrsg., eingeleitet und ausgewählt von Gisela und Dieter Riesenberger, Bremen 2005, S. 7-23 [= Schriftenreihe Geschichte & Frieden, Bd. 13].

31 Zu diesem Komplex siehe Eduard BERNSTEIN, Die englische Gefahr und das deutsche Volk, Berlin 1911, sowie – nach dem Ersten Weltkrieg erschienen – DERS., Die Wahrheit über die Einkreisung Deutschlands, Berlin 1920; vgl. auch Lothar WIELAND, Der deutsche Englandhass im Ersten Weltkrieg und seine Vorgeschichte. In: Wilhelm Alff (Red.), Deutschlands Sonderung von Europa 1862-1945, Frankfurt am Main / Bern / New York 1984, S. 317-353;

Wielands Beitrag stellt nach wie vor eine grundlegende Studie zum Thema dar. Vgl. auch die vorzügliche Studie von Cordula TOLLMIEN, „Unsere Kinder werden im Haß gegen England erzogen" – Zwei Dresdner Lehrerinnen gegen die verordnete Feindpropaganda. In: Dresden im Ersten Weltkrieg. Hrsg. vom Dresdner Geschichtsverein [= Dresdner Hefte, Nr. 119], Dresden 2014, S. 48-58.

32 So nach A. SCHIFRIHN, Eduard Bernstein. In: Deutsche Republik, 7. Jg., Heft 14, S. 430 ff., 1. Januar 1933.

33 Vgl. Ludwig QUIDDE, Der deutsche Pazifismus während des Weltkrieges 1914-1918. Hrsg. von K. Holl unter Mitwirkung von H. Donat [= Schriftenreihe des Bundesarchivs, Bd. 23], Boppard am Rhein 1979, S. 342; der Aufruf abgedruckt bei Otto LEHMANN-RUßBÜLDT, Der Kampf der Deutschen Liga für Menschrechte, vormals Bund Neues Vaterland, für den Weltfrieden 1914-1927, Berlin 1927, S. 160-163; siehe auch u. vor allem Lothar WIELAND, Die Verteidigungslüge – Pazifisten in der deutschen Sozialdemokratie 1914-1918 [Schriftenreihe Geschichte & Frieden, Bd. 9], Bremen 1998, S. 60; ebenso jüngst auch Bernhard SAUER, Der Erste Weltkrieg – ein Verteidigungskrieg? Berlin 2023, S. 117.

34 L. WIELAND, Die Verteidigungslüge, S. 103; Wielands Buch befasst sich ausführlich mit Bernsteins Rolle und Bedeutung als Kriegsgegner in der Zeit von 1914 bis 1918 und danach.

35 Vgl. hierzu den bereits erwähnten Eintrag von L. WIELAND über Bernstein in dem Lexikon von H. Donat / K. Holl (Hrsg.), Die Friedensbewegung, S. 39 f.; in dem Band finden sich des weiteren Artikel über den „Bund Neues Vaterland", die „Zentralstelle Völkerrecht" sowie über das Verhältnis von „Sozialdemokratie und Pazifismus".

36 F. L. CARSTEN, Eduard Bernstein, S. 179.

37 Ebenda

38 Hellmut von GERLACH, Grelling und Hitler. In: Die Zeit – Organ für grundsätzliche Orientierung, 3. Jg., Heft 17/18, S. 621, 5. September 1932.

39 F. L. CARSTEN, Eduard Bernstein, S. 179.

40 An der deutschen „Versailles"-Rezeption hat sich bis heute nichts geändert, und so wirkt die „nationale Einheitsfront" in dieser Frage bis in die Gegenwart fort. So versammelt der 2002 im Herbig Verlag erschienene Band *Versailles 1919 – Aus der Sicht von Zeitzeugen"* ausschließlich Stimmen, die sich gegen das Vertragswerk richten. Es handelt sich dabei um eine Lizenzausgabe der 1978 unter dem Titel „Der Vertrag von Versailles" im Münchener Matthes & Seitz Verlag publizierten Ausgabe, die schon damals der Kritik nicht standhielt. Der Leser erfährt nichts über all jene deutsche Autoren, die sich wie Eduard Bernstein, Friedrich Wilhelm Foerster, Maximilian Harden oder Oskar Stillich – um nur einige zu nennen – für eine gerechte Beurteilung des Vertragswerkes eingesetzt haben. Ebenso fehlen die nichtdeutschen Stimmen einer positiven Würdigung der „Versailles"-Rezeption. Der deutsche Leser bleibt also weiter „abgekoppelt" von einer aufklärerisch-europäischen Auseinandersetzung mit den Folgen des Ersten Weltkriegs und

den Ursachen der besonderen Gewaltmentalität während des Dritten Reiches. Das gilt auch für die zahlreichen Darstellungen und Bücher, die 2019 zum 100. Jahrestag von „Versailles" erschienen sind.

41 F. L. CARSTEN, Eduard Bernstein, S. 179.

42 M. REXIN, Ansprache am Grab von Eduard Bernstein. www.spd-schoen berg.de/inhalte/rexin.htm

43 Vgl. F. L. CARSTEN, Eduard Bernstein, S. 196.

44 Vgl. Die Neue Zeit, 20. Jahrgang, 2. Band, Nr. 16 (laufende Nr. 42) / 1901-1902, S. 481-486.

45 Ebenda, S. 481.

46 Ebenda, S. 483. Es spricht einiges dafür, dass Franz Mehring die Kritik an Bernsteins Rede verfasst hat. Kaum einer war wie er als marxistischer Historiker mit der Geschichte des Preußentums vertraut. Und wie Bernstein gab er deshalb einem nationalen Befreiungskrieg unter den Hohenzollern keine Chance. Begriffe wie „Sklavensinn" oder „Anstelligkeit als Landsknechte" verweisen auf Mehring selbst bzw. den Rückgriff auf seine Diktion.

47 Ebenda, S. 484.

48 Ebenda, S. 486.

49 Vgl. Bernsteins Wiedergabe der Äußerungen Bülows in seiner Rede sowie dessen Ausführungen im Reichstag vom 3. März 1902, abgedruckt in: Stenographische Berichte über die Verhandlungen des Reichstags. X. Legislaturperiode. II. Session. 1900/1903. Fünfter Band. Von der 132. Sitzung am 1. Februar 1902 bis zur 168. Sitzung am 18. April 1902, Berlin 1902, S. 4546.

50 Vgl. G. GRADNAUERS Rede vom 3. März 1902, abgedruckt unter dem Titel „Alarmierende Nachrichten aus Armenien und die Pflichten der deutschen Regierung". In: Eduard BERNSTEIN / Otto UMFRID, Armenien, die Türkei und die Pflichten Europas. Hrsg. von H. Donat, Bremen 2005, S. 77-80.

51 Zitiert nach der Besprechung von Bernsteins Rede in dem von Engelbert Pernersdorfer herausgegebenen und in Wien erschienenen Organ „Deutsche Worte – Politische Zeitschrift für das deutsche Volk in Österreich", XXII. Jg., Heft 7, S. 229; dort auch von Bernsteins Rede eine geraffte und gut zusammengefasste Darlegung der wesentlichen Aussagen, auf die im folgenden Text zurückgegriffen wird.

52 Erschienen unter dem Titel „Les souffrances du peuple arménien et le devoir de l'Europe. Conférence publique faite à Berlin le 28 juin, 1902", Genf 1902; die deutsche Fassung brachte der Berliner „Dr. John Edelheim Verlag" heraus.

53 Moritz KRONENBERG, Ein unglückliches Volk. In: Ethische Kultur – Wochenschrift für sozial-ethische Reformen, X. Jg., Nr. 32, S. 249 f., 9. August 1902.

54 Ebenda

55 Vgl. den Bericht von Richard FELDHAUS, Der Kongreß der Freunde Armeniens. In: Friedensblätter – Organ der Deutschen Friedensgesellschaft, 3. Jg., Nr. 8, S. 98-101, August 1902. – Die Pariser Kundgebung stand unter der Schirmherrschaft von Ernest Lavisse und Denys Cochin, Deputierter des

Seine-Departements, in Berlin waren es die Professoren Adolf von Harnack, Johannes Lepsius und Paul Rohrbach, die u. a. über das armenische Volk, seine Geschichte, Kirche und Literatur sprachen.

56   Ebenda. Seit dem VII. Weltfriedenskongreß in Budapest im September 1896 beschäftigte sich die internationale Friedensbewegung immer wieder mit den Ereignissen in Armenien, so auch insbesondere im April 1902 auf dem XI. Weltfriedenskongreß in Monaco. Vgl. hierzu die entsprechenden Ausführungen von H. DONAT, Die Armeniermassaker im Spiegel der deutschen und internationalen Friedensbewegung (1895-1933). In: Heinrich Vierbücher, Was die kaiserliche Regierung den deutschen Untertanen verschwiegen hat: Armenien 1915 – Die Abschlachtung eines Kulturvolkes durch die Türken. Mit einem Geleitwort von Walter Fabian und einem Nachwort von H. Donat, Bremen 2004, S. 77-103.

57   Vgl. hierzu den Nachweis in Anmerkung 50.

58   Zu Bülows Antwort auf Gradnauer vgl. den Nachweis in Anmerkung 49.

59   Zum Folgenden siehe Helmut HIRSCH (Hrsg.), Eduard Bernsteins Briefwechsel mit Friedrich Engels, Assen 1970, XIII f.

60   E. Bernstein an F. Engels, 23. Juli 1881. In: Ebenda, S. 28. – Die gegen Juden gerichtete „Antisemitenpetition", ab Januar 1880 von Wilhelm Marr, H. Naudh, Wilhelm Ender, Moritz Busch u. a. deutschlandweit in Umlauf gebracht, wurde von etwa 350.000 Bürgern unterzeichnet, darunter bekannte Antisemiten wie Bernhard Förster, Max Liebermann von Sonnenberg, Ernst Henrici sowie auch der berüchtigte antisemitische Hetzprediger Adolf Stöcker. Der Staat wurde hier erstmals auf breiter Basis aufgefordert, den Zuzug von Juden zu verhindern und sie von öffentlichen Ämtern auszuschließen. Zu den Protagonisten der durch die Massenpetition ausgelösten Debatte gehörte der konservative, preußische Historiker Heinrich von Treitschke. Er betreute auch die inhaltsgleiche „Studentenpetition", welche die antisemitischen Forderungen in den Universitäten hoffähig machen sollte. Treitschke prägte den verhängnisvollen, später von der Nazipropaganda aufgegriffenen Satz: „Die Juden sind unser Unglück."
Ihm trat u. a. der Historiker Theodor Mommsen entgegen, der sich gegen die allgemeine Judenfeindschaft wandte. Die Auseinandersetzung, von Zeitgenossen als „Treitschkestreit" bezeichnet, ging als „Berliner Antisemitismusstreit" in die Geschichte ein. Die Bismarck im April 1881 übergebene „Antisemitenpetition" blieb unbeantwortet. Unter den deutschen Pastoren gehört Albert KALTHOFF (siehe Anmerkung 27) mit seiner sorgfältig durchdachten Rede, die er am 2. März *1879 zum Thema „Judentum und Christentum" im oberen Saale der Reichshallen zu Berlin hielt, zu den großen Ausnahmen. Die Judenfeindschaft, wie sie in der Massenpetition zum Ausdruck kam, sah er als einen Rückfall in die Barbarei an. Kalthoff sprach sich auch später gegen den Rassen- und Judenhass sowie gegen nationalistische Propaganda aus, so etwa in dem Vortrag „Semiten und Antisemiten" vor dem Bremer Protestantenverein. Abgedruckt in: Deutsches Protestantenblatt, XXII. Jg., Nr. 11 und 12, S. 84 ff. und S. 93-97, 16. und 23. März 1889.

61 F. Engels an E. Bernstein, 17. August 1881. In: H. HIRSCH (Hrsg.), E. Bernsteins Briefwechsel mit F. Engels, S. 28.

62 E. Bernstein an F. Engels, 9. September 1881. In: Ebenda, S. 37.

63 E. Bernstein an F. Engels, 10. November 1883. In: Ebenda, S. 228.

———

Zum Verfasser: Helmut Donat, * 1947, Bankkaufmann, Lehrer, Historiker, Verleger und freier Autor, Mitbegründer des Arbeitskreises Historische Friedensforschung, Publikationen zum Militarismus und Pazifismus, zum Völkermord an den Armeniern und zu Historikerdebatten über die Ursachen und Folgen von 1933, ausgezeichnet u. a. mit dem Carl von Ossietzky-Preis der Stadt Oldenburg (1996). Verlagsseite: https://www.donat-verlag.de

Eduard Bernstein im Jahr 1872
(Reproduktion nach | Eduard Bernstein: Von 1850 bis 1872.
Kindheit und Jugendjahre. Berlin 1926)

Wie ich als Jude in der Diaspora aufwuchs

(Monatsschrift „Der Jude", Jg. 1917/1918)[1]

Eduard Bernstein

Die Stellungnahme der Menschen zu irgendwelchen Streitfragen wird gewöhnlich durch eine Vielheit von Triebkräften verursacht, von denen ihnen nur ein Teil ins Bewußtsein zu kommen pflegt, wenn sie ihre Entscheidung treffen. Tatsächlich ist es fast niemals bewußtes Denken allein, das unsre Entschlüsse bestimmt. Eindrücke, die der Zeit nach oft weit zurückliegen und über die wir uns daher auch keine Rechenschaft mehr ablegen, haben unserm Denken und Empfinden eine bestimmte Richtung gegeben und wirken als Unterbewußtsein so stark in uns fort, daß wir oft zum großen Teil unter ihrem Einfluß handeln und die Überlegung uns in Wirklichkeit nur die vernunftgemäßen Gründe für eine Entscheidung geliefert hat, die tatsächlich schon da war, ehe wir ans Überlegen herangingen.

Als mir die Frage vorgelegt wurde, welche Gründe meine Stellungnahme zur nationalen Bewegung unter den Juden bestimmen, war auch ich zunächst geneigt mich auf die Angabe von Gründen zu beschränken, wie man sie sich durch vernunftmäßige Überlegung bildet. Aber bald sah ich, daß es damit allein nicht ging. Denn welches ist diese Stellungnahme? Ich kann sie nur dahin bezeichnen, daß ich zwar meiner Abstammung von Juden mir bewußt bin und kein Bedürfnis in mir fühle, sie zu verdunkeln, mich, wo Juden um ihrer Abstammung willen zurückgesetzt sind, im Gegenteil solidarisch mit ihnen fühle, daß ich mich aber nicht entschließen kann, irgend einer spezifisch jüdischen Verbindung beizutreten, sondern mich solchen gegenüber, welcher Art sie auch sein mögen, ob rein sozial oder politisch, ob schlechthin zionistisch oder sozialistisch-

---

[1] Textquelle | Eduard BERNSTEIN: Wie ich als Jude in der Diaspora aufwuchs. In: Der Jude – Eine Monatsschrift, 2. Jahrgang (Berlin/Wien 1917/1918), S. 186-195. [https://sammlungen.ub.uni-frankfurt.de/cm]

33

zionistisch, als einen Fremden betrachten würde.[2] Solcher Gegensatz kann aber nicht aus Vernunftüberlegungen allein erwachsen. Im Reiche der reinen Vernunft gibt es keinen Widerspruch. Der Widerspruch kommt in es erst dann hinein, wenn das Gefühl ein entscheidendes Wort mitspricht. Und das Gefühlsurteil erklärt sich bei mir im vorliegenden Falle, wie ich mir sagen muß, in hohem Grade durch die seelischen Einwirkungen der Umstände und der Umgebung, in denen ich aufgewachsen bin.

Ich bin in einer Gegend Berlins aufgewachsen, in der nur ganz wenige Juden unter Nichtjuden verstreut lebten. In dem Hause, wo meine Eltern wohnten, bis ich das 13. Jahr zurückgelegt hatte, waren wir längere Zeit die einzigen Juden, und als später noch eine jüdische Familie hineinzog, hatten wir mit dieser, da sie einen andern Flügel bewohnte und nur Kinder im jüngsten Alter hatte, gar keine Berührung. Und ebenso war es in den später von uns bezogenen Häusern. Auch die Schule, die ich bis zum zurückgelegten 13. Jahr besuchte, zählte nur ganz wenige jüdische Schüler, nicht einer davon war mein Mitschüler. Erst als ich dann auf das Gymnasium kam, änderte sich dies, und um dieselbe Zeit wurde ich in den Religionsunterricht der jüdischen Reformgemeinde zu Berlin geschickt, wo Lehrer und Schüler Juden waren. Über die Eindrücke, die ich von ihnen empfing, weiterhin.

Wenn wir aber während meiner Kinderjahre ganz unter Nichtjuden lebten, so wurde meinen Geschwistern und mir die Tatsache, daß wir als Juden einem nicht für voll geltenden Volksstamme angehörten, doch von unserer Umgebung oft genug in unangenehmer Weise zum Bewußtsein gebracht. Allerdings fast nur von andern Kindern oder halbreifen Burschen, die uns allerhand, die Juden herabsetzende Spottverse und Spottworte nach- oder zuriefen und uns damit gelegentlich Tränen entlockten. Denn Kinder sind in diesen Dingen sehr empfindlich. Selten oder nie habe ich dagegen zu jener Zeit von Erwachsenen eine gehässige Anspielung auf unser Juden-

---

2 [Zur Wandlung Bernsteins während der Weimarer Republik hin zu einer Annäherung an den linken Zionismus vgl. die Ausführungen und Quellentexte in Eduard BERNSTEIN: „Ich bin der Letzte, der dazu schweigt". Texte in jüdischen Angelegenheiten. Hg. und eingeleitet von Ludger Heid. Potsdam 2004; sowie Yuval RUBOVITCH: Marxismus, Revisionismus, Zionismus. Eduard Bernstein, Karl Kautsky und die Frage der jüdischen Nationalität. Berlin / Leipzig 2021.]

tum vernommen. Was allerdings zum Teil dem Beruf meines Vaters und unsrer Lebensweise zuzuschreiben war.

Mein Vater war Lokomotivführer bei der Berlin-Anhaltischen Eisenbahn. Von Hause aus gelernter Klempner, hatte er sich, da ihm der den Juden nachgerühmte kaufmännische Geist vollständig abging, als selbständiger Handwerker nicht halten können und war im Jahre 1843 zum Beruf des Lokomotivführers übergegangen, wozu sich zu jener Zeit, wo die Eisenbahnen in Deutschland noch ganz neu waren, nur erst wenige entschlossen. Vom Standpunkte der Volksmoral jedoch ließ sich gegen den Beruf des Lokomotivführers nichts einwenden, und so ward von den Beamten, Kleinbürgern und Arbeitern im Haus und in der Straße mein Vater als durchaus zum Volk gehörig anerkannt. Daß wir, soweit es das bescheidene Einkommen meines Vaters erlaubte, in verschiedener Hinsicht eher bürgerlich lebten, tat dem keinen Abbruch. Die Bahnarbeiter, Gepäckträger usw. in unserer Straße sahen zwar in meinem Vater einen beruflich über ihnen Stehenden, aber kein Mitglied einer von Grund aus anderen Gesellschaftsklasse.

So hätte nur die Religion und die Religionsübung zwischen uns und unsern Nachbarn ernsthaft trennend wirken können. Aber meine Eltern gehörten der jüdischen Reformgemeinde an, die den Sonntag als den allgemein gültigen Ruhetag feiert, und hielten auch die jüdischen Speisegesetze nicht inne, und das war es vor allem, was uns dem Gefühl der Mitbewohner von Haus und Straße näher führte. Was wir glaubten und daß wir etliche jüdische Festtage feierten, kümmerte sie wenig. Daß wir uns im Essen grundsätzlich von ihnen nicht unterschieden und denselben Ruhetag innehielten, darauf kam es ihnen für die Einschätzung unserer Volkszugehörigkeit an. Die Absonderung beim Essen, die Feier eines besonderen Ruhetags werden vom Volk oft als eine Scheidewand empfunden, die ein wahres soziales Zusammengehörigkeitsgefühl sich nicht entwickeln und befestigen läßt. In Einzelfällen mögen Jude und Nichtjude sich über sie hinwegsetzen und trotz ihrer innige Bande der Freundschaft schließen können, im allgemeinen aber wird, wo sie vorherrschen, der Nichtjude im Juden nie rückhaltlos einen Volksgenossen erblicken, und umgekehrt.

Weil bei uns dies fortfiel, wurde für meine Geschwister und mich der Verkehr mit nichtjüdischen Altersgenossen durch nichts außer uns selbst Liegendes getrübt. Von Vettern und Kusinen abgesehen, mit denen wir aber, weil sie ziemlich weit entfernt von uns wohnten, nur ausnahmsweise zusammenkamen, hatten wir nur nicht jüdischen Umgang, meine besten Freunde im Knabenalter und in der reiferen Jugend waren stets „Gojim". Bei meinem ersten Jugendfreunde bildete sich obendrein ein komisches Verhältnis aus, das aber auf die Volksbeziehungen ein bezeichnendes Licht wirft. Die Eltern meines Freundes hatten für mich eine Zuneigung gewonnen und bevorzugten mich oft dem eigenen Sohn gegenüber. Wenn aber mein Freund sich ungebärdig zeigte oder sonst sich etwas zu Schulden kommen ließ, war das Drohwort gewöhnlich: „Der Jude kommt". Und derselbe Junge, der täglich mit mir spielte, man kann wohl sagen unzertrennlich von mir war, hatte in seinen Kinderjahren in der Tat eine gehörige Furcht vor dem „Juden". Worunter natürlich nicht ich oder mein Vater, sondern irgend ein mit dem Packen auf dem Rücken wandernder Trödeljude gemeint war. Den Eltern lag nichts ferner als Antisemitismus. Und doch säten sie, ohne es zu wollen, etwas davon in die Seele des Jungen. Verbindet sich bei uns in der Jugend mit einem Begriff eine unangenehme Empfindung, so werden wir dieses Gefühl in späteren Jahren nie ganz los.

Bis uns das Leben trennte, d. h. bis die Eltern meines Freundes in das entgegengesetzte Ende Berlins zogen, blieben wir einander herzlich zugetan. Und wenn die Eltern mir besonders ihre Zuneigung kundtun wollten, fehlte selten die Bemerkung: „Ihr Bernsteins seid ja gar keine richtigen Juden." Es kam indes ein Alter, wo ich dieses durchaus wohlgemeinte Kompliment eher unangenehm empfand.

Meine Eltern waren Reformjuden, aber darum doch Juden. Wie es mit dem Gottesglauben meines Vaters stand, weiß ich nicht genau, ich habe mit ihm nie darüber eingehender philosophiert. Der Bibel stand er als Rationalist gegenüber, ich weiß mich da mancher kritischen Bemerkungen über sie von ihm zu erinnern. Und dieser kritischen Denkweise habe ich es zuzuschreiben, daß ich nicht den Vornamen David erhalten habe. Nach jüdischem Familiengebrauch sollte er mir zufallen, mein Vater hatte aber gegen den König David der Bibel eine ganz besondere Abneigung. Er sei, erklärte er, ein Schuft gewesen, und so wollte er auch keinen Sohn dieses Namens haben. Fromm war er jedenfalls nicht. Aber er verstand sehr viel

vom Judentum, wußte die jüdischen Gebräuche zu erklären und
kannte alle die alten Gesänge auswendig, die er uns zuweilen vor-
trug. Meine Mutter dagegen war zwar auch nicht buchstabengläu-
big, aber doch eine tief innerlich religiöse Natur, sie hätte sogar,
wenn die Verhältnisse es gestatteten, am liebsten aus Pietät den
Haushalt jüdisch geführt. Sie widersprach dem Vater nicht gerade,
aber teilte seine rationalistische Kühle nicht. Beide Eltern besuchten
an den großen jüdischen Feiertagen gern den Gottesdienst der jüdischen Reformgemeinde zu Berlin, zu deren Gründern der älteste
Bruder meines Vaters, Aron Bernstein, gehörte, ein Schriftsteller, der
das damals populärste demokratische Blatt Berlins, die „Volkszeitung", redigierte und auf den wir alle mit großer Verehrung blick-
ten. In der Reformgemeinde ward deutsch gepredigt, wurden Stücke aus der Thora außer hebräisch auch deutsch vorgelesen und
ebenso die wichtigsten Glaubenssätze und Mahnworte der jüdischen Religion hebräisch und deutsch gesprochen oder gesungen
und wurden außerdem in deutscher Sprache gedichtete Hymnen
und unter Mitwirkung von einem eigens dazu angestellten Chor
und Solisten unter Orgelbegleitung gesungen. Für das Ohr und
auch für das Gemüt waren diese Gesänge oft sehr packend, zumal
man für Stücke von besonderer Schönheit künstlerisch geschulte
Gesangskräfte zu nehmen pflegte.

Den orthodoxen Juden in Berlin war alles das jedoch ein Greuel,
sie sahen in den meisten Neuerungen der Reform ein verwerfliches
Heidentum. Ganz besonders empörend fanden sie es, daß die Leitung der Reformgemeinde für den Chorgesang und die Gesangsso-
los auch christliche Sänger einstellte, darunter Mitglieder des Berliner königlichen Domchors. „Was", rief mir einmal, als ich schon das
Gymnasium besuchte und einem dortigen orthodox jüdisch gesinnten Mitschüler von den Schönheiten des Gottesdienstes in der Reform vorschwärmte, „was, die Reform? Da kannst du ja die Sänger
im Chor untereinander reden hören: ‚Herr Jesus, ist mir heute das
Schma Jisroel schwer aus dem Hals gekommen'. Ein schöner jüdischer Gottesdienst das!"

Mir wollte nicht einleuchten, was darin Verwerfliches lag, daß
man jenen und andere jüdische Glaubenssätze aus christlicher Kehle
singen ließ. Die Chöre saßen in der Reform oben auf einer abge-
trennten Galerie, so daß man von unten die Sänger gar nicht einmal

sah, und wenn aus der Höhe eine volle Sopran- oder sonore Bariton-
stimme das *Schema Jisroel* anstimmte und dann die Gemeinde mit
machtvoller Orgelbegleitung es wiederholte, so hatte das stets einen
so tiefen Eindruck auf mich gemacht, daß ich mit keinem Gedanken
darüber nachdachte, was die Sänger sein mochten. Dagegen fand ich
es wieder empörend, daß der erwähnte Mitschüler sich vom Schreiben an Sonnabenden hatte dispensieren lassen. Kein Christ konnte
für diese und andere Kundgebungen der Orthodoxie stärkere Mißachtung empfinden als ich. Sie galten mir als Ausflüsse größter geistiger Beschränktheit.

Und doch hatten die Orthodoxen darin nicht unrecht, daß es um
die Gläubigkeit der Reformjuden sehr schlecht bestellt war. Die Reformgemeinde war der Sammelplatz der liberalen Juden Berlins,
von denen ein großer Teil in religiösen Dingen durchaus Zweifler
oder krasse Ungläubige waren. Aus den verschiedensten Gründen
– Erinnerungen, Familienbande, soziale Stellung usw. – mochten sie
die völlige Trennung vom Judentum nicht vollziehen, aber der letzte
der Gründe, die sie beim Judentum hielten, war bei den meisten
wahre Anhänglichkeit an die überlieferte jüdische Gottesidee. Die
Gründer der Reformgemeinde wollten einen von allen Vorstellungen unwissenschaftlicher Zeitalter gereinigten Gottesglauben. Weder die Erzählungen der Bibel noch diejenigen Überlieferungen der
Rabbiner, worin Gott menschengleich nach Neigungen oder Stimmungen urteilt und handelt, sollten als mehr denn Legenden oder
persönliche Eingebungen aus Zeitaltern Geltung haben, wo man
noch ganz unwissenschaftlich dachte. Aber wenn man der Gottes-
vorstellung alles nimmt, was menschliche Züge trägt, dann bleibt
schließlich ein blutleerer Begriff übrig, der wohl das spekulative
Denken befriedigen mag, für den aber menschliche Herzen nichts
empfinden können. Der Reformgemeinde gehörten sehr achtbare
Leute von wahrhaft freiheitlicher Gesinnung und warmem sozialen
Empfinden an; unter dem Gesichtspunkt der Religion betrachtet,
war sie jedoch nichts viel anderes als eine ethische Gesellschaft von
Angehörigen eines bestimmten Volkstums, die gewisse Erinnerungen dieses Volkstums und Stücke aus dessen Kultus bewahrten, die
dagegen den Glauben, der diesem Kultus zugrunde lag, nur noch in
so verdünnter Gestalt forterhielten, daß seine Macht auf die Gemüter auch nur verschwindend gering sein konnte.

Damit will ich der Reformgemeinde nicht jede Berechtigung abgesprochen haben. Solche Zwischen- oder Zwittergebilde entsprechen den Bedürfnissen einer Zeit des Überganges sowohl im Leben des Einzelnen wie in der allgemeinen Entwicklung. Es gibt noch etwas Schlimmeres als die Halbheit, und das ist das Nichts. Ich meine damit das gedanken- und gesinnungslose Hineinleben in den Tag, das man bei nur zu vielen Menschen findet. Auch dürfen die vorstehenden kritischen Bemerkungen über die Reformgemeinde nicht so aufgefaßt werden, als stünde diese in meinen Augen tiefer als die Orthodoxie und deren Kultus. Ich bin nicht imstande, erschöpfend über den letzteren zu urteilen, weil ich ihn zu wenig kennen gelernt habe. Meine Kenntnis von ihm rührt aus zweiter oder dritter Hand. Nur einmal habe ich einem Gottesdienst orthodox frommer Juden beigewohnt. Ich war Gymnasiast, und jüdische Mitschüler, deren Eltern am orthodoxen Kultus festhielten, hatten mich am Vorabend zum Purimfest, wo die Megille von Esther und Haman verlesen wird, mit nach der Synagoge in der Heidereutergasse geschleppt, dem damaligen Haupttempel der orthodoxen Juden Berlins. Der Eindruck nun, den ich dort empfing, war alles andere, nur nicht erhebend. Die Megille wurde hebräisch verlesen, was ich nicht verstand, und die Beteiligung der Hörer schien mir eine sehr mechanische zu sein.

Ich bin damit der zeitlichen Entwicklung meiner seelischen Beziehung zum Judentum als Religion und Volk etwas vorausgeeilt und möchte nun noch einmal auf ihre Gestaltung in meinen frühesten Knabenjahren zurückkommen. Das empfindungsmäßige Denken von Kindern wird durch die Eindrücke gebildet, die sie von ihrer Umgebung empfangen, und die waren, wie gezeigt, bei mir sehr zweiteilig. Sobald ich aus der elterlichen Wohnung heraustrat, war ich in Haus, Straße und Schule in einer völlig nichtjüdischen Welt. Diese nichtjüdische Welt erschien mir als die normale, die jüdische als die unnormale Welt, und Kinder haben stets vor dem, was ihnen als das Normale erscheint, den größten Respekt, bei ihnen ist das sogenannte Herdenempfinden am stärksten ausgebildet. Obendrein trat mir das Nichtjudentum als protestantisches Christentum in einer Gestalt entgegen, die es mir durchaus sympathisch machte. Welches Kindergemüt wird nicht durch die Erzählungen von Jesus, seiner Mutter, seinen Leiden und seiner großen Menschenliebe ergriffen? Ich hörte von ihnen im Hause und lernte sie schon in den Unterklassen der Knabenschule, die ich besuchte, aus dem Lesebuche kennen, nahm auch, obwohl ich meiner Abstammung wegen nicht dazu verpflichtet war, längere Zeit an den Religionsstunden teil, an denen ich mehr Gefallen fand als die Mehrzahl meiner christlichen Mitschüler.

Nicht wenige der christlichen Choräle haften noch heute in meinem Gedächtnis, manche davon mit Gefühlserinnerungen von nicht geringerer Stärke als diejenigen, welche sich an die innigsten jüdischen Gesänge knüpfen, die ich im elterlichen Haus und später in der Reform hörte. Jüdisch und christlich ging in Bezug auf diese Gefühlsseite bei mir als völlig gleichwertig durcheinander. Von meinen Eltern hörte ich auch, soweit die Dogmen des Christentums nicht in Betracht kamen, nur gut von ihm reden. Mein Vater pries die Bergpredigt Christi, und meine Mutter sagte uns von diesem, daß er zwar kein Sohn Gottes, aber ein besonders edler Mensch gewesen sei. Beide nahmen auch keinen Anstoß daran, wenn wir Kinder am Vorabend des Weihnachtsfestes, während der Vater in der guten Stube die Geschenke unter den Weihnachtsbaum legte, im unbeleuchteten Nebenzimmer zu unserer Erbauung neben anderen christlichen Weihnachtsliedern den Christi Geburt feiernden Choral absangen:

„Stille Nacht, heilige Nacht,
Alles schläft, einsam wacht
Nur das traute, hochheilige Paar,
Holder Knabe im lockigen Haar,
Schlaf in himmlischer Ruh."

Weihnachten war überhaupt das Hauptfest im Elternhause, das Lieblingsfest meines Vaters, der, da die Geldmittel knapp waren, es sich gern allerhand Arbeit kosten ließ, aus einem unbehauenen jungen Nadelbaum, den er um ein Billiges erstand, einen schönen Weihnachtsbaum herzurichten und als gelernter Klempner manche Geschenke für uns Kinder selbst zu verfertigen.

Als ich elf Jahre alt war, fingen religiöse Skrupel an mich zu beschäftigen. Einer meiner Lehrer in der Knabenschule, der seinen Beruf besonders ernst nahm, unterhielt sich eines Tages mit mir über Religion. Ob er auf meine Bekehrung bedacht war, weiß ich nicht,

aus der hingebenden Art, wie er den Religionsunterricht erteilte,
muß ich aber schließen, daß er überzeugter Christ war. „Wie hoffst
du denn die ewige Seligkeit zu erlangen, wenn du kein Christ bist?"
fragte er mich. „Nun, wenn ich ein guter Mensch bin und immer
nach Recht und Pflicht handle," antwortete ich. „Das Vorhaben ist
lobenswert", gab er zurück, „aber sieh mal, wenn du nach Rom rei-
sen willst, wirst du dann den direkten Weg nach Süden wählen oder
nach Norden gehen und versuchen, über den ganzen Erdkreis,
Nordpol und Südpol hinweg Rom zu erreichen?" Ich war noch nicht
dialektisch geschult genug, um ihm zu erwidern, daß sein Vergleich
das Christentum im Grunde ziemlich niedrig hinstelle, und blieb
stumm. Er drang auch nicht weiter in mich ein, aber im stillen dachte
ich nun manchmal darüber nach, ob ich nicht, falls die christliche
Lehre doch wahr sei, durch mein Festhalten am Judentum mir die
Seligkeit verscherzte. Endlich löste ich den Knoten durch folgende,
etwas talmudistische Argumentation: Ist das Christentum wahr und
Jesus so edel, wie er uns geschildert wird, dann wird er es mir ver-
zeihen, daß ich, da doch meine Eltern Juden sind, auch Jude bleibe.
Nun beschloß ich aber wenigstens ein ordentlicher Jude zu sein.
Dazu gehörte nach meiner Vorstellung vor allem die Enthaltung
vom Genuß des Schweinefleisches. So erklärte ich also eines Tages
meinen Eltern, ich würde fortan im Hinblick auf mein Judentum
kein Schweinefleisch mehr essen. Überraschenderweise begegnete
ich nicht dem geringsten Widerspruch. „Wenn du nicht willst, mein
Sohn, so iß du kein Schweinefleisch," erwiderte mein Vater. Diese
absolute Toleranz war Gift für mein Vorhaben. Etwas Widerspruch
hätte ihm sicher Stärkung verliehen, so aber fehlte ihm der Reiz eines erstrittenen Rechtes, und es hielt daher nicht lange vor. Auf das
Schweinefleisch selbst hätte ich zwar eine gute Weile verzichtet.
Aber da das Gesetz auch den Genuß aller Speisen verbot, bei deren
Herstellung Schweinefett verwendet ward, erhielt mein Entschluß
in der Praxis eine viel größere Tragweite, als ich mir vorgestellt
hatte. Obendrein mußte ich erfahren, daß das Vorhaben selbst bei
strenger Durchführung nur eine Halbheit sein würde, da ja den
frommen Juden noch viel mehr verboten ist, als nur der Genuß des
Schweines. Nach Verlauf von einigen Wochen streckte ich die Waffen und gab zu, daß das Einhalten bestimmter Speisegesetze nicht
den Juden mache.

Aber was machte denn den Juden? Während bei frommen Juden der Knabe mit abgelegtem 13. Jahr Bar-mizwa wird, wurden in der Reformgemeinde die Knaben erst im Alter von 13 und 14 Jahren in die Religionsschule geschickt, um nach zwei Jahren Besuch dieser feierlich eingesegnet zu werden. Ein Unterschied, der in meinen Augen sehr zugunsten der Reform sprach, da ein Junge mit 15 oder 16 Jahren ganz sicher mehr Verständnis für religiöse Dinge hat, als ein Dreizehnjähriger. Indes hatte die Sache doch ein Aber. Im 14. Lebensjahre tritt der Junge in die Flegeljahre ein, er beginnt vom Baum der Erkenntnis zu essen und an allem, was ihm gepredigt wird, seinen negierenden Verstand zu üben. War es dies, oder war es der Umstand, daß uns schon Lektüre für Erwachsene in die Hand fiel, Tatsache ist, daß von den drei Religionslehrern, die wir hatten, auf mich und andere Mitschüler der am allerwenigsten Eindruck machte, der uns die Religion buchstabengerecht lehrte, und uns nur der ein Interesse abgewann, der in den Unterricht kritische Bemerkungen einflocht, von dem wir daher glaubten annehmen zu dürfen, daß er in Wahrheit ein Ungläubiger sei. In der Tat bemächtigten sich meiner schon sehr große Zweifel, ob es mit dem persönlichen Gott überhaupt seine Richtigkeit habe. So erinnere ich mich, daß ich als Fünfzehnjähriger aus Anlaß der tödlichen Erkrankung eines lieben Familienmitgliedes ein ähnliches Gebet zum Himmel schickte, wie seinerzeit an Jesus: „Wenn Du bist, lieber Gott, so hilf doch, bitte, meiner Kusine!" Die Hilfe ist aber ausgeblieben.

Um es gleich vorauszuschicken, trat bei mir der endgiltige Bruch mit dem Jenseitsglauben drei Jahre später, in der Nacht nach dem Tode meiner Mutter ein, an der ich mit großer Liebe gehangen hatte. Ich dachte lange darüber nach, ob ich hoffen dürfe, diese teure Person einst in einer jenseitigen Welt wiederzusehen. Je länger ich aber sann, um so stärker ward in mir der Gedanke, daß ich die Mutter so, wie ich sie gekannt und geliebt, mit ihren Tugenden und ihren Schwächen, überhaupt mit ihren menschlichen Eigenschaften, unmöglich würde wiedersehen können, sie für mich nur so lange fortleben würde, als ich sie in dieser Gestalt in meinem Gedächtnis behielte. Mit dem Jenseitsglauben fiel aber auch der letzte Rest von Glauben an den persönlichen Gott.

Von einem jüdischen Bekenntnis war nichts bei mir vorhanden, und für den jüdischen Ritus hatte ich nur die Geringschätzung des von keiner Überlieferung beeinflußten Rationalisten. Und doch war nicht alles jüdische Interesse in mir erstorben. Ein nicht scharf ausgeprägtes, aber im Gefühl fortlebendes Interesse für das jüdische Volk war geblieben. Als ich am Sonntag nach der Einsegnung mit meinem Vater aus dem Tempel nach Hause ging, sagte ich ihm, ich würde gern die Geschichte der Juden nach der Zeit der Gründung des Christentums und besonders im Mittelalter studieren. Mich interessiere es zu sehen, wie das jüdische Volk sich die ganzen Jahrhunderte hindurch in Kampf und Leid erhalten und entwickelt habe. Indes hat es der Kampf des Lebens, in den ich bald darauf eintrat, zur Ausführung dieses Gedankens nicht kommen lassen. Im Hause fehlte uns alle einschlägige Literatur, und meine Abende gehörten Bestrebungen, die meinen Sinn auf ganz andere Wissensgebiete lenkten.

Zudem fielen die Jahre meines Heranreifens zum Jüngling und Mann in die Epoche, wo in Deutschland der Liberalismus das ganze öffentliche Leben beherrschen zu wollen schien und die Juden eine immer größere Rolle in der Politik spielten. Es gab Judenfeinde, aber keine judenfeindliche Bewegung, das Fernhalten der Juden aus gewissen Staatsämtern verschwand noch nicht, aber es nahm doch ab und nicht zu. Auch das Los der Juden in den Ländern, wo sie noch nicht die staatsbürgerliche Gleichheit erhalten hatten, schien sich mit der Ausbreitung des Liberalismus zunehmend zu verbessern. Kurz, es fehlte alles, was mich, der ich konfessionell mit dem Judentum gebrochen hatte, für die jüdische Sache irgendwie hätte stärker interessieren können.

Ich fühlte mich ganz als Deutscher, allerdings als liberal-demokratischer Deutscher. Die nationale Bewegung der sechziger Jahre für die deutsche Einheit nahm auch mich völlig gefangen. Schwarzrotgold, die demokratische Trikolore der Einheit Deutschlands, war mein Banner, dessen Farben ich zeitweilig in einem kunstvoll in Pappe angefertigten Herzen auf der Brust trug. Ich vergoß Tränen über die Leiden der Schleswig-Holsteiner unter der Dänenherrschaft, die ein Idyll waren im Verhältnis selbst zu dem damaligen Los der Juden in Rußland und Polen, das mich gleichgültig ließ. Ich reimte 1864 Jubelverse zu den Siegen über die Dänen, sang später mit Altersgenossen heimlich die „Wacht am Rhein" und „Deutschland über alles", die in Preußen damals offiziell nicht gesungen wer-

den durften, und als der deutsch-französische Krieg von 1870 ausbrach, faßte ich den Entschluß, falls Deutschland Niederlagen erleiden sollte, nach der zweiten verlorenen Schlacht trotz meiner
Schwächlichkeit mich als Freiwilliger zu melden. „Napoleon, der
den Krieg so frech hervorgerufen, darf nicht siegen," schrieb ich
meinem damaligen Busenfreund, der gerade in einem märkischen
Dorfe bei Verwandten zu Besuch war. Der aber, aus rein deutschem
Stamme, schrieb mir zurück, ich solle mich nicht voreilig erhitzen,
wir wüßten ja doch nicht genau, wie es in der diplomatischen Welt
wirklich zugegangen sei. Vom Siegestaumel, der dann ausbrach,
hielten wir beide uns frei, und als die Gefangennahme Napoleons
III. nach Sedan den Frieden nicht brachte, hörte überhaupt bei mir
jedes Interesse am Krieg auf. Anderthalb Jahre später schlossen
mein Freund und ich uns der zur Internationale haltenden sozialdemokratischen Partei an.

Die ersten Jahre nach der Gründung des neuen Deutschen Reiches waren am allerwenigsten geeignet, in mir jüdische Sympathien
zu erwecken. Die Rolle, welche das jüdische Börsenkapital bei der
Verwirtschaftung der Milliarden in der sogenannten Gründerära
spielte, die Beteiligung jüdisch-liberaler Blätter an der Bekämpfung
der katholischen Kirche mit Ausnahmegesetzen und die seichte Bekämpfung des Sozialismus in diesen Blättern machten auf mich, der
ich Sozialist und Demokrat war, manchmal einen so abstoßenden
Eindruck, daß ich selbst zuweilen antijüdisch gestimmt wurde; die
ersten Anzeichen des Antisemitismus, die in der zweiten Hälfte der
siebziger Jahre in Deutschland zutage traten, erschienen mir so sehr
als begreifliche Reaktion gegen ungebührliches Vordrängen der Juden, daß sie mich wenig aufregten. Ich beging den Fehler, nicht zu
sehen, daß die Juden, die sich vordrängten, nur eine Minderheit waren neben der Masse ruhig ihrem Beruf nachgehender Juden. Erst
als der Antisemitismus aus anklagender Bewegung verfolgende Bewegung wurde, änderte ich meine Stellung zu ihm. Aber in seiner
Bekämpfung nahm ich stets Bedacht, die Frage als solche demokratischer Gleichberechtigung zu behandeln. Die Judenfrage als Frage
eines besonderen nationalen Rechts oder Interesses von Juden aufzufassen, ist mir nicht in den Sinn gekommen. Konnte es nach meinem ganzen Entwicklungsgang anders sein? Ich will kein besonderes Gewicht darauf legen, daß bis zu einem sehr vorgerückten Alter

alle meine intimeren Freunde Nichtjuden gewesen sind. Denn daran hatte der Zufall keinen geringen Anteil. Ich hatte die meisten meiner jüdischen Verwandten sehr lieb, fühlte mich im Gymnasium zu manchen meiner jüdischen Mitschüler hingezogen und hatte nicht wenige Juden kennen gelernt, die ich als Menschen hochschätzte und wegen ihrer geistigen Gaben bewunderte. Kein Vorurteil stand einer Intimität mit jüdischen Altersgenossen im Wege, nur die Umstände verhinderten einen engeren Verkehr mit solchen. Aber es lebte nichts in mir, das mich hätte veranlassen können, bei der Auswahl meiner Freunde einem Juden vor einem ihm sonst für mich gleich werten Nichtjuden den Vorzug zu geben, weil er ein Jude sei. Ein solches Empfinden kannte ich einfach nicht. Als ich acht Jahre nach dem deutsch-französischen Kriege einmal in einem Gespräch mit dem Freunde, der damals meinen deutsch-patriotischen Übereifer gedämpft hatte, ganz obenhin erzählend das Wort „wir Juden" fallen ließ, geriet er fast außer sich. „Niemals bisher," sagte er, „hast du eine Trennungslinie zwischen dir als Juden und uns anderen angedeutet, willst du jetzt damit anfangen?" Mir hatte dergleichen fern gelegen. Ich hatte bei dem Wort mir nicht mehr gedacht, als man sich etwa denkt, wenn man sagt „wir Kaufleute" oder „wir Nichtraucher". Aber daß er an der Ausdrucksweise so großen Anstoß nahm, machte auf mich einen starken Eindruck.

Mit ihm zusammen war ich, wie oben bemerkt, 1872 der Internationale beigetreten, deren Grundsätze und Programm mich begeisterten. So sehr ich mich als Deutscher fühlte, hatte ich doch niemals etwas wie nationalen Haß empfunden. Als uns während des preußisch-dänischen Krieges von 1864 unser Klassenlehrer im Gymnasium ein Dichterwerk, das Gedicht von Simrock „Die halbe Flasche", aufzusagen verbot, weil darin ein Däne die edle Rolle spielte, fand ich das, so deutsch-patriotisch ich war und soviel Achtung ich sonst grade für diesen Lehrer hatte, abgeschmackt, und 1870 wäre ich zu Anfang des Krieges zweimal beinahe gelyncht worden, weil ich in Wirtschaften Schimpfereien auf das französische Volk entgegentrat. Nun bot sich mir die Basis für die politische Vertiefung der Gedanken, die mir ein reines Menschheitsempfinden eingegeben hatte und deren Wurzel sicher darin lag, daß ich von Jugend auf gewöhnt gewesen war, in meinem kleinen Verkehr religiöse Unterschiede und solche der Abstammung über dem rein Menschlichen völlig zu vergessen. Und als dann die Judenfrage heftigere Formen annahm, sah ich in der sozialistischen Internationale die erlösende Macht, die sie einst zur Ruhe bringen werde. An diesem Gedanken halte ich fest, er steht mir über jeder Sonderbewegung. Für ihn mit ungeteilter Kraft zu wirken, ist mir nach den Erfahrungen dieses Weltkrieges erhöhtes Bedürfnis.

Wie man Kriegsstimmung erzeugt

(Die Friedens-Warte 1912)[1]

Von Reichstagsabg.
Eduard Bernstein, Berlin

Es untersteht leider keinem Zweifel, daß die Ereignisse der zweiten
Hälfte des Jahres 1911 der Friedensbewegung einen schweren
Schlag versetzt haben, dessen Wirkungen ungeschehen zu machen
viel Arbeit kosten wird. Während in den ersten Monaten des nun
abgelaufenen Jahres noch alle Welt fast von Nachlassen im Wettrüsten und von Befestigung der Freundschaftsbeziehungen zwischen
den Kulturvölkern sprach, führen am Jahresende die Verfechter der
Rüstungen und die Anwälte des Unfrieden säenden Mißtrauens von
neuem das große Wort. Soweit Deutschland in Betracht kommt,
wird dies am greifbarsten dadurch veranschaulicht, daß im gegenwärtigen Wahlkampf für den Reichstag nicht eine bürgerliche Partei
für die Forderung: „Verminderung der Rüstungsausgaben durch internationale Abmachungen" einzutreten wagt, die Parteien der
Mitte und der Rechten, d. h. der kommenden Reichstagsmehrheit,
dagegen durch den Mund ihrer Wortführer unumwunden für gesteigerte Rüstungen plädieren. Zwischen den Heydebrand und den
Zedlitz, den Bassermann und den Hertling oder Erzberger besteht
in diesem letzteren Punkte keine Meinungsverschiedenheit.

Wie ist dieser Umschwung gekommen, was sind seine tieferen
Ursachen?

Das große Publikum ist darüber keineswegs völlig im klaren.
Nur die äußeren Vorgänge sind ihm bekannt geworden, was hinter
den Kulissen geschehen ist, ist zu einem guten Teil noch Geheimnis
der beteiligten Diplomaten und der mit ihnen in Verbindung stehenden Einbläser der Presse. Wie wenig aber die Vorgänge, die sich
vor den Augen des Publikums abgespielt haben, zur Erklärung des

---

[1] Textquelle | Eduard BERNSTEIN: Wie man Kriegsstimmung erzeugt. In: *Die Frie-
dens-Warte*, 14. Jahrgang, Nr. 1 (Januar 1912), S. 2-7.

Wandels in der Stimmung eben dieses Publikums ausreichen, wird durch nichts so sehr veranschaulicht, als durch das Schicksal der verhängnisvollen Rede, die der englische Minister Lloyd *George* am 21. Juli 1911 auf einem Fest der Kaufmannschaft der City im Mansion-House verlas.

Die „Friedenswarte" hat in ihrer Nummer für August/September 1911 diese Rede abgedruckt und gezeigt, dass sie kein Wort über Deutschland enthält, sich mit keiner Silbe über Deutschlands Forderungen in bezug auf Marokko oder Teile des Kongo äußert. Und doch hat das bürgerliche Deutschland über diese Rede sich in eine nationale Leidenschaft hinein ereifert, wie sie in diesem Lande kaum jemals vorher seit 1870 – wenn nicht seit 1810 – so hochgradige Glut angenommen hat. Fragte man die Aufgeregten, was denn Lloyd George so Beleidigendes gesagt habe, so wußten sie freilich meist nichts Bestimmtes zu antworten. Dem Schreiber dieses ist sogar jedesmal, wo er mit solchen Entrüsteten zusammenkam, von ihnen erklärt worden, Genaueres über die Dinge wüßten sie freilich nicht. Und das waren obendrein sämtlich Leute von höherer als Durchschnittsbildung. Diese Intellektuellen waren wohl von der Überzeugung durchdrungen, daß Lloyd George „Unerhörtes" gegen Deutschland gesagt habe, aber *was* er gesagt hatte, das war ihnen aus dem Gedächtnis entschwunden, und ganz unbekannt war ihnen, *woraufhin* er es gesagt hatte.

Letzteres weist auf einen der größten Übelstände unseres politischen Lebens hin. Kein Arzt, kein Jurist, kein Pädagoge von Einsicht werden über eine Erkrankung, eine Rechtsklage, eine Übertretung eines Verbots ein Urteil fällen, ohne sich vorher über die näheren Umstände des Falles zu orientieren. Aber über eine so wichtige Sache, wie das Verhältnis zweier großer Kulturnationen zueinander, haben Ärzte, Juristen, Lehrer unseres Volkes der Denker – von Nichtakademikern gar nicht zu reden – Urteile apodiktischster Art herumgegeben, ohne den in Betracht kommenden Tatsachen in irgendeiner Weise auch nur ein wenig auf den Grund zu gehen. Ein unbestimmtes „Man sagt es" war die Autorität, der sie folgten.

Wer aber war zuletzt wirklich der oder das „Man"? Wo haben wir die geheimnisvollen Mächte zu suchen, welche die ganze bürgerliche Presse Deutschlands ohne Unterschied der Parteien veranlaßten, plötzlich in der schärfsten Weise gegen England Stimmung zu machen und einen Minister, der bis dahin als einer der eifrigsten Verfechter der Einschränkung der Rüstungen bekannt war, für einen Kriegsmann und „Feind Deutschlands" auszurufen ?

Es wäre von der größten, die Augenblicksfrage weit überragenden Wichtigkeit, dies festzustellen. Man vergesse nicht, die Stimmung war in Deutschland schließlich zu einer so hochgradigen Erbitterung gegen England gediehen, daß jeder feindselige Akt der Reichsregierung gegen das britische Reich der jubelnden Zustimmung der breiten Masse des deutschen Bürgertums sicher gewesen wäre. Was aber gestern möglich war, ist auch morgen wieder möglich, ob nun England oder Frankreich oder irgendein anderes Land in Betracht kommt. Wir stehen vor der Tatsache, daß es möglich gewesen ist, gewissermaßen über Nacht eine hochgradige Kriegsstimmung zu erzeugen, und wenn wir nicht wollen, daß sich dies wiederhole, müssen wir die geheimnisvollen Faktoren erforschen und bloßlegen, die es bewirkt haben. Nur was man mit den Wurzeln seiner Kraft erkannt hat, kann man hoffen entkräften oder beseitigen zu können. Leider übersteigt es jedoch die Möglichkeiten eines Einzelnen, die Kanäle aufzuspüren, welche die öffentliche Meinung Deutschlands mit dem Stoff durchtränkten, der sie in die geschilderte Stimmung versetzte, sowie die Quellen zu ermitteln, aus denen jene Kanäle gespeist wurden. Das zu tun, wäre die Aufgabe eines ganzen Komitees von Leuten, die der Presse ihre volle Aufmerksamkeit widmen können und über eine Art Archiv der maßgebenden Zeitungen und Zeitungskorrespondenzen verfügten. Ein solches Komitee der Überwachung der Presse würde gerade in Zeitläuften internationaler Spannung der Sache des Friedens und der Verständigung der Nationen außerordentlich wertvolle Dienste leisten können. Es würde mancher irrtümlich unrichtigen Auslegung von Reden und Maßnahmen sofort entgegentreten und schon dadurch mancher Irreführung des Publikums den Weg verlegen können. Die Wirkung einer Unwahrheit, der die Widerlegung nicht auf dem Fuße folgt, ist oft durch keine nachträgliche Widerlegung gutzumachen. Ferner aber würde ein so ausgerüstetes Komitee die Fäden ausfindig machen und verfolgen können, die zu den Anstiftern von Verhetzungsnachrichten und den heimlichen Leitern der Verhetzungsfeldzüge führen, mit denen wir es bald in diesem und bald in jenem Lande zu tun haben, und es würde durch Bloßlegung der Urheber das Verhetzungswerk, wenn nicht völlig verhindern, so doch in seinen Wirkungen stark durchkreuzen können. Es ist nun leider einmal vorläufig noch so, daß das breite Publikum leichter, als für die objektive Entwicklung von Wahrheiten, für die Enthüllung des Treibens von *Personen* zu interessieren ist. Und tatsächlich haben *persönliche* Verfehlungen bei dem Verhetzungswerk der Sommer- und Herbstmonate 1911 eine viel größere Rolle gespielt, als ernsthafte Interessengegensätze allgemeiner Natur. Nicht um eines tiefen Interessengegensatzes willen, der wirkliche oder vermeintliche Lebensfragen der beteiligten Nationen betraf, wurden die Gemüter bis zur Siedetemperatur erhitzt. Wir hatten es mit Winkelzügen in einem Spiel zu tun, das einer aus der Diplomatenschule, der deutsche Legationsrat a. D. von *Rath*, neuerdings im Scherlschen „Tag", Nummer vom 26. Dezember 1911, zynisch als „*Europäisches Pokerspiel*" bezeichnet hat. „Poker", das Glücksspiel, bei dem das Vortäuschen guter Karten, der „Bluff", zu den beliebten Kniffen gehört, mit schlechten Karten zu gewinnen – schönes Diplomatenwerk im 20. Jahrhundert! Als ob hinter den Spielern nicht viele Millionen von Menschen ständen, die durch „Bluff" irrezuführen unter heutigen Umständen frevelhaft leichtsinniges Spiel mit dem Feuer heißt.

Aber der Herr von *Rath* hat recht, es ward Pokerspiel betrieben, und zwar trifft der Vorwurf nicht zuletzt den Vertreter der deutschen Diplomatie, Herrn von *Kiderlen-Waechter*. Über die materielle Frage, ob das Deutsche Reich Anspruch auf eine Entschädigung dafür hatte, daß Frankreich sich als Schutzmacht in Marokko festsetzte, wird man verschiedener Meinung sein, je nachdem man sich grundsätzlich zu dieser ganzen kolonialen Eroberungspolitik stellt. Man muß indes von ihrer *Bejahung* ausgehen, wenn es sich um die Kritik der Methoden der deutschen Diplomatie handelt. Denn die *Wege* einer Politik können nur unter dem Gesichtspunkt ihrer *Zwecke* objektiv gewürdigt werden. Setzen wir also den Zweck des Leiters der auswärtigen Politik Deutschlands – die Erlangung von Kolonialgebiet als Entschädigung für die Festsetzung Frankreichs in Marokko als gegeben, so würde eben zu untersuchen sein, ob zu der Erreichung dieses Zwecks das diplomatische „Pokerspiel" nötig war, das Herr von Kiderlen-Waechter unzweifelhaft getrieben hat, oder ob es zum mindesten aus diesem Zweck heraus sich rechtfertigen läßt.

Es fehlt nicht an Leuten, die das behaupten, aber die Beweisführung ist in keiner Weise zwingend. Vor allem leidet sie daran, daß Herr von Kiderlen-Waechter es gar nicht erst auf eine Probe hat ankommen lassen, ob seine Zwecke ohne Bluff zu erreichen waren. Er hat zwar nicht ohne Einspruch die Franzosen Fez und die Schauja besetzen lassen, wozu sie nach ihrer Ansicht Deutschland gegenüber durch das deutsch-französische Abkommen von 1909 legitimiert waren, aber er hat, als die Besetzung erfolgt war, statt bestimmte Forderungen zu formulieren und zu sondieren, wie Frankreich und England, die am meisten beteiligten Mächte, sich zu ihnen stellen würden, plötzlich mit dem Bluff der Pantherfahrt nach Agadir zu „pokern" angefangen.

Das Anlegen eines Kriegsschiffes in Agadir ohne Zustimmung der Vertragsmächte bedeutete einen Bruch der Algecirasakte. Deutscherseits ist er damit verteidigt worden, daß vorher die Besetzung der wichtigsten Teile Marokkos durch französische Truppen den Algecirasvertrag faktisch wertlos gemacht habe. Die Verfechter der Sicherung des Weltfriedens durch internationale Verträge können jedoch diese Verteidigung unter keiner Bedingung gelten lassen. Deutschland stand das Recht zu, Verwahrung gegen jede nach seiner Meinung dem Vertrage zuwiderlaufende Maßnahme einzulegen und bei Nichtbeachtung seines Einspruchs sein Verbleiben im Konzert der Algecirasmächte zu kündigen. Aber es stand ihm nicht zu, den Vertrag *vor* Ablauf der Kündigungsfrist einseitig für ungültig zu erklären und nun auch formell zu durchbrechen. Dadurch, daß es diesen Weg wählte, legitimierte es Gegenmaßregeln der Vertragsmächte, wie die erst in Frankreich und dann in England erwogene Entsendung von Kriegsschiffen nach Agadir, mit der Mission, die Zurückziehung des „Panther" bzw. des dann an seiner Stelle von Deutschland dort stationierten Kreuzers „B e r l i n" zu erzwingen. Nun ist allerdings hinterher deutscherseits die Fahrt nach Agadir als ein Akt bezeichnet worden, der bloß *symbolische* Bedeutung haben sollte. Man kann aber auch eine derartige Symbolik nicht energisch genug zurückweisen. Und zwar namentlich wegen ihrer unvermeidlichen *Zwei-* oder vielmehr *Viel*deutigkeit. Wohin würde die Welt kommen, wenn sich jede Regierung das Recht zusprechen dürfte, nach Belieben in solcher Weise ihre Unzufriedenheit zu demonstrieren. Ihren Ernst in einer Sache zu bekunden, haben die

Staaten heute zivilisiertere Mittel als Demonstrationen, die einer *Drohung,* im Weigerungsfalle es auf einen Krieg ankommen zu lassen, zum Verwechseln ähnlich sehen. Durch die Entsendung eines Kriegsschiffes nach Agadir brachte Herr von Kiderlen-Waechter von vornherein ein Moment des Mißtrauens und der Beunruhigung ins Spiel, von dem man vergeblich behaupten wird, daß es Deutschlands diplomatische Position gestärkt habe, dem aber die Hauptverantwortung dafür zufällt, daß jene Verhandlungen auf allen Seiten mit *stillen Mobilisierungsmaßregeln* begleitet wurden.

Der zweideutigen Symbolik Frankreich gegenüber folgten verletzende Zweideutigkeiten der deutschen Diplomatie in ihrem Verkehr mit England. Die Erklärungen, welche Herr von Kiderlen-Waechter der englischen Regierung durch den deutschen Botschafter in London, Grafen *Wolff-Metternich,* über die Absichten Deutschlands zugehen ließ, lauteten so, daß sie die Auffassung zuließen, Deutschland spreche sich das Recht zu, zu bestimmen, wie weit England an der Regelung der Dinge in Marokko interessiert sei und wie weit nicht, und als das englische Kabinett durch den deutschen Botschafter in London und den englischen Botschafter in Berlin die deutsche Regierung wissen ließ, daß England sich nicht gefallen lassen könne, in einer seine Interessen stark berührenden Frage kurzerhand beiseite geschoben zu werden, sondern die Situation für „sehr ernst" betrachte (Eröffnungen Sir Edward *Grey's* an den Grafen Wolff-Metternich vom 3. und 4. Juli, und des Sir Frank *Lascelles* bei Herrn von Kiderlen-Waechter vom 12. Juli) setzte Herr von Kiderlen-Waechter diesen Mitteilungen, die nach diplomatischem Gebrauch Antwort erheischten, eine kühle Nichtbeachtung entgegen, die allein genügt hatte, in London eine sehr gereizte Stimmung zu schaffen. Dazu kam aber, daß in derselben Zeit, wo Deutschland England gegenüber schwieg, die englische Regierung von *französischer* Seite über Vorschläge der deutschen Regierung unterrichtet wurde, welche *England sehr nahe angingen.* Welches diese Vorschläge waren, ist ein Punkt, über den die beteiligten Diplomaten bisher in ihren offiziellen Kundgebungen ein sehr bezeichnendes Stillschweigen beobachtet haben, das aber aufgeklärt werden muß, wenn Vorkommnisse, wie die von Lloyd *George* verlesene Rede, in ihrem rechten Lichte erscheinen sollen. Mit einer Diskretion, die ihm nicht sehr gut bekommen ist, ist Sir Edward Grey in seiner Rede im Haus der

Gemeinen vom 27. November 1911 über ihn hinweggegangen. Er sagte (ich zitiere nach dem telegraphischen Bericht des Berliner Tageblatts vom 28. November):

„Der britische Botschafter in Berlin hatte am 12. Juli Gelegenheit, den deutschen Staatssekretär des Auswärtigen Amts über einige weniger wichtige Fragen zu sprechen, und ergriff die Gelegenheit, zu sagen, daß einmal von einer *Unterhaltung zu Dreien zwischen Deutschland, Frankreich* und *Spanien* gesprochen worden sei, woraus zu schließen sei, daß wir davon ausgeschlossen werden sollten. Der Staatssekretär sagte unserem Botschafter, er möge uns mitteilen, daß niemals irgend ein Gedanke an eine solche Unterhaltung existiert habe."

Außer dieser negativen Antwort, fährt Grey fort, habe die englische Regierung bis zum 21. Juli nichts weiter von der deutschen Regierung gehört. Inwieweit die Ableugnung den Tatsachen entsprach oder nicht, läßt er unerörtert. Da der Anfrage des englischen Gesandten Mitteilungen der französischen Regierung an die englische zugrunde lagen – wie denn laut Feststellung des französischen Ministers des Auswärtigen, de *Selves* in der Sitzung der Deputiertenkammer vom 14. Dezember die französische Regierung die englische fortlaufend über den Gang der Verhandlungen mit Deutschland unterrichtet gehalten hat –, so steht hier *deutsche gegen französische Aussage*. Und es ist dies nicht das einzige Mal, wo in dieser Sache französische und deutsche Darstellung sich widersprechen. Vergleicht man die Reden des Herrn de Selves vom 14. Dezember und des Ministerpräsidenten Caillaux vom 18. Dezember mit den Erklärungen des Herrn von Kiderlen-Waechter in der Sitzung der Budgetkommission des deutschen Reichstags vom 17. November, so wird man auf noch mehr Widersprüche in den Darlegungen der beiden Parteien über die Einzelheiten der Verhandlungen stoßen. Auf welcher Seite war die Wahrheit?

Soweit man auf Indizien hin entscheiden kann, sprechen sie gegen die Zuverlässigkeit der Aussagen des Herrn von *Kiderlen-Waechter* in dieser Sache. Der Vertreter des Berliner Auswärtigen Amts verwickelt sich nämlich wiederholt mit sich selbst in Widersprüche. So ist die Erklärung des französischen Ministers de Selves in seiner vorerwähnten Rede, daß Herr von Kiderlen-Waechter zu Anfang der Verhandlungen das ganze Kongogebiet vom Sangha bis zum Ozean einschließlich des Gabon verlangt habe, von der deutschen Regierung *unwiderlegt* geblieben. Noch am 17. November aber hatte Herr von *Kiderlen-Waechter* im deutschen Reichstage die Franzosen beschuldigt, „übertriebene Nachrichten" über die deutschen Forderungen verbreitet zu haben, „um gegen Deutschland Stimmung zu machen", und hinzugefügt, dies „habe seinen Eindruck nicht verfehlt und insbesondere in *London Mißtrauen gegen Deutschland* hervorgerufen" (Drucksachen des Reichstags, H. Session der 12. Legislaturperiode 1909/1911, Nr. 1200, S. 6). Herr de Selves hatte nach London gemeldet, Frankreich betrachte die bezeichnete Forderung als *unannehmbar* und damit in der Tat Englands Intervention veranlaßt. Aber das ist hier erst sekundär. Hier handelt es sich darum, daß Herr von Kiderlen-Waechter de Selves widerlegen muß, wenn er nicht als Irreführer der öffentlichen Meinung dastehen will.

Indes, Herr von Kiderlen-Waechter scheint in Wirklichkeit noch mehr als jenes bedeutende Stück Afrika verlangt zu haben. In dieser Hinsicht ist eine Stelle in der politischen Rundschau des Dezemberheftes der von dem sozialistischen englischen Abgeordneten John Ramsay *Macdonald* redigierten *„Socialist Review"* sehr bemerkenswert. Macdonald wiederholt dort seinen schon früher geäußerten Tadel bezüglich der Rede Lloyd Georges vom 21. Juli 1911. Aber dieser Tadel bezieht sich nur auf das Moment der *Zweckmäßigkeit, nicht* auf die Frage der *sachlichen Berechtigung* jener Rede. *Macdonald* schreibt von ihr: „Sie war genau das, was der deutsche Chauvinist brauchte. Sie lieferte ihm nicht nur einen Vorwand, sondern einen Text zur Klage." Aber der Führer der britischen Arbeiterpartei fährt dann fort:

„Wenn die Tatsachen völlig bekannt wären, würde sich zeigen, daß *allerhand hinter der Rede steckte,* und daß vielleicht die Zeit gekommen war, wo ein britischer Minister etwas sagen mußte. Das *Auswärtige Amt in Berlin intriguierte mit Frankreich und Spanien* in einer Weise, die keine sehr anmutende Lektüre abgäbe, wenn alle Tatsachen bekannt wären. Die in der ,Zeit' erschienene, und in der ,Times' vom 13. November wiedergegebene Feststellung ist, soweit sie geht, ziemlich genau, *aber sie ist nicht vollständig.* Was indes Herr Lloyd George vergaß, war, daß seine Rede nicht nur von denen gelesen werden würde, die da wußten, was vorging, sondern auch von denen, die es nicht wußten, und er hat offenbar seine Sätze niemals zunächst daraufhin geprüft, wie sie von den letzteren aufgenommen werden würden. Die Folge war, daß, während sie die Auswärtigen Ämter beruhigten, sie bei großen Massen des deutschen Volkes die Freundschaft für Großbritannien zertrümmerten. Zu einer Zeit, wo wir *Frankreich dringend anrieten*, sich mit Deutschland zu einigen, wo wir es Frankreich leicht machten, diese Einigung zustande zu bringen, wo wir uns verpflichteten, gegen kein Übereinkommen Einwand zu erheben, zu dem Frankreich und Deutschland hinsichtlich des Kongo gelangen würden, versetzte die Rede des Schatzkanzlers die deutschen Chauvinisten in die Lage dem deutschen Volk einzureden, daß wir seinen Interessen feindselig wären. Es war eine große Kalamität, aber wir müssen jetzt sehen, das Unheil ungeschehen zu machen." (*Socialist Review*, Dezemberheft 1911, S. 249–250.)

Macdonald spricht als ein Eingeweihter, und es liegt triftiger Grund zur Annahme vor, daß er noch erheblich mehr weiß, als er hier sagt. Dem Führer einer englischen Parlamentspartei, ob Oppositionsmann oder nicht, stehen ganz andere Möglichkeiten zu Gebote, sich über den diplomatischen Verkehr des Auswärtigen Amts seines Landes zu unterrichten, als einem deutschen Parlamentarier, zumal wenn dieser der Sozialdemokratie angehört. Der Sache nach bilden aber Macdonalds Ausführungen eine viel schärfere Anklage gegen den Vertreter des deutschen Auswärtigen Amts als gegen den britischen Schatzkanzler und den britischen Minister des Auswärtigen. Einen Vorwand liefern, ist eine Ungeschicklichkeit, je nachdem ein fahrlässiges Vergehen. Die Ungeschicklichkeit ausnutzen, um die Öffentlichkeit über den wahren Stand der Dinge irrezuführen, ist *dolose Handlungsweise*, je nachdem ein *Verbrechen*.

Man weiß nun zwei Dinge. Erstens, daß das Stück der Lloyd Georgeschen Rede, das sich, ohne Deutschland zu nennen, an die Adresse der deutschen Diplomatie richtete, die Folge war einer am gleichen Tage erfolgten Erklärung des deutschen Botschafters in London, er habe keine Antwort auf die Fragen der englischen Regierung zu geben, und daß, als einige Tage später die Antwort von Berlin endlich eintraf, der Ministerpräsident Asquith am 27. Juli im

Haus der Gemeinen eine Erklärung abgab, die dem in der Berliner Note ausgedrückten Wunsch, die englische Regierung möge sich *zugunsten einer Verständigung zwischen Frankreich und Deutschland äußern, in weitgehendem Maße entsprach*. Und zweitens weiß man, daß die französische Regierung der *englischen* durch den Mund des Herrn de Selves in des letzteren Rede vom 14. Dezember das Zeugnis ausgestellt hat, daß sie *zu keiner Zeit* der Verhandlungen den Versuch gemacht habe, die französische Regierung gegen die deutschen Forderungen zu stimmen. Ungeachtet dieser, *der deutschen Regierung bekannten Tatsachen* hat die letztere es aber ruhig geschehen lassen, daß wochen-, ja monatelang fast die ganze bürgerliche Presse Deutschlands, und zwar in erster Reihe die Presse derjenigen Parteien, welche der Regierung am nächsten stehen, die Sache so hinstellte, als ob *englischer* Einfluß und *englische* Ränke es zu keiner Verständigung zwischen Deutschland und Frankreich kommen ließen, und so den oben geschilderten Englandhaß erzeugten.

Schon durch diese Passivität allein hat die deutsche Regierung oder mindestens das Berliner Auswärtige Amt schwere Mitschuld an der Erzeugung der Kriegsstimmung in Deutschland auf sich geladen. Denn es standen dem Amt unzählige Möglichkeiten zu Gebote, jener falschen Unterrichtung der deutschen öffentlichen Meinung entgegenzutreten und entgegenzuwirken. Es hat sie unbenutzt gelassen – ja, es spricht eine ziemlich starke Wahrscheinlichkeit dafür, daß es *nicht nur durch Passivität* Mitschuld an ihr auf sich geladen hat. Ein Teil der hier in Frage kommenden größeren Blätter nehmen in Fragen der Auswärtigen Politik nicht Stellung, ohne sich beim Auswärtigen Amt informiert zu haben. Wie hätte die bürgerliche Presse sonst so übereinstimmend gemäß der Parole *„gegen England!“* schreiben können, wenn das Auswärtige Amt ihr nicht irgendwie Vorschub geleistet hätte.

Diese Tendenz läßt sich sogar noch in der Rede verfolgen, die Herr von *Kiderlen-Waechter* am 17. November in der Sitzung der Budgetkommission des deutschen Reichstags gehalten hat. Das Protokoll der Sitzung gibt diese Rede nur sehr abgetönt wieder. Ohrenzeugen erklären, daß sie erheblich mehr Spitzen gegen England enthalten habe, als das Protokoll erkennen läßt. Es ist aber schon bezeichnend, daß diese Rede *mit keiner Silbe der versöhnlichen Erklärung erwähnt* [sic], die Minister Asquith am 27. Juli im Haus der Gemeinen abgegeben hat. Sie läßt auch nicht erkennen, daß die Asquithsche Erklärung die Folge jener *deutschen Note vom 26. Juli* war, in der die deutsche Regierung die bis dahin von ihr an den Tag gelegte Methode der kühlen Abweisung der Fragen der englischen Regierung durch eine freundschaftliche Sprache gutgemacht hatte, wie man sie seit vielen Jahren in England von deutscher Seite nicht vernommen hatte. Das heißt, daß *nicht die Methode des Bluff*, sondern – und das festzustellen ist gerade für *Friedensfreunde* wichtig – die Sprache jener Höflichkeit, welche Nationen einander schulden, die in jenem Moment drohend heraufgezogene *Kriegswolke zerstört hat.* So sehr wird dies vertuscht, daß der Schriftführer jener Sitzung, der Zentrumsabgeordnete Matthias *Erzberger*, noch *nach* der Sitzung mit der Behauptung arbeitet, die „scharfe Sprache", welche der deutsche Botschafter in London im Auftrage des Berliner Auswärtigen Amts am 21. und 25. Juli gegenüber Sir Edward Grey geführt habe, habe die englische Regierung bewogen, vor Deutschland zu Kreuze zu kriechen.

So ward und wird das Volk über die wahre Natur der Vorgänge getäuscht, und in eine, dem Krieg oder den Kriegsrüstungen günstige Stimmung hineingetrieben.

Ob *dies* der vorgefaßte Zweck der Handlungsweise des Herrn von Kiderlen-Waechter war, kann dahingestellt bleiben. Die nächstliegende Folgerung ist, daß der Minister, nachdem er einmal mit seiner Politik des Bluffs angefangen hatte, sie hinterher nicht kurzweg aufgeben konnte, ohne sich selbst ins Gesicht zu schlagen. Offenbar hat er einen Augenblick geglaubt, durch bestimmte Anerbietungen an Frankreich einen Keil zwischen das anglo-französische Einvernehmen zu treiben, worin er sich dann freilich schwer enttäuscht sah. – Überhaupt merkt man es der Politik des Herrn von Kiderlen-Waechter an, daß dieser seine diplomatischen Sporen an *Plätzen des nahen Orients* verdient hat, wo Praktiken und Ränke noch an der Tagesordnung sind, auf die man im Verkehr der großen Nationen des westlichen Europas zu verzichten gelernt hat und die auch durchaus zu verwerfen sind. Seine Verteidiger beschönigen die große Diskrepanz zwischen dem, was er gefordert, und dem, was er erreicht hat, damit, daß sie schreiben, es sei in der großen Politik üblich, mindestens „dreimal mehr zu fordern, als man glaube erlangen zu können." Auch das ist *auf das Entschiedenste zurückzuweisen.* Es ziemt einem modernen Großstaat wie das Deutsche Reich [sic] nicht, in solcher Weise Schacher zu treiben.*2

Wie im allgemeinen im Handel, ist auch im politischen Geschäft die *Methode der festen Preise* Maßstab der höheren Kultur. Hätte Herr von Kiderlen-Waechter auf „die Geste von Agadir" verzichtet und seine Forderung weniger hoch geschraubt, als er es tat, so würde er darum durchaus nicht weniger erlangt haben, als ihm schließlich zuteil geworden ist, aber er hätte Europa die großen Reizungen und Beunruhigungen erspart, die den Sommer und Herbst 1911 ausgefüllt haben und uns zwei oder dreimal an den Rand eines Weltkrieges gebracht haben. Das Wieso und Warum dieser Phasen ist noch lange nicht zur Genüge aufgeklärt. Die Völker aber haben das *Recht* und die *Pflicht*, zu verlangen, daß ihnen die *volle Wahrheit zugängig gemacht* werde.

Die Halben- und die Viertels-Wahrheiten sind Gift für das öffentliche Leben. Auf Grund der Ausplaudereien des englischen Hauptmanns *Faber* und des mißvergnügten Ex-Admirals *Beresford* reden die deutschen Rüstungsbetreiber dem deutschen Volke ein,

---

2 * Selbst die radikaldemokratische Londoner Wochenschrift „T h e N a t i o n", die während der ganzen Kontroverse die Haltung Sir Edward Greys heftig bekämpft und weitestgehendes Entgegenkommen gegenüber Deutschland für Pflicht der englischen Diplomatie erklärt hat, schreibt in ihrer Nummer vom 30. Dezember 1911 in einem Artikel über die Anschuldigungen und Forderungen, die der freikonservative Herausgeber der „Preußischen Jahrbücher", Professor Hans Delbrück, gegenüber England geltend macht, und die sie für berechtigt erklärt, in Bezug auf Delbrücks Ausführungen: „Wir unsererseits glauben, daß diese freimütige Darlegung der deutschen Seite des Streits im wesentlichen den Tatsachen entspricht. Sie ignoriert natürlich das Unheil, das durch die *ungeschlachten* Manieren und *theatralischen Methoden* der deutschen Diplomatie verursacht worden ist. Sie sagt nichts zur Entschuldigung der alten Bismarckischen Gepflogenheit der Doppelgeschäfte und Rückversicherungen, die sogar noch mehr irritiert, als die Bluffmanieren. Aber die *Zwecke*, die Deutschland verfolgt, würden, weit entfernt uns zu schaden, den Wohlstand der Welt erhöhen, und unseren Handel fördern" usw. usw. – Diese Kritik der deutschen Diplomatie durch das *deutschfreundlichste* der englischen Blätter, durch das Blatt, das u. a. für die Abtretung der Walfischbay an Deutschland, für Unterstützung Deutschlands in Kleinasien, für Deutschlands Vorkaufsansprüche in bezug auf Angola – kurz, für alle Wünsche der deutschen Kolonialpolitiker eintritt, spricht ganze Bände, und sollte von allen Deutschen, die noch nicht dem Taumel des Hetzpatriotismus verfallen sind, sorgfältig überdacht werden.

das böse England habe im Sommer über das harmlose Deutschland herfallen wollen. Alle Sachverständigen aber wissen, dass die Maßnahmen in den englischen Kriegshäfen – das Herablassen der Torpedonetze etc. – mit Massnahmen korrespondierten, die zur gleichen Zeit in den *deutschen* Kriegshäfen getroffen wurden, und es ist noch die Frage, wo zuerst „mobil" gemacht wurde.

Die Regierungen schweigen darüber, wie sie über die diplomatischen Vorgänge, welche die Spannung auf das äußerste trieben, teils Schweigen bewahren, teils sich auf Andeutungen beschränken. Was veranlaßt sie zu dieser Zurückhaltung? Auf der einen Seite *Schuldbewußtsein*, auf der anderen das Bestreben, Kontroversen zu vermeiden, durch welche die Reizungen auf die Höhe getrieben werden könnten. Denn vor dem wirklichen Kriege scheuen die Obersten der Oberen doch zurück. Aber durch das geschilderte Verfahren schaffen und erhalten sie ein Halbdunkel, in dem die gewerbsmäßigen Verhetzer ihr Werk mit größtem Erfolgt betreiben können. Sache der Friedensfreunde ist es, auf jede ihnen mögliche Weise dafür zu sorgen, daß Licht werde. *Licht, mehr Licht*! *ist die Parole.*

Der Krieg, sein Urheber und sein erstes Opfer

[Frühe Wortmeldung, noch im Sinne der ‚Regierungserzählung']
Sozialistische Monatshefte,
August 1914[1]

Eduard Bernstein

DEUTSCHLAND sieht sich in einer Kriegslage, für die es in der deutschen Geschichte nur ein Beispiel gibt: die Lage, der Preußen im 7jährigen Krieg zu begegnen hatte. Mit den 3 größten nichtdeutschen Staaten Europas, Rußland, Frankreich, England, sowie dem kleinern Nachbarland Belgien ist es im erklärten Kriegszustand, in einigen anderen Nachbarstaaten überwiegt eine ihm unfreundliche Strömung, und sein einziger Verbündeter Österreich-Ungarn muß einen Teil seiner Kräfte zur Sicherung seiner Grenzen im Südosten gegen offene Feinde und unzuverlässige Neutrale aufwenden, während das Dreibundsmitglied Italien sich vorläufig für neutral erklärt hat. Nur mit Aufbietung aller seiner Kräfte, nur mit der äußersten Anspannung aller seiner Energieen kann und wird es aus diesem Krieg siegreich hervorgehen.

Mußte das alles so kommen? War die Bildung dieser Konstellation nicht zu vermeiden?

Die Frage ist damit nicht erledigt, daß wir das heutige Staaten- und Wirtschaftssystem zur Verantwortung heranziehen. Gewiß muß auch das geschehen, sicherlich war es nur richtig, wenn die sozialdemokratische Reichstagsfraktion in ihrer vom Genossen Haase in der Reichstagssitzung vom 4. August 1914 verlesenen Erklärung den ursächlichen Zusammenhang dieses Kriegs mit jener Form kapitalistisch-militaristischer Machtpolitik betonte, für die heute das Wort Imperialismus gebraucht wird. Aber mit dieser unpersönlichen Feststellung wollte die Fraktion keineswegs die Untersuchung nach der Schuld an der ungeheuren Verwüstung von Menschenleben und Menschenglück, die der nun entfesselte Krieg zur Folge

---

[1] Textquelle | Eduard BERNSTEIN: Der Krieg, sein Urheber und sein erstes Opfer. In: Sozialistische Monatshefte, Jg. 18/2, Nr. 16 vom 13. August 1914, S. 1015-1023.

haben wird, für immer beiseite geschoben haben. Alles zu seiner Zeit. In jener Reichstagssitzung handelte es sich darum die Sachlage zu kennzeichnen und das Verhalten der Sozialdemokratie zu ihr kundzutun. Das ist für die brennende Frage des Augenblicks mit einer Deutlichkeit erfolgt, die den Deutschland Bekriegenden jede Spekulation auf auch nur moralische Begünstigung ihrer Maßnahmen durch die deutsche Sozialdemokratie ein für allemal genommen hat.

Nachdem dies geschehen, scheint es mir an der Zeit in die Frage nach den subjektiven Urhebern des fürchterlichen Kriegs einzutreten. Natürlich kann von ihrer erschöpfenden Behandlung heute nicht die Rede sein. Ganz abgesehen von den Rücksichten, die der Kriegszustand uns auferlegt, ist es auch dadurch unmöglich gemacht, daß wir nur erst ganz lückenhaftes Material über die diplomatischen Verhandlungen der letzten Wochen haben und der ausführlichen Berichte über die Vorgänge in den Parlamenten der mit Deutschland in Krieg liegenden Mächte entbehren. Indes weiß man über die treibenden Kräfte der Politik der beteiligten Staaten heute genug, um die Rolle desjenigen von ihnen feststellen zu können, dessen Leiter vor allem diesen unerhörten Krieg auf dem Gewissen haben: *Rußlands*. Mit dem erwähnten Vorbehalt darf es ausgesprochen werden und *muß* es daher auch ausgesprochen werden: Europa würde diesen Krieg nicht haben, wenn nicht die in der Leitung des Zarenreichs heute maßgebenden Elemente ihn *gewollt* hätten. Auf die Urheber der durch nichts herausgeforderten Mobilisierung der russischen Armee fällt die Hauptverantwortung an diesem Krieg. Untersuchen wir die Tatsachen.

Den unmittelbaren Anlaß zu seiner Mobilisierung fand Rußland in den Schritten Österreichs gegen Serbien aus Anlaß der Ermordung des Erzherzogs Franz Ferdinand und seiner Gemahlin. Diese Schritte sind anfangs auch in sozialdemokratischen Kreisen scharf verurteilt worden. Man hat aber dabei über der formalen Seite die materielle zu wenig in Betracht gezogen. Materiell stehen die Dinge doch so, daß Serbien seit Jahren das Zentrum einer auf Losreißung der südslawischen Landesteile Österreich-Ungarns aus dem Verband dieses Reiches gerichteten wohlorganisierten Verbindung ist. Eine Verbindung, deren großserbische Bestrebungen unter dem Gesichtspunkt des Nationalitätsprinzips hier nicht näher untersucht zu werden brauchen (ich unterschreibe da grundsätzlich durchaus, was Ludwig Quessel neulich hierzu gesagt hat[2]), die aber jedenfalls für Österreich-Ungarn eine um so größere Gefahr wurde, mit je größeren Erfolgen sie auf die Gemüter der südslawischen Bevölkerung Österreichs einwirken konnte. Dies sowie den allgemeinen Kulturzustand der Balkanvölker und die ihnen entsprechenden Rechtsbegriffe muß in Betracht ziehen, wer die Forderungen richtig beurteilen will, die Österreich-Ungarn nach der Ermordung des Thronfolgers und seiner Frau durch großserbische Verschwörer an Serbien richtete. Mochten sie vielleicht brutal klingen: sie waren für Österreich-Ungarn vom *Zwang der Selbsterhaltung* diktiert. Diejenigen, die über das Vorgehen Österreichs ein großes Geschrei erhoben haben, seien auf den Vergleich hingewiesen, den ein Engländer, der Redakteur des Economist, Francis W. Hirst, im Daily Chronicle vom 29. Juli seinen Landsleuten vor Augen geführt hat:

> „Wenn die Afghanen versucht hätten auf Kosten Indiens ein Großafghanistan zu errichten und einen Prinzen und eine Prinzessin von Wales in den Straßen von Peschawar ermordet hätten, sicherlich hätte dann die Stimme der britischen Nation einen Marsch auf Kandahar verlangt, und ich weiß ganz genau, daß Österreich *keinen* Protest dagegen erhoben hätte."

Österreich hat seinen Schritt unter dem Gebot der Notwendigkeit getan. Die Antwort Serbiens auf die Note war dagegen nur ein scheinbares Nachgeben. Das mußten selbst ausländische Blätter anerkennen, die jeder besondern Vorliebe für Österreich unverdächtig sind. So schrieb das oben genannte Daily Chronicle noch am 28. Juli:

> „Das österreichisch-ungarische Rundschreiben führt in seiner Kritik der serbischen Note vom vorigen Sonnabend nicht mit Unrecht aus, daß Serbien den *Schatten* bewilligt und die *Substanz* verweigert hat."

Woher aber nahm die serbische Regierung den Mut zu ihrer Antwort? So sehr den Serben nach ihren wohlfeilen Siegen über die Türkei und Bulgarien der Kamm geschwollen war, würden sie sich

---

2 Siehe *Quessel* Serbia irredenta, in diesem Band [18/2] der Sozialistischen Monatshefte, pag. 899 f.

gehütet haben einen Krieg mit Österreich heraufzubeschwören, wenn sie nicht von vornherein Rußland hinter sich gewußt hätten. Serbien ist seit langem Rußlands getreuester Satrap oder, wie man es auch ausgedrückt hat, Sturmbock auf dem Balkan. Seine Feldzüge führt es mit vorher erlangter Genehmigung, wenn nicht auf Anstiftung von Petersburg. Unterliegt es, so tritt Rußland auf den Plan und verhindert den Sieger ihm die Nägel zu beschneiden. So war es 1876-1877 nach dem serbisch-türkischen Krieg und 1895 nach dem serbisch-bulgarischen Krieg. Der Gedanke, daß sie im Notfall stets Rußland hinter sich hat, stützt die ganze großserbische Agitation.

Sehr drastisch tritt dies in einem Gespräch mit einem Serben zutage, das noch in den allerletzten Tagen, am 29. Juli dieses Jahres, das Tageblatt der englischen Arbeiterpartei, der Londoner Daily Citizen, veröffentlicht hat. Tödlicher Haß gegen Österreich, maßlose nationale Überhebung und blinder Glaube an Rußland als dem Helfer der serbischen Aspirationen sind die Grundnoten der Äußerungen des Serben. Mit Bezug auf die Einverleibung Bosniens und der Herzegowina in den österreichischen Reichsverband, die doch nur eine Angelegenheit zwischen Österreich und der Türkei und nicht zwischen Österreich und Serbien war, heißt es da:

> „Was ich Ihnen sage, ist das: Damals war Rußland nicht fertig, obwohl es bei dieser unerträglichen Unterdrückung durch Österreich auf seiten Serbiens stand. Rußland hält stets den Balkanvölkern die Stange. Jetzt aber ist Rußland fertig, mit Frankreich als Finanzmacht zur Seite, und glauben Sie, daß es sich durch sechs Deutschlands einschüchtern läßt? Ich sage Ihnen, daß es das nicht tut."

An anderer Stelle renommiert der Serbe, den man nach der Beschreibung, die der Mitarbeiter des Daily Citizen von dessen Kleidung gibt, kaum weit von der Londoner serbischen Gesandtschaft zu suchen hat:

> „Wissen Sie, als wir unsern zweiten Krieg beendet hatten, da sind diese Leute, die serbischen Soldaten, mit einer zweiten Reihe von Wunden und Narben vor den König gezogen und haben ihm gesagt: Laß uns unser Werk zu Ende führen und dies Österreich wegfegen. Ich sage Ihnen, Europa wird keinen dauernden Frieden haben, *bevor diese weibische Schlange von einem Land, diese Hydra getötet ist.*"

Einen ähnlichen Ausklang hat ein im vorigen Winter geschriebener Aufsatz eines Dänen über Serbien, den ein Mitarbeiter der Frankfurter Zeitung dieser als objektive Schilderung des Serbien beherrschenden Geistes übersandt hat. Der den Serben sympathisch gegenüberstehende Verfasser schreibt bedauernd, daß der Blick der Serben in staatlicher wie in privater Hinsicht „wenig nach innen gekehrt" sei, man lebe, als befinde man sich beständig auf dem „Kriegsfuß". Diese Beobachtung bestätigt dem Dänen ein Belgrader Publizist; er sagt zum Schluß:

> „Der Bulgarenhaß ist ein Bruderhaß, der sich in Liebe verwandeln kann … Unser Blick ist *über die Save* hin gerichtet. Aber diese Rechnung müssen wir *ein andermal begleichen.*"

Es KANN sich natürlich nicht darum handeln über diese Stimmung der Serben etwa zu moralisieren. Eine geschichtliche Untersuchung würde vielleicht sogar manche Entschuldigung für sie liefern. Von Wert für die politische Betrachtung sind die vorstehenden Schilderungen aber deshalb, weil sie ungewollt Zeugnis dafür ablegen, wie irrig es war, für den Konflikt zwischen Serbien und Österreich dem „Machtkitzel Österreichs" die Verantwortung zuzuschieben. Die Verantwortung war ganz anderswo zu suchen.

In Petersburg war man genau darüber unterrichtet, wie Serbien die ganze Zeit über zu Österreich stand und sich verhielt. Rußland wird nicht von einer demokratischen Regierung geleitet, der Gewaltmaßnahmen gegen eine politische Verbindung grundsätzlich widerstreben. Die russische Regierung würde vielmehr unter gegebenen Verhältnissen noch schärfere Forderungen stellen als Österreich sie Serbien gegenüber erhoben hat. Wenn sie trotzdem sich in dieser Sache mit Serbien geradezu identifiziert hat, so ist das keineswegs mit den offiziellen Freundschaftsbeziehungen Rußlands zu diesem Staat und den geschichtlichen Sympathieen genügend begründet, die in Rußland den Serben gegenüber obwalten, und die niemand weniger mißachten wird, als der Schreiber dieses. Jene Sympathieen konnten eine Vermittlungsaktion rechtfertigen, die darauf abzielte Serbien vor den unvermeidlichen Folgen eines Krieges mit Österreich zu bewahren. Sie genügen aber in keiner Weise zur Begründung dafür, daß Rußland gegen Österreich und dann auch gegen Deutschland mobil machte, ehe noch die Spur eines Beweises vorlag, daß die Vermittlungsaktion zu scheitern drohte, als im Gegenteil Deutschland neue Schritte zugunsten dieser Aktion in Wien unternommen und dies der russischen Regierung angezeigt hatte. Die Mobilmachung konnte unter den gegebenen Verhältnissen vielmehr, soweit Serbien in Betracht kam, von dessen Regierung nur als Beweis aufgefaßt werden, daß Rußland eine ernsthafte Beeinträchtigung der großserbischen Agitationen *nicht zulassen* werde.

Einen Einblick darin, wie sehr es am Willen Rußlands lag, daß jene Aktionen nicht einschlafen wollten, gewähren die Urkunden über den zweiten Balkankrieg, die im April dieses Jahres der Serbe Gregor Jakschitsch in der in Paris erscheinenden Revue Politique Internationale, in polemischer Absicht gegen einen Verteidiger der Bulgaren, veröffentlicht hat. Aufs deutlichste zeigen diese, dem russischen Rotbuch entnommenen Urkunden, wie gehorsam die Serben Winken aus Petersburg gehorchen, und wie wenig Anstand man in Petersburg nimmt den Balkanslawen Befehle zugehen zu lassen, wo dies dem Petersburger Kabinett in den Kram paßt.

Nach Beendigung des ersten Balkankriegs entstand bekanntlich unter den Siegern großer Streit über die Verteilung der den Türken abgenommenen Gebiete. Insbesondere verlangten die Serben mehr Gebiet als für sie in dem vor Beginn des Kriegs mit Bulgarien, Griechenland und Montenegro geschlossenen und von Petersburg gutgeheißenen Geheimvertrag ausbedungen war, und zwar Gebiete, die überwiegend von Bulgaren bewohnt waren. Der Streit wurde nach Petersburg rapportiert, ein lebhafter Depeschenwechsel entstand, und am 30. Mai 1913 ließ der russische Minister Sasonow in einem Rundschreiben an die russischen Geschäftsträger die Regierungen der Balkanstaaten wissen, daß, falls sie sich nicht friedlich einigen könnten, der Streit in *Petersburg* geschlichtet werden müsse. Es heißt in dem Rundschreiben:

„Im Fall, daß diese Zusammenkünfte der Vertreter der Balkanstaaten nicht zu direkten Abmachungen führen sollten, wird Rußland, das *keinen Konflikt mit den Waffen erlaubt*, und die Verantwortung der Partei zuschiebt, die sich den Mitteln friedlicher Verständigung widersetzt, die Ministerpräsidenten Bulgariens, Serbiens und Griechenlands einladen nach Petersburg zu kommen, um mit Rußland als Vermittler die allgemeinen Grundlinien zu vereinbaren, die geeignet wären den Frieden wiederherzustellen und den Bund der Balkanvölker zu befestigen."

Da Serbien bei der Sache nur zu gewinnen hatte, ging selbstverständlich seine Regierung sofort auf den Vorschlag ein. Ebenso verständlich ist es, daß Bulgarien, für das das Umgekehrte der Fall war, sich zunächst gegen ihn sperrte und dann mit der Forderung herauskam, den Vermittlungsverhandlungen solle der vorerwähnte *Vertrag* zugrunde gelegt werden. Das ist ihm aber schlecht bekommen. Am 24. Juni 1913 wurde dem Minister Danew vom russischen Geschäftsträger Nechljudow eröffnet, daß Rußland eine Vermittlung auf Grund von Bedingungen für „unrealisierbar" erachte. Unrat witternd, noch berauscht von seinen Siegen, wagt es Bulgarien ein Ultimatum zu stellen. Da läuft am 25. Juni 1913 sofort von Sasonow die Depesche an Nechljudow in Sofia ein:

„Ich habe dem bulgarischen Gesandten eröffnet, daß Bulgariens Schritt als *Verrat der slawischen Sache* und vollständige Mißachtung unserer wohlwollenden Einladung erscheint. Ich habe hinzugefügt, daß es mir vollkommen klar sei, daß Bulgarien unter dem Einfluß gewisser ausländischer Zuflüsterungen handelt, die ihm Hoffnungen machen, welche sich in bittere Enttäuschungen verwandeln könnten."

Und am 27. Juni 1913 berichtet Nechljudow aus Sofia, er habe den Minister Danew auf die von Rumänien drohende Gefahr hingewiesen, und fügt hinzu:

„Ich habe ihn gleichzeitig benachrichtigt, daß im Fall eines Waffengangs zwischen Bulgarien, Serbien und Griechenland wir, wenn uns auch das Unheil Bulgariens leid tun würde, keinen Finger rühren würden, um Rumänien zurückzuhalten."

Kurz, Rußland will von den Balkanstaaten als ihr Vormund betrachtet werden. Wer sich diesem Anspruch unterwirft, dem leuchtet seine Gnadensonne, wer es wagt Bedingungen zu stellen, wird als „Verräter an der slawischen Sache" preisgegeben. Man beachte den Ausdruck slawische Sache im Mund des obersten russischen Staatsmannes. Der Panslawismus bekommt hier eine sehr greifbare Gestalt. Sprachlich und ethnologisch steht der Russe den Serben, Bulgaren usw. nicht näher als der Deutsche den Skandinaviern, den Holländern, den Flämen. Auf Grund der Bluts- und Sprachverwandtschaft ist seine Einmischung in die Streitfragen zwischen den Bulgaren und Serben nicht besser zu begründen als etwa ein Anspruch Deutschlands auf Einmischung in einen Streit zwischen Schweden und Norwegern. Die Einmischung Außenstehender bei einem Streit, der in einen Krieg auszuarten droht, ist selbstverständlich keine verwerfliche Sache. Im Gegenteil wird die Sozialdemokratie als Vertreterin des Gedankens der Solidarität der Völker in solchen Fällen den Grundsatz der Einmischung stets betonen. Aber die Einmischung steht dem Verband der Nationen ohne Unterschied der Sprachverwandtschaft zu, hat als Sache der *Kulturwelt* und nicht als „slawische Sache" zu geschehen. Hinter dem Ausdruck ‚slawische Sache' stecken Machtansprüche Rußlands, die die Sozialdemokratie nun und nimmer anerkennen kann.

Und im Sinn *dieser* Machtansprüche hat Rußland jetzt sein Schwert für die großserbische Verschwörung in die Wagschale geworfen. Nicht mehr als Befreier wie vor Jahren, sondern als Helfer eines nach Machterweiterung lüsternen Staates, der den Balkan nicht zu einem wahren Frieden gelangen läßt. Das ist der wahre Charakter seiner Aktion. Das zarische Rußland, das, um diese Rolle mit Erfolg zu spielen, gegen Österreich und Deutschland mobil machte, hat die Hauptschuld an dem gegenwärtigen Krieg auf sich geladen, ist sein wahrer Anstifter.

Im Ausland scheint man das auch in Kreisen nicht zu sehen, die Deutschland sonst durchaus freundlich gegenüberstehen. Man scheint da auf den Worten in dem Telegramm des Zaren Nikolaus vom 31. Juli an den deutschen Kaiser zu fußen, worin jener sagt, seine Truppen würden „keine herausfordernde Aktion" gegen Österreich unternehmen, solange die Verhandlungen über Serbien andauern. Jedoch im gleichen Moment, in dem der Zar diese Depesche absandte, erließ er den allgemeinen Mobilisationsbefehl. Die Mobilmachung wird aber im Verkehr der Staaten von jeher als eine *herausfordernde* Aktion betrachtet. Und dies mit Recht. Denn ein Verhandeln, bei dem man dem andern Teil die Faust vor die Stirne hält, ist keine friedliche Verhandlung. Hat man seine Truppen mobil gemacht und an die Grenze vorgeschoben, so kann man in jedem Augenblick die Verhandlungen abbrechen und die Truppen über die Grenze marschieren lassen. Die Mobilmachung ist eine *Kriegsmaßregel*, keine Friedensmaßregel. Hätte Rußland den Weltfrieden aufrechterhalten wollen, so durfte es nicht die durch nichts für Rußlands Sicherheit und Ehre notwendig gewordene Mobilmachung verfügen. Daß es doch geschah, beweist, daß der Zar oder seine Regierung den Weltfrieden nicht wollte. Im Besitz genügender Zusicherungen der Leiter der französischen Republik und offenbar auch darüber beruhigt, daß England mit Frankreich gehen werde, hat Rußland die Schrecken eines Krieges über Europa heraufbeschworen, wie ihn in gleicher Ausdehnung die Neuzeit noch nicht gesehen, und der schon heute ungeheure Werte zerstört, Hunderttausende in ihrem Erwerb und Glück schwer geschädigt hat.

DASS FRANKREICH mit Rußland gehen werde, war leider zu erwarten, und auch die Stellungnahme Englands kommt nicht überraschend. Wohl hat die deutsch-englische Spannung in den letzten Jahren erheblich nachgelassen, und insbesondere der deutsche Kaiser genießt in England eine große Beliebtheit. Aber die Schritte, hüben und drüben ein besseres Verhältnis zwischen beiden Staaten herbeizuführen, haben nicht ausgereicht die weltpolitischen Folgen der früheren Reibungen auszumerzen. So sehr dies die Schwierigkeiten Deutschlands steigert, so wird man gut tun, das dadurch geschaffene Verhältnis ausschließlich *politisch* zu betrachten und zu behandeln. Deutschland hat England, solange der Krieg andauert, zu bekämpfen, wo es dies nur immer kann, wie England Deutschland gegenüber das gleiche tun wird. Krieg ist Krieg, und wer an ihm als Partei teilnimmt, weiß, was er zu gewärtigen hat. Aber es ist weder würdig noch politisch klug sich in Schimpfereien auf das feindliche Volk zu ergehen. Der Krieg und die Kriegskonstellation sind Wechselfällen aller Art unterworfen, und selbst im Augenblick des schärfsten Kampfes soll man das ‚Was nachher?‘ nicht aus den Augen lassen. Die Leiter der deutschen Politik haben versucht durch bestimmte Zusicherungen England zur Neutralität zu bewegen, aber die für die auswärtige Politik Englands verantwortlichen Personen hatten schon früher andere Abmachungen getroffen, England wird die Folgen dieser Entscheidung zu tragen haben. Mit dem ausgezeichneten Korrespondenten der Chemnitzer Volksstimme, der diesem Blatt schon am 30. Juli als ganz sicher schrieb, England werde mit Frankreich und Rußland gegen Deutschland und Österreich gehen, muß ich der Auffassung entgegentreten, daß die deutsche Handelskonkurrenz diese Haltung bestimmt habe. Kein Krieg kann diese aus der Welt schaffen, ein für Deutschland ungünstiger Verlauf des Krieges müßte sie im Gegenteil in der Folge noch verschärfen. Im industriellen Norden Englands ist die Gegnerschaft gegen die Parteinahme des Kabinetts Asquith-Grey-Churchill in diesem Krieg viel stärker als in London und dem übrigen Süden Englands, wo der Rentier, der mittlere Geschäftsmann, der Beamte, der Handelsangestellte und gewisse Kategorieen von Intellektuellen überwiegen.

Indes ist es jetzt nicht an der Zeit die Frage zu erörtern, welche Motive die englische Regierung zu ihrem in jedem Betracht verwerflichen Entschluß bestimmt haben. Jetzt handelt es sich nur darum, daß Deutschland mit Österreich im Bund gegen seine Widersacher Sieger bleibt. Dazu braucht es allerdings des Aufgebots aller Kräfte, über die die Nation verfügt. Die sozialdemokratische Reichstagsfraktion hat dies anerkannt und der Regierung die für die Kriegführung und die Pflege der Opfer des Kriegs erforderlichen Mittel bewilligt. Sie tat es aus reinem Pflichtgefühl für das Interesse des eigenen Volks, ohne den geringsten Anflug von Chauvinismus. Sie handelte damit auch im Geist des großen und edlen Franzosen, der zugleich der bedeutendste Patriot und der hingebendste Verfechter des Internationalismus im heutigen Frankreich war und als erstes Opfer dieses von Rußland entfachten Weltbrands gefallen ist, im Geist unseres unvergeßlichen, leider unersetzlichen *Jean Jaurès*.

AM 31. JULI dieses Jahres haben die hinterrücks abgefeuerten Kugeln eines ihm auflauernden Mörders den Mann getötet, in dem die Franzosen ohne Unterschied der Partei ihren größten Redner seit Mirabeau bewunderten, der aber den genannten Tribun der französischen Revolution an Charakter und tiefer Geistesbildung weit überragte. Dieser Mord war mehr als die Vernichtung eines Menschenlebens Der Mörder hat seine Tat mit dem Eintreten Jaurès' gegen die 3jährige Dienstzeit begründen wollen. Das ist aber ganz sicher eine falsche Angabe. Die Erregung über die Frage der Dienstzeit ist in

Frankreich seit Monaten schon abgeflaut, nicht die Zeit des Dienstes unter den Fahnen stand jetzt auf der Tagesordnung für die Beratung der Deputiertenkammer. Wohl aber hatte Frankreich darüber sich schlüssig zu werden, ob es Rußland zuliebe mit Deutschland und Österreich anbinden solle oder nicht. Gegen das erste lehnten sich die Empfindungen der sozialistischen Arbeiterwelt Frankreichs auf und wirkte mit besonderer Energie ihr größter Agitator, Jean Jaurès. Noch sein Artikel am Tag vor seinem Tod legt davon Zeugnis ab. Am 30. Juli schrieb der nun Ermordete in der Humanité:

> „Wenn es wahr ist, was man dem Temps von Petersburg telegraphiert, daß Österreich Rußland die Zusicherung gegeben hat, daß es Serbiens Integrität nicht antasten wird, so verbietet diese Zusicherung Rußland, sich Hals über Kopf in den Konflikt zu stürzen.“

Jaurès hat in dem Streitfall Österreich-Serbien keineswegs für Österreich Partei ergriffen. Er, dem die Vorgänge in Serbien doch nicht ganz genau bekannt waren, hatte im Gegenteil Österreichs Vorgehen anfangs als zu weitgehend beurteilt. Aber wie alle aufrichtigen Verfechter des Friedens griff er die bezeichnete Erklärung Österreichs, für die sich auch Deutschland zu verbürgen erklärt hat, begierig als eine Handhabe auf, den drohenden Krieg abzuwehren. Wenige Stunden, bevor die Kugeln des Mörders Villain ihn trafen, hatte Jaurès noch in eindringlicher Weise dem Minister Malvy und dem Unterstaatssekretär Abel Ferry die Notwendigkeit für Frankreich dargelegt, auch einmal Rußland gegenüber eine energische Sprache zu führen, für das bei einem Krieg viel weniger auf dem Spiel stehe als für Frankreich, und es zum Einlenken zu bewegen, statt die Rolle des Vasallen Rußlands zu spielen. Seine Ausführungen hatten im Augenblick auf Abel Ferry so tiefen Eindruck gemacht, daß dieser sich zu der Bemerkung hinreißen ließ: „Wie sehr bedaure ich, Herr Jaurès, daß Sie nicht in unserer [der Minister] Mitte sitzen, um uns mit Ihrem Rat beizustehen.“

Wer hatte ein Interesse daran, den Mann, der solches den Franzosen klarzumachen versuchte, aus der Welt zu schaffen? Wem konnte daran gelegen sein, daß, wenn die Frage „Krieg oder Frieden?“ in der französischen Kammer zu entscheiden war, die machtvolle Stimme dieses Mannes, auf dessen Worte ganz Europa zu lauschen pflegte, nicht mehr ertönte? Die Frage stellen, heißt sie beantworten. Jean Jaurès war dem offiziellen Rußland und dessen Dienern im Weg, und so spricht die allergrößte Wahrscheinlichkeit dafür, daß sein Mörder von Agenten Rußlands, wenn nicht direkt gedungen, so mindestens *angestiftet* war. Jaurès wäre ja nicht der erste Politiker, den Rußlands Regierer noch in unserm Zeitalter durch Mörder aus der Welt schaffen ließen. Man erinnere sich der Ermordung des bulgarischen Staatsmannes Stambulow und der ganzen Treibereien des Generals Kaulbars in Bulgarien, in deren Mittelpunkt dieser Mord stand. Ein Wiederabdruck der damals von bulgarischer Seite über dieses Treiben veröffentlichten Akten würde zeigen, daß keine überhitzte Phantasie nötig ist, um in der Ermordung Jaurès' eine gewollte Folge russischer Umtriebe zu erblicken.

Die Sozialdemokratie der Welt ist ihres größten Vertreters, Frankreich und mit ihm Europa eines seiner edelsten Staatsmänner beraubt. Ich gebrauche mit Vorbedacht den Ausdruck Staatsmann, denn Jaurès vereinte mit der Eigenschaft eines Redners von unvergleichlicher Kraft und eines Schriftstellers, der Tiefe der Auffassung mit wunderbarer Klarheit verband, alle geistigen Tugenden, die den wahren Staatsmann, und zwar den demokratischen Staatsmann ausmachen: bedeutende Geschichtskenntnis, Weite des Blicks, Großherzigkeit der Gesinnung, Umsicht im Handeln und Raschheit in der Erfassung der Aufgaben einer politischen Situation. Unzählige Male hat er diese Eigenschaften in glänzender Weise bewährt, in der großen wie in der kleinen Politik, im Leben der Partei wie in den Angelegenheiten der Republik, in der Internationale wie im eigenen Vaterland. In ihm glühten die Leidenschaft des echten Volksmannes für soziale Gerechtigkeit, die Wahrheitsliebe des geschulten Philosophen und der Wissensdrang des vielseitigen Gelehrten. Er war eine durchaus enzyklopädische Natur. In den Pausen der parlamentarischen Kämpfe und der vielen Agitationsversammlungen, die er zu führen hatte, beschäftigten ihn immer wieder Studien aller Art. Alle wichtigen Erscheinungen der Weltliteratur fesselten ihn. Jedesmal fast, wenn ich mit ihm zusammentraf, überraschte er mich durch Kenntnis von Schriften, die dem Franzosen ziemlich fern lagen. Als Politiker hatte er einen überfliegenden Blick und zugleich ein bewunderungswürdiges Gefühl für das Maß, war er im wahren

Sinn der Worte Idealist und Realpolitiker in einem. Immer wieder fand er in kritischen Zeiten das rechte Wort, die rechte Kampflinie. Ich brauche hier nicht erst an seinen großartigen Feldzug in der Dreyfusangelegenheit zu erinnern, jenen Kampf für das Recht, der in seinen Ergebnissen für Frankreichs innerpolitische Entwickelung epochemachend war. Andere Einflüsse haben das Werk der Demokratisierung der französischen Republik, das Jaurès damals so gewaltig gefördert hat, später zum Teil zerstört und zum Teil gehemmt, aber sie haben es nicht völlig ungeschehen machen können. Unvergeßlich wird allen, die 1904 dem internationalen Sozialistenkongreß von Amsterdam beiwohnten, Jaurès' Rede zur Verteidigung seiner heimischen Politik, unvergeßlich die Ansprache sein, die er damals an die deutsche Sozialdemokratie richtete, unvergeßlich die Selbstüberwindung, mit der er sich nach sichtbarem innern Kampf bereit erklärte, um der Einheit der französischen Sozialdemokratie und der Internationale willen, bis auf weiteres von jener Politik Abstand zu nehmen. Seine Leitartikel in der Humanité, Muster kraftvoller und zugleich vornehmer Kampfart, bildeten wahre Wegweiser für die Politik der Zeit. Von all den Mahnworten, die er in diesem Blatt ergehen ließ, soll namentlich eines aufbewahrt werden. Jaurès war es, der gegen Ende des Balkankriegs von 1912, als die siegesberauschten Balkanvölker ihren Kampf in einen Eroberungskrieg ausarten ließen, ihnen in einem flammenden Artikel zurief: „Mäßiget euch!" Einst sagte er bewundernd von Wilhelm Liebknecht im Hinblick auf dessen Kenntnis der drei großen Literatursprachen: „Er ist so international, daß er überall national ist." Das gab sein eigenes internationales Empfinden wieder. Er hatte ein Herz für alle Nationen und Haß gegen keine. Mit vollstem Recht trug sein Blatt den Namen Humanité. Er war der warmherzige Verfechter der Menschlichkeit, der feurige Kämpfer für die unterdrückte Menschheit. Die Menschheit hat ihn in einem Augenblick verloren, wo sie seiner am dringendsten bedurfte.

Votum.
Gegen eine Annexion Belgiens

(25. Oktober 1914)[1]

Eduard Bernstein

„In weiten Kreisen des Volkes, bis in die Reihen der Arbeiter hinein, wird die Annexion Belgiens verlangt. Belgien besteht aus 3 Millionen Wallonen, die ausschließlich französisch sprechen, und 3 ½ Millionen Flamländern, die trotz ihres Plattdeutsches Deutschfeinde sind. Ich gebe mich der Hoffnung hin, dass die deutsche Reichsregierung diesem Annexionsverlangen nicht zustimmen wird."

(Aus einer Rede, die der sozialdemokratische Reichstagsabgeordnete Eduard Bernstein am 25. Oktober 1914 in einer Berliner Metallarbeiterversammlung hielt, die im großen Saale des Berliner Handwerkervereins stattfand.)

---

[1] Textquelle | Salomon GRUMBACH: *Das annexionistische Deutschland*. Eine Sammlung von Dokumenten, die seit dem 4. August 1914 in Deutschland öffentlich oder geheim verbreitet wurden. Mit einem Anhang: Antiannexionistische Kundgebungen. Neu herausgegeben von Helmut Donat. Mit einer Einleitung von Klaus Wernecke und Beiträgen von Lothar Wieland & Helmut Donat. Bremen: Donat Verlag 2018, S. 448.

Die Internationale der Arbeiterklasse und der europäische Krieg

(Dezember 1914)[1]

Eduard Bernstein

VORWORT ZUR SONDERAUSGABE

Der Aufsatz, der den Inhalt dieser Broschüre bildet, ist dem zweiten Kriegsheft des Archiv für Sozialwissenschaft und Sozialpolitik entnommen. Mehrfacher Anregung folgend und mit gütiger Erlaubnis des Herausgebers des Archiv, Herrn Professor Edgar Jaffé, übergebe ich ihn nun in dieser Form der Öffentlichkeit.

Ich bin mir dabei bewußt, daß er in keiner Weise darauf Anspruch erheben kann, den Gegenstand, von dem er handelt, zu erschöpfen. Der Hauptsache nach schon vor Monaten abgeschlossen, konnte er die neueren Vorgänge in der sozialistischen Internationale nur ganz summarisch berühren. Und nur flüchtige Bemerkungen konnten der so wichtigen Gewerkschaftsbewegung gewidmet werden, deren Eigenart und weite Verzweigung eine besondere Abhandlung nötig gemacht hätte. Was der vorliegende Aufsatz darbietet, ist eine Schilderung des Verhaltens der politischen Landesabteilungen der Internationale der Arbeiterklasse im gegenwärtigen Krieg und die Rückwirkung des letzteren auf deren Beziehungen untereinander. Es ist mein Bestreben gewesen, hierbei mit möglichster Sachlichkeit zu veranschaulichen, in welchem besonderen Lichte sich naturgemäß den Sozialisten der verschiedenen Länder der Krieg und sein Anlaß in jedem Einzelfalle darstellen mußten, und aus der Verschiedenheit dieser Urteile die Besonderheiten im Verhalten der sozialistischen Parteien und Gruppen der Hauptländer

---

[1] Textquelle | Eduard BERNSTEIN: Die Internationale der Arbeiterklasse und der europäische Krieg. Tübingen: Verlag von J. C. B. Mohr (Paul Siebeck) 1915. [56 Seiten; dies ist ein Sonderabdruck aus dem ‚Archiv für Sozialwissenschaft und Sozialpolitik' Band 40, Heft 2.]

zu erklären. Unter dem Gesichtspunkt dieses Strebens wolle man
die Schrift beurteilen.

Berlin-Schöneberg, 23. Februar 1915.
Ed. Bernstein.

Die Internationale der Arbeiterklasse und der europäische Krieg

Am 29. Juli 1914 hielt in Brüssel das Internationale sozialistische Bureau eine Vollsitzung ab, um Beschluß darüber zu fassen, ob der nach Wien für den August 1914 einberufene und dort wegen des Kriegszustandes unmöglich gewordene internationale sozialistische Kongreß nun doch stattfinden solle und wohin er einzuberufen sei. Elf Länder, darunter, außer Österreich, alle Großstaaten Europas, waren durch Abgesandte der sozialistischen Parteileitungen vertreten, eine Auswahl der angesehensten Wortführer der internationalen Sozialdemokratie. Auf Vorschlag des Vorsitzenden der deutschen Sozialdemokratie, Hugo Haase, ward einstimmig beschlossen, den Kongreß statt auf den 23. schon auf den 9. August einzuberufen, und zwar nach Paris. Ein einstimmig gefaßter Beschluß forderte ferner die Arbeiter aller Länder auf, in ihren Demonstrationen gegen den drohenden Weltkrieg mit ungeschwächter Energie fortzufahren, und in einer am selben Abend noch im Zirkus Royal abgehaltenen Riesenversammlung bekundeten Hugo Haase (Deutschland), J. Keir Hardie (Großbritannien), Jean Jaurès (Frankreich), Morgari (Italien), Roubanowitsch (Rußland) und P. Troelstra (Holland) in Ansprachen, die mit stürmischer Begeisterung aufgenommen wurden, die Einmütigkeit der sozialistischen Internationale Europas in dem festen Entschluß, mit allen ihr zu Gebote stehenden Mitteln den Ausbruch des Weltkriegs zu verhindern.

Noch nicht eine Woche später war der Weltkrieg da. Sechs Länder Europas waren in ihn hineingezogen, England, Frankreich, Rußland und Serbien gegen Deutschland und Österreich-Ungarn im

Kriegszustand. Und von den drei Ländern, wo die Sozialdemokratie parlamentarisch am stärksten vertreten ist, hatten in zweien, in Deutschland und Frankreich, die sozialistischen Fraktionen den Regierungen die Mittel zur Kriegführung bewilligt, im dritten, Österreich, sie es nicht erwirken können, daß die Regierung überhaupt die Zustimmung der Volksvertretung zu dem Krieg erst einholte.

Es lag ungemein nahe und ist denn auch nicht unterlassen worden, aus diesem Widerspruch zwischen den Beschlüssen vom 29. Juli und den rauhen Tatsachen den moralischen Zusammenbruch der Arbeiter-Internationale abzuleiten. Sie erschien dem großen Publikum nunmehr als der Ohnmacht überführt, in den großen Fragen der Weltpolitik ein entscheidendes Wort mitsprechen zu können, ihr Friedensprogramm wurde als ein durch das Verhalten ihrer Führer selbst in seiner Unrealität enthülltes Phantom hingestellt. Und daß die Wirklichkeit, wie sie sich in den Tagen vom 4. bis 6. August 1914 darbot, für die Freunde des Völkerfriedens, die auf den Friedenswillen der Arbeiter-Internationale vornehmlich ihre große Hoffnung gesetzt hatten, ein grausam rauhes Erwachen gewesen ist – wer wollte es leugnen? Die Angehörigen dieser Internationale aber sind sich Wahrheit über ihre moralische und materielle Kraft schuldig. Ihnen vor allen obliegt es zu untersuchen, ob ihre große Verbindung mit Notwendigkeit oder durch Unterlassungen versagt hat, und welche Folgerungen für ihr zukünftiges Wirken aus den Erfahrungen der verhängnisvollen Woche und den in ihrer Folge eingetretenen Vorgängen gezogen werden müssen. Den Verächtern der Internationale könnte man freilich mit gutem Recht zurufen: *vos quoque et vos etiam pejus* – Ihr habt gleichfalls und obendrein noch mehr versagt. Die berufsmäßigen, mit allen möglichen Machtmitteln ausgerüsteten Hüter des Friedens von Europa haben für diesen Zweck nicht um ein Haar mehr zuwege gebracht als die Arbeiterverbindungen, deren Mittel, mit den Mitteln jener verglichen, noch so überaus bescheiden sind. Abgesehen davon jedoch, daß zu solcher Gegenrechnung noch nicht die Zeit ist, würde sie auch für die Sozialdemokratie die Prüfung, wie es im eigenen Hause stand und steht, niemals überflüssig machen. Die Sozialdemokratie hat alle Ursache, an der Hand der Erfahrungen ihr Können abzuwägen, und nicht minder wichtig ist für sie die Frage, ob sie sich nach dem Maß ihres möglichen Könnens auch tatsächlich bewährt hat.

Was kann die in der Sozialdemokratie organisierte Arbeiterklasse tun, Kriege unmöglich zu machen? In den Parlamenten überall in der Minderheit, könnte sie diese Aufgabe nur unter Zuhilfenahme außerparlamentarischer Aktionen erfüllen, und wir wissen, welche Art von Aktion insbesondere vielen Sozialisten in dieser Hinsicht vorschwebte. Auf nationalen und internationalen Kongressen ist viel darüber debattiert worden, ob man nicht durch den Massenstreik den Völkerkrieg aus der Welt schaffen könne. Die große Mehrheit der deutschen Sozialdemokratie hat dies stets bezweifelt. Auf allen internationalen Kongressen haben sich die deutschen Vertreter dagegen erklärt, Beschlüsse zu fassen, welche jenen Gedanken zur Losung erheben sollten. Und es ist schwerlich zu viel gesagt, wenn man ihn als nun durch die Erfahrung widerlegt bezeichnet. Die Wirklichkeit hat gezeigt, daß, wenn es heute in Ländern moderner Entwicklung zum Krieg kommt, überall schon Verhältnisse eingetreten sind, die sowohl die ökonomischen wie namentlich auch die psychologischen Vorbedingungen einer Streikbewegung der Massen von dem Umfange, wie er für die Verhinderung des Krieges nötig wäre, in Wegfall bringen. Der gegenwärtige Krieg hat die von ihm betroffenen Völker schnell genug überrascht. Und doch sind ihm Wochen zunehmenden Geschäftsdrucks und damit wachsender Arbeitslosigkeit vorausgegangen, eine Zeit, wo von Tag zu Tag die Unmöglichkeit, durch Arbeitseinstellung politische Wirkungen zu erzielen, immer deutlicher sich offenbarte. Zugleich aber riefen die von der bürgerlichen Presse immer tendenziöser dargestellten Vorgänge auf dem Gebiet der großen Politik in steigendem Maße die nationalen Leidenschaften der sonst indifferenten Bevölkerungsschichten wach, die sich stets urwüchsiger zu äußern pflegen, als die Reflexion voraussetzenden Empfindungen, wie sie den Friedenstendenzen der sozialistischen Arbeiterschaft zugrunde liegen. Was unter gewöhnlichen Umständen ein Element besonderer Kraft des sozialistisch gesinnten Proletariats ist, scheint in solcher Situation für es ein Element der Schwäche zu werden: seine objektivistische Stimme wird von dem lauten Geschrei national erhitzter Haufen, hinter denen nun die ganze nicht-sozialistische Presse steht, übertönt. So verliert es im kritischen Moment das Vertrauen in seine soziale Bedeutung, es sieht sich plötzlich in höherem Grade isoliert, als es glaubte und als auch vielleicht der Wirklichkeit entspricht. Andere, sein Selbstbewußtsein lähmende Momente sind, wenn die politische Situation sich zur Kriegsankündigung zuspitzt, das plötzliche Fehlen ausreichender tendenzfreier Berichte über die Vorgänge in denjenigen Ländern, gegen die das eigene Land in Kriegszustand tritt. Das Urteil über den Anlaß zum Krieg, ob dieser letztere Angriff oder Verteidigung heißt, wird unsicher, und damit fällt die Möglichkeit, so schnell, wie es nötig wäre, über die Frage zu entscheiden, ob der Streik gegen den Krieg nicht Streik gegen das in legitimer Abwehr eines Angriffs begriffene eigene Land heißen würde. Alles dies schafft Stimmungen, die gerade beim Ausbruch eines Kriegs allein schon der Allgemeinheit eines Streiks gegen ihn im Wege stehen würden. Wozu dann noch kommt, daß der in solchem Augenblick verkündete Kriegszustand die Militärbehörden in die Lage versetzt, jeden Versuch einer Propagandierung und Organisierung von gegen den Krieg gerichteten Streiks mit Gewalt und unter Verhängung schwerster Strafen zu unterdrücken. Indes haben aus den oben erwähnten Gründen die Organisationen der Arbeiter in solchen Tagen ganz andere Sorgen, als einen Massenstreik ins Werk zu setzen. Sie haben so viel mit Unterbringung und Unterstützung von schon Arbeitslosen zu tun, daß sie gar nicht daran denken können, die noch in Arbeit stehenden Mitglieder zur Niederlegung der Arbeit aufzufordern. Nur wilde Organisationen, die sich um ihre Arbeitslosen nicht kümmern, könnten es tun, würden aber, weil sie stets an Mitgliedern schwach sind, bei den Massen kein Gehör finden.

Es ist denn auch gerade in denjenigen der am Krieg beteiligten Länder, wo die Arbeiter gewerkschaftlich gut organisiert sind, ein ernsthafter Versuch in dieser Richtung nicht einmal gedanklich in Angriff genommen worden. Ohne damit behaupten zu wollen, daß nicht auch Verhältnisse denkbar und möglich seien, wo die Gegnerschaft der Volksmassen gegen einen von den Regierenden herbeigeführten Krieg sich durch Austritt aus den Werkstätten kundgeben würde, wird man doch sagen können und müssen, daß die Idee der Bekämpfung der Kriege durch den Massenstreik, in der Form, wie sie auf den Internationalen Sozialistenkongressen von Stuttgart, Kopenhagen usw. verfochten wurde, durch die Erfahrungen der ersten

Augustwoche 1914 der Unrealisierbarkeit überführt worden ist und daher aus den Diskussionen zukünftiger Arbeiterkongresse als Progammpunkt wohl ausscheiden wird.

2. Die Beschlüsse der internationalen Sozialistenkongresse zur Kriegsfrage

Bevor wir uns der Tätigkeit der Sozialisten in den Parlamenten zuwenden, haben wir zunächst festzustellen, welche Pflichten die internationalen Sozialistenkongresse den parlamentarischen Vertretern der Sozialdemokratie für Kriegsfälle auferlegt haben, und wie man sich die Ausführung gedacht hatte.

Auf verschiedenen ihrer großen Kongresse hat die internationale Sozialdemokratie sich mit der bezeichneten Frage beschäftigt. Überblicken wir die darüber gefaßten Beschlüsse, so stoßen wir zunächst auf die Tatsache, daß es in ihnen an jeder Vorschrift darüber fehlt, welche sich direkt auf die Abstimmungen über die Kredite für einen unmittelbar bevorstehenden oder schon eröffneten Krieg bezieht. Begreiflicherweise und, wird man hinzufügen dürfen, auch verständigerweise ist stets davon abgesehen worden, für eine Frage, die sich unter so verschiedenartig gestalteten Verhältnissen darbieten kann, wie es bei der Kriegsfrage möglich ist, bindende Satzungen mit dem für solche gebotenen Anspruch aufzustellen, durch sie alle etwa in Betracht kommenden Fälle zu decken. Immerhin ward in der Resolution des internationalen Sozialistenkongresses von 1900 (Paris) über Völkerfriede, Militarismus und stehende Heere als „zweckmäßiges Mittel für die Durchführung der darin niedergelegten Grundsätze“ unter Punkt 2 bemerkt, „daß die sozialistischen Vertreter in allen Parlamenten unbedingt gegen jede Ausgabe des Militarismus, Marinismus oder der Kolonialexpeditionen zu stimmen verpflichtet sind.“

Militarismus und Marinismus sind abstrakte Begriffe, unter denen man sich sehr verschiedenes denken kann. Der französische Text der Resolution drückte sich jedoch konkreter aus und verlangte, daß die sozialistischen Abgeordneten *„s'engagent à voter contre toute dépense militaire et toute dépense pour la flotte et les expéditions militaires coloniales.“* Ebenso der englische Text, und es könnte

79

aus ihnen mit Leichtigkeit gefolgert werden, daß die sozialistischen Abgeordneten auch bei einem Kriege gegen alle Ausgaben für Heer und Flotte zu stimmen hätten.

Indes käme es alsdann eben auf einen Auslegungsstreit an, und ferner besagt die Resolution nur, daß sich die Auferlegung dieser Verpflichtung empfehle, sie schreibt sie aber noch nicht selbst vor. Direkt auf den Kriegsfall zugespitzt und viel bestimmter gefaßt ist dagegen die folgende Resolution des Kongresses von 1907 (Stuttgart):

> „Droht ein Krieg auszubrechen, so haben die Arbeiter der betreffenden Länder und ihre parlamentarischen Vertreter, unterstützt durch die zusammenfassende Tätigkeit des Internationalen Sozialistischen Bureaus, alles aufzubieten, um durch die Anwendung der ihnen am wirksamsten erscheinenden Mittel den Ausbruch des Krieges zu verhindern, die sich je nach der Verschärfung des Klassenkampfes und der Verschärfung der allgemeinen politischen Situation naturgemäß ändern.
>
> Falls der Krieg dennoch ausbrechen sollte, ist es die Pflicht, für dessen rasche Beendigung einzutreten und mit allen Kräften dahin zu streben, die durch den Krieg herbeigeführte wirtschaftliche und politische Krise zur Aufrüttelung des Volkes auszunutzen und dadurch die Beseitigung der kapitalistischen Klassenherrschaft zu beschleunigen."

Der Kongreß von 1910 (Kopenhagen) bekräftigte diese Resolution und ergänzte sie durch folgende Anweisung an das Internationale Sozialistische Bureau:

> „Zur Durchführung dieser Maßnahmen weist der Kongreß das Bureau an, bei drohender Kriegsgefahr sofort die nötigen Schritte einzuleiten, um zwischen den Arbeiterparteien der betroffenen Länder das Einvernehmen über ein einheitliches Vorgehen zur Verhütung des Krieges herbeizuführen. In allen Fällen, wo ein Konflikt zwischen zwei oder mehr Ländern droht, und wenn dabei ein Zögern oder eine Verspätung in der Entscheidung der um Rat gefragten nationalen Parteien der betreffenden Länder eintritt, hat der Sekretär des Internationalen Sozialistischen

Bureaus, auf das Ersuchen von mindestens einem der beteiligten Proletariate, das Internationale Sozialistische Bureau sowie die Interparlamentarische Sozialistische Kommission dringend einzuberufen, die sofort zusammentreten müssen, sei es in Brüssel, sei es an irgend einem anderen Orte, der je nach den Umständen dazu geeigneter erscheint."

Das Internationale Sozialistische Bureau wird aus Mitteln der sozialistischen Parteien unterhalten, die den Internationalen Kongreß beschicken, und hatte seinen Sitz in Brüssel, das wegen seiner geographischen Lage und als Hauptstadt des neutralen und zweisprachigen Belgien ganz besonders für die Zentrale geeignet erschien. Die Vertreter der belgischen Arbeiterpartei im Bureau bildeten seinen geschäftsführenden Ausschuß, und ständiger Sekretär des Bureaus war Camille Huysmans, gleich drei andern Mitgliedern des Ausschusses, Ed. Anseele, Louis Bertrand, Emile Vandervelde, sozialistischer Abgeordneter in der belgischen Deputiertenkammer. Das Bureau hatte sich bisher in jeder Hinsicht ausgezeichnet bewährt, diesmal aber sollte es ihm nur beschieden sein, am Vorabend des Krieges der ihm zufallenden Aufgabe gerecht zu werden. Wir haben oben schon von seiner Sitzung vom 29. Juli und dem auf ihr gefaßten Beschluß berichtet. An jenem Tage bestand in sozialistischen Kreisen immer noch stark die Hoffnung, der Weltkrieg werde sich mit Hilfe von Kundgebungen und Aktionen der in dieser Hinsicht einigen Arbeiterklasse vermeiden lassen. Keinen Augenblick dachte man an einen Einmarsch von Truppen einer kriegführenden Macht in das neutrale Belgien, der dieses zum Teilnehmer am Krieg machen würde. Diese Möglichkeit ward auch nicht einmal beiläufig gestreift. Daß der zur Wirklichkeit gewordene Krieg nun doch gerade den Bruch der Neutralität Belgiens zum Anfang hatte, war einer der härtesten Schläge für das Internationale Sozialistische Bureau. Und zwar nicht bloß in bezug auf dessen praktische Möglichkeiten. Menschen können sich nicht halbieren, und da die Mitglieder des geschäftsführenden Ausschusses des Bureaus sämtlich Mitglieder der belgischen Kammer waren, mußte die Sorge für die Verteidigung Belgiens gegen die ein- und vordringenden Deutschen ihr Denken und Empfinden völlig beherrschen. Als belgische Volksvertreter waren sie durchaus damit einverstanden gewesen, daß Belgien der

von Deutschland gestellten Forderung freien Durchmarschs gegen
Frankreich nicht nachgab und sich auch nicht, wie Luxemburg, mit
bloßem formalen Protest begnügte, sondern sich gegen ihn zur
Wehr setzte. Nicht daß sie etwa von vornherein Partei für Frankreich genommen hätten. Aber man darf nicht vergessen, daß Eingehen auf Deutschlands Forderung von seiten der Belgier selbstwillige
Verletzung ihrer Neutralität und einen feindseligen Akt gegen
Frankreich bedeutet hätte. Denn unter strategischem Gesichtspunkt
hieß zulassen, daß die deutsche Armee ungehindert durch Belgien
gegen Frankreich vorrückte, eine sehr viel schwerere Benachteili-
gung Frankreichs, als das Umgekehrte für Deutschland bedeutet
hätte. Die belgischen Mitglieder des Internationalen Sozialistischen
Bureaus waren durch äußere Gewalt in einen Gewissenskonflikt
versetzt worden, unter dessen Wirkung sie nach Lage der Dinge
kaum anders handeln konnten, als sie gehandelt haben. Daß sie auf
diese Weise für eine ganze Zeit aus Neutralen zu Kriegführenden
und je nach ihrem Temperament zu leidenschaftlich Kriegführenden wurden, wird ihnen nur der verargen, der sich nicht in die Seele
eines Volkes versetzen kann, dessen Land von einem übermächti-
gen Nachbar mit Waffengewalt unterworfen wird. Nur konnten sie
unter diesen Umständen auch aus *persönlichen* Gründen nicht gut
mehr als Ausschuß des Internationalen Sozialistischen Bureaus fun-
gieren, und es wäre sicherlich das Richtigste gewesen, schon von
dem Augenblick an, wo Belgien in den Krieg hineingezogen wurde,
den Sitz des Ausschusses für die Dauer des Kriegs zeitweilig in eines
der nun noch neutralen Länder zu verlegen und dortige Sozialisten
mit der zeitweiligen Übernahme der Aufgaben des Ausschusses
und Sekretariats zu betrauen. Aber wem stand es zu, eine solche
Verfügung zu beschließen, wo die Sozialisten der Hauptländer sich
plötzlich in zwei gegenüberstehenden Lagern sahen und jeder Möglichkeit beraubt waren, direkt miteinander in Verbindung zu treten?

3. Die internationale Sozialdemokratie und der russisch-österreichisch-serbische Konflikt

So schlimm indes die Stillsetzung des Ausschusses und Sekretariats des Internationalen sozialistischen Bureaus war, so war sie doch nicht die schlimmste Folge des Krieges für den geistigen Zusammenhang der Internationale der Arbeiter. Viel schlimmer war die plötzlich geschaffene Unmöglichkeit für die sozialistischen Parteien hüben und drüben, sich über ihr Verhalten und die Beurteilung der Vorgänge zu verständigen oder doch wenigstens zu verstehen. Die heutigen bürgerlichen Parteien stellt der Krieg vor keine seelischen Probleme. Ist er da, so gibt es für sie im gegnerischen Land nur noch „Feinde". Es genügt nicht, daß die beiderseitigen Heere im Feld sich gegenüberstehen und dort einander materiell so viel Übles anzutun haben, als sie nur können, man sucht sich auch von Volk zu Volk *moralisch* alles mögliche anzutun. Man gönnt dem Gegner nicht einmal den Glauben an das Recht der von ihm vertretenen Sache. Man spielt sich selbst als den Hüter der Kultur auf und schlägt dem höchsten Gut moderner Kultur, der gegenseitigen Durchdringung und Verknüpfung der Nationen, zu den ökonomisch-sozialen auch nach Kräften noch *geistige* Wunden. Im klassischen Sinne des Wortes für die Angehörigen des anderen Landes *Barbaren* zu sein, wird zur Bekräftigung der echt nationalen Gesinnung.

Die Arbeiterparteien machen es sich nicht so leicht. Sie fühlen sich, wenn ihr Land in einen Krieg verwickelt wird, vor die doppelte Aufgabe gestellt: das eigene Land vor Überwältigung und Zerstücklung zu schützen und zugleich die Güter nicht leiden zu lassen, die sie mit den Arbeitern und den sonstigen Trägern der großen Menschheitsziele im gegenüberstehenden Lager gemeinsam haben. Sie bekommen es nicht fertig, Leute, mit denen sie jahre- oder jahrzehntelang für diese Ziele Schulter an Schulter gekämpft haben, schon darum als „Feinde" zu hassen, weil ihre Länder Interessenfragen durch Anrufung der Waffen zur Entscheidung zu bringen suchen. Ihnen ist es infolgedessen Bedürfnis, das Verhalten jener zu verstehen, und daher war die Unterbrechung in den Möglichkeiten, wenigstens durch das Mittel der Presse zueinander zu sprechen, für sie eine schwer empfundene Heimsuchung. Gab es doch eine Zeit, wo man z. B. bei uns nur noch *ad usum delphini* zugestutzte Satzstücke aus den Veröffentlichungen der Sozialdemokratie und der Arbeiterbewegung der Länder zu lesen bekam, mit denen Deutschland nun im Krieg liegt, über den vollen Inhalt dieser Veröffentlichungen aber in Unkenntnis blieb. Jene Auszüge ließen wiederholt die Meinungsunterschiede unter den Sozialisten von Land zu Land größer erscheinen, als sie in Wirklichkeit waren.

Unsere Zeit lebt im allgemeinen schnell, und in Kriegszeiten überstürzen sich die Entwicklungen. Dies mußte um so mehr der Fall sein bei einem Krieg, wie der jetzige, wo über drei Viertel von Europa sich feindselig gegenüberstehen, die beiden Großstaaten Mitteleuropas im Kampf sind gegen das rückständige Reich des Zaren und die beiden vorgeschrittensten Nationen Westeuropas. Nimmt man heute die Nummer eines leidlich liberalen bürgerlichen Blattes eines der kriegführenden Länder vor und vergleicht sie mit einer Nummer des gleichen Blattes etwa vom 20. Juli 1914, so wird man den Eindruck empfangen, es komme die letztere Nummer aus einem andern Zeitalter, einer andern Welt. So groß ist der Unterschied in Sprache und Urteil hinsichtlich der Völkerbeziehungen, auf den man da stößt. Es ist, als hätten die Menschen am 4. August ganze Hektoliter Lethe getrunken und alles vergessen, was sie vor jener Zeit in dieser Hinsicht gesagt und geschrieben haben. So ist es mit ganz vereinzelten Ausnahmen in Deutschland, und so wird es auch in den meisten andern der am Krieg beteiligten Länder sein. Um aber den Standpunkt zu verstehen, der für die Sozialisten in den verschiedenen Ländern bei Ausbruch des Krieges die Haltung bestimmte, muß man auf die Tage zurückgehen, die dem Ausbruch des Krieges vorangingen, und sich die damalige Stimmung der sozialistischen Welt vergegenwärtigen.

Wie war die Stimmung damals beschaffen? Die Note Österreichs an Serbien und die sofortige Eröffnung des Kriegs gegen Serbien durch das erstere, als Serbien nicht alle seine Forderungen ohne weiteres zugestand, sondern zwei, welche seine staatliche Selbständigkeit in Frage stellten, weiterer Verhandlung oder einem Schiedsspruch des Haager Gerichtshofs zu überweisen vorschlug, waren von der Sozialdemokratie, und außerhalb Deutschlands und Österreich-Ungarns auch von der bürgerlichen Demokratie, mit entrüsteten Protesten beantwortet worden. Die Sprache der Sozialdemokraten Deutschlands und Österreichs war womöglich noch schärfer in der Verurteilung der österreichischen Politik als die Sprache der Sozialisten in denjenigen Ländern, mit denen Deutschland und Österreich jetzt im Krieg liegen. So beantwortete der Parteivorstand der deutschen Sozialdemokratie die Überreichung des österreichischen Ultimatums an Serbien mit folgendem Aufruf, der zuerst im Vorwärts vom 25. Juli in einer Sonderausgabe bekannt gegeben und Tags darauf in der ganzen sozialdemokratischen Presse Deutschlands an hervorragender Stelle veröffentlicht wurde (wir geben ihn mit den Auszeichnungen des Originals wieder):

„Noch dampfen die Äcker auf dem Balkan von dem Blute der nach Tausenden Hingemordeten, noch rauchen die Trümmer verheerter Städte, verwüsteter Dörfer, noch irren hungernd arbeitslose Männer, verwitwete Frauen und verwaiste Kinder durchs Land, und schon wieder schickt sich die vom österreichischen Imperialismus entfesselte Kriegsfurie an, *Tod und Verderben über ganz Europa* zu bringen.

Verurteilen wir auch das Treiben der groß-serbischen Nationalisten, so fordert doch die *frivole Kriegsprovokation der österreichisch-ungarischen Regierung* den schärfsten Protest heraus. Sind doch die Forderungen dieser Regierung so brutal, wie sie in der Weltgeschichte noch nie an einen selbständigen Staat gestellt sind, und können sie doch nur darauf berechnet sein, den *Krieg geradezu zu provozieren.*

Das klassenbewußte Proletariat Deutschlands erhebt im Namen der Menschlichkeit und der Kultur flammenden Protest gegen dies verbrecherische Treiben der Kriegshetzer. Es fordert gebieterisch von der deutschen Regierung, daß sie ihren Einfluß auf die österreichische Regierung zur Aufrechterhaltung des Friedens ausübe, und falls der schändliche Krieg nicht zu verhindern sein sollte, sich jeder kriegerischen Einmischung enthalte. *Kein Tropfen Blut eines deutschen Soldaten darf dem Machtkitzel der österreichischen Gewalthaber, den imperialistischen Profitinteressen geopfert werden.*

Parteigenossen, wir fordern euch auf, sofort in M a s s e n v e r - s a m m l u n g e n *den unerschütterlichen Friedenswillen des klassenbewußten Proletariats zum Ausdruck zu bringen.* Eine ernste Stunde ist gekommen, ernster als irgend eine der letzten Jahr-

zehnte. Gefahr ist im Verzuge! Der Weltkrieg droht! Die herrschenden Klassen, die euch im Frieden knebeln, verachten, ausnutzen, wollen euch als Kanonenfutter mißbrauchen. Überall muß den Gewalthabern in die Ohren klingen:
Wir wollen keinen Krieg! Nieder mit dem Kriege!
Hoch die internationale Völkerverbrüderung!
Der Parteivorstand."

In allen Städten Deutschlands fanden gemäß diesem Aufruf große Protestversammlungen statt, deren Redner in womöglich noch schärferer Tonart sprachen, als sie in der vorstehenden Kundgebung angeschlagen ward. Österreichs Vorgehen ward überall in den leidenschaftlichsten Ausdrücken verurteilt. Die sozialdemokratische Presse war voller heftiger Anklagen gegen das politische System der österreichisch-ungarischen Doppelmonarchie. Und ebenso wiederholte man überall die schon in der Kundgebung des Parteivorstandes betonte Forderung, daß die deutsche Reichsregierung ihren ganzen Einfluß dafür aufbiete, den Krieg zu verhindern.

Fast gemessen liest sich im Vergleich hiermit der Artikel von Jean Jaurès in der Humanité vom 29. Juli, als Österreich Serbien den Krieg erklärt hatte. Hier die wichtigsten Sätze:

„Die jetzt offizielle Kriegserklärung Österreichs an Serbien ist gar nicht zu rechtfertigen. Österreich behauptet, Serbien habe nicht alle von ihm in seiner Note aufgezählten Forderungen erfüllt. Was die Welt viel mehr überrascht hat, ist, daß Serbien in bezug auf Zugeständnisse viel weiter gegangen ist, als man annehmen durfte. Wenn Serben, wie es wahrscheinlich ist, schwere Torheiten begangen haben, so hat Serbien sie durch den heroischen Mut gut gemacht, mit dem es Österreich die weitestgehenden Genugtuungen zuerkannt hat. Der Krieg ist unentschuldbar. Und die immanente Gerechtigkeit, die nicht bloß ein Wort ist, wird sich eines Tages der Monarchie fühlbar machen, welche die Menschheit in die Lage bringt, entweder dem unbilligen Mißbrauch der Gewalt zuzuschauen oder in der Entfesselung eines Weltkrieges die gewagteste Gutmachung der begangenen Ungerechtigkeit zu suchen.

Was das kaiserliche Deutschland betrifft, so wird es sich nicht gegen den Vorwurf verteidigen können, Österreich auf dieser schlimmen Bahn ermutigt zu haben."

Auch das Organ der *englischen Arbeiterpartei*, der „Daily Citizen", drückte sich über die Kriegserklärung Österreichs verhältnismäßig sachlich aus. In seiner Nummer vom 27. Juli schrieb es:

„Dieses furchtbare Unheil ist wie ein tückisches Raubtier, still, fast unbeobachtet auf uns losgesprungen. Wir betrachten Österreich ganz entschieden als den Angreifer. Sein Streit mit Serbien datiert nicht von gestern, beginnt nicht mit dem Verbrechen von Serajewo. Die in diesem Konflikt der Regierungen sich bergenden Fragen sind solche der Rasse und des Territoriums. Österreich hat in der sinnlosen Ermordung des Erzherzogs nur den Vorwand gefunden, auf den es lange gewartet hat. Ohne die Spur eines Prozesses hat Österreich Serbien und serbische Offiziere für schuldig erklärt. Es will in dieser Mordsache Richter, Geschworener und Henker sein. Es sagte faktisch zum schwächeren Staat: ‚Wir haben Dir den Prozeß gemacht und Dich für schuldig befunden. Wir wollen keine Erklärung, kein Leugnen, keine Verteidigung hören. Wir fordern, daß Du Dein Verbrechen eingestehst und die schwerste und demütigendste Strafe auf Dich nimmst, die wir Dir auferlegen können.' Der Versuch, unbewiesene Anschuldigungen mit der Spitze des Bajonetts Serbien in den Hals zu jagen, ist kein Verfahren, das zivilisierte Menschen gutheißen können."

Schärfer ertönte es aus dem Brüsseler „Peuple", dem Organ der *belgischen Arbeiterpartei*. „Österreich braucht die Dunkelheit, um seinen schlechten Streich auszuführen", schrieb es in seiner Nummer vom 31. Juli, als die Kriegsoperationen schon ihren Anfang genommen hatten. „Wir wissen nichts Zuverlässiges darüber, wo die Truppen zusammengezogen werden, noch welches Ziel ihnen gegeben wird. Wir wissen aber leider, daß der Krieg andauert, und daß der ernsthafteste Versuch, ihm eine Grenze zu setzen und ein Ende zu machen, zu dem England die Initiative ergriffen hatte, erfolglos geblieben ist. Dieser in Paris und Rom sehr gut aufgenommene Vorschlag einer Konferenz der vier nicht direkt am Konflikt interessierten

Mächte ist in Berlin höflich, aber entschieden abgelehnt worden. Müssen wir somit jede Hoffnung fahren lassen?"

Der Artikel erörtert dann die Möglichkeiten einer Schwächung der österreichischen Kriegsführung durch den Widerwillen der Slaven und der sozialistischen Arbeiter Österreichs gegen den Krieg und schließt mit der bitteren Bemerkung:

„Franz Joseph beendet seine Regierung wirklich mit einer schlechten Handlung. Aber wer weiß, ob es nicht zugleich auch ein schlechtes Geschäft ist?"

An andrer Stelle kommentiert das Blatt den Aufruf Franz Josephs an die Völker Österreichs in Wendungen, die durch die Überschrift: „Senilität, Gewissensmangel und Lüge" und durch den Schlußsatz zur Genüge gekennzeichnet, sein werden:

„Zur Ehre der Menschheit wollen wir noch Zweifel zulassen an der vollen Bewußtheit desjenigen, der diese Zeilen geschrieben hat und sich nicht scheut, das fürchterlichste Abschlachten zu entfesseln."

Die Sozialdemokratie Österreichs hatte in jenen Tagen schon nicht mehr das gewohnte Maß von Bewegungsfreiheit. Sie sah sich unter einem Ausnahmezustand, der durch die schon erwähnte Tatsache genügend bezeichnet wird, daß die Regierung den Krieg ins Werk setzte, ohne auch nur für einen Tag den Reichsrat einzuberufen. Auch war die Partei dadurch zu größerer Zurückhaltung genötigt, als immerhin die Tatsache einer gegen Österreich gerichteten Agitation in Serbien und unter den Serben Österreichs vorlag und serbische Zeitungen eine sehr feindselige Sprache gegen Österreich geführt hatten. Dies hat sie aber nicht abgehalten, in sehr entschiedener Sprache gegen den Krieg Stellung zu nehmen. Die Fraktion der deutschen sozialdemokratischen Abgeordneten im österreichischen Reichsrat erließ beim Bekanntwerden des Wortlauts des österreichischen Ultimatums einen Aufruf, worin sie zunächst die Art und Weise der großserbischen Agitation scharf verurteilte und anerkennt, daß Serbien Österreich Genugtuung schulde, dann aber erklärt:

„Aber wir sind überzeugt, daß die serbische Regierung diesen
Forderungen Österreich-Ungarns, die durch das Völkerrecht
sanktioniert sind, keinen Widerstand hätte entgegensetzen können, keinen Widerstand auch entgegengesetzt hätte. Wir sind
überzeugt, daß für alles, was Österreich-Ungarn im Interesse des
Schutzes seiner Staatlichkeit begehrt, die Erfüllung im Frieden
zu erreichen war und immer noch wäre, und daß keine staatliche
Notwendigkeit, keine Rücksicht auch auf ihr Ansehen die Großmacht zwingt, die Bahnen der friedlichen Verständigung zu verlassen. Deshalb erklären wir im Namen der arbeitenden Klassen,
erklären es als die Vertretung der deutschen Arbeiter in Österreich, daß wir *für diesen Krieg die Verantwortung nicht übernehmen*
können, daß wir für ihn und für alles, was aus ihm an furchtbar
ernsten Folgen entspringen mag, denjenigen die Verantwortung
zuschieben, die den verhängnisvollen Schritt, der uns vor den
Krieg stellt, ersonnen, unterstützt und gefördert haben."

Zu dieser Feststellung und Erklärung seien die Unterzeichneten um
so mehr verpflichtet und gedrängt, als die Völker Österreichs seit
vielen Monaten der Tribüne entbehrten, von der aus sie ihren Willen
verkünden könnten.

„Angesichts der Gefahr eines Krieges, der die volle Hingabe von
Gut und Blut in Anspruch nimmt, erscheint die *planmäßige Vergewaltigung des Volkswillens*, wie sie in der Ausschaltung des Parlaments liegt, um so erbitternder und aufreizender, … Wir protestieren gegen ein Regierungssystem, das keine Achtung vor
den grundsätzlich verbürgten Rechten des Volkes hat; wir protestieren gegen eine Regierungstätigkeit, die die Nationen mit
Unmut, das Volk mit Verzweiflung erfüllt."

Und der Aufruf schließt:

„Dem Volk ist es nicht gegeben, über Krieg und Frieden zu entscheiden. Das Parlament, durch das es wirkt und spricht, ist
stumm. Der politischen Freiheit in den Versammlungen und in
der Presse sind Fesseln angelegt. In dem Bewußtsein der schicksalsschweren Stunde soll noch einmal unser Mahnruf laut werden:

Der Friede ist das kostbarste Gut des Menschen,
das höchste Bedürfnis der Völker!
Wir lehnen jede Verantwortung für diesen Krieg ab; feierlich und entschieden beladen wir mit ihr diejenigen, die ihn, *hüben wie drüben*, angestiftet haben und entfesseln wollten. Wir wissen uns darin einig mit den klassenbewußten Arbeitern der ganzen Welt, nicht zum wenigsten mit den Sozialdemokraten Serbiens, und feierlich bekennen wir uns zu der Kulturarbeit des internationalen Sozialismus, dem wir ergeben bleiben im Leben und verbunden bis zum Tode!"

Wir könnten auf diese Weise Land auf Land durchnehmen und würden überall die gleiche Stimme vernehmen. In der leidenschaftlichen Stellungnahme gegen den Krieg und in der Kennzeichnung Österreichs als dem Hauptanstifter waren die Sozialisten aller Länder bis dahin einig. Mittlerweile hatte jedoch das Eintreten Rußlands zugunsten seines Schützlings Serbien in diese scheinbar so einfache Fragestellung ein Moment hineingetragen, das sie sehr wesentlich verschob. Was Rußland für Serbien verlangte, deckte sich so ziemlich mit den Forderungen der Internationale der Sozialdemokratie. Rußland gab, wie man weiß, zu, daß Serbien Österreich Genugtuung und Bürgschaften guter Nachbarschaft schulde, wollte aber nicht zulassen, daß es militärisch erdrückt und in seiner Eigenschaft als selbständiger Staat beeinträchtigt werde. Aber wenn zwei das Gleiche verlangen, so bedeutet es noch nicht das Gleiche. Es ist nicht nötig zu bestreiten, daß Mitgefühl für das stammverwandte und seit langem auf Petersburg als seinen Beschützer blickende Serbien bei Rußlands Eintreten für das letztere mitgewirkt hat. Aber bestimmend für sein Verhalten war die Erwägung, daß das Vorgehen Österreichs Rußlands Ansehen und in weiterer Folge seine ganze Machtstellung auf dem Balkan bedrohte. Wie umgekehrt dieses Vorgehen Österreichs zwar immer noch als Ausfluß einer rückständigen militaristischen Denkweise zu beurteilen ist, aber doch nicht widersinnig erscheint, wenn es als Maßnahme für die Wiedergewinnung der Position beurteilt, die Österreich durch die zwei Balkankriege und den Zusammenbruch des Österreich zuliebe geschaffenen Staates Albanien auf dem Balkan verloren hatte. So wurde unvermeidlich der österreichisch-serbische Konflikt zum österreichisch-russischen Konflikt, und Eintreten für Serbien hieß von da ab auch Eintreten für *Rußland*.

Was das für die Sozialdemokratie *Deutschlands* zu besagen hatte, braucht kaum erst ausgeführt zu werden. Ihre großen Vorkämpfer Marx und Engels wie auch ihre ersten Führer Bebel und Liebknecht haben ihr die Todfeindschaft gegen das zarische Rußland sozusagen als Erbstück hinterlassen. Nun hat sich allerdings seit der Zeit, wo Marx und Engels den Kampf gegen Rußland als leitendes Motiv der auswärtigen Politik der Sozialdemokratie aufstellten, manches in den Voraussetzungen geändert, die für sie dabei bestimmend waren. Engels selbst hat z. B. wiederholt geschrieben, daß von dem Zeitpunkt an, wo Rußland in das konstitutionelle Leben mit Parlament usw. eintrete, es nicht mehr in dem gleichen Maße Gefahr für die politische und soziale Entwicklung seiner Nachbarvölker und mittelbar Europas überhaupt sein werde, als es dies in der Eigenschaft als Domäne des bureaukratisch-absolutistischen Zarismus gewesen war. Und so langsam auch der Koloß Rußland sich kulturell entwickelt, so ist doch immerhin auch bei ihm Entwicklung festzustellen. Dem steht jedoch der Umstand gegenüber, daß auch als halb konstitutioneller Staat — und zu mehr hat es Rußland noch nicht gebracht – das russische Reich ein Militärstaat bleibt, wie es nur je einen gegeben hat, und daß diejenigen gesellschaftlichen Schichten, die durch das Stück Konstitutionalismus, welches Rußland endlich erhalten hat, mitregierend werden, Bürgschaft für eine weniger imperialistische auswärtige Politik, als das alte absolute Regiment sie vertrat, nicht darbieten. Auch derjenige deutsche Sozialdemokrat, der das politische Erbe der großen Vorkämpfer der Partei dem Recht der Inventur unterwirft, kann daher ein Rußland, das Polen in Banden hält, Finnland seiner Rechte beraubt, fünf Millionen Juden politisch und wirtschaftlich unterdrückt, ebenfalls nur als ein Staatswesen betrachten, das in seiner jetzigen Gestalt „wert ist, daß es zugrunde geht". Als bekannt wurde, daß Rußland mobilisierte, um gegebenenfalls mit Waffengewalt gegen Österreich vorzugehen, und es sich immer deutlicher zeigte, daß ein russisch-österreichischer Krieg auch ein russisch-deutscher Krieg sein würde, konnte nicht mehr die Frage den Ausschlag geben, ob Rußlands Forderungen in bezug auf Serbien objektiv gerecht waren, sondern mußte die Frage in den Vordergrund treten, ob man als deutscher Sozialist um

Serbiens willen die Möglichkeit eines Eindringens russischer Truppen in Deutschland und eines etwaigen Sieges Rußlands und seiner Verbündeten über Deutschland zulassen durfte. Solange noch ein Funken Aussicht vorhanden war, durch diplomatische Mittel die Kriegsgefahr abzuwenden, ist die deutsche Sozialdemokratie für diese Lösung des Konflikts eingetreten, hat sie gefordert, daß Deutschland seinen Einfluß auf Österreich im Sinne der Mäßigung von dessen Auftreten geltend mache. In seiner Nummer vom 30. Juli [1914] schrieb der „Vorwärts" unter Hinweis darauf, daß die Eröffnung der Feindseligkeiten seitens Österreichs die Gefahr stündlichen Aufloderns des Weltbrands heraufbeschworen habe:

„Was ist zu tun, um solche *unabsehbare Kulturschmach* abzuwehren, um den entsetzlichen Ausgang zu verhüten?
England und Rußland haben die vorläufige Einstellung der österreichischen Feindseligkeiten angeregt. Österreich hat abgelehnt, weil es erst einmal die Sprache der Kartätschen sprechen lassen will. Deutschland soll bisher abgelehnt haben, dieser Forderung, der ersten und wichtigsten, der für die Frage des Weltkriegs *ausschlaggebenden*, beizutreten! Das ist ein Standpunkt der deutschen Regierung, den wir nicht zu fassen vermögen, der, wie wir oben dargelegt, gerade der deutschen Regierung die furchtbarste *Verantwortung* auflädt! Vor dem *eigenen Volke*, vor den *Auslandsmächten*, vor dem Forum der *Weltgeschichte*.
Schon ertönt es in Frankreich, wo man so heiß wie irgendwo die Erhaltung des Weltfriedens ersehnt, daß nunmehr kein Mensch mehr Rußland, sondern einzig *Österreich* und seinen Verbündeten *Deutschland* als den *Anstifter zum Weltbrand*, den *wirklichen Störenfried* betrachten müsse.
Und in England ist die Auffassung ganz allgemein, daß als ausschlaggebender Faktor der deutsche *Kaiser* in seiner Eigenschaft als Verbündeter und Berater Österreichs aus den Falten der Toga die Lose Krieg oder Frieden schütteln könne."

Das sei richtig. Von Wilhelm II. falle die Entscheidung. Ihm stelle der „Vorwärts" gern das Zeugnis aus, daß er sich wiederholt als aufrichtiger Freund des Friedens bewährt habe. Aber selbst der tatkräftigste Mensch sei Einflüssen nicht unzugänglich, und mächtig arbeite die Kamarilla der Kriegstreiber, um den Völkerkrieg, den Weltbrand, die Verwüstung ganz Europas zu erzielen. Ihr müsse entgegengerufen werden:

> „Die *Einwirkung Deutschlands auf Österreich* ist das *erste Gebot*! Erst die Waffenruhe vermag vernünftigen, ausgleichenden Verhandlungen freie Bahn zu schaffen.
> Wer skrupellos zu fernerem Dreinhauen rät, ist ein *Verbrecher am eigenen Volke*, wie er gegen die *Kulturgemeinschaft aller zivilisierten Völker* verbrecherisch frevelt."

Selbst noch am 31. Juli, als die Entscheidung über Krieg und Frieden auf des Messers Schneide stand, als ein Erlaß des Zaren schon die Hälfte der russischen Armee auf Kriegsfuß setzte, schloß der „Vorwärts" seinen Leitartikel, der die Gefahren der Situation und des Völkerkrieges eindringlich schilderte, mit dem leidenschaftlichen Appell:

> „Als Partei der internationalen Völkersolidarität richten wir unsere Mahnung und Warnung an die Verantwortlichen *aller* Staaten.
> Wir warnen *Rußland,* durch seine Mobilisierung einen Zustand zu schaffen, der den blutigsten Völkermord heraufbeschwört, aber auch das *Ende des Zarismus* bringen kann!
> Wir beschwören *Frankreich,* seinen ganzen Einfluß auf Rußland auszuüben, damit es nicht durch seine plumpe Kosakenpolitik auch Frankreich in die unabsehbaren Schrecknisse des europäischen Krieges hineinreißt.
> Aber wir warnen auch dringlichst noch einmal die *deutsche Regierung,* den Bogen zu überspannen! Das deutsche *Volk,* das hat die Demonstration des deutschen Proletariats bewiesen, will den *Frieden,* will die *Verhandlungen,* will die *Schlichtung des Konflikts!* Das beispiellose Treiben der unverantwortlichen Kriegshetzer sucht *Kaiser und Kanzler mattzusetzen* und die Kriegsfurie skrupellos zu entfesseln!
> Ihm gilt es in der schicksalsschwersten Stunde die unerschütterliche Losung entgegenzusetzen:
> *Die Bahn frei für Verhandlungen für die Sicherung des Friedens! Nieder mit den Kriegshetzern!"*

Es ist das Verhängnis der heutigen staatlichen Zustände, daß, wenn die Beziehungen der Staaten zueinander sich zu einer Krisis zuspitzen, beim Heranrücken des kritischen Zeitpunktes die Unterrichtung der Völker über die Vorgänge jenseits der Grenzen und den diplomatischen Verkehr der Regierungen untereinander eine immer lückenhaftere, einseitigere und dadurch schon tendenziöse wird. Es ist dann, als ob ein Nebelschleier sich herabsenke, der keinen klaren Ausblick mehr erlaubt und die Menschen jenseits als phantastische Gestalten erscheinen läßt. Dabei überstürzen sich die Ereignisse, jede Stunde schafft eine andre Situation, und die Möglichkeit, die Verantwortlichkeiten festzustellen, nimmt immer mehr ab.

Am 31. Juli ward in Deutschland der Kriegszustand verhängt. Die Presse stand nun unter Aufsicht, der Nachrichtendienst unter Zensur. Nichtsdestoweniger brachte auch noch in seiner Nummer vom 1. August der „Vorwärts" einen Artikel, der eindringlich aufforderte, kein Mittel unversucht zu lassen, das in letzter Stunde den Krieg vermeiden könne. Zwar sei inzwischen gemeldet worden, Rußland mobilisiere nun eine ganze Armee. Indes dürfe man daraus keine zu weitgehenden Folgerungen ziehen.

„Die russische Mobilisation erscheint uns als *kein Grund*, die ernstesten, geduldigsten Verhandlungen vom Standpunkt *ehrlichster Friedenspolitik* aus fortzusetzen. Niemand kann wissen, ob nicht Rußland nur deshalb seine Kriegsbereitschaft in forciertem Tempo fortzusetzen für notwendig hielt, weil der *Lokal-Anzeiger* durch sein eigentümliches Versehen fälschlicherweise die *deutsche Mobilisation* publizierte. Aber auch Rußlands Mobilisierung braucht Deutschland noch nicht nervös zu machen, weil ja Rußland wegen seiner Heeresorganisation und der Weitläufigkeit seines Landes *unendlich viel längere* Zeit zur Mobilisierung gebraucht wie Deutschland."

Zu spät. Als das Vorstehende im Druck erschien, erfuhr man zugleich die Nachricht von dem Ultimatum der deutschen Regierung an die russische und die französische Regierung, und am 2. August war gegen Rußland und Frankreich der Krieg erklärt.

Es ist noch nicht an der Zeit und gehört auch nicht zur Aufgabe dieser Arbeit, Untersuchungen über das Maß der Verantwortungen für diesen Krieg anzustellen. Ganz umgehen läßt sich dieser Punkt aber insofern nicht, als für Kennzeichnung des Verhaltens der sozialistischen Parteien hüben und drüben, sowie in den neutralen Ländern selbstverständlich auch die Feststellung gehört, wie sich ihnen nun die Tatsachen und die Verantwortlichkeiten darstellten.

In Deutschland war folgendes die Sachlage. Es stand fest, daß Rußland mindestens mit der offiziellen Mobilisierung vorangegangen war, und die offizielle Mobilisierung ist Kriegsdrohung. Auf das an Rußland gerichtete Ultimatum der deutschen Regierung, dessen Frist bis auf den 1. August nachmittags 5 Uhr verlängert war, hatte, laut dem Weißbuch, das die Reichsregierung am 3. August veröffentlichte, die russische Regierung überhaupt nicht geantwortet, auf das an Frankreich gerichtete Ultimatum nach demselben Bericht die französische Regierung die in den Ohren von Sozialisten wenig ansprechend klingende Antwort gegeben, Frankreich werde tun, was seine Interessen ihm geböten. Frankreich und Rußland erschienen als diejenigen, welche durch militärische Handlungen die Feindseligkeiten eröffnet hatten. Im Osten und im Westen standen laut offiziellen Berichten Soldaten der nunmehrigen Feinde auf deutschem Gebiet.

Diese Dinge vor Augen hatte am 4. August die Reichstagsfraktion der deutschen Sozialdemokratie darüber zu entscheiden, ob sie die von der Regierung für die Kriegsführung geforderten Kredite bewilligen solle oder nicht. Ich glaube mich keiner unerlaubten Indiskretion schuldig zu machen, wenn ich bemerke, daß in der Beratung über diese Frage der Streitfall Österreich-Serbien, der doch den Anstoß zur Kriegssituation gegeben hatte, kaum noch berührt wurde. So sehr hatten die Mobilisierungen und die Berichte über Eröffnung der Feindseligkeiten alle andern Gesichtspunkte in den Hintergrund gedrängt. Für die große Mehrheit der Fraktion handelte es sich jetzt nur noch darum, sich klar zu werden, ob in einem Zeitpunkt, wo Feinde schon einen Fuß ins Land gesetzt hatten und der Hauptfeind obendrein Rußland hieß, eine Partei, welche ein

Drittel des deutschen Volkes vertritt, denjenigen, die nun einmal die Verteidigung des Landes zu führen haben, die Mittel zur Verteidigung und zur Fürsorge für die Krieger und deren Angehörige versagen dürfe.

Dies schien denen, welche sich die Frage so stellten, eine Unmöglichkeit. Umgekehrt fragte sich eine Minderheit, ob es angängig sei, die Mittel zu einem Kriege zu bewilligen, über dessen unmittelbare Vorgeschichte man nur erst einseitigen Bericht habe und der obendrein der Ausfluß eines politischen Systems sei, gegen welches die Sozialdemokratie stets mit größter Energie angekämpft habe. Die Mittel für einen solchen Krieg bewilligen hieß nach ihr für die Sozialdemokratie, sich mit sich selbst in Widerspruch setzen, und würde auf die Arbeiter anderer Länder den schlechtesten Eindruck machen, in der Internationale der Arbeiter die größte Verwirrung stiften. Diese letztere Ansicht konnte indes bei der Abstimmung in der Fraktion nur zwischen einem Sechstel und einem Siebentel der Abstimmenden für sich gewinnen. Sechs Siebentel der Fraktion stimmten dem Antrag zu, der sich für Bewilligung der Kriegskredite aussprach, und da vorher beschlossen worden war, im Reichstag selbst auf jeden Fall einheitlich zu stimmen, konnte dieser am 4. August 1914 das Schauspiel darbieten, daß mit den bürgerlichen Parteien die Sozialdemokratie der Forderung eines Kredits von fünf Milliarden Mark für Kriegszwecke zustimmte und die Vertretung des deutschen Volks so dem feindlichen Ausland eine einheitliche Front zeigte. Die Begründung der Abstimmung aber, vom Vorsitzenden der Fraktion, Hugo Haase, verlesen, lautete:

„Wir stehen vor einer Schicksalsstunde. Die Folgen der imperialistischen Politik, durch die eine Aera des Wettrüstens herbeigeführt wurde und die Gegensätze zwischen den Völkern sich verschärften, sind wie eine Sturmflut über Europa hereingebrochen. Die Verantwortung dafür fällt den Trägern dieser Politik zu, *wir* lehnen sie ab. Die Sozialdemokratie hat diese verhängnisvolle Entwicklung mit allen Kräften bekämpft und noch bis in die letzten Stunden hinein hat sie durch machtvolle Kundgebungen in allen Ländern, namentlich im innigen Einvernehmen mit den französischen Brüdern für die Aufrechterhaltung des Friedens gewirkt. Ihre Anstrengungen sind vergeblich gewesen.

Jetzt stehen wir vor der ehernen Tatsache des Krieges. Uns drohen die Schrecknisse feindlicher Invasionen. Nicht für oder gegen den Krieg haben wir heute zu entscheiden, sondern über die Frage der für die Verteidigung des Landes erforderlichen Mittel. Nun haben wir zu denken an die Millionen Volksgenossen, die ohne ihre Schuld in dieses Verhängnis hineingerissen sind! Sie werden von den Verheerungen des Krieges am schwersten getroffen. Unsere heißen Wünsche begleiten unsere zu den Fahnen gerufenen Brüder ohne Unterschied der Partei.

Wir denken auch an die Mütter, die ihre Söhne hergeben müssen, an die Frauen und Kinder, die ihres Ernährers beraubt sind, denen zu der Angst um ihre Lieben die Schrecken des Hungers drohen. Zu ihnen werden sich bald Zehntausende Verwundeter und verstümmelter Kämpfer gesellen. Ihnen allen beizustehen, ihr Schicksal zu erleichtern, diese unermeßliche Not zu lindern, erachten wir als zwingende Pflicht.

Für unser Volk und seine freiheitliche Zukunft steht bei einem Siege des russischen Despotismus, der sich mit dem Blute der Besten des eigenen Volks befleckt hat, viel, wenn nicht alles, auf dem Spiel. Es gilt diese Gefahr abzuwehren, die Kultur und die Unabhängigkeit unseres eigenen Landes sicherzustellen. Da machen wir wahr, was wir immer betont haben: wir lassen in der Stunde der Gefahr das Vaterland nicht im Stich. Wir fühlen uns dabei im Einklang mit der Internationale, die das Recht jedes Volkes auf nationale Selbständigkeit und Selbstverteidigung jederzeit anerkannt hat, wie wir in Übereinstimmung mit ihr jeden Eroberungskrieg verurteilen.

Wir fordern, daß dem Kriege, sobald das Ziel der Sicherung erreicht ist und die Gegner zum Frieden geneigt sind, ein Ende gemacht wird durch einen Frieden, der die Freundschaft mit den Nachbarvölkern ermöglicht. Wir fordern dies nicht nur im Interesse der von uns stets verfochtenen internationalen Solidarität, sondern auch im Interesse des deutschen Volks.

Wir hoffen, daß die grausame Schule der Kriegsleiden in neuen Millionen den Abscheu vor dem Kriege wecken und sie für das Ideal des Sozialismus und des Völkerfriedens gewinnen wird. Von diesen Grundsätzen geleitet, bewilligen wir die geforderten Kredite.“

Wenn dieser Erklärung das Zeugnis nicht versagt werden konnte, daß sie durchweg sozialistischen Geist atmet und mit keiner Silbe den Grundsätzen der Internationalität der Arbeiterbewegung widerspricht, so bedeutet das noch nicht, daß alle Argumente, die gegen die Bewilligung der Kredite vorgebracht wurden, unbeachtlich gewesen waren. Nie liegt bei solchen Entscheidungen auf der einen Seite nur Wahrheit und auf der andern nur Irrtum. So erwies sich der Einwand, die Sozialisten des Auslands würden die Abstimmung nicht verstehen und an der deutschen Sozialdemokratie irre werden, als nicht ganz unbegründet. Nicht überallhin drang nämlich mit der Nachricht von der Bewilligung der Kredite zugleich auch die sie begründende Erklärung, und anderwärts gab der Telegraph die letztere nur in gekürzter Form wieder, während der Austausch der Zeitungen durch den Krieg unterbrochen war. Infolgedessen hörte man in der Tat in verschiedenen Ländern aus dieser Abstimmung der deutschen Sozialdemokratie nur das Ja heraus und faßte es als eine Zustimmung zum Kriege selbst auf. Als solche aber war sie für die Mehrheit der Sozialisten des Auslands eine arge Enttäuschung. Auf die deutsche Sozialdemokratie mit ihren vier Millionen Wählern hatten die Sozialdemokraten aller Länder als ihre stärkste Vormacht in der Bekämpfung der Kriege geblickt. Die Haltung von Bebel und Liebknecht beim Ausbruch des Krieges von 1870 war immer und immer wieder als Wahrzeichen dafür in Erinnerung gebracht worden, was die von ihnen begründete Partei im gleichen Falle tun werde. Und nun hatte diese zu so großer Stärke gelangte Partei die Mittel zu einem Kriege bewilligt, der nicht, wie der Krieg von 1870, an Deutschland, sondern nach Westen und Osten hin *von* Deutschland erklärt worden war.

Formal traf das letztere freilich zu, und selbst die Bedeutung der Grenzverletzungen, mit denen die deutsche Regierung die Kriegserklärungen begründete, wurde bestritten. Vielmehr beschuldigten die Regierungen von Frankreich und Rußland ihrerseits die deutsche Heeresführung, mit Überschreitungen der Grenze den Anfang gemacht zu haben. Schon am 1. August hatte die französische Regierung der englischen durch ihren Botschafter in London eine Note überreichen lassen, wonach deutsche Patrouillen bereits am 31. Juli an zwei Stellen die französische Grenze überschritten hätten, während die Franzosen ihre Vorposten zehn Kilometer von der Grenze entfernt hielten. Die örtliche Bevölkerung habe sogar dagegen protestiert, daß man sie in dieser Weise feindlichen Truppen preisgebe, die französische Regierung lege aber Wert darauf, der öffentlichen Meinung und der britischen Regierung klaren Beweis abzulegen, daß Frankreich in keinem Falle der Angreifer sein werde. Deutschland habe, wie die französische Regierung jetzt genau wisse, schon am gleichen Tage seine militärischen Vorbereitungen ins Werk gesetzt, wo die österreichische Note an Serbien eingehändigt wurde. Alles das, schloß die Note, werde den Botschafter in die Lage versetzen, der britischen Regierung „für die friedlichen Absichten der einen und die aggressiven Absichten der andern Partei den Beweis zu liefern."

Bei der heutigen Natur der militärischen Rüstungen und der gewaltigen Größe der modernen Heere, ist der Streit darüber, wer mit den Kriegsvorbereitungen angefangen habe und auf welcher Seite zuerst die Grenze verletzt worden sei, die natürlichste und zugleich am schwersten zu entscheidende Sache von der Welt. In jedem Lande geht der offiziellen Mobilmachung eine inoffizielle voraus, ist die erstere nur der Schlußstein von militärischen Maßnahmen, mit denen jede Regierung in dem Augenblick beginnt, wo für sie die Kriegswolke am Horizont sich zeigt. Die ersten Verfügungen aber sind solche, denen man nach Bedarf die harmloseste Deutung geben kann. Stehen dann die Riesenheere an den Grenzen sich gegenüber, so sind Voreiligkeiten an der einen oder andern Stelle ebenso schwer zu vermeiden, wie Ausschreitungen einzelner im Kriege selbst. Beweisführungen, daß die andere Partei angefangen habe, werden bei Dritten stets nur in dem Maße Glauben finden, als diese von vornherein in die Friedensliebe der einen oder andern Seite größeres Vertrauen setzen.

In dieser Hinsicht stand es nun in bezug auf das offizielle Deutschland bei den europäischen Demokratien leider nicht günstig. Hier war man von jeher gewohnt, Deutschland als das klassische Land des Militarismus und der Steigerung der Rüstungen zu betrachten und zu fürchten, letzteres mit der die Furcht stets begleitenden Empfindung. In den Demokratien war die Erinnerung an die gewaltige Heeresvorlage von 1913, an die Vorgänge in Zabern, an die Krupp-Affaire, die Telegramme des deutschen Kronprinzen und ähnliches noch in lebhafter Erinnerung. Da vergaß man nicht, daß

Deutschland Österreichs Unnachgiebigkeit in der serbischen Frage durch seine Diplomatie unterstützt hatte, da war man infolge von Vorkommnissen, wie die offiziell bestrittene, aber doch vom halboffiziösen Berliner Lokalanzeiger gemeldete frühe Mobilmachung Deutschlands, stutzig geworden und nahm auch andere offizielle Angaben der Reichsregierung nur mit Mißtrauen auf. Unter anderem stieß die Begründung, die der deutsche Reichskanzler am 4. August dem Bruch der belgischen Neutralität durch Deutschland gab, im demokratischen Ausland, die Arbeiterparteien voran, auf starken Unglauben. Ihr stand zunächst die von der französischen Regierung abgegebene Erklärung gegenüber, daß Frankreich bestimmt verspreche, die Neutralität Belgiens zu respektieren, wenn keine andre Macht sie vorher verletze, und selbst Jean Jaurès hatte sich am 29. Juli bei der großen Kundgebung in Brüssel für die friedlichen Absichten der französischen Regierung verbürgt. Nach dem ausführlichen Bericht des Brüsseler „Peuple" hatte der in der Internationale der Arbeiter beliebteste und geachtetste aller sozialistischen Führer erklärt:

„Uns französischen Sozialisten ist eine leichte Aufgabe gestellt. Wir brauchen unserer Regierung nicht erst die Friedenspolitik vorzuschreiben, sie befolgt sie in der Praxis. Ich, der ich nie gezaudert habe, den Haß unserer Chauvinisten auf mein Haupt zu laden durch mein hartnäckiges und nie nachlassender werdendes Streben nach Erstellung der deutsch-französischen Annäherung, ich habe das Recht zu erklären, daß in der gegenwärtigen Stunde die französische Regierung den Frieden will und für Erhaltung des Friedens arbeitet.
Die französische Regierung ist der beste Friedensverbündete dieser bewunderungswürdigen englischen Regierung, welche die Initiative zur Vermittlung ergriffen hat. Und sie wirkt auf Rußland durch ihre Ratschläge im Sinne der Weisheit und Geduld."

Man darf sicher sein, daß Jaurès von der Wahrheit seiner Worte überzeugt war. Im privaten Kreise machte er sogar nähere Mitteilungen über die bezeichneten Schritte der französischen Regierung. Ob sie die Tatsachen richtig trafen, ist natürlich eine ganz andre

Frage. Aber es handelt sich hier nicht um die geschichtliche Beurteilung der Handlungen und Absichten der Regierungen, sondern um die Kennzeichnung der Urteile, welche in der Sozialdemokratie der verschiedenen Länder darüber bei Beginn und während des Krieges obwalteten.

Die Ehrlichkeit von Jaurès, die keines Beweises mehr bedarf, wird zum Überfluß durch den Satz verbürgt, den er dem obigen folgen ließ:

„Unsere Pflicht ist es darauf zu bestehen, daß sie (die französische Regierung) mit Nachdruck auf Rußland einspreche, sich (der Kriegserklärung) zu enthalten. Sollte aber unglücklicherweise Rußland dem nicht nachkommen, so ist es unsere Pflicht zu erklären: *Wir kennen nur Einen Vertrag, den Vertrag, der uns an das Menschengeschlecht bindet.*"

Zwei Tage, nachdem er diesen wundervollen Satz gesprochen, war Jaurès nicht mehr unter den Lebenden. Die Hand eines erhitzten Chauvinisten hatte den gewaltigen Tribunen der Menschheit und Menschlichkeit hinterrücks ermordet. Man ist versucht, sie nachträglich zu segnen. Sie hat diesem edlen Mann erspart, den Zusammenbruch des Werks zu erleben, für das er sein herrliches Genie eingesetzt hatte.

Wie Jaurès im Rat der französischen Sozialisten gesprochen und gestimmt hätte, als diese sich bald darauf endgültig über Krieg und Frieden schlüssig zu machen hatten, ist nicht so sicher, als es nach dem vorstehenden und unzweifelhaft ernst gemeinten Satze erscheinen mag. Denn Jaurès war kein absoluter Pacifist. Er war nur absoluter Gegner jedes Angriffskriegs. Sein auch in deutscher Sprache erschienenes, auf tiefgehenden militärischen Studien beruhendes Werk „Die Neue Armee" (Jena 1913, Eugen Diederichs) ist eine ganze Theorie des Verteidigungskriegs, den Jaurès im gegebenen Fall mit aller Kraft geführt wissen wollte. Es kam also auch darauf an, in welchem Licht ihm schließlich der neue deutsch-französische Krieg erschienen wäre. Sein letztes, von der Humanité zugleich mit dem Bericht über seine Ermordung mitgeteiltes Gespräch mit Mitgliedern der französischen Regierung forderte verstärkten Druck auf Rußland, daß dieses sich dem zweiten Vermittlungsvorschlage

Englands anschließe, behandelte aber Rußland als Verbündeten Frankreichs. Jaurès verlangte, die Regierung solle diesem erklären:

„Unser Land hat das Recht von seinem Verbündeten zu verlangen, daß er so weit als möglich in der von England angezeigten Richtung gehe. Rußland muß den englischen Vorschlag akzeptieren. Andernfalls hat Frankreich die Pflicht ihm zu erklären, daß es ihm nicht folgen, sondern bei England verharren werde."

Rußland hatte aber nun auch den zweiten Vorschlag Englands angenommen, er war nur gleich dem ersten am Widerstand Österreichs gescheitert. Der Krieg Deutschlands und Österreichs gegen Rußland war da, formal von Deutschland erklärt. Wie sich die französischen Sozialisten in solcher Situation zu verhalten hätten, geht aus den Worten von Jaurès nicht zwingend hervor. Wie stand es bei seinen Kollegen?

Als am 2. August die Fraktion der geeinten Sozialisten Frankreichs über die Situation beriet, überwog die Anschauung, daß die Hauptverantwortung für den Krieg bei der deutschen Regierung läge, die durch einen Druck auf Österreich ihm hätte vorbeugen können. Aber die Abneigung gegen den Krieg war so stark, daß nichtsdestoweniger eine Gruppe gegen den Krieg und die Kriegskredite stimmen wollte, eine zweite Enthaltung für angezeigt hielt und nur eine Minderheit der Ansicht war, man werde unter der veränderten Sachlage gar nicht umhin können, die Kriegskredite zu bewilligen. Die dann erfolgte Kriegserklärung Deutschlands an Frankreich und das Bekanntwerden der Absicht Deutschlands, durch Belgien hindurch in Frankreich einzumarschieren, hatten zur Folge, daß am 4. August die sozialistische Kammerfraktion einmütig für die Kriegskredite stimmte.

Noch am 28. Juli hatte sie in Hinblick auf die Nachricht vom Einmarsch österreichischer Truppen in Serbien eine Erklärung erlassen, worin sie aussprach, daß eine bewaffnete Intervention Rußlands das Übel nur verschlimmern, die Gefahr nur vergrößern könne. Die Intervention würde, hieß es,

„nur das Spiel des kriegslüsternen imperialistischen Deutschtums besorgen, das seine Stunde gewählt zu haben scheint, ein

Gewaltunternehmen ohnegleichen ins Werk zu setzen, und das eines Tages den Mißbrauch, den es mit der brutalen Gewalt treibt, sich gegen sich selbst wird kehren sehen".

Alle Bemühungen Frankreichs und Europas müßten auf den Erfolg der von England vorgeschlagenen Vermittlung gerichtet sein, jede bewaffnete Aktion Rußlands würde „diesen weisen und hochherzigen Plan" durchkreuzen. „Frankreich, das seit mehr als vierzig Jahren seinen Anspruch auf Elsaß-Lothringen den höheren Interessen des Friedens untergeordnet hat", dürfe sich nicht in einen Konflikt ziehen lassen, dessen Gegenstand Serbien sei. Es dürfe „unter keinen Umständen durch mehr oder weniger willkürliche Auslegung von geheimen Verträgen und dunklen Abmachungen in einen furchtbaren Kampf geschleudert werden."

Nun war der Kampf da, und die Unterzeichner sahen sich genötigt, die Mittel für ihn zu bewilligen. Mehr noch, als Ende August die deutschen Truppen über Belgien hinweg nach Frankreich vorrückten, stimmten sie zu, daß zwei aus ihrer Mitte in das Ministerium eintraten, das nun ein Ministerium der nationalen Verteidigung wurde. Es waren dies Jules *Guesde*, der alte Vorkämpfer der Lehren des Deutschen Marx in Frankreich und einer der Ersten, die es gewagt hatten, die Ideen der Revanche an Deutschland von der Tribune herab rückhaltlos zu bekämpfen, und Marcel *Sembat*, einer der intimsten und eifrigsten Mitkämpfer von Jean Jaurès für die deutsch-französische Annäherung und Verfasser der dieser Sache gewidmeten Schrift *„Faites la paix, sinon faites un roi"*, worin er der Republik zurief, sie müsse sehen, endlich einmal zu einem wirklichen Frieden mit Deutschland zu kommen, widrigenfalls es logischer wäre, sich gleich dem ganzen Militarismus in die Arme zu werfen, der einen König an der Spitze brauche. Stärker kann die Irrationalität des gegenwärtigen Krieges kaum beleuchtet werden, als durch die Tatsache, daß diese beiden Männer, bis vor kurzem noch durchaus Gegner des russisch-französischen Bündnisses, nun zu dem Zweck in das Ministerium traten, dem Kampf, den Frankreich im Bunde mit dem Zaren gegen Deutschland führt, die höchste Kraft zu verleihen. Indes hätte die französische Sozialdemokratie wahrscheinlich doch Anstand genommen sich so völlig mit diesem Kampf zu identifizieren, wenn sie nicht von der oben gekennzeichneten Anschauung über die Verantwortung am Kriege durchdrungen wäre.

Die Fraktion begründete den Eintritt ihrer zwei Mitglieder in das Kabinet Viviani mit einem Manifest, dem folgende zwei Stücke entnommen seien:

„Das Oberhaupt der Regierung war der Ansicht, daß für die Organisation eines Kampfes, der mit größter Hartnäckigkeit geführt werden muß, die Zusammenarbeit aller notwendig sei, und vor allem auch die Mitwirkung jener, die zur Entwicklung des Proletariats die *Unterdrückung des Despotismus* für notwendig halten. Der Präsident wußte, daß zu allen Zeiten in schwerer Stunde, 1793 wie 1870, gerade jene Menschen, gerade jene Sozialisten, gerade jene Revolutionäre es waren, in die die Nation ihr Vertrauen setzte. Ohne erst eine Kundgebung des Volkswillens abzuwarten, hat sich der Chef der Regierung an unsere Partei gewandt, und unsere Partei hat geantwortet: ‚*Wir sind bereit!*‘ In diesem Sinne sind unsere Freunde in die Regierung eingetreten. Sie sind sich des gewaltigen Werkes bewußt, das sie durchzuführen haben, und sie werden vor allem erreichen, *daß dem Lande die Wahrheit gesagt wird.* Sie werden den Mut und den Willen des Landes zum Siege aufrechterhalten und entwickeln, indem sie ihm volles Vertrauen in die Aufrichtigkeit der Regierung geben. Wir werden die *Erhebung der Masse* ins Werk setzen, wir werden Sorge tragen, daß keine Kraft, kein guter Wille ungenutzt bleibe. Wir werden die Quellen überprüfen, aus denen unsere Bewaffnung, aus denen unsere Versorgung kommt, und uns bemühen, sie zu vermehren. Von Tag zu Tag soll die Zusammenarbeit aller verfügbaren Kräfte, soll auch die Erzeugung von Munition und Waffen intensiver werden. Nur ein Wille, *frei von Vorurteilen*, einzig und allein geführt von der Rücksicht auf das Heil des Landes, nur eine ungeheure Anspannung der Organisation kann die nationalen Energien zum höchsten Grad ihrer Nutzbarkeit führen. Da ist die Anwesenheit unserer Freunde im Schoße unserer Regierung für alle eine Gewähr, daß die republikanische Demokratie bereit ist, bis zum letzten Blutstropfen zu kämpfen.“

„Die ersten Prüfungen und der Enthusiasmus der Mobilisierungstage geben uns die Gewißheit, daß wir nicht nur für den

Bestand des Vaterlandes, nicht nur für die Größe Frankreichs, sondern *für die Freiheit, für die Republik, für die Zivilisation* kämpfen. Wir kämpfen, damit die Welt, befreit von der *erstickenden Umarmung des Imperialismus* und allen Kriegsgreueln, endlich den Frieden in der *Achtung vor den Rechten aller* genieße. Diese Überzeugung werden die sozialistischen Minister der ganzen Regierung einflößen. Sie werden so die Arbeit des Kabinetts beleben, sie werden diese Überzeugung aber auch der heroischen Armee mitteilen, in der heute die Blüte der Nation kämpft. Und durch ihre Ausdauer, durch ihren Schwung der Begeisterung werden sie zugleich das Heil des Vaterlandes, den Fortschritt der Menschheit sichern."

5. Die belgische Arbeiterpartei und der Krieg

Wie die französische Sozialdemokratie hat auch *die Sozialdemokratie Belgiens* sich ihrer Regierung im Kampf gegen Deutschland an die Seite gestellt. Daß die letztere den Antrag Deutschlands ablehnte, gegen spätere Entschädigung den deutschen Truppen freien Durchmarsch wider Frankreich zu gestatten, hatte durchaus ihren Beifall gehabt. Die belgischen Sozialisten ließen sich, wie oben mitgeteilt (vgl. [→S. 81-82]), dabei von der Ansicht bestimmen, daß die Einwilligung in jenen deutschen Antrag einem freiwilligen Verzicht auf die Neutralität ihres Landes gleichkam und eine feindselige Handlung gegen Frankreich bedeutet hätte. Am 3. August, als der Krieg Deutschlands gegen Frankreich erklärt war und es bekannt wurde, daß Deutschland die Absicht habe, Truppen durch Belgien gegen Frankreich marschieren zu lassen, erließ der Zentralausschuß der belgischen Arbeiterpartei das folgende, von L. de Broukère, Emile Vandervelde und H. Wauters entworfene Manifest:

„An das Volk in Belgien.
„Der europäische Krieg ist erklärt. In einigen Tagen, vielleicht schon in einigen Stunden, werden Millionen Menschen, die in Frieden zu leben wünschen, gegen ihren Wunsch in das fürchterlichste Morden hineingezwungen sein, durch Verträge, die sie nicht gut gekannt haben und durch einen Willen, der nicht der

ihre ist. *Die Sozialdemokratie ist für dieses Unglück nicht verantwortlich.* Sie hat nicht einen Augenblick unterlassen, die Völker zu warnen, den Rüstungswahnsinn zu hemmen und zu verhindern, daß ganz Europa von dieser Katastrophe getroffen wird.

Aber heute ist das Unglück eine Tatsache geworden, und angesichts der schicksalsschweren Ereignisse beherrscht uns nur ein Gedanke: so rasch wie möglich alle unsere Kraft einzusetzen, um dem Angriff auf unser Landesgebiet Schranken zu setzen. Wir wollen dies um so heißeren Herzens tun, da wir durch die Verteidigung unseres Landesgebiets, unserer Neutralität und sogar der Existenz unseres Landes gegen die militaristische Gewalt *zugleich der Demokratie und der Sache der Freiheit in Europa dienen.*

Unsere Genossen, die unter die Fahnen gerufen werden, werden zeigen, wie die sozialistischen Arbeiter in der Stunde der Gefahr handeln. Aber unter welche Verhältnisse immer sie kommen mögen, so bitten wir sie, selbst inmitten all der bevorstehenden Schrecknisse niemals zu vergessen, daß sie der Internationale der Arbeiter angehören und soweit dies mit der legitimen Selbstverteidigung und Landesverteidigung irgendwie vereinbar ist, *aus allen Kräften Brüderlichkeit und Güte zu zeigen.*

Der Generalrat der belgischen Arbeiterpartei."

Als dann nach dem gewaltsamen Ein- und Vordringen der deutschen Truppen die belgische Regierung eine alle Parteien umfassende Nationalregierung werden sollte, ist Emile *Vandervelde* in Übereinstimmung mit der Partei in das Ministerium eingetreten. Als einer der Abgesandten der belgischen Regierung ist er im September nach England und den Vereinigten Staaten gegangen, deren Hilfe gegen Deutschland anzurufen und Deutschland vor der Öffentlichkeit dieser Länder der Vergewaltigung seines Landes anzuklagen. Er hat dabei auch von Greueltaten berichtet, die deutsche Soldaten in Belgien an Männern, Frauen und Kindern begangen hätten. Wir erwähnen das letztere ohne hier daran Kritik zu üben. Daß Ausschreitungen in keinem Kriege und in keinem Lager fehlen, daß ihr Vorkommen nichts für oder gegen die Gerechtigkeit einer Sache beweist, hat sich ein Mann von der hohen Intelligenz Vanderveldes sicherlich selbst gesagt. Im übrigen haben wir hier nicht über ihn und seine Partei zu Gerichte zu sitzen. Ob sie klug, ob sie richtig handelten, wird die Geschichte zu entscheiden haben. Eines aber muß hier festgestellt werden. Was die Erregung des einmal entbrannten Kampfes mit sich gebracht hat, steht auf einem eignen Kapitel. Nichts aber berechtigt zu der Annahme, daß die Führer der belgischen Arbeiterpartei von Anfang an parteiisch gegen das deutsche Volk gesinnt gewesen seien. Tatsächlich sind die Beziehungen der belgischen Arbeiterbewegung zur deutschen Arbeiterbewegung viel engere gewesen, als ihre Beziehungen zur französischen Arbeiterbewegung; verschiedene der einflußreichsten und meistgenannten Führer der belgischen Sozialdemokratie haben mit Vorliebe geistige Verbindung mit Deutschland gepflogen. Daß andrerseits Sozialdemokraten die politischen Einrichtungen Frankreichs sympathischer sind, als die Deutschlands, ist nicht nur in Belgien der Fall.

6. Die Arbeiterparteien Englands und der Krieg

Kommen wir zum vierten der Länder, die direkt vom Krieg erfaßt worden sind, *England*, so zeigt sich uns ein etwas anderes Bild, als es uns Deutschland, Frankreich und Belgien dargeboten haben.

Es ist zunächst nicht einheitlich. Ein Teil der englischen Sozialisten scheint von vornherein insofern für die englische Regierung und deren Verbündete Partei ergriffen zu haben, als sie Deutschland für das vor allem zu bekämpfende Land erklärten. Aber auch sie waren dabei nicht von irgendwelchen feindseligen Gefühlen gegen die deutsche Nation beseelt. Ihr Haß gilt dem Militarismus, dessen schädlichste Abart in ihren Augen das heutige Deutsche Reich vertritt. Seit langem ist es namentlich der Veteran des Marxismus in England, H. M. *Hyndman*, der diese Auffassung in Wort und Schrift verficht, und es konnte daher nicht anders sein, als daß er nun den Kampf wider dieses Deutschland predigte. Das heißt, nachdem der Krieg offiziell erklärt war. Wenige Tage vor der Kriegserklärung hatte die britische sozialistische Partei, der er angehört, noch ein Manifest an die Arbeiter Großbritanniens erlassen, in welchem sie sich gegen den Krieg erklärte, „der kein Krieg der Völker" sei. Nach der Kriegserklärung aber ward in „Justice", dem Organ der Partei, die Abstimmung der deutschen Sozialdemokratie über die Kriegskredite wie folgt beurteilt:

„Wir müssen gestehen, daß die Abstimmung der sozialdemokratischen Partei im Reichstag uns nur unter der Annahme erklärlich scheint, daß der Reichstag, nachdem am 31. Juli Kriegsrecht in Deutschland verkündet worden war, den wirklichen Stand der Dinge nicht kannte. Gegen einen drohenden Angriff von seiten Rußlands ist der Umfall der sozialdemokratischen Reichstagsfraktion durchaus zu rechtfertigen und gemäß den Entscheidungen der Internationalen Kongresse berechtigt. Die Kriegserklärung Deutschlands an Rußland erfolgte am 1. August. Aber an diesem Tage besetzten deutsche Truppen auch die Eisenbahnstation von Luxemburg, nachdem die Truppen bereits in Aachen konzentriert worden waren. Am folgenden Tag ward das Ultimatum an Belgien abgegeben, und am 3. August der Krieg an Belgien und Frankreich erklärt. Alles das war geschehen, bevor am 4. August im Reichstag über die Kriegskredite abgestimmt wurde. ... Der Reichstag ist bis auf den 24. November vertagt. Wenn er an diesem Tage zusammentritt, mögen die Taktiken der preußischen ‚Nationalverteidigung‘ um diese Zeit in Deutschland allgemein bekannt sein. Wir sind sicher, daß alsdann die 110 sozialdemokratischen Abgeordneten das Beispiel befolgen werden, welches Bebel und Liebknecht während des deutsch-französischen Krieges gegeben haben.“

Die britische sozialistische Partei vertritt nur eine Minderheit der erklärten Sozialisten Englands. Der weitaus größere Teil gehört der unabhängigen Arbeiterpartei an, die selbst wiederum dem linken Flügel der von den englischen Gewerkschaften gegründeten großen Arbeiterpartei Englands bildet. Im Rat der letzteren, die sich einen Bund von Gewerkschaften und Sozialisten nennt, wie auch in ihrer parlamentarischen Vertretung überwiegen Gewerkschaftsvertreter, die ihren Entscheidungen öfters einen opportunistischen Charakter geben, doch tragen immerhin auch ihre Beschlüsse den Stempel demokratischer und sozialistischer Gedankenrichtung. Delegierte der Arbeiterpartei, der unabhängigen Arbeiterpartei, der britischen sozialistischen Partei und des Bundes der fabischen Sozialisten bilden zusammen die britische Sektion des Internationalen Sozialisten- und Arbeiterkongresses, und dieser Ausschuß veröffentlichte am Vorabend des Krieges einen Aufruf an das englische Volk, worin er in ähnlicher Argumentierung wie die festländischen Sozialisten und womöglich noch schärferer Sprache zum Widerstand gegen den Krieg aufforderte. Dieses, von den Abgeordneten Artur Henderson und J. Keir Hardie unterzeichnete Manifest lautet:

„Der langangedrohte europäische Krieg ist über uns. Seit über 100 Jahren hat keine solche Gefahr die Zivilisation bedroht. Es liegt an Euch, Euch volle Rechenschaft von der verzweifelten Lage zu geben und prompt und kräftig im Interesse des Friedens zu handeln. Ihr seid nie wegen des Krieges befragt worden. Was auch das Urteil über den plötzlichen, erdrückenden Angriff des militaristischen Reiches von Österreich gegen Serbien sein mag, sicher ist, daß die Arbeiter aller Länder, die in den Konflikt hineingezogen werden können, alle Nerven anspannen müssen, um ihre Regierungen an der Teilnahme am Kriege zu verhindern. Überall nehmen Sozialisten und die organisierten Kräfte der Arbeiterklasse diese Haltung ein. Überall richten sie leidenschaftliche Proteste gegen die Habsucht und die Ränke der Militaristen und Rüstungsinteressenten. Wir rufen Euch auf, dasselbe hier in Großbritannien in einem noch eindrucksvolleren Maßstabe zu tun. Haltet Riesendemonstrationen gegen den Krieg in jedem industriellen Zentrum ab. Zwingt jene von den herrschenden Klassen und ihrer Presse, die Euch zur Mitwirkung mit dem russischen Despotismus hineinhetzen wollen, still zu bleiben und die Entscheidung der überwältigenden Mehrheit des Volkes, das von dieser Infamie nichts wissen will, zu respektieren. Heute wäre der Erfolg Rußlands der Fluch der Welt.
Es ist keine Zeit zu verlieren. Schon werden infolge geheimer Verträge und Abmachungen, von denen die Demokraten der zivilisierten Welt nur Gerüchte kennen, Schritte unternommen, die uns alle in den Kampf stürzen können.
Arbeiter, steht deshalb zusammen für den Frieden! Vereinigt Euch und besiegt den militaristischen Feind und die selbstsüchtigen Imperialisten heute, ein für allemal.
Männer und Frauen Großbritanniens! Ihr habt jetzt eine beispiellose Gelegenheit, der Menschheit und der Welt einen glänzenden Dienst zu erweisen!
Verkündet, daß die Tage der Plünderung und der Schlächterei

für Euch vorbei sind. Schickt die Botschaft des Friedens und der Brüderlichkeit an Eure Kameraden, die weniger Freiheit haben, als Ihr. Nieder mit der Klassenherrschaft! Nieder mit der Herrschaft der brutalen Gewalt! Nieder mit dem Krieg! Hoch die friedliche Herrschaft des Volkes!"

Die Schnelligkeit, mit der der Krieg hereinbrach, ließ wenig Zeit zur Befolgung der Aufforderung übrig. Indes sah immerhin London am 2. August eine von 6 bis 7000 Personen besuchte Protestversammlung auf Trafalgar Square, und auch in der Provinz hat es an solchen Versammlungen nicht gefehlt. England ist sogar nicht ohne Versuch geblieben, den Krieg durch Streik der Arbeiter unmöglich zu machen. Der seine eigene Pfade wandelnde Sozialist George *Lansbury* schrieb in dem von ihm redigierten Londoner „Daily Herald":

„Wenn der Protest gegen den Krieg Wirkung haben soll, so müssen diejenigen Arbeiter, welche es in ihrer Macht haben, die Verkehrsmittel zu kontrollieren, sich weigern zu erlauben, daß sie für Zwecke verwendet werden, welche unbeschreibliches menschliches Elend verursachen werden. Sie müssen gegen den Krieg streiken. Die Arbeiterführer müssen sofort handeln. Hier ist den Arbeitern Gelegenheit gegeben, einen Schlag gegen das eigentliche Herz des kapitalistischen Systems zu führen. Die Arbeiter haben die Waffe fertig zur Hand. Mögen sie es wagen, weise zu sein."

In Übereinstimmung damit faßten in Cardiff, der großen mitten im Südwalliser Kohlenrevier gelegenen Hafenstadt Kohlenarbeiter in einer Versammlung einstimmig den Beschluß, die für die Kriegsflotte dringend benötigte Kohle nicht zu fördern. „Wir weigern uns", hieß es in dem Beschluß, „die Einmischung dieses Landes in den gegenwärtigen europäischen Konflikt zu ermutigen oder ihr irgendwie Vorschub zu leisten."

Inwieweit oder wie lange dieser Beschluß durchgeführt wurde, ist aus der uns zugängig gewordenen englischen Presse nicht zu ersehen. Was seine Ausführung bedeuten konnte, bedarf keiner näheren Auseinandersetzung. „Hätten diese Leute in Deutschland so gehandelt", erklärte ein Abgeordneter im Parlament, „so würden sie sofort festgenommen und erschossen worden sein."

Im Haus der Gemeinen ließen es die Vertreter der Arbeiterparteien in den Tagen vor der Kriegserklärung nicht an Interpellierung der Regierungsvertreter über den Gang der Verhandlungen mit den Mächten fehlen. Namentlich forderten sie dringend Auskunft darüber, ob England Frankreich oder Rußland gegenüber Verpflichtungen eingegangen sei, kraft deren es angehalten werden könne, an einem Krieg dieser sich zu beteiligen. Es ward das bestritten, und Beweise für bindende Abmachungen dieser Art sind auch nicht erbracht worden. Später hat jedoch die britische Regierung in ihrem Weißbuch über die europäische Krise selbst Urkunden veröffentlicht, die von Besprechungen über eine Kooperation mit Frankreich in einem etwaigen Kriege berichten, und daß solche Besprechungen schließlich auch mit Rußland stattgefunden haben, ist durch Schriftstücke festgestellt, welche die deutsche Regierung aufgegriffen und veröffentlicht hat. Die englische Regierung hatte sich also jedenfalls weiter mit Frankreich und Rußland eingelassen, als sie der Öffentlichkeit Englands mitzuteilen für gut hielt, und darüber haben die Vertreter der englischen Arbeiter sie, unterstützt durch das größere Maß von Preßfreiheit, das in England auch während des Krieges gilt, sowie durch das Weitertagen des Parlaments in Kriegszeiten, in Presse und Parlament sehr scharf zur Rede gestellt.

Noch am 4. August hielten die sozialistischen Parteien und die parlamentarische Leitung der Gewerkschaften eine Konferenz über die Kriegsfrage ab, in der sie aufs neue gegen den Krieg protestierten und die Forderung stellten, mindestens ein paar Tage lang noch die Waffen ruhen zu lassen, bis festgestellt sei, ob überhaupt Deutschland die Neutralität Belgiens verletzt habe ein Beschluß, der zwar durch die Erklärung des deutschen Reichskanzlers vom gleichen Tag überflüssig gemacht wurde, aber um so mehr erkennen läßt, welche freundschaftliche Gesinnung mit Bezug auf Deutschland die Urheber des Beschlusses beseelte.

In der Sitzung des Hauses der Gemeinen vom 9. September, die sich speziell mit der Kriegserklärung beschäftigte, führte James Ramsay Macdonald, der Vorsitzende der Fraktion der Arbeiterpartei, namens dieser aus:

„Sir Edward Grey hat davon gesprochen, was ‚Englands Ehre‘ erfordere. Es gibt wohl keinen Krieg, auch nicht den verbrecherischsten, für den nicht Staatsmänner sich auf die Ehre der Nation berufen hätten. So war es mit dem Krimkrieg, so mit dem Burenkrieg, und so ist es jetzt. Was hat es für einen Sinn zu sagen, daß wir Belgien helfen müßten, wenn wir in Wahrheit uns in einen Krieg einlassen, der Europas Karte ändern muß? Grey hat nicht ein Wort von Rußland gesprochen, aber man möchte auch gern ein Wort darüber hören. Wir möchten eine Vorstellung davon haben, was geschehen wird, wenn die Macht in Europa an Rußland übergeht. Unsere Freundschaft mit Frankreich, auch so wie Grey sie schildert, kann keines der Länder berechtigen, sich um des andern willen in einen Krieg einzulassen. Der Gedanke, daß Frankreich in Gefahr käme, aus Europa vertilgt zu werden, daß es nicht mehr seine Rolle in der Zivilisation spielen könnte, ist eine absolute Absurdität; Grey hat ja auch gesagt, daß Frankreich imstande sei, sich selbst zu verteidigen. Aber der Gedanke selbst ist eine Ungereimtheit und kann keineswegs ein Eingreifen in den Krieg von unserer Seite rechtfertigen. Ich weiß, daß wir die Majorität des Hauses gegen uns haben; aber so war es auch beim Burenkriege, und darauf folgte der große Umschlag von 1906. Wir bereiten uns nun darauf vor, dasselbe durchzumachen, wie damals. Was auch geschehen mag und welchen Angriffen wir auch ausgesetzt sein mögen, so werden wir doch immer wieder sagen, daß England hätte neutral bleiben müssen, weil wir aus innerstem Herzen überzeugt sind, daß dies das Richtige und das Einzige gewesen wäre, das mit der Ehre der Nation und den Traditionen der jetzigen Regierungspartei übereingestimmt hätte."

Im gleichen Sinne sprach in der nämlichen Sitzung von Sozialisten noch der Veteran der unabhängigen Arbeiterpartei, J. Keir *Hardie*. Beide, Keir Hardie und Macdonald, haben dann noch wiederholt im Labour Leader, dem Organ der Unabhängigen Arbeiterpartei, die englische Regierung als Mitschuldige am Kriege hingestellt, wobei sie allerdings anerkannten, daß die Regierung und ihr Minister des Auswärtigen, Sir Edward Grey, während der vorangegangenen Krise sich bemüht hätten den Krieg zu vermeiden. Da sei es aber schon zu spät gewesen. Durch frühere Abmachungen habe sich die Regierung selbst die Hände gebunden und infolgedessen nicht alles getan, was England außerhalb des Krieges hätte halten und diesen so vielleicht hätte verhindern können. Nach Erscheinen des englischen Weißbuchs über den Krieg schrieb Macdonald im *Labour Leader*:

„Aus der Rede Greys vom 3. August und aus dem Weißbuch kann man ersehen, wie die Entente England in ihre Netze verstrickt hat. Von 1906 ab gab es einen regelmäßigen Gedankenaustausch zwischen französischen und englischen Heeres- und Marineführern. Es entstanden Pläne für eine Kooperation zu Wasser und zu Lande. In Übereinstimmung mit diesen Plänen ließ die französische Flotte die Nordküste unbewacht. Die Pläne waren überdies auf die Voraussetzung gegründet, daß Belgiens Neutralität in einem allgemeinen Kriege nicht respektiert werde. Sechs Jahre lang hat dieser Gedankenaustausch stattgefunden. Die Pläne wurden nach Petersburg gesandt, und ein Großfürst, der Beziehungen zu der deutschen Partei in Rußland hatte, soll sie nach Berlin gesandt haben. Deutschland wußte all diese Jahre, daß zwischen England und Frankreich militärische Vereinbarungen getroffen worden sind und daß Rußland seine militärischen Operationen in Zusammenhang damit führen würde. So tief hatten wir uns in das französisch-russische Bündnis verwickelt, daß uns Sir Grey am 3. August sagen mußte, wenn auch unsere Hände frei seien, so sei doch unsere Ehre gebunden.

So widerstandslos hatte sich England verpflichtet für Frankreich und Rußland zu kämpfen, daß Grey den Versuch Deutschlands, uns außerhalb des Streites zu halten, kurzerhand abwies. Deshalb konnte er nicht die ganze Wahrheit dem Parlament sagen. Er hat uns verschwiegen, daß nicht die Unabhängigkeit, sondern nur die Neutralität Belgiens gefährdet war, und ließ uns glauben, die Unabhängigkeit dieses Staates wäre gerade so gefährdet, wie seine Neutralität. Auch hat er uns das Gespräch mit dem deutschen Botschafter vom 1. August nicht mitgeteilt. Und warum? Weil Grey ohne Mitwissen der Nation England so sehr an Frankreich und Rußland gebunden und sich verpflichtet hat, an der Seite dieser Mächte zu kämpfen, daß er nicht mehr in der Lage war, über Neutralität zu verhandeln.

Greys Politik habe „während der letzten acht Jahre eine Bedrohung des europäischen Friedens" bedeutet, sie sei „ein Unglück für England". Als er und der Ministerpräsident Asquith im Parlament versicherten, England sei durch seine Entente mit Frankreich nicht zu kriegerischer Aktion gebunden, sei „das dem Buchstaben nach wahr, der Sache nach aber unwahr gewesen".

Macdonald schloß den Artikel zusammenfassend wie folgt:

„Grey hat sein Bestes getan, den Folgen seiner Politik zu entkommen und Europa den Frieden zu erhalten. Als das aber nicht mehr ging, war er gezwungen, sein Land in den Krieg mit hineinzuziehen. Nur so ist der offenbare Gegensatz [in Greys Erklärungen und Handlungen] zu erklären. Daß England in den Krieg sich einmischt, ist die Folgewirkung der Greyschen Politik."

Der Ausschuß der Unabhängigen Arbeiterpartei aber erließ einen neuen Aufruf zur Kritik der englischen Regierung, worin es hieß:

„Es ist ebenso unrichtig, zu sagen, daß die englische Politik völlig weiß und die deutsche völlig schwarz gewesen sei, wie zu sagen, daß die deutsche Politik völlig richtig und die englische völlig verwerflich ist. Selbst wenn jedes Wort im englischen Weißbuch wahr ist, fehlt doch die weitere Beweisführung. Es sei zugegeben, daß Grey in den Tagen, die dem Kriege unmittelbar vorausgingen, für den Frieden arbeitete. Das war aber zu spät; er hatte selbst viele Jahre lang mit den andern Diplomaten den Abgrund gegraben, und ein wahrhaft weises staatsmännisches Genie hätte das sichere Resultat vorausgesehen und vermieden. Nicht die serbische oder die belgische Frage hat dieses Land in den fürchterlichen Kampf geworfen. Großbritannien steht nicht im Kampf für unterdrückte Nationen oder für Belgiens Neutralität. Wäre Frankreich durch Belgien in Deutschland eingerückt, wer glaubt da, wir hätten Feindseligkeiten gegen Frankreich eröffnet? Hinter dem Rücken von Parlament und Volk gab Grey Frankreich heimliche Versprechen, deren Existenz er leugnete, wenn er gefragt wurde. Darum steht dieses Land nun im Angesicht des vollständigen Ruins und der stahlharten Notwendigkeit des Krieges. Verträge und Abmachungen haben Frankreich gezwungen, sich ins Schlepptau nehmen zu lassen vom despotischen Rußland, und England von Frankreich. Aber jetzt kommt das alles zutage, und die Männer, die die Verantwortung tragen, sollen zur Rechenschaft gezogen werden. England hat sich hinter Rußland gestellt, die reaktionärste, korrumpierteste und am brutalsten unterdrückende Macht in Europa. Läßt man Rußland seine territorialen Wünsche befriedigen und seine Kosakenmacht ausdehnen, so läuft die Zivilisation und die Demokratie ernstliche Gefahr, und dafür hat England das Schwert gezogen!"

Daß neben dem Freunde Gladstones, John Morley, und dem Großneffen des berühmten liberalen Geschichtsschreibers Macaulay, Charles Trevelyan, auch der frühere Sozialdemokrat und Arbeiterführer John *Burns* als Gegner des Kriegs aus dem Ministerium Asquith-Grey ausschied, ist hier ebenfalls zu erwähnen. Burns, ein Genie der Arbeiterklasse, hatte sich, seit er Minister geworden, durch rücksichtsloses und wenig urbanes Auftreten in starken Gegensatz zu den sozialistischen Parteien Englands gesetzt, aber stets behauptet, in seinem Denken noch der alte geblieben zu sein, und seine Beziehungen zu der Arbeiterbewegung in weiterem Sinne nie ganz gelöst. Er war in der Tat immer ein heftiger Gegner imperialistischer Politik gewesen, und sein Verhalten im vorliegenden Falle ist um so bemerkenswerter, als Burns, der zuletzt Minister für Handel und Gewerbe war, durch seinen Rücktritt auf ein Jahresgehalt von 100.000 Mark verzichtet hat.

Wie aber die Kritik der bezeichneten englischen Sozialisten an der Politik Asquith-Grey zumeist mit einer noch schärferen Kritik der österreichisch-deutschen Politik verbunden war, so hat sie auch bei den wenigsten von ihnen sich, nachdem der Krieg einmal da war, in Verweigerung der Kriegsmittel umgesetzt. Hier handelte es sich, da England noch keine allgemeine Dienstpflicht kennt, sondern für ein Heer auf freiwillige Einzeichnung angewiesen ist, um die Frage, ob man der von der Regierung Anfang September ergangenen Aufforderung zur Bildung von Ausschüssen aus allen Parteien für die organisierte Rekrutierung von Freiwilligen Folge geben solle oder nicht. Der Ausschuß der Arbeiterpartei hat das letztere getan und seine Mitglieder Henderson, Goldstone und Parker in einen aus Mitgliedern aller Parteien zusammengesetzten parlamentarischen Ausschuß für die Werbearbeit delegiert. Er hat dafür die Zustimmung des parlamentarischen Komites des englischen Gewerkschaftskongresses erhalten, das in einem eigenen Manifest die tätigen Gewerkschaftsmitglieder aufforderte, die Bewegung nach Kräften zu unterstützen. Versage diesmal die Freiwilligkeit, führt das Manifest aus, so werde die Bewegung zur Einführung der allgemeinen Dienstpflicht in England unwiderstehliche Kraft erlangen, und das müsse wegen der großen, mit diesem System verbundenen wirtschaftlichen und sozialen Schäden vermieden werden. Die Sorge für die Erhaltung der Demokratie, die auch in der Zukunft die beste Bürgschaft gegen den Krieg bilden werde, die Abneigung gegen das militaristisch-autokratische System „muß hinreichen, den Enthusiasmus der Nation so zu beleben, daß jeder Versuch, die gleichen Bedingungen auch den Ländern aufzuzwingen, die davon noch frei sind, zunichte werde".

Einen hiervon abweichenden Standpunkt nahm der Landes-Ausschuß der Unabhängigen Arbeiterpartei ein. Ohne sich grundsätzlich gegen den Aufruf zur Einzeichnung zum Heeresdienst zu erklären, sprach er sich in einem Manifest entschieden dagegen aus, daß Mitgliedschaften der Partei gemeinsam mit andern Parteien in dieser Sache vorgingen. Es heißt darin:

„Wenn den Arbeitern in der gegenwärtigen Lage Ratschläge zu erteilen sind, dann wollen wir das, getreu dem Charakter und der Tradition unserer Bewegung, von unserem eigenen Standpunkt aus tun. Wir lehnen es ab, dies in Gemeinschaft mit den Militaristen und den Feinden der Arbeit zu tun, die sicherlich diese Gelegenheit benützen werden, um ihre Politik, die jetzt zum Kriege geführt hat, zu rechtfertigen."

Weiterhin wendet sich das Manifest sehr scharf gegen jede Ausübung von sozialem Druck zugunsten der Anmeldung für das Heer. Es sei das eine feige, unwürdige Handlungsweise:

„So sehr wir die allgemeine Dienstpflicht bekämpfen, so ist diese doch weniger bekämpfenswert, als das allgemeine Belästigen und Quälen der jungen Leute, als das bei uns jetzt betriebene Pressen zum Heeresdienst."

Nach einer in der Sozialdemokratie viel kommentierten deutschen Zeitungsnachricht sollte die Unabhängige Arbeiterpartei Ende September 250 Protestversammlungen gegen die Art der Heeresanwerbung einberufen haben, an deren Abhaltung aber durch ein Verbot der Regierung verhindert worden sein. Letzteres ist indes unrichtig. Solche Versammlungen haben stattgefunden und finden noch immer statt.

Im allgemeinen ist die Entwicklung jedoch die gewesen, daß der Krieg, der im englischen Volk ursprünglich entschieden unpopulär war, im weiteren Verlauf auch in der sozialistischen Arbeiterwelt Englands immer mehr als ein Lebensinteresse der Nation und der europäischen Demokratie betrachtet worden ist. Hervorragende Führer der Arbeiterpartei haben ganze Agitationsreisen für die Freiwilligenbewegung gemacht und darin den Krieg als einen notwendigen Kampf gegen den deutschen Militarismus bezeichnet, der der gefährlichste Feind des Friedens und der Eintracht der Nationen sei. Auch J. Ramsay Macdonald hat in Leicester in einer großen Versammlung seiner Wähler die dienstkräftigen Leute zum Eintritt in die Armee aufgefordert.

7. DIE SOZIALISTEN RUßLANDS
UND SERBIENS UND DER KRIEG

Wenden wir uns nun den vom Krieg erfaßten Ländern des Ostens zu, so sehen wir auch in *Serbien* die Vertreter der Sozialdemokratie zunächst an der eigenen Regierung Kritik üben. In der Sitzung der Skupschtina, die nach Eintreffen des österreichischen Ultimatums veranstaltet wurde, warf der sozialdemokratische Abgeordnete *Laptschewitsch* der Regierung vor, sie habe nicht alles getan, was nötig gewesen sei den Krieg zu vermeiden. Durch ihre Politik habe sie den Balkanbund sich zersetzen lassen und aus Serbien ein Trittbrett für Rußland und Frankreich gemacht, die doch nur ihre Interessen und nicht die Serbiens im Auge hätten. Und sie habe sich ferner dadurch vergangen, daß sie die Treibereien verschiedener Geheimkomites, wie die der Schwarzen Hand und der Narodna Odbrana geduldet habe, welche das Land dem Kriege entgegengeführt hätten. Was Laptschewitsch im übrigen gesagt hat, ward von der bulgarischen

Telegraphen-Agentur, welche diesen Teil seiner Rede wiedergab und auf deren Berichte wir während der Kriegszeit angewiesen sind, nicht gemeldet. Sie berichtete nur noch, daß, nachdem der Ministerpräsident Paschitsch dem Redner entgegengehalten hatte, daß die Geheimtuerei im Lager der Sozialisten zuhause sei, die heftige Erwiderung Laptschewitschs eine Lärmszene in der Kammer verursachte, worauf die Adresse, welche der Regierung rückhaltlose Unterstützung beim bevorstehenden Krieg zusagte, mit allen Stimmen *gegen* die der beiden Sozialisten Laptschewitsch und Kazlerowitsch angenommen wurde. Es versteht sich von selbst, daß die beiden Sozialisten mit dieser Abstimmung nicht der Verteidigung ihres Landes den Beistand versagt haben. Sie haben nur in schärfster Weise ein denkwürdiges Zeugnis dafür abgelegt, daß sie jede Politik und Agitation verdammen, die geeignet sei, Kriege heraufzubeschwören.

Auch in *Rußland* haben die sozialdemokratischen Mitglieder der Landesvertretung den Mut gehabt, die Debatte und Abstimmung über den Krieg zu einer Kundgebung des Friedenswillens der Sozialdemokratie zu gestalten. In der Dumasitzung vom 8. August, in der über die Kriegskredite und eine Vertrauensresolution an die Adresse der Regierung verhandelt wurde, verlas namens der sozialdemokratischen Fraktion deren Mitglied Valentin Chaustoff folgende Erklärung:

> „Ein schreckliches und noch nie dagewesenes Unglück hat sich auf alle Völker herabgesenkt. Millionen von Arbeitern sind aus der Arbeit gerissen, werden in das Blutbad geworfen und müssen zugrunde gehen; Millionen von Familien sind zum Hunger verurteilt. … Der Krieg ist ausgebrochen. Als die europäischen Regierungen sich zum Kriege vorbereitet hatten, protestierte das europäische Proletariat mit dem deutschen an der Spitze gegen den Krieg, den die herrschenden Schichten führen wollten. Die russischen Arbeiter wurden durch verschiedene, allen bekannte Verhältnisse verhindert, offen gegen den Krieg zu protestieren; doch schlagen die Herzen der russischen Arbeiter zusammen mit den Herzen des europäischen Proletariats.
> Der Krieg ist die Folge der imperialistischen Politik der herrschenden Klassen; die Verantwortung müssen die Regierungen

aller Länder, die jetzt den Krieg führen, tragen. Das Proletariat der ständige Verteidiger der Freiheit und der Volksinteressen wird immer die Kultur gegen jeden Angriff verteidigen. Das klassenbewußte Proletariat der Länder, die jetzt den Krieg führen, konnte leider den Krieg nicht verhindern. Wir sind aber tief überzeugt, in der internationalen Solidarität aller Arbeiter werden wir die Mittel finden, um dem Krieg und dem Greuel ein baldiges Ende zu setzen. ... Möge der Friedensvertrag nicht von den Diplomaten, sondern von den Völkern abgeschlossen werden!

Außerdem sind wir tief überzeugt, daß der Krieg den breiten Volksmassen aller Länder endlich die Augen öffnen wird über die wirkliche Quelle der Herrschaft und Ausbeutung und daß der jetzige Ausbruch der Barbarei der letzte sein wird."

Nachdem dies verlesen war, verließen die Sozialdemokraten und mit ihnen die kleinbürgerlich demokratische Fraktion der Trudowiki den Sitzungssaal. Sie konnten im Angesicht des Vorgehens von Österreich gegen Serbien, und da der Krieg von Deutschland an Rußland erklärt war, die Kriegskredite nicht ablehnen. Aber sie haben der zarischen Regierung nicht das Zeugnis ausstellen wollen, daß sie am Krieg unschuldig sei und ihre Balkanpolitik das Vertrauen der Arbeiterklasse verdiene. Eine überaus mutige Haltung, die angesichts der unsicheren Rechtszustände Rußlands gewiß auf die größte Anerkennung Anspruch hat. Mit großer Folgerichtigkeit haben dann im Oktober die sozialdemokratischen Mitglieder der Duma beschlossen, den zur Fortsetzung des Krieges geforderten Krediten in Höhe von weiteren zwei Milliarden Rubel ihre Zustimmung zu versagen.

Ein seltsames Bild bietet uns das Verhalten der sozialistischen Parlamentsmitglieder in den sechs direkt am Krieg beteiligten Ländern Europas dar. In Deutschland, in England, in Frankreich und Belgien kurz, in den Ländern des vorgeschrittenen Westens bewilligen die sozialdemokratischen Fraktionen entweder einstimmig oder mit nur vereinzelten Ausnahmen die Kriegskredite, im rückständigen Osten aber lehnen es die sozialistischen Mitglieder der Gesetzgebung ab, für den Krieg Mittel zu bewilligen. Sind die letzteren in der Tat mutiger, sind sie stärker im Idealismus und in der Gesin-

nungstreue, als ihre Kollegen in den westlichen Ländern? Ohne den
Wert ihrer Kundgebungen irgendwie zu verkleinern, wird man die
Erklärung des Unterschiedes auf anderem Gebiet zu suchen haben,
als auf dem persönlicher Eigenschaften. Er hat seine Ursache im Unterschied der Größe und des Einflusses der sozialistischen Parteien
hüben und drüben. Auf große Parteien oder auf Parteien mit gro-
ßem parlamentarischen Einfluß drückt bei Abstimmungen das Gewicht der mit diesem Einfluß verbundenen sachlichen Verantwortung. Sie können ihre Stimmabgabe nicht so frei vom Zweck der Demonstration bestimmen lassen, als dies kleinen Parteien möglich ist,
deren Abstimmung keine unmittelbare Rückwirkung auf den Verlauf der Dinge hat. Es ist dies die Kehrseite des parlamentarischen
Machtzuwachses der Parteien. Man muß sie mit in den Kauf nehmen, wenn man auf das Wachsen nicht überhaupt verzichten will.
In der Regel beeinträchtigt auf allen Gebieten die Größe die Elasti-
zität. So offenbar auch in diesem Fall. Es wäre aber schlimm bestellt,
wenn es für die Regel zu keiner Zeit Ausnahmen gäbe.

8. DIE ARBEITERPARTEIEN
IN DEN NEUTRALEN LÄNDERN

Nicht alle russischen Sozialisten haben es indes mit ihrer Stellung
zum Krieg so gehalten wie die sozialistischen Abgeordneten der
Duma. Wir wissen, daß z. B. die Revolutionäre Burtzew und Peter
Krapotkin den Krieg für im höchsten Grade unterstützenswert bezeichnet haben. Ehe wir uns mit ihnen und ihren Argumenten beschäftigen, wird es jedoch angezeigt sein, die Haltung der Sozialisten und Arbeiterparteien in den neutralen Ländern europäischer
Kultur zu den streitenden Mächten zu betrachten.

Auf die *offizielle* Stellungnahme der sozialistischen Parteien in
den hier in Frage kommenden Ländern zur Kriegsfrage trifft das
Wort zu, das die Regierungen häufig für Beziehungen zueinander
gebrauchen, wenn diese weder gut noch schlecht sind, nämlich das
Wort „korrekt". Soweit die offizielle Haltung ihrer Parteien in Frage
kam, haben die Sozialisten Hollands und Italiens, der skandinavischen Länder und der Schweiz, Bulgariens und Rumäniens, der Vereinigten Staaten und der Republiken Südamerikas nicht unterlas-

120

sen, durch das Mittel ihrer Parteileitungen oder auf besonders dazu einberufenen Konferenzen ihre Stimme für die Neutralität ihrer Länder einzusetzen, streng neutrales Verhalten ihrer Regierungen zu den kriegführenden Mächten zu fordern. Es wird sich erübrigen, diese Entschlüsse sämtlich im Wortlaut wiederzugeben. Man würde da immer wieder auf die Betonung der Friedenspolitik der Arbeiterklasse, auf die Kundgebung des Wunsches, das eigene Land vor den Greueln des Krieges zu bewahren, und auf die Versicherung unverbrüchlicher Freundschaft und Solidarität mit den Arbeitern in beiden kriegführenden Lagern stoßen. Alles das entspricht so sehr der traditionellen Stellung der Sozialdemokratie zum Kriege und ihrer Völkerpolitik, daß es sich im Grunde von selbst verstand.

Korrektes Verhalten ist aber Sache der Vernunft und nicht des Gefühls. Das Eintreten der Sozialisten der neutralen Länder für die Neutralität von Staats wegen besagt daher noch nichts über ihr Urteil mit Bezug auf den entbrannten Krieg, das schon deshalb nicht gleichgültig ist, weil es überall eines Tages für ein etwaiges Abgehen des Staates von der Neutralität ins Gewicht fallen kann. Parteien werden das Heraustreten ihres Landes aus der Neutralität stets in dem Verhältnis milder oder strenger beurteilen, als es ihrem Urteil über Recht und Unrecht der streitenden Länder und Ländergruppen oder ihrer gefühlsmäßigen Stellung zu ihnen entspricht oder widerspricht. Wie sehr die deutsche Reichsregierung selbst dies in Betracht zieht, zeigen ihre im Fortgang des Krieges gesteigerten Bemühungen, die öffentliche Meinung des Auslandes von der Güte ihrer Sache und dem Unrecht der Gegenseite zu überzeugen, Bemühungen, an denen es die anderen Staaten gleichfalls nicht fehlen lassen. Wer hat nun in diesem Wettkampfe bei den Arbeiterparteien den größten Erfolg erzielt, für welche Seite entschieden sich die Urteile und schlagen die Herzen der Arbeiterdemokratien?

Eine Untersuchung, die nur von dem Wunsch erfüllt ist, die Wahrheit kennen zu lernen, gleichviel ob diese angenehm oder unangenehm sei, wird zu dem Ergebnis führen, daß zum überwiegenden Teil die Sympathien der Arbeiterwelt auf der Seite der zwei mitteleuropäischen Großmächte Deutschland und Österreich-Ungarn *nicht* sind. Stünde nicht Rußland im Gegenlager, so würde selbst diese negative Wendung die Tatsachen noch zu günstig erscheinen lassen. Aber selbst daß es diesmal gegen Rußland kämpft, hat noch nicht genügt, dem deutschen Reich, von Österreich ganz zu schweigen, die Sympathien der Arbeiterparteien außerhalb seines Gebiets zu sichern. Die Arbeiterparteien der neutralen Länder sehen, soweit die Staaten in Betracht kommen, dem Kampf zwischen Deutschland und Rußland mit den Empfindungen Mercutios zu, für die man mir erlauben möge die Sprache des Originals zu gebrauchen: „The plague on both your houses!"

Das hat mit „Neid auf Deutschlands Macht und Reichtum" nicht das mindeste zu tun. Dieses Motiv spielt bei nationalen Fragen in der Arbeiterwelt gar keine Rolle. Es ist auch nicht auf Nationalitäts- und Rassengegensätze zurückzuführen. Denn in Ländern germanischen Sprachtums ist das Urteil der Sozialdemokratie in diesem Punkt nicht viel anders als in den romanischen Ländern. Noch darf man sich dem süßen Wahn hingeben, es finde in dem teuflischen Lügenfeldzug der Gegenseite seine Erklärung. Als ich einem Führer der Arbeiterpartei eines neutralen Landes der germanischen Völkerfamilie schrieb, er möge doch über Recht und Unrecht in diesem Kriege nicht auf Grund einseitiger Berichte urteilen, erhielt ich zur Antwort: „Wir Neutralen sind nicht einseitig unterrichtet, ihr in den kriegführenden Ländern seid es." Drastischer noch drückte es ein anderer hervorragender Vertreter der Arbeiterbewegung eines neutralen Landes aus, ein Mann, der gleichfalls einem germanischen Volksstamm angehört. Als von Lügendepeschen eines der kriegführenden Länder die Rede war, bemerkte er kühl: „Wir lesen die Lügen von hüben und drüben, und so kommen wir hinter die Wahrheit."

Von vornherein war das Urteil der Arbeiterparteien der unbeteiligten Länder über den Krieg durch ihre Beurteilung des Verhaltens der Mächte während der dem Krieg vorangegangenen Verhandlungen angezeigt. Wenn, wie wir gesehen haben, die Brüsseler internationale Konferenz vom 29. Juli einmütig darin war, die hartnäckige Ablehnung aller Vermittlungsvorschläge durch Österreich scharf zu verurteilen und Österreichs Verbündeten, Deutschland, für diese den Krieg heraufbeschwörende Haltung des ersteren verantwortlich zu machen, wie konnte da ihr Urteil eine wesentliche Veränderung erfahren, als der Krieg nun wirklich ausbrach? Was Jean Jaurès in dieser Hinsicht in der Humanité vom 29. Juli ausgesprochen hat (vgl. [→S. 86-87) faßte ja nur in maßvollen Ausdrücken das einstimmige Urteil der Sozialisten Europas zusammen. Dazu kam, daß, wie Österreich Serbien gegenüber der Angreifende gewesen war, nun Deutschland dadurch die Katastrophe unabwendbar gemacht hatte, daß es in ersichtlicher Hast Rußland und Frankreich den Krieg erklärte. Deutschlands Einmarsch in Belgien, sowie die Art, wie Belgien alsdann niedergeworfen wurde, machten in den Augen der sozialistischen Parteien das Maß voll. Es liegt einmal in der Natur der Arbeiterdemokratie, sich der Sache der Schwachen gegen die Stärkeren anzunehmen, sofern nicht das Unrecht greifbar auf der Seite der ersteren liegt. Aus den Grundanschauungen der sozialistischen Welt heraus wird man es auch verstehen, warum die von Deutschland angegebenen Gründe für die Hast seiner Kriegserklärungen an Frankreich und Rußland auf die Sozialisten außerhalbs Deutschlands keinen überzeugenden Eindruck machen konnten. Die tieferen Gründe, welche die Regierenden Deutschlands veranlaßten, gegen Rußland den Krieg aufzunehmen, wären von der Internationale der Arbeiter begriffen und gewürdigt worden, wenn Deutschland sich auch zu einer sie unzweideutig zum Ausdruck bringenden Kriegsführung entschlossen hätte, das heißt, wenn es nach Westen hin sich in starker Defensive verschanzt hätte, um sofort mit seiner ganzen Angriffskraft gegen das Zarenreich vorzugehen, und dabei die Befreiung der von diesem unterdrückten Nationalitäten auf die Fahne geschrieben hätte. Eine solche Stellungnahme hätte so sehr den geschichtlichen Neigungen der Arbeiterdemokratien entsprochen, daß sie Deutschland deren volle Sympathien eingetragen hätte, und bei dem unbestrittenen Friedenswunsch der großen Mehrheit des französischen Volks ist es mehr wie fraglich, ob in diesem Falle Frankreich seine volle Angriffskraft gegen Deutschland hätte in Anwendung bringen können. Ebenso ist es nach allen Zeugnissen über die Stimmung, die im englischen Volk vor Ausbruch des Krieges herrschte, sicher, daß ein Vorschlag der Regierung, in einen so geführten Krieg als Verbündeter Rußlands einzugreifen, durch Massenaustritt aus der liberalen Partei den Sturz des Ministeriums Asquith-Grey zur Folge gehabt hätte.

Wenn militärisch-strategische und andre Erwägungen die deutsche Kriegsführung veranlaßten, im Gegenteil den ersten Schlag nach Westen zu führen, so ist sie sicherlich selbst nicht im Unklaren darüber gewesen, daß schon dies den Verzicht auf die Sympathie

der Demokratien Europas bedeutete. Diese haben sich nun einmal
trotz aller der französischen Republik noch anhaftenden Mängel jener zugewandt, und sie sind gerade in der letzten Zeit um so stärker
geworden, als Frankreich von neuem in eine Aera friedlicher Re-
formpolitik eingetreten war. Ich weiß nicht, was für Berichte die
deutschen Botschafter in den neutralen Staaten über die Stimmung
in den dortigen oberen Kreisen nach Berlin geschickt haben. Aber
wenn die Herren sich ein wenig um die Arbeiterpresse gekümmert
hätten, die in den meisten dieser Länder ja etwas zu bedeuten hat,
so würden sie auch dahinter gekommen sein, wie warm nicht nur in
Italien, der französischen Schweiz und dem wallonischen Belgien,
sondern auch in der deutschen Schweiz, im vlamischen Belgien, in
Holland, in den skandinavischen Ländern die Herzen der Arbeiter
für Marianne schlugen. Ebenso entspricht es nur der Psyche der Arbeiterdemokratie, daß die Gründe, welche Deutschland für die Niederzwingung Belgiens ins Feld geführt hat, bei ihr nicht durchschla-
gen *konnten*. Wer aber sie nicht gelten ließ, der war natürlich auch
nicht dazu gestimmt, den deutscherseits gegen die belgischen Frei-
schärler und Freischützen ergriffenen Repressalien unterschiedslos
die Rechtswohltat der Notwehr zuzuerkennen. Da verhinderte die
offizielle Neutralitätserklärung Italiens und der italienischen Sozialdemokratie das Organ dieser, den in Rom erscheinenden *Avanti*,
nicht, Kaiser Wilhelm II. als Attila, und die deutschen Soldaten als
moderne Hunnen abzubilden. Da kamen in die sozialistischen Blätter der französischen und deutschen Schweiz, Hollands, der skandinavischen Länder, Artikel, die zwar nicht gegen das deutsche Volk,
wohl aber gegen das offizielle Deutschland tiefste Entrüstung atme-
ten. Angesehene Mitglieder der deutschen Sozialdemokratie, Richard Fischer, Ph. Scheidemann, A. Südekum und andre, haben sich
bemüht, bei den Sozialisten der neutralen Länder eine Deutschland
günstigere Stimmung zu erwirken. Sie haben es aber nicht erreichen
können, jene von der Anschauung abzubringen, daß der Krieg, der
ja auch den neutralen Ländern schwere Schädigungen verursacht,
bei gutem Willen Deutschlands hätte vermieden werden können.
Noch vermochten sie es ihnen auszureden, daß für den Einmarsch
in Belgien und die mit so vieler Vernichtung von Menschenleben
und Zerstörung von Eigentum verbundene Niederzwingung Belgiens keine gebieterische Notwendigkeit vorlag.

Von allen nicht direkt am Krieg beteiligten Ländern ist vielleicht keines durch seine geographische Lage mehr zur Solidarität mit dem Deutschen Reich berufen, als Schweden, und die Sympathien für das deutsche Volk sind in Schweden auch sehr stark. Aber welches war das Urteil der Sozialdemokratie Schwedens über den ausbrechenden Krieg? Der auf den 5. August nach Stockholm einberufene Landeskongreß der schwedischen Sozialdemokratie beschloß am zweiten Tage seines Zusammentritts ein Manifest, in dem er sehr energisch die Forderung absoluter Neutralität Schwedens aufstellte, über den Krieg selbst aber sich wie folgt äußerte:

„Die sozialdemokratische Arbeiterpartei Schwedens vereinigt in todesschwangerer Stunde, da Europa in Brand steht, ihren flammenden Protest mit jenem der Waffenbrüder der ganzen Welt. Die Katastrophe ist über uns hereingebrochen, sie wurde vorbereitet durch die ökonomischen Profitinteressen mächtiger Kreise. Sie wurde beschleunigt durch die immer unerträglichere militaristische Bedrückung der Völker, und sie wurde hervorgerufen sowohl von ungezähmten nationalistischen Stimmungen als auch von wirklichen nationalen Rechtsverletzungen älteren und neueren Datums, und ihren Umfang erreichte sie durch eine rücksichtslose und brutale Großmachtpolitik in den Händen einiger Machthaber. Schwer, vernichtend schwer wird die Verantwortung jene großmächtigen Kreise treffen, die nicht vor dem ungeheuren Verbrechen zurückgeschreckt sind, kaltblütig die Kriegsfurie auf die Völker, die im Frieden leben wollten, loszulassen. In diesen blutigen Tagen ist das Urteil über das Wettrüstungssystem definitiv besiegelt, über jene Rüstungen, von denen es stets geheißen hat, daß sie den Frieden sichern sollen, diese Rüstungen, gegen welche einzig und allein die Sozialdemokratie aller Länder immer und restlos protestiert hat. Hat nicht Europa gerüstet und immer wieder gerüstet, bis die jährliche Last von zehn Milliarden die Völker erdrückte? Aber wo ist jetzt Europas Sicherheit? Das Wettrüsten hat nur bewirkt, daß die Opfer zahlloser sind und die Grundfesten unserer ganzen Zivilisation mehr erschüttert werden als je zuvor. Aber dieser Katastrophe wird ein Tag der Rechenschaft folgen. Die Friedensmacht der internationalen Sozialdemokratie, die leider noch nicht stark genug war, den Ausbruch des Krieges zu verhindern, wird, nachdem das Kriegsunwetter vorüber ist, unwiderstehlich wachsen. Die Wirklichkeit des Weltkrieges wird neue Massen für die klare Einsicht gewinnen, daß die Sicherheit der Völker niemals auf militaristischem Wege erreicht wird. Und so wird, das ist der Trost in diesen schweren, düsteren Stunden, was heute der Triumph des Militarismus ist, sein größter Triumph ist, zugleich sein Schwanengesang sein."

Man sieht, wie wenig der Entschluß, dem Ringen der Weltreiche gegenüber neutral zu bleiben, mit irgendwelcher Anerkennung eines größeren Rechts eines dieser Reiche in dem entbrannten Kriege zusammenfällt.

Nicht überall aber haben die Angehörigen der Arbeiterbewegung es bei der bloßen Sympathie für die Westmächte bewenden lassen. So gab es in Italien eine starke Unterströmung, welche, statt der Neutralität, eine *direkte Unterstützung Frankreichs* verlangte. Sie erklärt sich zum Teil aus der geschichtlichen Tradition Italiens, der alten Gegnerschaft gegen Österreich, die noch im Volke fortlebt, und der gleichfalls traditionellen, über alle zeitweiligen Konflikte hinweg sich immer wieder einstellenden Freundschaft gegenüber der Nation, die zuerst das Schwert für Italien gezogen hatte. Den Entscheid aber gaben auch hier die Vorgänge in Belgien. Gewiß waren manche Berichte der italienischen Presse darüber ins Ungeheure übertrieben. Aber solche Dinge werden in einem Lande, wo man gewohnt ist, tüchtig aufzuschlagen, auch nur dann ohne Skepsis aufgenommen, wenn die Geister ihnen aus irgendwelchen Gründen schon die entsprechende Stimmung entgegenbringen. Und die hatte eben hier die Tatsache und Art der Besetzung Belgiens geschaffen. Wir erwähnten oben Artikel und Notizen des „Avanti" gegen Deutschland. Das Organ des italienischen Gewerkschaftsbundes, die *Confederazione del Lavoro*, brachte in seiner Septembernummer folgenden Artikel:

„*Teutonische Kultur und Zivilisation.* Die Nachrichten, die aus Belgien, dem interessantesten Kriegsschauplatz, eintreffen, überraschen, rühren und entrüsten. Die Ritter der teutonischen Kultur und Zivilisation begehen Scheußlichkeiten, die unter die niedrigsten und abstoßendsten Grenzen des Erlaubten und Unerlaubten, des Glaublichen und des Unglaublichen herabgehen.

Neutralität, Völkerrecht und Verträge werden in zynischer und frecher Weise verletzt und aufgehoben; Scharen von Greisen, Weibern und Kindern mit den Bajonetten vor den deutschen Truppen hergetrieben, um auf die Feinde einen erpresserischen Druck auszuüben und sie ungestraft schlagen zu können. Städte dem Boden gleichgemacht und Kunstwerke zerstört, räuberische Brandschatzungen der Städte und der als Geiseln behaltenen Bürger das sind die großen Kultur- und Zivilisationstaten, die von den teutonischen Vandalen, Barbaren und Briganten in Belgien verrichtet werden.

Es wäre nützlich zu wissen, was die deutschen Sozialisten und Gewerkschafter denken, sagen und tun diesen Dingen gegenüber; denn es widerstrebt uns, an ihre Einwilligung, Mitschuld und Mitverantwortlichkeit zu glauben.

Aus diesen scheußlichen Taten der Barbarei, des Vandalismus und des Brigantentums enthüllt sich das, was man ironischerweise deutsche Kultur und Zivilisation nennen kann.

Hinweg mit solcher Kultur!"

Antworten deutscher Sozialisten und Gewerkschafter auf diesen Anruf sind nicht ausgeblieben. In Briefen und Artikeln haben solche ihre im Felde stehenden Landesgenossen dagegen verwahrt, daß sie Barbareien der geschilderten Art verübt hätten. Es ist aber leider festzustellen, daß ihre Verwahrungen keinen starken Eindruck gemacht haben.

Persönliche Auseinandersetzungen anerkannter Vertreter der österreichischen und deutschen Sozialdemokratie mit Führern der italienischen Sozialdemokratie haben dazu beigetragen, daß diese sich im Monat Oktober nach einer vorgenommenen Urabstimmung mit größerer Schärfe als vorher für strikte Neutralität Italiens erklärt hat. Das bezieht sich jedoch auf die offizielle Haltung des *Staates*, wohin die Sympathien gehen, ist daraus nicht zu folgern.*

(* Der Vorsitzende des Deutschen Bauarbeiterverbands, August *Winnig*, erhielt auf einen Brief an den Vorsitzenden des italienischen Bauarbeiterverbands, F. *Quaglino*, worin er gegen den im obigen abgedruckten Artikel der Confederazione del lavoro Verwahrung eingelegt hatte, eine längere Antwort, worin es u. a. heißt:

„Die Genossen von der ‚Confederazione' konnten nicht die leiseste Ahnung haben, daß sie durch ihren Protest gegen die Grausamkeiten des deutschen Militarismus in Belgien und dadurch, daß sie den Wunsch ausdrückten, die Meinung der deutschen Genossen über diese Vorgänge kennen zu lernen, Euch Verdruß machen würden. Ganz anders war unsere Haltung, als unsere Regierung den Feldzug in Lybien unternahm. Obwohl es sich um Völker von niedriger Kultur handelte, haben wir keinen Anstand genommen, gegen diese Übertretung des Völkerrechts aufs heftigste zu protestieren, weil wir des Glaubens sind, daß dies die elementarste Pflicht für alle ist, die sich zu den humanitären Ideen bekennen.

Damals wurden die Italiener durch die ausländische Presse als Banditen und Barbaren bezeichnet. Aber wir haben uns nicht darüber empört, weil wir sehr wohl wissen, daß man dem Volke die Verantwortung für die Handlungen seiner Regierung nicht zuschreiben darf. Wenn es nicht so wäre, dann sähe ich nicht ein, warum wir in der Friedenszeit die Bourgeoisie, den Krieg und die Militärausgaben bekämpfen sollten.

Ich will nicht über die Ursachen und den Charakter des gegenwärtigen Krieges diskutieren. Ich sage Dir nur, daß es in Italien keinen Menschen irgendeiner Partei gibt, der an den Abwehrcharakter des Krieges der zwei mitteleuropäischen Reiche glaubt. Und es genügt als Beweis für diese Tatsache, daß, wenn Deutschland und Österreich der angegriffene Teil gewesen wären, Italien sich kraft des Bündnisvertrages nicht hätte weigern können, an der Seite der beiden Verbündeten zu kämpfen.

Aber angenommen auch, daß Ihr im guten Glauben meint, daß Euer Krieg ein Abwehrkrieg sei, so verstehe ich doch immer nicht, wie Ihr die Verletzung der Neutralität Belgiens verteidigen könnt; das heißt eine unnötige Tat für den, der sich die bloße Verteidigung vorgenommen hätte.

Ich weiß nicht, ob es möglich sein wird, nach dem Kriege die guten Beziehungen wieder aufzunehmen. Es scheint mir aber gut, daß Ihr schon jetzt wisset, daß es in Italien keinen einzigen in allen Fraktionen der Volksparteien gibt, welcher die Haltung der deutschen Sozialdemokratie und des deutschen Proletariats in dieser Sache billigt.")

Soviel Mängel dem heutigen Deutschland auch unter dem demokratischen Gesichtspunkt noch anhaften, so sollte man doch meinen, daß dem Zarenreich gegenüber es in den Augen der Demokratie immerhin weiß wie Schnee erscheinen müßte. Das ist aber durchaus nicht in dem Maße der Fall, als man bei uns zu glauben geneigt ist. Sehr vorurteilsfreie, jeder Deutschfeindschaft unverdächtige Sozialisten und Demokraten sehen nicht in Rußland, sondern im heutigen Deutschland den gefährlichsten Gegner der Ruhe und friedlichen Entwicklung Europas. Sie verkennen nicht und bestreiten nicht, daß Rußland sehr viel rückständiger ist als Deutschland, daß sein Regierungssystem gewalttätiger, seine Verwaltung unvergleichlich schlechter, seine Kulturleistung geringer ist. Aber alles das stoße die Tatsache nicht um, erklären sie, daß Rußland nach außen hin weniger angriffslustig sei, als Deutschland, daß der russische Geist weniger militaristisch sei als der deutsche, daß Deutschland und nicht Rußland im Rüsten der Antreiber sei. Daß diese Anschauung durch den gegenwärtigen Krieg in der ganzen außerdeutschen Welt neue Nahrung erhalten hat, kann niemand entgehen, der sich einigermaßen in der Presse des Auslands umsieht. Kundgebungen deutscher Gelehrter, worin diese selbstgerecht sich den verbündeten Mächten England, Frankreich und Rußland gegenüber als die Hüter der Kultur bezeichnen, haben mehr dazu beigetragen, jener Auffassung Vorschub zu leisten, als ihr Abbruch zu tun. In den Augen des Auslands waren sie unfreiwillige Beweise dafür, wie sehr die Schreiber selbst unter dem geistigen Bann des angreifenden Militarismus stehen. Abhandlungen, denen ein bestimmtes Mindestmaß von Objektivität fehlt, sind wenig geeignet, dem Ausland eine hohe Meinung von der deutschen Kultur und dem freien Blick deutscher Gelehrter beizubringen.

In weiten Kreisen der internationalen Arbeiterdemokratie der Kulturwelt, darüber ist keine Täuschung möglich, erscheint Rußland heute als das kleinere Übel gegenüber Deutschland, wird der deutsche Militarismus als der in erster Linie zu bekämpfende Feind betrachtet. Welcher Fehler in dieser Betrachtung steckt, liegt auf der

Hand. Mag der deutsche Militarismus vom Standpunkt der friedliebenden Demokratie in der Tat der schlimmere, weil tiefer eingewurzelte und systematischer ausgebildete Militarismus sein, so ist doch so viel sicher, daß er nicht eher sein Ende finden wird als der russische Militarismus, aus dessen sehr realer Existenz er nicht zum wenigsten seine Existenzberechtigung zieht. Aber es handelt sich hier nicht um die Richtigkeit, sondern um die Verbreitung des Gedankens. Und die ist nicht gering. Unausgesprochen beherrscht er viele Artikel der sozialistischen und demokratischen Presse der neutralen Länder. Bestimmten Ausdruck haben ihm Sozialisten der Länder gegeben, die mit Deutschland im Kampf liegen. So in Frankreich der ehrwürdige Ed. Vaillant, bis zum Ausbruch des Krieges einer der wärmsten Befürworter der deutsch-französischen Annäherung. Enttäuschung über Deutschlands Verhalten hat ihn, der in jungen Jahren in Deutschland gelebt und Freundschaften geschlossen hat, und der noch am 2. August in der sozialdemokratischen Kammerfraktion Frankreichs mit Wärme für Ablehnung der Kriegskredite eintrat, zum Anhänger des Kampfes bis aufs äußerste gegen Deutschland gemacht. Der Krieg müsse fortgesetzt werden, bis der deutsche Militarismus vernichtet sei, schrieb er in der Humanité. In England vertritt, wie bereits früher bemerkt, H. M. Hyndman diese Idee und hat damit Schule gemacht. Robert *Blatchford*, der Verfasser von Merry England, H. G. *Wells*, der bekannte Verfasser sozialistischer Romane, und andere predigen sie dem englischen und dem amerikanischen Publikum. Und zu ihren Verkündern gehören auch eine Anzahl russischer Sozialisten und Revolutionäre, voran, wie eingangs dieses Abschnitts bemerkt, Wladimir *Burtzew* und Peter *Krapotkin*, denen sich zuletzt auch der hervorragendste Theoretiker des Marxismus in Rußland, Sergius *Plechanow*, zugesellt hat. Der erstere, der in Paris als Herausgeber einer sozialrevolutionären Zeitschrift sich die Entlarvung russischer Geheimpolizisten zur besonderen Aufgabe machte, ist, wie er sich einem Zeitungsberichterstatter gegenüber ausdrückte, mit dem Vorhaben nach Rußland zurückgekehrt, der russischen Regierung die Hand zu reichen und „dafür zu wirken, daß der Krieg eine Sache der ganzen Nation, ein Nationalkrieg werde". Das soll ihm, wenn man einer Zeitungsmeldung Glauben schenken darf, zunächst Einsteckung in eines von des Zaren Gefängnissen eingetragen haben. Indes wird es ihm kaum sehr schlimm ergehen, der Mann ist als politischer Charakter wenig ernst zu nehmen. Größeren Anspruch darauf gehört zu werden hat sein Landsmann Peter *Krapotkin,* der jedenfalls als Gelehrter eine bedeutende Persönlichkeit ist und dem Anarchismus, zu dem er sich bekennt, beachtenswerte wissenschaftliche Grundlagen geliefert hat. Als Anarchist naturgemäß stets ein heftiger Gegner des Militarismus, sieht auch Krapotkin in dessen deutscher Spielart das Hauptunheil für die Kulturwelt. In einem offenen Brief an den schwedischen Sozialisten Gustav Steffen erklärt er es für „die wichtigste Pflicht des europäischen Proletariats, den deutschen Imperialismus zu vernichten und dessen Vordringen nach Westeuropa Einhalt zu tun". Der Sieg der deutschen Waffen würde „für ganz Europa ein Jahrhundert härtester Reaktion" bedeuten. Von Rußland dagegen habe das freiheitliche Europa nichts zu befürchten. Rußland habe eine starke freiheitliche Bewegung, auf deren Programm neben andern Freiheitsforderungen Autonomie der Nationalitäten stehe, und diese Forderungen würden sicher verwirklicht werden. Andernfalls müsse Rußland ebenso bekämpft werden, wie jetzt das ganze freiheitsliebende Europa Deutschland zu bekämpfen bereit sei. Dieser Kampf sei gegenwärtig die Hauptsache. Daß der Krieg kommen werde, habe er, Krapotkin, vorausgesehen und daher im vorigen Jahre seinen französischen Gesinnungsgenossen geraten, den Widerstand gegen die dreijährige Dienstzeit aufzugeben.

Bei Steffen ist Krapotkin an den Unrechten geraten, und ebenso hatte der holländische revolutionäre Syndikalist J. *Cornélissen* wenig Erfolg, als er mit ähnlichen Argumenten in Holland für den Eintritt in den Kampf gegen Deutschland Propaganda zu machen suchte. Aber ganz unbedeutend ist diese Agitation nicht. In weniger ausgeprägter Form hat sie sich vieler Köpfe bemächtigt. Die Menschen haben für das Näherliegende naturgemäß immer das stärkere Empfinden. Und der deutsche Militarismus liegt den Völkern der europäischen Kulturwelt näher, als der im Hintergrund dieser sich betätigende russische Militarismus. Der letztere drückt sie nicht erkennbar, und darum erregt er sie nicht. Den andern sehen sie deutlich am Werk. Er bedrückt die Demokratien sehr fühlbar, so daß sie, auch wenn sie sich sagen, daß etwas Großes in ihm stecke, doch nur die Folgerung ziehen: um so mehr ist er zu bekämpfen.

9. Der Ausblick

Wenn es unvermeidlich war, daß der europäische Krieg dadurch, daß er die direkten Verbindungen der sozialistischen Internationale für eine Weile zerriß, in diese eine gewisse Verwirrung, Mißverständnis zwischen ihren einzelnen Abteilungen und damit auch Mißstimmungen hineintrug, so haben sich in dem Augenblick, wo diese Zeilen geschrieben werden, die Verhältnisse schon sehr wesentlich geklärt und damit auch erheblich verbessert.

So wenig in den Reihen der Sozialisten der einzelnen Länder in allen Punkten Einstimmigkeit darüber herrscht, welches die Haltung der Partei in diesem Kriege zu sein habe, so wenig kann man erwarten, daß über die Grenzen der einzelnen Länder hinaus Einstimmigkeit darüber herrsche, ob die Sozialisten jedes Landes mit Bezug auf ihn jederzeit das Richtige getan haben. Gleichmäßiges Handeln war überhaupt nur in dem Sinn möglich und zu verlangen, als es von gleichen Grundanschauungen geleitetes und geregeltes Handeln hieß. Bei Verschiedenartigkeit der Verhältnisse selbst oder auch bei verschiedenartiger Beurteilung der Verhältnisse konnte völlige Gleichmäßigkeit im Handeln nicht erwartet werden und ist auch weder erwartet noch verlangt worden.

Da Deutschland bei den Sozialisten außerhalb Deutschlands und Österreichs fast ohne Ausnahme als diejenige Macht gilt, welche mit Österreich im Bunde ohne zwingenden Anlaß zum Krieg geschritten sei, ist die Bewilligung seiner Kriegskredite durch die deutsche Sozialdemokratie in der Arbeiterinternationale zunächst sehr unwillig aufgenommen worden. Nachdem man aber sich darüber Aufklärung verschafft hatte, unter welchen Voraussetzungen diese Abstimmung in Deutschland erfolgt war, ist von Vorwürfen an die Adresse der deutschen Sozialdemokratie wenig mehr die Rede.

Den Sozialisten keines in den Krieg hineingerissenen Landes wird zugemutet, sobald der Krieg Tatsache ist, die Kriegsmittel zu verweigern und sich der Beteiligung an der Verteidigung des eigenen Landes zu entziehen. Von keiner Seite wird den Sozialisten derjenigen Länder, welche den Feind im Lande haben, der Eintritt in Ministerien der Landesverteidigung zum Vorwurf gemacht.

Ein unterschiedenes Verhalten wird in dem Fall erwartet und verlangt werden, wenn von einer der kriegführenden Mächte oder

Mächtegruppen der Krieg in einen Eroberungskrieg oder Unterdrückungskrieg verwandelt werden sollte. Es würde dann, da dies den schon erlangten entschiedenen Sieg jener Gruppe voraussetzt, von den Sozialisten der betreffenden Länder vorausgesetzt werden, daß sie ihre Stimme für das Selbstbestimmungsrecht der Nationen und für billige Friedensbedingungen erheben, wie das übrigens für sich die Fraktion der deutschen Sozialdemokratie in der oben abgedruckten Erklärung (vgl. [→S. 96-97]) schon bei Bewilligung der Kriegskredite in Aussicht gestellt hat.

Die Vollziehungsausschüsse der französischen und belgischen Sozialdemokratie haben im Monat September ein Manifest an die Deutschen veröffentlicht, worin sie die Tatsachen darlegten, die nach ihrer Auffassung das Recht ihrer Länder und das Unrecht Deutschlands dartun. Da es nach den ersten hierüber eingetroffenen Nachrichten schien, als ob die Belgier das Manifest in ihrer Eigenschaft als Vollziehungs-Ausschuß des Internationalen Sozialistischen Bureaus unterzeichnet hätten, erließ der Vorstand der deutschen Sozialdemokratie eine Erklärung, worin er dies als eine Überschreitung der Vollmachten des Ausschusses bezeichnete und zurückwies. Gegen den Inhalt des Manifestes zu polemisieren, unterließ er mit Rücksicht auf die Kriegslage, die ein rückhaltloses Aussprechen unmöglich mache. Von einer Absage an die Internationale, wie bürgerliche Blätter sofort triumphierend meldeten, war aber in der Erklärung keine Rede. Ihre Absicht war vielmehr, die Bedingungen zu wahren, unter denen allein die Internationale der Arbeiter ein gemeinsames festes Bureau haben kann. Das hat man, nachdem der wirkliche Sachverhalt aufgeklärt war, auf der andern Seite auch eingesehen. Die belgischen Sozialisten, deren Land der Krieg die schwersten Wunden geschlagen hat, haben durch den Mund Emile *Vanderveldes* anerkannt, daß der Reichstagsfraktion der deutschen Sozialdemokratie ein Vorwurf über ihre Abstimmung vom 4. August nicht gemacht werden könne, sie habe im Angesicht der Bedrohung Deutschlands durch Rußland ersichtlich nach bestem Gewissen gehandelt, wie es das Interesse ihres Landes ihr zu erheischen schien. Es liegen noch eine ganze Anzahl Beispiele dafür vor, wie sehr auf allen Seiten der gute Wille vorhanden ist, die Vorbedingungen einer Wiederherstellung der Internationale nicht leiden zu lassen.

Es ist aber nicht bei bloßen, auf Verständigung abzielenden Erklärungen geblieben. Die Sozialisten der neutralen Länder haben es sich schon beim beginnenden Herbst angelegen sein lassen, nach Möglichkeit die Verbindungsfäden wieder herzustellen, die der Krieg im Anfang August zerrissen hatte. Eine Konferenz schweizerischer und italienischer Sozialisten in Lugano, eine Besprechung skandinavischer Sozialisten über die Notwendigkeiten der Situation für die internationale Arbeiterwelt haben den Anfang gemacht, und mit Zustimmung aller Beteiligten ist der Sitz des Internationalen Sozialistischen Bureaus für die Dauer des Krieges einstweilen nach Holland verlegt, holländischen Sozialdemokraten die Ergänzung seines vollziehenden Ausschusses übertragen worden. Die Internationale der Arbeiter hat auf diese Weise wieder eine neutrale Zentralstelle, die zunächst sich als Mittel bewähren wird, auftauchende Differenzen zu schlichten und Mißverständnisse aus der Welt zu schaffen, der aber im weiteren Verlauf des Krieges leicht eine bedeutungsvollere Aufgabe zufallen kann. Schon ihre bloße Existenz ist unter diesem Gesichtspunkt eine begrüßenswerte Tatsache. Denn es kann der Zeitpunkt kommen, wo es den Regierungen sehr angenehm sein mag, daß in Europa ein internationales Institut besteht, welches außerhalb jeden Verdachts steht, den Sonderinteressen einer bestimmten Nation oder Mächte-Gruppe zu dienen, und das durch keine Etikette verhindert ist, ein erlösendes Wort auszusprechen, dessen Kundgabe jede einzelne Regierung bei heutiger Auffassung von nationaler Ehre und Souveränität in eine ungünstige Situation bringen würde. Die sozialistische Welt hat mit der Schöpfung dieses Bureaus den Mächtigen der Erde gezeigt, was sie hätten schaffen sollen. Daß sie so früh dazu gekommen ist es wiederherzustellen, wird allen denjenigen Anhängern und Freunden der Idee eines Friedensbundes der Nationen, die in den verhängnisvollen Tagen des August 1914 die Totenglocke der Internationale der Arbeiter läuten zu hören fürchteten, neue Zuversicht in die unverwüstliche Lebens-, Schaffens- und Wirkenskraft dieser wahren Hüterin des Menschheitsgedankens einflößen.

Nachdem der vorstehende Aufsatz schon abgeschlossen war, hat am 2. Dezember [1914] die sozialdemokratische Fraktion des deutschen Reichstags die von der Reichsregierung in Höhe von wiederum fünf Milliarden Mark geforderten neuen Kriegskredite unter Abgabe der folgenden, vom Vorsitzenden der Fraktion, *Hugo Haase*, verlesenen Erklärung bewilligt:

„Im Anschluß an die Ausführungen des Herrn Reichskanzlers über Belgien stelle ich namens meiner Fraktion fest, daß die nachträglich bekanntgewordenen Tatsachen nach unserer Überzeugung nicht ausreichen, um von dem Standpunkt abzugehen, den der Herr Reichskanzler am 4. August gegenüber Luxemburg und Belgien eingenommen hat. Im übrigen habe ich im Auftrage der sozialdemokratischen Fraktion folgende Erklärung abzugeben: Die sozialdemokratische Fraktion steht auf dem Standpunkt ihrer Erklärung vom 4. August. Den Krieg, dessen tiefere Ursache die ökonomischen Interessengegensätze bilden, haben wir bis zum letzten Augenblick bekämpft. Noch sind aber die Grenzen unseres Landes von feindlichen Truppen bedroht. Daher muß das deutsche Volk auch heute noch seine ganze Kraft für den Schutz des Landes einsetzen.

Die Sozialdemokratie *bewilligt* deshalb die geforderten neuen Kredite. In *dankbarer Teilnahme* gedenken wir *aller tapferen Söhne des Volkes*, die Leben und Gesundheit für uns hingegeben haben und aller, die unter unsäglichen Entbehrungen und Mühen im Dienste des Vaterlandes stehen.

Schon am 4. August haben wir in Übereinstimmung mit der Internationale den Grundsatz verkündet, *daß jedes Volk das Recht auf nationale Selbständigkeit* habe, und es ist unsere unverbrüchliche Überzeugung daß eine gedeihliche Fortentwicklung der Völker nur möglich ist, wenn jede Nation verzichtet, die Integrität und Unabhängigkeit anderer Nationen anzutasten und damit den *Keim zu neuen Kriegen* zu legen.

Wir bleiben deshalb bei dem, *was wir am 4. August gesagt haben*: Wir fordern, daß dem Kriege, sobald das Ziel der Sicherung erreicht ist, und die Gegner zum Frieden geneigt sind, ein Ende gemacht wird durch einen Frieden, der die Freundschaft mit den Nachbarvölkern ermöglicht." Die Sozialdemokratie *verurteilt* es, daß in allen Ländern kleine, aber rührige Kreise unter dem Deckmantel einer besonderen Vaterlandsliebe mit allen Mitteln den Haß gegen die anderen Völker zu erregen suchen und dabei jede Rücksicht auf Wahrheit und Würde außer acht lassen. Solange der Krieg sich hinzieht, muß unermüdlich daran gearbeitet werden, die durch ihn geschaffenen Leiden und Nöte zu lindern für alle, die im Feldzuge ihre Gesundheit verloren haben, für die Angehörigen und Hinterbliebenen der Kriegsteilnehmer im weitesten Sinne, reichlich zu sorgen für die vom Feind aus ihrer Heimat vertriebenen Flüchtlinge, Arbeitsgelegenheit und Hilfe für die erwerbslos und arbeitslos gewordenen Volksgenossen zu schaffen, sowie jede Hilfeleistung zu gewähren, die erforderlich ist, um unsere Volkskraft zu erhalten, und die Versorgung des Volkes mit Nahrungs- und Gebrauchsgegenständen zu organisieren.

Die Anregungen unserer Partei und der Gewerkschaften zu sozialen Maßnahmen dieser Art sind bei der Reichsregierung zum Teil auf fruchtbaren Boden gefallen, doch muß nach unserer Überzeugung auf all diesen Gebieten noch mehr geschehen.

Wir erwarten aber von der Reichsregierung auch *Vertrauen zu unserem Volke,* das im Kampf für das bedrohte Vaterland *einmütig zusammensteht.* Die Ausdehnung, in der die Verhängung des Kriegszustandes und die Beschränkung der verfassungsmäßigen Rechte namentlich der *Presse* noch *jetzt* aufrechterhalten werden, ist *durch nichts gerechtfertigt* und ist geeignet, Zweifel an der Reife und Entschlossenheit des deutschen Volkes zu erwecken. Die *Handhabung der Zensur führt fortgesetzt zu Mißgriffen und wirtschaftlichen Schädigungen.* Wir fordern schleunigste Abhilfe gerade im Interesse geschlossener Verteidigung und des Ansehens und der Wohlfahrt des Deutschen Reiches."

An den Beziehungen der Parteien in der Internationale der Arbeiter wird diese Erklärung nichts ändern. Sie wird in bezug auf die Forderung des Friedens manchen zu akademisch gehalten sein, auch mag man Äußerungen über die Art der Kriegführung vermissen.

Aber soweit die Erklärung geht, verstößt sie gegen keinen Grundsatz der Internationale der Arbeiter und gibt sie daher zu keinem Protest ausländischer Sozialisten Anlaß. Eine von den skandinavischen Sozialisten angeregte und von den Sozialisten anderer Länder gebilligte internationale Konferenz, die am 6. und 7. Dezember in Kopenhagen zusammentreten sollte, ist auf den Wunsch der sozialistischen Partei der Vereinigten Staaten von Amerika auf Mitte Januar 1915 vertagt worden, damit auch Abgesandte dieser Partei an ihr teilnehmen können. Letzteres ist um so wünschenswerter, als die Sozialisten Frankreichs der Konferenz ein ziemliches Mißtrauen entgegenbringen. Sie sind zurzeit Gegner einer Friedensaktion, weil diese nach ihrer Ansicht bei der jetzigen Kriegslage nur den Verbündeten Deutschland und Österreich-Ungarn zugute kommen, sie der voraussichtlichen Besiegung entziehen würde. Nur eine endgültige Niederlage der beiden mitteleuropäischen Mächte kann nach ihrer Ansicht einen die Demokratie sicherstellenden Frieden bringen. Ihr Gedankengang wird durch folgende Stelle aus einem Artikel Ed. Vaillants in der *Humanité* vom 15. November 1914 veranschaulicht:

„Sicherlich, wollten wir nur den Buchstaben der Kongreßbeschlüsse betrachten und dem sozialistischen Sinne untreu werden, den wir ihnen geben und die Kongresse selbst gegeben haben, würden wir das Verbrechen des imperialistischen Überfalls, des Offensivkrieges, der deutschen Invasion und ihrer zahllosen Opfer vergessen, unser gegebenes Wort mißachten und unsere Verbündeten preisgeben, separat verhandeln und uns besiegt bekennen, ohne daß wir es sind, und die Barmherzigkeit und die Herrschaft des deutschen Kaisers annehmen, wir bekämen von ihm Waffenstillstand, Frieden und Dank. Aber warum hätte dann Belgien der Invasion widerstanden? Warum hätte Frankreich den Angreifer zurückgetrieben, statt ihm freien Zugang zu seinen Festungen und zu seinen Häfen zu geben und die Tore von Paris zu öffnen? Warum wären dann so viele Helden gefallen? Warum stünde ein ganzes heldisches Volk in Frankreich, Belgien, England, Serbien aufrecht, im Kampfe für die Freiheit der Völker, wenn es nicht gälte, sie zum Siege zu führen und so in dem von der Geißel des deutschen militärischen Imperialismus befreiten Europa die Bedingungen des vom Sozialismus auf seinen Kongressen geforderten dauernden Friedens zu schaffen, der in dieser Weise erobert wird und der aufgebaut wird auf der Unabhängigkeit und Einigkeit der organisierten und verbündeten demokratischen Nationen?"

Eine Kritik dieser Gedankenreihe ist hier überflüssig. Wir glauben weiter oben den Fehlschluß aufgezeigt zu haben, der ihr zugrunde liegt, und heben als dies bestätigend den Umstand hervor, daß in der Aufzählung der Nationen bei Vaillant ein Land ganz übergangen wird, dessen Nennung seinen Schlußsatz unmöglich machen würde – *Rußland*. Da eine Niederlage Deutschlands Rußlands Sieg heißen würde, kann sie so wenig das Ende des imperialistischen Militarismus bringen, wie umgekehrt die Niederlage Rußlands solches verspricht. In dieser wie auch in anderen Beziehungen kann man geradezu von einer Antinomie des gegenwärtigen Krieges sprechen. Er bringt allerwärts widerspruchsvolle Erscheinungen hervor. Zu ihnen gehört der wahrhaft tragische Tod des serbischen Sozialdemokraten Demetrius Tutzowitsch. Redakteur des wissenschaftlichen Organs der serbischen Sozialdemokratie hatte *Tutzowitsch* aufs schärfste die panslavistische großserbische Agitation und deren Kriegspolitik bekämpft und im Gegensatz dazu die Politik eines friedlichen Ausgleichs mit Österreich und eines wahrhaft demokratischen Bundes der Balkanvölker warm befürwortet. Nun der Krieg da war, tat dieser begabte Mann als Wehrmann seine Pflicht und ist am 20. November in der Schlacht an der Linie Lazarevac-Myonica als Opfer einer österreichischen Granate gefallen. Wie der Tod des deutschen Sozialdemokraten Ludwig *Frank* ja, fast noch erschütternder ist der Tod dieses serbischen Sozialisten ein Symbol der logischen Unmöglichkeiten, die der gegenwärtige Krieg für die Internationale der Arbeiter mit sich gebracht hat.

———

Überschätzte Friedensmächte

(Friedens-Warte, Juni 1915)[1]

Von Eduard Bernstein,
Mitglied des Reichstags, Berlin

Der Krieg hat mancherlei Überraschungen und Enttäuschungen gebracht. Es entspricht dem Streben derer, die, wie der Herausgeber
dieser Zeitschrift[2], den Pazifismus wissenschaftlich zu begründen
und zu behandeln suchen, von beiden Gruppen von Erfahrungen
Kenntnis zu nehmen und ihre Bedeutung abzuschätzen. Ludwig
Börnes Ausspruch, einen Wahn verlieren, sei mehr wert, als eine
Wahrheit finden, mag übertrieben sein, richtig ist aber jedenfalls,
daß man keinen Wahn verliert, ohne nicht damit zugleich auch
schon eine Wahrheit zu finden.

In der Literatur der Friedensbewegung spielt eine nicht geringe
Rolle der Hinweis auf bestimmte gesellschaftliche Mächte, die ihrer
Natur nach zur Förderung des Friedens berufen seien. Er ist die
Folge des verständlichen Dranges, diese Bewegung aus dem Gebiet
der reinen Ideologie herauszuheben und ihr realpolitische Grundlagen zu geben. Ein sehr berechtigtes Streben. Irrtümer in der Einschätzung einzelner Kräfte beweisen nichts gegen die Richtigkeit
des Gedankens. Auch wandelt sich im Lauf der Zeit das Verhältnis
der gesellschaftlichen Kräfte zu einander sowie auch bei einzelnen
deren innere Struktur, so daß ursprünglich richtige Schätzungen
fehlerhaft werden, und schließlich können, wie auf andern Gebieten, so auch im Reich der Kriegs- und der Friedenstendenzen Aus-
nahmezustände eintreten, die richtige Wertungen zeitweilig umsto-
ßen, ohne sie damit ein für allemal aufzuheben. Wenn zum Beispiel
in den Hochsommertagen 1914, als in Deutschland Siegesrausch
herrschte, Dr. Franz Oppenheimer in liberalen Blättern, die ihren Liberalismus in die Rumpelkammer geschleudert hatten, sich über

---

[1] Textquelle | Eduard BERNSTEIN: Überschätzte Friedensmächte. In: Die Friedens-
Warte, 17. Jahrgang, Nr. 6 (Juni 1915), S. 127-133.
[2] [Alfred Hermann Fried; Anm. pb]

Normann Angells „falsche Rechnungen" glaubte lustig machen zu
können, so bewies er damit nur, daß er in der Wollust des Plät-
scherns mit dem Strom nichts dabei empfand, seine eigenen Lehren
zu mißhandeln. Denn niemand in Deutschland hat dem ökonomischen Faktor im Gesellschaftsleben stärkeres Gewicht beigelegt und
sich damit mehr als Geistesverwandter Norman Angells gekennzeichnet, als gerade Oppenheimer. Wieviel an Angells Theorien
richtig oder unrichtig war, wird man aber erst mit Sicherheit feststellen können, wenn die Zeit gekommen sein wird, die Bilanz des
Krieges zu ziehen.

Inzwischen liegen indes, um beim Thema der Friedensmächte zu
bleiben, Erscheinungen genug vor, aus denen sich erkennen läßt,
daß in der Tat Elemente, von denen bis in die neueste Zeit hinein
angenommen wurde, daß sie den Kriegen oder dem zu Kriegen treibenden Nationalismus gegenüber sich als Gegenkräfte erweisen
würden, in dieser Hinsicht mehr oder weniger versagt haben. So
arge Übertreibung es ist, wenn man, wie verschiedentlich geschehen, von einem Zusammenbruch der Internationale der Arbeiter gegenüber diesem Kriege gesprochen hat, so ist doch nicht zu leugnen.
daß diese Internationale im Anfang sich nicht wie die starke Gegen-
macht bewährt hat, die viele in ihr gesehen und hochgeschätzt hatten. Aber die Internationale der Arbeiter regt sich heute schon wieder so kräftig, daß man befugt ist, ihr Versagen in den ersten Kriegs-
monaten als ein zeitweiliges, aber kein andauerndes Zurückweichen
vor der nationalistischen Welle zu bezeichnen, die der Ausbruch des
Krieges aufgewühlt hat. Sie hat einen starken Schlag erlitten, der
manches ihrer Glieder schwer verletzt hat. Ihre Lebensorgane jedoch sind nicht zerstört worden, die rote Internationale sammelt
ihre Kräfte von neuem und wird wahrscheinlich im gegebenen Zeitpunkt den weitblickenden Elementen in den Regierungen gegen die
Ultras der Kriegspolitik den Rücken steifen.

Wie aber mit den andern Internationalen? Wie steht es mit der
schwarzen und der goldenen Internationale? Wie mit dem Judentum, das so oft als eine grosse Internationale bezeichnet worden ist,
und wie mit dem als Gegenstück der römischen Kirche gleichfalls
als eine Internationale hingestellte Freimaurertum? Hat sich der
kosmopolitische Zug, der ihnen allen von Hause aus innewohnt,
und ihnen oft das Brandmal der Vaterlandslosigkeit zugezogen hat,

wenn nicht als positive Friedenskraft, so doch mindestens als Dämpfer der Kriegswut bekräftigt?

Eine genaue Untersuchung wird wahrscheinlich hinsichtlich all dieser in der Hauptsache zu einer verneinenden Antwort führen. Was zum Beispiel die *römische Kirche* betrifft, so läßt es zwar ihr derzeitiges geistiges Oberhaupt, Papst *Benedikt*, an Zeichen nicht fehlen, daß ihm das Eintreten für die Herstellung des Friedens Herzenssache ist, und es liegt kein Grund vor, sein Wollen in dieser Hinsicht zu verkleinern. In den Reihen der Gläubigen der Kirche aber sieht es vielfach bedeutend anders aus. In Österreich gehörten die Organe der katholischen Partei zu den verbissensten Kriegshetzern, und in Deutschland war es ebenfalls ein Führer der katholischen Partei, der sich in kritischer Zeit in den Mittelpunkt der Kriegspartei stellte. Der Umstand, daß in dem Konflikt Osterreich-Ungarns mit den Serben der Gegensatz römisch-katholisch und griechisch-katholisch eine Rolle spielte, verwandelte einen erheblichen Teil des Klerus in Raßler mit dem Schwert: vor dem klerikalen Interesse mußte der Friede auf Erden in den Hintergrund treten. Und zwar nicht bloß in Österreich. Ein holländisches katholisches Blatt „De Voorhoede" (Die Vorhut), das der christlich-sozialen Richtung angehört, veröffentlichte Anfang März dieses Jahres ein Interview mit, wie es sagte, einen der *hervorragendsten* („voornammste") *deutschen Zentrumsführer*, und erhielt auf die Frage, was mit Belgien geschehen werde, die Antwort:

„Wir werden Belgien nicht zurückgehen. Das ist ganz ausgeschlossen. Ein Land, das wir mit dem Aufwand von so viel Blut und Tränen Leben erobern müssen, geben wir nicht mehr preis. Dem werden wir ums stets widersetzen, wenn es sein muß, bis zum äußersten."

Es kann unerörtert bleiben, wessen Blut und Tränen denn bei der Eroberung Belgiens vornehmlich geflossen sind. Auch will ich nicht fragen, ob Anerkennung dieser Begründung der Annexion es noch erlauben würde, Einbrechern das geraubte Gut wieder fortzunehmen, sobald sie sich beim Einbruch schmerzhafte Verletzungen und Blutverlust zugezogen haben. Halten wir uns lediglich an die *politische* Seite der Frage, so weiß jeder, daß Frankreich wie England sowohl durch ihr Interesse wie eine dem belgischen Volk gegenüber eingegangene Pflicht sich gebunden fühlen, das Äußerste für die Befreiung Belgiens daranzusetzen, und daß also Bestehen auf die

Annexion Belgiens unabsehbare Verlängerung des Blutvergießens heißen und im Falle des Gelingens den aufgezwungenen Frieden zu einem zehnmal schlimmeren latenten Krieg stempeln würde, als es der hinter uns liegende war. An alledem und den demoralisierenden Wirkungen einer Gewaltherrschaft in Belgien nimmt das katholische Gewissen des „hervorragenden Zentrumführers" keinen Anstoß.

Es würde übertrieben sein, für seine Auffassung die ganze Zentrumspartei des deutschen Reiches verantwortlich zu machen. Andere Führer haben sich gemäßigter geäußert. Aber von keinem habe ich Grundsätze einer Friedenspolitik entwickeln gehört, wie diese Partei sie noch vor dreißig Jahren, in den Tagen des Bismarckschen Kulturkampfes, vertreten hat. Wie hoffnungslos die Partei einer Kirche mit dem schönen Beiwort κατ ὁλος heute als Friedensfaktor ist, zeigt die Tatsache, daß ihr meistgenannter Vertreter, Herr Matthias *Erzberger*, einer der geschäftigsten Helfer der Politik des Emportreibens der Rüstungen ist, die der deutsche Reichstag kennt, und ganz besonders eifrig die Flottenpolitik betreibt, durch die das deutsche Reich in einen ständigen Gegensatz zu England gebracht und die Vorbedingung eines wirklichen Friedens für Europa untergraben wird.

Wie es mit dem alten Rivalen der Kirche, dem *Freimaurertum*, heute in der Kriegsfrage steht, läßt sich bei dessen eigenartiger Verzweigung und nationaler Differenzierung schwer feststellen. Die Wahrscheinlichkeit spricht jedoch nicht dafür, daß es sich heute in nennenswertem Grade als Kraft im Sinne der Menschheitsgedanken betätigt, die ihm einst eigen waren. Auch in seinen Reihen hat der nationalistische Geist, der heute das Denken der bürgerlichen Klassen beherrscht, seine Verwüstungen angerichtet. Im Einzelfall mögen hier und dort Freimaurer, ihrer besseren Überlieferungen eingedenk, der Verhetzung der Völker entgegenwirken, vom Freimaurertum im ganzen ist für die Arbeit im Interesse des Weltfriedens wenig zu hoffen. Seine weltbürgerlichen Ideale scheinen vielmehr völlig verblaßt zu sein.

Als eine Art internationaler Freimaurerei ist von seinen Feinden des öfteren das *Judentum* bezeichnet worden. Man unterstellte ihm einen stärkeren Kosmopolitismus, als sich mit dem nationalen Empfinden vertrage, das in jedem Lande Voraussetzung der staatsbürgerlichen Gesinnung sei. Bei der Auslegungsfähigkeit des Begriffs „nationales Empfinden" aber ein Vorwurf, der unter Umständen auf ein Lob hin auslaufen konnte, da man zur Genüge erfahren hat, wie gefährlich einem Lande ein übertriebener Nationalismus werden kann. Dem von Zeitströmungen unbeeinflußten Denken gemäß müßte jeder Jude in dem Sinne Pazifist sein, wie der Begriff in diesen Blättern verstanden wird. Als Angehöriger oder Abkömmling eines Volkes, das in der ganzen Welt zerstreut lebt, müßte er es für eine diesem Umstand entsprechende Pflicht ansehen, zugleich guter Bürger des Landes zu sein, das ihm eine Heimat und einen Wirkungskreis bietet, und alles zu fördern, was die Nationen verbindet, alles zu bekämpfen, was sie gegeneinander aufhetzt. Mit anderen Worten, der deutsche, der französische, der englische usw. Jude müßten jeder in seinem Lande Patriot, es dürfte aber keiner Heißsporn des Nationalismus, Chauvinist, Jingo oder dergleichen sein. Ihnen müßte das *Europäertum* im Blut liegen, das der frei denkende nicht-jüdische Deutsche, Franzose, Engländer usw. durch Erhebung über nationale Vorurteile erwerben. Träfe diese Voraussetzung zu, so würde das Judentum in der Tat eine recht bedeutsame Friedensmacht darstellen.

Der Krieg hat bewiesen, daß sie nicht zutrifft, er hat gezeigt, daß die meisten Juden für diese Folgerung aus dem Schicksal ihres Volkes – das schönste Erbe nach meiner Ansicht – weder Sinn noch Verständnis haben. Fast symbolisch ist dafür die Tatsache, daß der Dichter desjenigen deutschen Kriegsgedichts, das in gröbster Weise die Instinkte der gedankenlosen Menge gegen ein anderes Volk aufruft – ich meine das Haßgedicht des Herrn Ernst *Lissauer* – ein Jude ist. Keine Vernunfterwägung, keine Gefühlsregung, wie sie in dem Satz des mosaischen Gebots zum Ausdruck kommt: „Gedenke, daß du ein Knecht warst im Lande Ägypten", hat den Herrn abgehalten, ein Gedicht zu schmieden und auf den Markt zu werfen, das ein Pasquill ist auf die weltbefreienden Gedanken, an deren Sieg Millionen arme Juden vor allem interessiert sind. Man würde indes wahrscheinlich fehlgehen, wenn man bei ihm etwa nur Effekthascherei eines beifallslüsternen Reimschmieds voraussetzen wollte. Das Gedicht mag so wenig aus tiefer Seele erstanden sein, wie es Tiefe der Urteilskraft verrät. Aber schwerlich war es bloße Mache. Herr Lissauer brachte in Verse, was Organe der deutschjüdischen

Welt um ihn herum in Prosa zum besten gaben. Obwohl doch, wenn überhaupt Krieg sein mußte, vom Standpunkt des Judentums aus alles dafür sprach, daß seine Hauptkraft gegen das zarische Rußland ging, wetteiferte schon in den Sommermonaten 1914 der größte Teil der deutschen Judenheit mit dem antisemitischen Alldeutschtum darin, England als den vor allem zu vernichtenden Feind hinzustellen. In einem weitverbreiteten Blatt, dessen Besitzer, Verwalter und Schriftleiter Juden sind, ward der immerhin im Liberalismus vorgeschrittenste Großstaat Europas buchstäblich angeklagt, „Verrat am *Germanentum*, Verrat an der germanischen Sache" begangen zu haben, sprach man immer nur von *deutscher* Wissenschaft, *deutscher* Bildung und *deutscher* Kultur, als ob nicht Wissenschaft, Bildung und Kultur nur in sehr beschränkter Anwendung Besonderheiten einer bestimmten Nation und nicht Gemeingut der Kulturmenschheit, das Erbe und Werk von Völkern verschiedenster Zunge wären. In Wirtschaften und Cafés stimmten Juden mit Alldeutschen um die Wette immer wieder das jahrelang Bundeslied der Antisemiten gewesene „Deutschland, Deutschland über alles" an, und in Annexionsplänen, deren Ausführung Verrat an Europa und dem zukünftigen Weltfrieden wäre, wetteiferten ebenfalls Juden mit den waschechtesten christlichen Germanen.

Alles das in der großen Mehrheit der Fälle in durchaus ehrlichem Empfinden. Es würde unter dem Gesichtspunkt der hier behandelten Frage diese Tatsachen in günstigerem Lichte erscheinen lassen, wenn man bei ihnen an nichts anderes als etwa Rechnungsträgerei aus Geschäftsrücksichten oder ähnliche moralische Entgleisungen zu denken hätte. Aber das entspräche nicht der Wirklichkeit. Bei sehr vielen Persönlichkeiten gingen sie vielmehr mit ganz außerordentlichen patriotischen Opfern an Geld und Gut, an Arbeitskraft und geschäftlichem Interesse Hand in Hand, in sittlicher Hinsicht wiesen sie nicht auf Entartung hin, sondern eher auf mindestens zeitweilige Erhebung. Was fehlerhaft war, war der politische Horizont, nicht das moralische Urteil. Diese Juden haben aufgehört, im politischen Sinne in solcher Weise menschheitlich zu empfinden, wie ihr Ursprung es ihnen einprägen müßte. Sie halten sich für verpflichtet, im Nationalismus hinter niemand zurückzustehen, sie sind, wenn man es so ausdrücken darf, vollständig entinternationalisiert und damit als besondere Friedenselemente ausgelöscht.

Spricht man vom ‚Judentum' und seiner Rolle gegenüber den nationalen Bewegungen der neueren Zeit, so ist es unvermeidlich, auch der *jüdischen Finanz* zu gedenken, die sehr häufig als eine jenen Bewegungen gegenüber unzuverlässige, wenn nicht direkt schädliche Macht hingestellt worden ist, wohingegen ihre Lobredner sie gern als eine ganz besonders für den Weltfrieden wirkende, also dem Hetznationalismus entgegenwirkende Macht erscheinen ließen. Man kennt die Anekdoten, die seinerzeit vom Hause *Rothschild* erzählt wurden, insbesondere das der Frau des alten Mayer Anselm Rothschild in den Mund gelegte Wort: „Es wird kein Krieg sein, denn mein Mann erlaubt es nicht." Die „Vaterlandslosigkeit" der Finanz schien kaum greifbarer veranschaulicht werden zu können, als durch die Tatsache, daß dieses Haus Rothschild in allen Hauptstädten der Großmächte Europas seine Niederlassungen hat, gegründet und fortgesetzt durch Abkömmlinge des Mayer Anselm, die in Frankfurt am Main das deutsche, in London das englische, in Paris das französische und in Wien das österreichische Staatsbürgerrecht genossen. Konnte man von Leuten ein besonderes nationales Empfinden für ein Land erwarten, in das sie des Geschäfts wegen verpflanzt wurden? Soweit sie nicht spezifisch jüdisch empfanden, mußten die Rothschilds, sollte man meinen, überall international denken und fühlen.

Diese Annahme oder Theorie hat alles mögliche für sich, nur nicht die Tatsachen. Möglich, daß es mit der ersten Generation nach Mayer Anselm einigermaßen so beschaffen war. Ihr Leben entfiel in eine Zeit, wo es wohl nationale Befreiungs- und Einheitsbewegungen, aber keine, die tieferen nationalen Leidenschaften aufwühlenden Gegensätze zwischen den Angehörigen der Großmächte gab. Wie es in unserer Zeit steht, wird durch Mitteilungen beleuchtet, welche englische Zeitungen über den kürzlich verstorbenen Chef des Londoner Hauses der Rothschilds veröffentlicht haben. Danach war Lord Nathaniel Rothschild in seinem politischen Fühlen Stockengländer – „der richtige John Bull". Als z. B. aus Anlaß der Faschoda-Affaire Baron Alphonse de Rothschild von der Pariser Firma ihm einen langen Brief schrieb, um ihn durch eindringliche Darlegung der französischen Auffassung der Frage für diese nachgiebig zu stimmen, ward dessen ganze Auseinandersetzung von ihm mit den Worten „lächerlicher Unsinn" abgetan. Und doch stand damals zwischen England und Frankreich die Entscheidung über Krieg und Frieden auf des Messers Schneide. Aber, wie die Londoner Wochenschrift ‚Nation‘ es ausdrückt, die aus Anlaß des Todes des Lord Rothschild dem Thema der „Nationalität des Geldes" einen sehr interessanten Artikel widmet, „der französische Zweig und der englische Zweig (der Familie) spiegelten jeder die Empfindungen der Gesellschaftskreise wieder, in denen sie sich bewegten, und urteilten, vielleicht sogar mit etwas Übertreibung, genau so, wie die Durchschnitts-Nationalisten in jedem dieser zwei Länder", und das gleiche gelte wahrscheinlich von dem Wiener Zweig des Hauses. Was auch sicherlich zutrifft. Was wir von den jüdischen Industriellen, Groß- und Kleinhändlern, Beamten und Intellektuellen erlebt haben, war auch bei den jüdischen Finanzherren der Fall.

„Rasse," führt die ‚Nation‘ fort, „Familie und die gemeinsamen Finanzinteressen sollten in der Theorie auf eine gemeinsame konservative, friedfertige und kosmopolitische auswärtige Politik hinwirken. In der Wirklichkeit haben sie nichts dergleichen getan. Wenn die Rothschilds trotz enger Familienbande und der großen Verantwortung, die ihnen als den machtvollsten Vertretern ihrer Rasse zufällt, nicht imstande gewesen sind, eine kosmopolitische Auffassung oder eine europäische Politik zu entwickeln, sinkt die Annahme, daß die Hochfinanz das jemals getan, vor unsern Augen in nichts dahin."

Das dürfte in der Tat stimmen. Und wenn es für die Vergangenheit nicht zuträfe, so würde es jedenfalls die vor uns liegende Zukunft richtig kennzeichnen. Denn die Entwicklung der Finanzmächte geht nicht in der Richtung der Internationalisierung, sondern treibt immer stärker zur *Nationalisierung der Finanz*. Die grossen Finanzhäuser, die Personen oder Familien gehörten, treten zurück vor den als Aktiengesellschaften aufgebauten Finanzinstituten, den großen Effekten- und Industriebanken. Diese aber sind gerade infolge ihres kollektivistischen Charakters unter der Form der „Demokratisierung durch die Aktie", wie man es genannt hat, auf nationalistische Tendenzen geradezu festgelegt. Kosmopolitische Erwägungen, wie man sie bei den Rothschilds immerhin noch vermuten konnte, wird vom Direktorium und Aufsichtsratskollegium der Deutschen Bank niemand voraussetzen, – was den persönlichen Chefs der Häuser Mendelssohn oder Bleichröder in dieser Hinsicht

beikommen mochte, wird beim Direktoriums- und Aufsichtsratskollegium der Dresdener Bank oder der Berliner Diskonto-Gesell-
schaft einfach eine Unmöglichkeit. Gewiß, das Geld oder das in
Geldform gekleidete Kapital sind als Sache vaterlandslos, aber der
vaterlandslose Geldmann ist eine spekulative Abstraktion. In der
Wirklichkeit ist der Geldmann – Sonderlinge ausgenommen – ein
Mensch von Fleisch und Blut, der seine Neigungen und Abneigun-
gen, seine Vorurteile und Parteianschauungen hat, wie andere Menschen auch. Die individuellen Neigungen aber, die beim einzelnen
auch gelegentlich kosmopolitische Gesinnung heißen können, lö-
schen sich in Direktoren- oder Aufsichtsratskollegien von Geldinsti-
tuten zugunsten der Eigenschaft auf, die der Mehrheit der Mitglieder gemeinsam ist. Und das ist in bezug auf unsere Frage das Bewußtsein, daß hinter dem Institut eine Schar von Aktionären steht,
die überwiegend nur der einen bestimmten Nationalität angehören,
die auch die des Kollegiums ist, und das wird sich bei allen Entscheidungen geltend machen, die in das Gebiet der Politik hinübergrei-
fen. In verschärfter Weise bei den Großbanken, die stark dem Erwerb von Konzessionen und Ankauf oder Pacht von Territorien im
Ausland nachgehen, wobei man mehr oder minder die Förderung
durch die heimische Regierung in Anspruch nimmt. Aus diesem
und anderen Gründen ist das Bankkapital in der Mehrheit der Fälle
gerade das Gegenteil einer in politischer Hinsicht kosmopolitischen
Potenz, nämlich der Nährboden eines sehr ausgeprägten Nationalismus.

Deswegen braucht man natürlich noch nicht an eine eingeborene
Schwärmerei dieser Banken für den Krieg zu glauben. In der Regel
werden auch die Mehrheit der Banken den Frieden der Ungewißheit
des Krieges vorziehen. Aber sie sind deshalb noch nicht Friedensbürgen, auf die irgendwelche Hoffnung zu setzen wäre. Nicht mit
Unrecht betont die ‚Nation‘, daß die deutsche Finanz zwar im Jahre
1911 sich gegen einen Krieg wegen Marokkos erklärt, aber niemals
gegen die Marokkopolitik protestiert habe, die wiederholt einen
Krieg zur Wahrscheinlichkeit gemacht hat. Das ist eine sehr zum
Nachdenken herausfordernde Gegenüberstellung, wobei noch zu
bemerken ist, daß gerade hinter der Marokkofrage mehr steckt, als
vielleicht dem demokratischen Londoner Blatt bekannt ist. Die Friedensaktion der deutschen Finanz im Jahre 1911 hatte nicht philan-

tropische oder kosmopolitische Gegnerschaft gegen den Krieg, sondern die nüchterne Tatsache zur Ursache, daß die deutsche Finanz zu jener Zeit noch stark an Frankreich verschuldet und der Goldbestand der deutschen Reichsbank ein ziemlich dürftiger war. Kaum war aber die damalige Marokkokrisis überwunden, so ging auch die deutsche Finanz, die Reichsbank voran, an das Werk, dieses Hemmnis zu beseitigen. Der Erfolg des mit unbestreitbarer Umsicht durchgeführten Planes ist gewesen, daß im Sommer 1914 die deutsche Finanz keinerlei Versuch gemacht hat, den Krieg zu verhindern.

Zudem war inzwischen die Abmachung zwischen den deutschen und den französischen Finanzgruppen, die Brüderschaft in der Ausbeutung Marokkos hatte heißen sollen, in die Brüche gegangen. Aus diesem Zusammenbruch zieht die ‚Nation‘ die folgende bemerkenswerte Moral:

„Ihr (der Abmachung) Zusammenbruch scheint zu beweisen, daß die moderne Finanz es entschieden vorzieht, auf die ausschließende Ausbeutung von Gebieten, in denen jede nationale Gruppe ein Monopol genießt, hinzuarbeiten. Der finanzielle Druck, der ursprünglich auf die Besetzung von Ägypten abzielte, war ebenso sehr französisch wie britisch, aber der kosmopolitische Instinkt war alles in allem zu schwach, eine Kontrolle zu Zweien längere Zeit auszuhalten. Die Geschichte der Fünfmächtegruppe in China und selbst die der Bagdadbahn erzählen das gleiche Lied: das Streben nach ausschließlich nationalem Handel überwältigte schließlich die schwache kosmopolitische Tendenz.“

Ein trauriges Lied, das unserer Zeit wahrhaftig nicht zur Ehre gereicht. Aber wenn auch vielleicht durch zu einseitige Verallgemeinerung von Erscheinungen verursacht, denen sich günstigere Beispiele internationaler Kooperation gegenüberstellen lassen, doch die Feststellung eines nicht wegzuleugnenden Übels, dem gerade die ernsthaften Vertreter des Pazifismus ihre Aufmerksamkeit zuzuwenden haben. Der Einfluß der Finanz auf die öffentliche Meinung des Bürgertums, die heute in entscheidenden Zeitpunkten als die Stimme der Nation sich geltend macht, ist gerade infolge der obenerwähnten Demokratisierung der Finanz durch die Aktie auf eine vordem unbekannte Höhe getrieben worden. Mittelst ihrer Unzahl von Filialen und einem, in Einzelfällen die Stärke von Armeekorps schon übertreffenden Heer von Angestellten verfügen die

modernen Finanzinstitute über einen Organismus für die Stim-
mungsmache, den frühere Zeiten nicht kannten. Wenn nun dieser
Apparat vorwiegend im nationalistischen Sinne arbeitet, so ist dies
die naturgemäße Folge des namentlich auf dem Festland Europas
zunehmenden Strebens, die politische Macht des Staates dem Aus-
landshandel über den notwendigen Rechtsschutz hinaus dienstbar
zu machen. Ganz richtig schreibt in dieser Hinsicht die ‚Nation‘: „Wo
die Politik zur Dienerin des Handels gemacht werden kann, ist das
Geld gezwungen, sich zu einer nationalen Persönlichkeit zu entwickeln." In England komme man, führt sie weiter aus, nur langsam
dazu, diese Tatsache zu erkennen, weil das ganze ökonomische
Denken dort dem Freihandel entspreche, die englische fiskalische
Politik habe bisher den offenen Markt zur Voraussetzung gehabt.
Aber die Umstände, denen sich England gegenüber sah, hätten auch
hier zu einer Anpassung an den landläufigen Gebrauch geführt. Bei
der Ausfuhr von Gütern werde die Politik des *Freihandels* aufrechterhalten, aber bei der Ausfuhr von Kapital gewinne die Praxis Boden, sich die Methode der Rivalen zu eigen zu machen, mit denen
England in Europa zu tun habe. Und das Wochenblatt der bürgerlichen Demokratie Englands knüpft daran folgende, auf den Kern des
Übels weisende Betrachtung:

„Der Freihändler, der mit Cobden folgert, daß der Handel Frie-
densverbreiter sei, ist grundsätzlich durchaus im Recht. Aber der
ausschließende Handel stürzt dieses Ideal um. In einer Welt, wo die
Schutzzollpraxis und die Suche nach Plätzen an der Sonne die Fi-
nanziers genötigt hat, sich in nationale Gruppen zu konstituieren,
treibt der wirtschaftliche Konkurrenzkampf klärlich zum *Imperialismus*, der selbst wieder dem ganzen Kampf um das Gleichgewicht
der Mächte zugrunde liegt."

Die Finanzleute mögen selbst nicht den Krieg wünschen, aber da
sie für ihre Zwecke der Expansion eine wuchtig auftretende Diplomatie brauchen, sind sie schon deshalb Verfechter des Wettrüstens,
das schließlich fast automatisch den Weltkrieg herbeigeführt hat.
*Der erste Schritt zu einem dauerhaften Frieden sei „der Zusammenbruch
der Theorie und Praxis, die das Geld nationalistisch gemacht haben".*

Dieser Schlußsatz faßt nur die ökonomische Seite der Frage ins
Auge, die den Gegenstand sicherlich nicht erschöpft. Hinsichtlich
der Ökonomie jedoch hat er auf die größte Beachtung Anspruch.

Wer die Literatur des kriegerischen Imperialismus unserer Tage
durchliest, wird immer wieder auf dessen inneren Zusammenhang
mit der Schutzzöllnerei stoßen, und sein starker geistiger Einfluß auf
das Denken in Europa findet eine Stütze darin, daß nur noch eine
kleine Minderheit der politisch Denkenden die echte, konsequente
Freihandelslehre kennt und in ihrer Tragweite für die Völkerbeziehungen zu werten versteht. Wo man nicht rundweg dem Schutzzoll
huldigt, begnügt man sich heute mit einem handelspolitischen Ek-
lektizismus, der jeder theoretischen Grundlage bar und infolgedessen auch den Argumenten der Imperialisten gegenüber wehrlos ist.
So nur konnte es geschehen, daß im Zeitalter des entwickeltesten
Weltverkehrs ein Weltkrieg wütet und mit einem Aufwand von Haß
und Völkerverhetzung geführt wird, wie ihn die Zeiten nicht kannten, wo ein intimerer Verkehr der Völker so gut wie gar nicht vorhanden war. So nur wird es erklärlich, daß die gewaltige Entwicklung des kommerziellen, literarischen und persönlichen Verkehrs
nicht das als Friedensmacht gehalten hat, was man von ihr zu erwarten sich berechtigt hielt.

Eine den Friedensfreund enttäuschende Erscheinung, die ihn
aber nicht entmutigen darf und auch nicht zu entmutigen braucht.
Der Völkerfriede ist darum nicht weniger ein Bedürfnis, daß er zeitweilig verkannt wird und sich nicht automatisch verwirklicht. Die
Kulturgeschichte der Menschheit kennt keine gradlinige Entwicklung; auf verschlungenen Wegen, durchkreuzt von allerhand Ge-
genströmungen, verwirklichen sich die großen Reformen, die den
Aufstieg zu höheren Stufen gesellschaftlichen Zusammenlebens bedeuten. In allen Zeitaltern hat es geistige Epidemien gegeben, welche die Köpfe der großen Mehrheit der Menschen verwirrten und
sie die Fragen ihrer Lebensverhältnisse in falschem Lichte erblicken
ließen. Diese Epidemien vergingen aber und hinterließen mit allen
Enttäuschungen und Verlusten doch zugleich neue Erkenntnisse.
Wenn wir gesehen haben, auf welche Elemente wir uns nicht verlassen dürfen, so werden wir unsere Kräfte mit um so größerer Kon-
zentration dahin wenden, wo die Bedingungen bleibender Wirkung
vorhanden sind. Und an solchen Elementen und Arbeitssphären
fehlt es nicht. Der Krieg hat viel Spreu auseinandergetrieben, aber
er hat auch die Festgebliebenen zusammengeführt. Von vielen Leuten, die vordem über die Friedensbewegung geringschätzig abur-

teilten, weil sie andere Kräfte für stärkere Friedensbürgen als sie hielten, wird heute schon die Notwendigkeit einer Agitation anerkannt, welche sich speziell und systematisch mit der Arbeit für die Bedingungen und Einrichtungen befaßt, die den Völkern die größtmögliche Gewähr gegen die Wiederholung der heute ihren Wohlstand untergrabenden und die Kultur schändenden Vorgänge darbieten. Und daß die Friedensbewegung aus allen Kreisen der Bevölkerung neue, begeisterte Anhänger gewinnen wird, daran kann nur zweifeln, wer die Zeichen der Zeit nicht zu lesen versteht.

Eduard Bernstein, Aufnahme der 1890er Jahre
(https://commons.wikimedia.org)

Das Gebot der Stunde

(19. Juni 1915)[1]

Eduard Bernstein, Hugo Haase & Karl Kautsky

Die Stunde der Entscheidung ist gekommen. Die deutsche Sozialdemokratie* ist vor eine Frage gestellt, die für die Geschicke des deutschen Volkes, für die Zukunft der Kulturwelt von der größten Tragweite ist.

Forderungen, für die schon in früheren Monaten eine gewisse Presse sowie Vereinigungen, denen keine größere Bedeutung beigelegt wurde, systematisch Stimmung gemacht hatten, sind in den letzten Wochen von Persönlichkeiten in hervorragender Stellung sowie von einflußreichen Körperschaften in teilweise sogar noch verschärfter Form vertreten worden. Programme werden aufgestellt, die dem gegenwärtigen Kriege den Stempel eines Eroberungskrieges aufdrücken.

Noch ist es in aller Erinnerung, daß der Präsident des Preußischen Herrenhauses, *Wedel-Piesdorf*, in der Sitzung des Herrenhauses vom 15. März 1915 erklärte, Deutschland stehe jetzt als Sieger da:

„Und wenn wir nichts weiter wollten, als den Angriff der Feinde abschlagen, so glaube ich, würde es nicht allzu schwer sein, einen Frieden in kurzer Frist zu erlangen. Damit aber kann sich Deutschland nicht befriedigt erklären. Nach den ungeheuren Opfern, die wir gebracht haben, an Menschen sowohl wie an Hab und Gut, müssen wir mehr fordern, wir können das Schwert erst wieder in die Scheide stecken, wenn Deutschland eine Sicherung erlangt hat dagegen, daß in ähnlicher Weise wie diesmal die Nachbarn über uns herfallen."

In der Reichstagssitzung vom 29. Mai 1915 haben die Abgeordneten Graf v. Westarp als Vertreter der Konservativen und Schiffer als Vertreter der Nationalliberalen unumwunden sich für Annexio-

---

[1] Textquelle | Eduard BERNSTEIN, Hugo HAASE & Karl KAUTSKY: Das Gebot der Stunde. Zuerst erschienen in: Leipziger Volkszeitung Nr. 139 vom 19. Juni 1915. [Online-Version: https://ghdi.ghi-dc.org].

nen ausgesprochen; der erstere unter Berufung auf eine Erklärung des deutschen Reichskanzlers vom Tag zuvor, die dahin ging, Deutschland müsse alle nur möglichen realen Garantien und Sicherheiten dafür schaffen, daß keiner seiner Feinde, „nicht vereinzelt, nicht vereint", wieder einen Waffengang wagen werden. Diese Auslegung der Worte des Reichskanzlers hat von der Reichsregierung keine Zurückweisung erfahren.

Es ist fernerhin bekanntgeworden, daß sechs große Wirtschaftsvereinigungen, voran der großkapitalistische Zentralverband deutscher Industrieller, und die Kampforganisation der Agrarier, der Bund der Landwirte, die der Politik des Deutschen Reiches so oft schon die Richtung gewiesen haben, unter dem 20. Mai 1915 eine Eingabe an den Reichskanzler gerichtet haben, worin sie fordern: Gewinnung eines großen Kolonialreiches, ausreichende Kriegsentschädigung und Annexionen in Europa, die allein im Westen über zehn Millionen Menschen – mehr als sieben Millionen Belgier und über drei Millionen Franzosen – zwangsweise unter deutsche Herrschaft stellen würden. Wie diese Zwangsherrschaft gedacht ist, kennzeichnet der Satz der Eingabe, wonach Regierung und Verwaltung in den annektierten Ländern so geführt werden müssen, daß „die Bewohner keinen Einfluß auf die Geschicke des Deutschen Reiches erlangen". Das heißt mit anderen Worten, diese gewaltsam annektierte Bevölkerung soll politisch rechtlos gemacht und gehalten werden. Und weiter wird gefordert, aller Besitz, der einen starken wirtschaftlichen und sozialen Einfluß gewähre, „müsse in deutsche Hände übergehen", im Westen besonders der industrielle Besitz aller großen Unternehmungen, im Osten besonders der landwirtschaftliche Groß- und Mittelbesitz.

Mehr noch. In den allerletzten Tagen hat ein deutscher Bundesfürst, der König von Bayern, in einer Ansprache in Fürth Forderungen in bezug auf die Ausdehnung unserer Grenzen im Westen ausgesprochen, durch die wir für Süd- und Westdeutschland günstigere Verbindungen zum Meer bekommen.

Angesichts aller dieser Kundgebungen muß sich die deutsche Sozialdemokratie die Frage vorlegen, ob sie es mit ihren Grundsätzen und mit den Pflichten, die ihr als Hüterin der materiellen und moralischen Interessen der arbeitenden Klassen Deutschlands obliegen, vereinbaren kann, in der Frage der Fortführung des Krieges an der Seite derjenigen zu stehen, deren Absichten in schroffstem Widerspruch sind zu den Sätzen der Erklärung unserer Reichstagsfraktion vom 4. August 1914, in denen diese aussprach, daß sie im Einklang mit der Internationale jeden Eroberungskrieg verurteilt.

Dieser Satz würde zur Lüge gestempelt werden, wenn die deutsche Sozialdemokratie jenen Erklärungen aus den Kreisen der Machthaber gegenüber es bei dem Ausspruch akademischer Friedenswünsche bewenden ließe. Zu deutlich haben wir es erfahren müssen, daß man auf solche Bekundungen auch nicht die geringste Rücksicht nimmt.

Was verschiedene unter uns befürchtet haben, zeichnet sich immer bemerkenswerter ab: Man erlaubt der deutschen Sozialdemokratie, die Kriegsmittel zu bewilligen, man geht aber kühl über sie hinweg bei den für die Zukunft unseres Volkes folgenschwersten Beschlüssen. Dürfen wir dieses Verhältnis fortbestehen lassen, das uns die Möglichkeit raubt, die Kraft der deutschen Arbeiterklasse für eine Politik geltend zu machen, die nach unserer innersten, auf die Erfahrungen der Geschichte gestützten Überzeugung das Interesse des deutschen Volkes und mit diesem das aller beteiligten Völker gebietet?

Ungeheuer sind die Opfer, die dieser Krieg den in ihn hineingerissenen Völkern schon verursacht hat und die jeder Tag vermehrt. Die Weltgeschichte kennt keinen zweiten Krieg, der auch nur annähernd gleich mörderisch gewirkt hätte. Es ist die Grausamkeit barbarischer Zeitalter, verbunden mit den raffiniertesten Mitteln der Zivilisation, welche die Blüte der Völker dahinrafft. Nicht minder unerhört sind die Opfer an Gütern, die der Krieg den Völkern entreißt. Weite Gebiete werden verwüstet, und Summen, die für Kulturzwecke in einem Jahr auszugeben man sich gescheut hat, werden in diesem Krieg in einer Woche für die Tötung von Menschen und die Vernichtung von Grundlagen künftiger Wohlfahrt ausgegeben. Allen beteiligten Nationen starrt bei Verlängerung des Krieges der Bankrott entgegen.

In weiten Kreisen unseres Volkes und derjenigen Völker, mit denen das Deutsche Reich im Krieg liegt, macht sich denn auch immer stärkere Friedenssehnsucht geltend. Während die Herrschenden davor zurückschrecken, diesem Friedensbedürfnis zu entsprechen, blicken Tausende und aber Tausende auf die Sozialdemokratie, die man als die Partei des Friedens zu betrachten gewohnt war, und erwarten von ihr das erlösende Wort und das ihm entsprechende Verhalten.

Nachdem die Eroberungspläne vor aller Welt offenkundig sind, hat die Sozialdemokratie die volle Freiheit, ihren gegensätzlichen Standpunkt in nachdrücklichster Weise geltend zu machen, und die gegebene Situation macht aus der Freiheit eine Pflicht.

Das Proletariat erwartet sicherlich, daß ebenso wie im Jahr 1870, als sich bei einer ähnlichen Situation alle Sozialdemokraten trotz ihrer Meinungsverschiedenheiten beim Ausbruch des Krieges zu einem einmütigen Handeln zusammenfanden, die Sozialdemokratie auch jetzt in gleicher Einmütigkeit zusammenstehen wird.

Wir wissen, daß Friedensbedingungen, die von einer Seite der Kriegführenden der anderen aufgezwungen werden, keinen wirklichen Frieden bringen, sondern nur neue Rüstungen mit dem Ausblick auf neuen Krieg bedeuten. Ein wirklicher und dauernder Friede ist nur möglich auf der Grundlage freier Vereinbarung.

Diese Grundlage zu schaffen, ist nicht der Sozialdemokratie eines einzelnen Landes gegeben. Aber jede einzelne Partei kann nach Maßgabe ihrer Stellung und ihrer Kräfte dazu beitragen, daß diese Grundlage hergestellt wird.

Die gegenwärtige Gestaltung der Dinge ruft die deutsche Sozialdemokratie auf, einen entscheidenden Schritt zu diesem Ziel zu tun. Sie ist heute vor die Wahl gestellt, diesem Gebot Folge zu leisten oder dem Vertrauen einen tödlichen Stoß zu versetzen, das sie bisher im deutschen Volk und in der gesamten Welt als Verfechterin des Völkerfriedens genoß.

Wir zweifeln nicht, daß unsere Partei diejenigen Folgerungen ziehen wird, die sich für unsere parlamentarische und außerparlamentarische Haltung hieraus ergeben. Mit den schönsten Überlieferungen der Sozialdemokratie steht die Zukunft unseres Volkes auf dem Spiel, seine Wohlfahrt und seine Freiheit. Hat unsere Partei nicht die Macht, die Entscheidungen zu treffen, so fällt doch uns die Aufgabe zu, als treibende Kraft die Politik in der Richtung vorwärts zu drängen, die wir als richtige erkannt haben.

[*Die Reaktion des SPD-Parteivorstandes (Vorwärts, 26.6.1915) ist dokumentiert in Wolfgang BENZ (Hg.): Pazifismus in Deutschland. Dokumente zur Friedensbewegung 1890-1939. Frankfurt a. M.: Fischer TB 1988, S. 116-122.]

Leitsätze zur Friedensfrage

(August 1915)[1]

Eduard Bernstein

„Oberster Grundsatz der Völkerbeziehungen, gemäß dem Programm und den Kongressbeschlüssen der Sozialdemokratie, ist das nationale Selbstbestimmungsrecht der Völker im Rahmen des für alle gleichmäßig geltenden internationalen Rechts.

Die deutsche Sozialdemokratie erachtet es daher als ihre Pflicht, mit allen zu Gebote stehenden Mitteln dafür zu wirken, dass dieser Grundsatz beim Friedensschluss von keiner Seite und unter keinem Vorwand verletzt wird. Es darf keinem Volk, das sich bisher der nationalen Selbstbestimmung erfreute, oder Teilen eines solchen Volkes dieses Selbstbestimmungsrecht genommen oder verkürzt werden und kein Gebietswechsel erfolgen, der solche Beraubung bedeuten würde. Die Sozialdemokratie erkennt kein Recht der Eroberung von Nation gegenüber Nation an.

Wo Angehörige europäischer Kultur in Betracht kommen, die bisher unter Fremdherrschaft standen, dürfen Gebietsveränderungen nicht ohne Befragung dieser Bewohner stattfinden. Die Befragung ist unter Mitwirkung neutraler Staaten so anzuordnen und zu überwachen, dass die volle Freiheit der Abstimmung gesichert ist. Stimmberechtigt müssen alle mündigen Einwohner sein, die bei Ausbruch des Krieges mindestens ein Jahr im Gebiet ansässig waren.

Es liegt im Interesse der Gesundung Europas, dass Völker europäischer Kultur, die zurzeit unter Fremdherrschaft stehen, überall dort staatliche Selbständigkeit erhalten, wo sie ein genügend großes

---

[1] Textquelle | Salomon GRUMBACH: Das annexionistische Deutschland. – Eine Sammlung von Dokumenten, die seit dem 4. August 1914 in Deutschland öffentlich oder geheim verbreitet wurden. Mit einem Anhang: *Antiannexionistische Kundgebungen*. Neu herausgegeben von Helmut Donat. Mit einer Einleitung von Klaus Wernecke und Beiträgen von Lothar Wieland & Helmut Donat. Bremen: Donat Verlag 2018, S. 448-449.

Gebiet bewohnen, um ein eigenes Leben als Glied des internationalen Völkerverbandes entfalten zu können. Auf Verlangen einer genügend großen Volkszahl muss Bevölkerungen, die zwangsweise einem Staatswesen angegliedert sind, das Recht zuerkannt werden, in direkter Abstimmung über ihre Staatszugehörigkeit zu entscheiden."

Zur Frage Belgiens | „Wäre schon auf Grund des im Artikel 2 Ausgeführten jede zwangsweise Annexion belgischen Gebietes oder jede Antastung der Selbstständigkeit Belgiens durch irgendeinen andern Staat entschieden zu bekämpfen, so kommt im Falle Deutschlands noch hinzu, dass dieses, ohne durch irgendeine Handlung Belgiens dazu veranlasst zu sein, und wie vom Reichskanzler selbst zugestanden worden, unter völkerrechtswidriger Verletzung der belgischen Neutralität für seine Zwecke in Belgien eingedrungen ist, dessen sich widersetzendes Heer niedergeworfen und Belgien gewaltsam besetzt gehalten hat. Es ist daher Ehrenpflicht Deutschlands, unverzüglich nach Friedensschluss Belgien zu räumen, wie dies der Staatssekretär des Äußern, von Jagow, am 4. August 1914 durch den deutschen Botschafter Fürsten Lichnowsky, dem englischen Staatssekretär Sir Edward Grey feierlich hat erklären lassen (das betreffende Telegramm lautet: ‚Bitte, zerstören Sie jedes Misstrauen, das auf Seiten der britischen Regierung hinsichtlich unserer Absichten bestehen könnte, indem Sie auf das Positivste die förmliche Zusicherung wiederholen, dass selbst im Falle eines bewaffneten Konfliktes mit Belgien Deutschland unter keinerlei Vorwänden belgisches Gebiet annektieren wird'), und das belgische Volk für den ihm zugefügten Schaden in vollem Maße zu entschädigen."

(Aus den von *Eduard Bernstein,* in den am 14., 15. und 16. August 1915 stattgehabten gemeinsamen Sitzungen der sozialdemokratischen Reichstagsfraktion und des Parteiausschusses, vorgelegten „Leitsätzen zur Friedensfrage". Bernstein war Referent der Minderheit. Da die von dem Referenten der Mehrheit, dem Reichstagsabgeordneten Eduard David, vorgelegten Leitsätze angenommen wurden, gelangten die Bernstein'schen Vorschläge nicht mehr zur Abstimmung. In der deutschen Tagespresse durften sie infolge der Zensur bis heute nicht gebracht werden. Der weiten Öffentlichkeit wurden sie zur Kenntnis gebracht durch die Pariser *Humanité* vom 28. September 1915.)

Die Aufgaben der Juden im Weltkriege
(1917)[1]

Von Eduard Bernstein,
M. d. R.

Die Abhandlung, die den Mittelpunkt dieser Schrift bildet, verdankt ihr Entstehen einer Einladung, die von Herausgebern des in New York erscheinenden Organs sozialistischer Zionisten *„Der jüdische Kämpfer"* an mich ergangen war. Daß ich selbst kein Zionist bin, habe ich darin rückhaltlos ausgesprochen. Mein ganzes Sinnen und Trachten bewegt sich in anderer Richtung und anderen Zielen zu, als sie dieser Bewegung vorschweben. Und doch gibt es Gesichtspunkte, in denen ich mich mit ihren Vertretern begegne. So wenig ich ihrer Abweisung der Assimilation der Juden an die Nationen, in deren Mitte sie leben, zustimmen kann, so sehr hat mich stets der in so vielen Fällen mit der Assimilation verbundene Zug zu jener Art Anpassung an die Umgebung abgestoßen, der mit dem Ausdruck Rechnungsträgerei am zutreffendsten bezeichnet würde. Schlimmer als irgendeine mir noch so sehr widerstrebende politische oder religiöse Anschauung ist mir stets die Abwesenheit jeder solchen Anschauung, die in geistiger Trägheit oder kleinlicher Berechnung wurzelnde Gesinnungslosigkeit, das ideallose Dahinleben erschienen. Nicht das Ziel der Zionisten, das für den im Ansiedlungsrayon Rußlands lebenden Juden immerhin befreiende Wirkung haben kann, während es für die westeuropäischen Juden Entwicklung nach rückwärts heißen würde, wohl aber die Tatsache, daß sie überhaupt ein Ideal haben, das nicht lediglich in beschaulicher Mystik zerfließt, sondern tätige Hingebung erfordert oder zu ihr erzieht und seinen Anhängern zu großen schöpferischen Leistungen den Sinn und die Kraft gegeben hat, diese Seite des Zionismus ist es, die auf verwandte Empfindungen in mir stößt.

---

[1] Textquelle | Eduard BERNSTEIN: Die Aufgaben der Juden im Weltkriege. Berlin: Erich Reiss Verlag 1917. [52 Seiten].

Auch darin kann ich mich der Tatsache eines Stückes Wahrheit im Zionismus nicht verschließen, daß ich die Schwierigkeit des restlosen Aufgehens der Juden in ihre Wirtsvölker durchaus anerkenne. Solange nicht das Judentum durch Verallgemeinerung der Mischehen aufgelöst ist, was eine Sache sehr vieler Generationen sein wird, wird es auf lange hinaus immer nur eine kleine Minderheit von Juden sein, in denen das schon jetzt in der Masse so starke Gefühl der Solidarität mit Wohl und Wehe ihres Wirtsvolkes und die Aufnahme von dessen Kultur zum völligen Erlöschen des Bewußtseins der besonderen Herkunft führt, wie umgekehrt es Selbsttäuschung wäre, zu erwarten, daß mehr als eine Minderheit von Angehörigen des Wirtsvolks Juden gegenüber die Unterschiede der Herkunft in absehbarer Zeit ganz aus dem Auge setzen werden. Den Folgerungen aber, welche die Zionisten aus dieser Erkenntnis ziehen, kann ich ganz und gar nicht zustimmen. Die Lösung des Problems, das mit ihr für die Gegenwart und nächste Zukunft angezeigt ist, ist meiner Überzeugung nach in durchaus anderer Richtung zu suchen als in nationalistischer Vertiefung des jüdischen Stammesbewußtseins. Der Zionist begeht in entgegengesetzter Richtung den gleichen Fehler, den derjenige Assimilationsjude begeht, der die Erinnerung an seine Herkunft dadurch auszugleichen oder zu ertöten sucht, daß er mit den Wölfen des Nationalismus seines Wirtsvolks um die Wette heult. Beide wirken bewußt oder unbewußt der großen völkerpolitischen Mission entgegen, für die grade die Juden infolge ihrer Geschichte und ihrer Stellung unter den Nationen der Gegenwart berufen wären. Welches diese Mission ist oder worin ich sie erblicke, ist in dem nun folgenden Aufsatz entwickelt. Ich habe in ihn für diese Ausgabe einige Stücke aus einer Abhandlung über den jüdischen Patriotismus hineingearbeitet, die ich ziemlich zu gleicher Zeit mit seiner Abfassung in den Blättern für zwischenstaatliche Organisation veröffentlichte. Sie heben einiges in ihm Gesagte noch bestimmter hervor, geben ihm eine schärfere begriffliche Unterscheidung. In einem weiteren Aufsatz, den ich ebenfalls in der amerikanischen zionistischen Zeitschrift veröffentlicht hatte, habe ich gesucht, an der Hand eines Ausschnitts aus meinem eigenen Leben zu veranschaulichen, in welcher Weise die nationalen Empfindungen, mit denen die meisten Juden dort aufwachsen, wo nicht Juden zu ganzen Gemeinden zusammengeschichtet wohnen, sich zu

160

Elementen einer besonderen politischen Anschauungsweise diffe-
renzieren, als deren Synthese in diesem Falle meine Auffassung von
der Mission der Juden als Mittler betrachtet sein will. Ich verzichte
darauf, hier aus ihm zu zitieren, so sehr ich mir dessen bewußt bin,
daß zuletzt es doch immer das menschliche Dokument ist, das selbst
die anscheinend abstrakteste Theorie völlig verständlich macht und
ihr Blutwärme verleiht.

Berlin-Schöneberg, Februar 1917.
Ed. Bernstein.

DIE JUDEN ALS MITTLER

I. |

Es gab eine Zeit, wo viele Juden die Meinung hegten, es sei der Beruf
ihres Volkes, das über kein eignes nationales Heimatland verfügt,
sondern als Gast unter den Nationen lebt, diesen durch Beispiel die
Pflege des reinen Gottesglaubens zu vermitteln. Eine religiöse Propaganda, wie Christen und Mohammedaner sie betrieben, war
ihnen, die man ja bloß duldete, verboten. Sie mußten zufrieden sein,
daß man ihnen erlaubte, auf ihre Weise ihre Religion auszuüben,
durften aber nicht daran denken, Angehörige der herrschenden
Konfession von dieser abtrünnig zu machen und zu ihrem Glauben
zu bekehren. Während ganzer Jahrhunderte war das Verleiten zum
Übertritt ins Judentum sowie dieser selbst mit schweren Strafen bedroht, oft mit der Todesstrafe, und da der Jude aus vielen Rechten
der Landeskinder ausgeschlossen war, war außerdem die Verfüh-
rung, zum Judentum überzutreten, für den Angehörigen der herrschenden Nationalität nur gering. Versprach doch die jüdische Religion den Bekehrten nicht einmal jene ewige Seligkeit, welche das
Christentum und der Mohammedanismus ihren Gläubigen in Aussicht stellten.

So konnte das Judentum nicht durch Bekehrung zum Glaubens-
wechsel, sondern nur durch Anstoß zur Glaubensreinigung eine
Einwirkung auf die Bekenner der in den zivilisierten Staaten anerkannten Religionen ausüben. Und das wurde mit Anbruch der

neueren Zeit das Ideal solcher Juden, die sich von den religiösen Beengtheiten der Masse ihrer eigenen Stammesgenossen befreit hatten.*[2] Der Jude, dessen Gottesglauben in keiner Hinsicht mehr etwas mit der Vorstellung von einem besonderen Stammesgott zu tun hatte, sah in den Dogmen der christlichen und mohammedanischen Konfessionen Verunreinigungen der großen Idee eines einzigen, die ganze Welt umfassenden höchsten Wesens und erblickte in dieser Verunreinigung die Folge der Vermischung jener erhabenen Idee mit heidnischen Vorstellungen, den Urquell der Trennung der Menschen in sich feindselig gegenüberstehende und oft sich bekämpfende Religionsgemeinschaften. So daß die konfessionellen Gegnerschaften und Gehässigkeiten in dem Maße abnehmen müßten, als die Religionen von jenen Beimischungen wieder gereinigt würden. Dazu aber hätten die Juden durch die Pflege der reinen Gottesidee beizutragen. In ihr könnten sich alle religiös gesinnten Menschen zusammenfinden. Sein von allen heidnischen Dogmen freier Gottesglaube mache den Juden zum geborenen Mittler in der religiösen Welt.

Ein bestechender Gedanke, der aber nur in Ausnahmefällen Verwirklichung fand. Ihm stellten sich für eine Wirksamkeit allgemeinerer Natur verschiedene Umstände in den Weg. Auf der einen Seite verlegte das Judentum durch seine rituelle Abschließung selbst sich die Möglichkeit einer größeren Beeinflussung der Geister der Christenheit, vom Mohammedanismus gar nicht zu reden. Die Abschleifung und Abwerfung religiöser Dogmen ging einen anderen Weg und machte außerdem bei radikalen Denkern auch vor der Gottesidee nicht halt. Immerhin kann man sagen, daß, wenn auch die Kirchen sich heute noch so gegenüberstehen, daß die eine die andere ausschließt, fast in der ganzen Kulturwelt die Gegensätzlichkeit doch an Schroffheit abgenommen hat und die Masse der Menschen die konfessionellen Unterscheidungen viel leidenschaftsloser auffassen als in früheren Zeitaltern. Insofern sind vor dem Zeitgeist die Juden als religiöse Mittler nun überflüssig geworden. Aber nun kommt das dritte Hindernis, und das ist die Zunahme des nationalistischen Denkens.

---

2 Siehe Note* am Schluß [dieses Textes].

Nicht überall und auch nicht in allen Gesellschaftsklassen gleichmäßig, aber doch in ziemlich weitem Umfange hat in der neuesten Zeit das nationalistische Denken als eine die Menschen trennende Kraft sich entwickelt und verschärft. Wohlgemerkt, das nationalistische Denken, das nicht zu verwechseln ist mit dem einfachen nationalen Empfinden. Ihre Zugehörigkeit zu einer besonderen Nationalität haben die Menschen auch früher kräftig genug und obendrein oft recht roh empfunden. Aber dieses urwüchsige nationale Empfinden war naiv, es beruhte nicht auf Überlegung, es fußte nicht auf einer Theorie. Seine Wurzel ist das natürliche Zusammengehörigkeitsgefühl, das den primitiven Menschen in der Horde und später im Stamm beherrscht. Wie die Nation selbst eine Erweiterung des Stammes ist, herbeigeführt durch dessen natürliches Wachstum an Mitgliedern und die freiwillige oder erzwungene Verschmelzung von Stämmen, so ist das nationale Empfinden eine Erweiterung des alten Stammesgefühls und insofern ein Fortschritt. Der Kreis der Menschen, mit denen man sich durch Sprache, Sitten, Einrichtungen, gemeinsame Geschichte und Literatur verbunden fühlt, erfährt eine Erweiterung, er ist nicht mehr an ein enges geographisches Gebiet gekettet. Indem aber das Empfinden diese Erweiterung erfährt, teilt sie sich auch dem Denken mit, wird auch dieses freier, erweitert sich auch der geistige Gesichtskreis des Menschen.

Das war freilich ein langsamer Prozeß, der viele, viele Generationen brauchte und nicht alle Kreise der Nation gleichmäßig erfaßte. Noch heute gibt es selbst in den vorgeschritteneren Ländern breite Kreise in allen Schichten der Bevölkerung, deren nationales Empfinden sich geistig nur wenig vom alten beschränkten Stammesbewußtsein unterscheidet, sich nicht durch weiterzigeres Denken über dieses erhebt. Aber im großen Gang der geschichtlichen Entwicklung, der einen zunehmenden Verkehr der Menschen und einen immer stärkeren Wegzug vom platten Lande in die Stadt zur Folge hat, nimmt die Zahl der Menschen, die beim Stammesgefühl im Denken stehen blieben, von Jahr zu Jahr ab.

Das nationale Empfinden ist bis soweit zwar das Produkt der Geschichte der Menschheit, die kein einfaches Geschehen der Natur mehr ist, aber es ist das natürliche Produkt dieser Geschichte. Das heißt, es mußte sich einstellen, sobald eine bestimmte Höhe der sozialen Entwicklung erreicht war.

Die Geschichte bleibt jedoch nicht stehen. Der Verkehr im Innern der Nationen wuchs sich aus zum Verkehr der Nationen miteinander, und neben das nationale Empfinden trat das internationale Bewußtsein. Wir sagen ausdrücklich neben das nationale Empfinden. Denn solange Nationen mit ihren Besonderheiten von Sprache, Sitte, ökonomischen Interessen usw. bestehen, wird auch das nationale Empfinden nicht aus der Welt verschwinden. Aber es wird und darf nicht Alleinherrscher sein. Soll die Menschheit nicht in ihrer Entwicklung zurückgehen, so muß, wie in ihrem wirtschaftlichen und allgemein kulturellen Verkehr, so auch in ihrem politischen Denken die Internationalität die Nationalität ergänzen bzw. das nationale zum internationalen Bewußtsein sich erweitern.

Diesem, man darf sagen, naturgemäßen Prozeß, zu dem im ausgehenden Altertum das römische Weltreich Ansätze geliefert hatte und dessen Ideologie im Mittelalter innerhalb der Christenheit die römische Kirche vertrat, hat sich, nachdem er im Laufe des 19. Jahrhunderts mit wachsender Kraft sich von neuem kraftvoll Bahn gebrochen hatte, in den letzten Jahrzehnten eine Gegenströmung widersetzt, die sich auf geistigem Gebiet, wie oben bemerkt, als nationalistisches Denken kundgibt. Auch dieses ist nicht von ungefähr da. Es wurzelt in ökonomischen Gegensätzen, in Machtstreitigkeiten und ähnlichem. Aber diese materiellen Ursachen sind Sondererscheinungen der allgemeinen Menschheitsentwicklung, in vieler Hinsicht Krankheitsprodukte oder Auswüchse am großen sozialen Körper der Kulturmenschheit. Wie jedoch der einzelne Mensch durch krankhafte Wucherungen in seiner Entwicklung ernsthaft gehemmt werden kann, so auch die Menschheit durch Überhandnehmen krankhafter Auswüchse und Wucherungen. Das gilt von geistigen Auswüchsen genau so wie von solchen grobmaterieller Natur. Denn die Menschen machen ihre Geschichte selbst, und geistige Strömungen haben schon wiederholt verheerend auf die gesellschaftliche Entwicklung zurückgewirkt.

Das nationalistische Denken ist nicht naiv, nicht das natürliche Ergebnis der großen gesellschaftlichen Entwicklung. Es ist die bewußte Übertreibung des naiven Nationalgefühls im Interesse bestimmter politischer Zwecke. Zwecke, welche entweder direkt im Widerspruch stehen mit der allgemeinen Entwicklung oder sie dadurch gefährden, daß sie auf eine ungesunde Verteilung der Säfte des Gesellschaftskörpers abzielen. So ist z. B., um ein naheliegendes Beispiel heranzuziehen; die Ansammlung von Kapital für den Fortschritt der Gesellschaft notwendig, dagegen kann, wofür wir Anzeichen genug vor uns sehen, die Ansammlung von Riesenkapitalien in den Händen weniger Kapitalmagnaten oder Kapitalistenverbände zu so großen Schädigungen der sozialen und politischen Verfassung der Gesellschaft führen, daß die Dienste, die sie dem Fortschritt leistet, zu ihnen in keinem Verhältnis stehen. Die Erhaltung der nationalen Wehrkraft ist unter bestimmten Verhältnissen notwendig und kann auch dem Volkswohl förderlich sein. Ein Übermaß von Rüstung aber kann schwere materielle und moralische Schäden zur Folge haben. Das nationalistische Denken bewirkt durch Übertreibung des naiven Nationalgefühls dessen Zurückbildung zum Standpunkt des alten, beschränkten Stammesempfinden.

II. |

Der alte Stammesmensch kannte keine geistigen Beziehungen zu Angehörigen eines andern Stammes. Er trat zu andern Stämmen nur durch Vermittlung seines Stammes in Beziehung. Daher traf es ihn auch nicht im geringsten seelisch, wenn zwischen seinem Stamm und irgendeinem Nachbarstamm Krieg war. Dann war eben naturgemäß jeder Angehörige jenes Stammes sein Feind. Zu dieser Denkweise die modernen Kulturvölker zurückzubringen, ist die Tendenz des nationalistischen Denkens. Die Nationen sollen sich bestimmten Nationen gegenüber wieder völlig als Stammesfremde fühlen. Konflikte, die vielleicht nur einen ganz kleinen Bruchteil der Bevölkerung angehen, sollen von der ganzen, Millionen umfassenden Nation als sie alle treffend betrachtet werden, soweit möglich, das Verhalten aller zu allen Angehörigen der andern Nation bestimmen.

Umstände verschiedener Art haben schon vor dem Kriege der nationalistischen Strömung eine Ausbreitung verliehen, die man vor einem Menschenalter für unmöglich gehalten hätte. Unter dem Einfluß des Krieges ist sie zu solcher Stärke angewachsen, daß sie als eine sehr ernsthafte Gefahr für die vor uns liegende Zukunft betrachtet werden muß. Denn die Faktoren, die ihr vor dem Kriege entgegenwirkten und in ihrer Zusammenarbeit sie an Kraft überragten, die unausgesetzt zunehmende Internationalität des Handels

und Verkehrs, der wissenschaftlichen Vereine und der Rechtseinrichtungen, und zuletzt, doch nicht zum mindesten, der sozialistischen Arbeiterbewegung haben durch den Krieg jener gegenüber an
Wirkungskraft erheblich eingebüßt, und der ernsthafte Kämpfer für
den Fortschritt der Menschheit blickt umher nach den Kräften, die
ihnen ergänzend zur Seite treten und ihrem Werk neue Lebenssäfte
zuführen könnten.

Nun ist die Zeit noch nicht lange her, wo das Judentum als ein
internationaler Faktor sehr ins Gewicht fiel. Als Händler haben Juden schon im Frühmittelalter sich als Vermittler zwischen den Ländern des Orients und denen des mittleren und östlichen Europa betätigt. Aber da waren es materielle Güter, die ausgetauscht wurden,
von einer Vermittlung geistiger Güter durch die jüdischen Hausierer ist wenig die Rede. Im späteren Mittelalter zeichnen sich verschiedentlich Juden als Wissenschaftler aus, am sozialen Leben der
Völker, unter denen sie leben, konnten aber mit wenigen Ausnahmen die Juden schon wegen des Vorherrschens ständisch-feudaler
Einrichtungen keinen Anteil nehmen, der ihnen ermöglicht hätte, es
nennenswert zu beeinflussen. Als aber die ständischen Verfassungen fielen und namentlich als die Ideen der großen französischen
Revolution ihren Siegesmarsch durch die Welt nahmen, begann
auch für die Juden die Zeit der Teilnahme am öffentlichen Leben.
Sie konnte zwar zunächst auch nur geistiger Natur sein, wurde aber
grade darum von vielen mit um so größerer Inbrunst und Tiefe geübt. Mit Begeisterung ergriffen die Intellektuellen des Judentums
die Ideen der politischen Freiheit und des Weltbürgertums, von denen sie die politische Emanzipation und die soziale wie geistige Hebung der großen Masse ihrer Stammesangehörigen erhoffen zu können glaubten. Beides ist ihnen damals und später von Angehörigen
des Alten zum Vorwurf gemacht worden. Es wäre aber gegen alle
Natur gewesen, wenn diese Juden anders empfunden, anders gehandelt hätten. Sie mußten infolge ihrer ganzen Lage mit den Befreiungsbewegungen sympathisieren, und sie konnten nicht deutsche,
englische, französische usw. Nationalisten im engen Sinne dieses
Wortes sein, so lebhaft sie auch sonst mit dem Volk empfanden, in
dessen Mitte sie lebten. In dem Maße, als sie am allgemeinen Leben
der Nation Anteil nehmen konnten, betrachteten die Juden sich naturgemäß als zu dieser Nation gehörig und damit auch gehalten, die

Pflichten des Staatsbürgers gegen sie zu erfüllen. Aber die Zugehörigkeit zu der über die Welt zerstreuten jüdischen Volksgesamtheit bestand daneben doch noch fort und wurde durch Blutbande oder andere Verbindungen persönlicher Natur, die über die Grenzen hinausreichten, dem Bewußtsein lebendig erhalten. So konnten die Juden tatsächlich ein verbindendes Element für die Völker der Kulturwelt werden, was den deutschen Juden insbesondere auch dadurch noch erleichtert wurde, daß sie in stärkerem Verhältnis als diese Völker selbst sich fremde Sprachen aneigneten. Es fiel ihnen eine Rolle als Mittler der Nationen zu, die auch verschiedentlich mit Bewußtsein ausgefüllt wurde.

In hervorragender Weise hat es für Deutschland der große Dichter Heinrich Heine getan, dessen Erinnerung die deutschen Nationalisten unserer Tage am liebsten als die eines „Vaterlandslosen" in die Hölle der Verdammten bannen möchten. Heine war nicht vaterlandslos. Er fühlte sich durchaus als Deutscher. Aber er blieb sich auch seiner jüdischen Abstammung bewußt, und da er mit dem Judentum als Konfession keine Beziehung hatte, stärkte dieses Bewußtsein sein weltbürgerliches Empfinden. Als Deutscher und Weltbürger wirkte er literarisch in Frankreich, wo er so lange im Exil gelebt hat. Vermittler deutschen und französischen Geistes wollte er sein, und ist er auch in glänzender Weise gewesen. Er hat den Franzosen, und weiterhin anderen Nationen, tiefere Einblicke in die besten Seiten deutschen Denkens und Wesens gegeben als irgendein anderer deutscher Schriftsteller vor ihm.

„Wem verdanken wir die stille Vorliebe, zu der die meisten von uns sich für das Deutschland der vorbismarckischen Periode bekennen würden? Es ist angebracht, von Kant, Goethe und Beethoven zu reden. Aber wir haben den Verdacht, daß es tatsächlich die Spöttereien und Scherze, die Empfindungsweise und das Heimweh des Exilierten Heine sind, nach denen die meisten von uns sich ihr geistiges Bild vom romantischen Deutschland zurechtgemacht haben. Der erste Jude in der europäischen Literatur, der es wagte er selbst zu sein, entdeckte er die Idee Deutschlands, wo andere nur versucht hatten, Deutsche zu sein."

So heißt es in einem Aufsatz über jüdischen Patriotismus, den die Londoner Wochenschrift „Nation" in ihrer Nummer vom 8. Juli vorigen Jahres (1916) veröffentlicht hat. Der Aufsatz knüpft an ein soeben erschienenes Buch Israel Zangwills an, das vom gegenwärtigen Weltkrieg handelt. Was da über Heine gesagt wird, enthält sicher ein großes Stück Wahrheit. Ja, es bleibt sogar noch in einem Punkt hinter der Wahrheit zurück. Heine hat dem Ausland nicht nur Verständnis für das Wesen der Deutschen im allgemeinen vermittelt, er hat ihm auch die Großtaten der deutschen Philosophie in meisterhafter Darstellung verständlich gemacht. Die Kapitel in seinem zuerst französisch erschienenen Buch über Deutschland, die von der deutschen Philosophie handeln, werden noch heute von Fachleuten als in ihrer Klarheit und Prägnanz ganz ausgezeichnet betrachtet. Überhaupt war Heine mehr als bloß Dichter. In seinen sich so leicht lesenden Aufsätzen und verschiedenen seiner Gedichte steckt sehr viel ernste wissenschaftliche Arbeit. Das setzte mir einmal kein Geringerer als Friedrich Engels in einem Gespräch über Heines *Atta Troll* auseinander. Und was Heines Judentum anbetrifft, so blickt es in dessen *Rabbi von Bacharach*, in seinen hebräischen Melodien, in seinen Bemerkungen über Spinoza und verschiedentlich sonst sehr erkennbar durch. Heine hat wiederholt über jüdische Gepflogenheiten gespottet, wie er über Fehler der Deutschen sich lustig gemacht hat. Aber mitten in Äußerungen, die wie Lästerungen lauten, erklingen dann immer wieder Töne, die erkennen lassen, wie sehr der Dichter sich als denen zugehörig fühlt, die er eben noch verspottet hat. Selbstironie ist ja kaum bei einem zweiten Volk so stark vertreten wie bei den Juden.

III. |

Von Zangwills Buch nun sagt der Aufsatz der „Nation", daß er England einen ähnlichen Dienst leiste, wie Heine ihn Deutschland geleistet habe. Es kommen in jenem Buch die geteilten Empfindungen zum Ausdruck, mit denen die Juden in fast allen nichtdeutschen Ländern dem jetzigen Krieg gegenüberstehen: Sympathie für die demokratisch-liberalen Länder des Westens gegenüber dem militaristisch-bureaukratischen Deutschland, Parteinahme für dieses und Österreich gegenüber dem Judenpogrome züchtenden zarischen Rußland. „Die gleiche Mischung von warmem englischen Patriotismus mit einer sehr viel weniger korrekten Stellung gegenüber dem Verbündeten im Osten", heißt es an einer Stelle von Zangwills Stel-

lungnahme zum Krieg. Aber der Verfasser des Artikels der „Nation"
ist weit davon entfernt, Zangwill aus Letzterem einen Vorwurf zu
machen. Das Empfinden ist ihm zu natürlich, um auch nur einer
Entschuldigung zu bedürfen. Er lobt es im Gegenteil an Zangwills
Buch, daß es auch in bezug auf England nicht in den billigen nationalistischen Patriotismus verfällt, in dem in allen Ländern heute Juden sich ergehen. „Seine besondere Funktion ist", schreibt er rüh-
mend von ihm, „dem England der Kriegszeit, dem England des Mi-
litärzwangs und des Gesetzes über die Landesverteidigung das ideale England der alten Freiheiten vorzuhalten." Und er setzt hinzu:

„Es geschieht das mit einer Schärfe des Eindringens, die kein
Wahrheitsverkünder englischer Rasse erreichen könnte, denn es geschieht mit weltbürgerlicher Einsicht und ererbter Erfahrung. Es hat
den ‚Ansiedlungsrayon' im Hintergrund, und in ihm hören wir das
tief greifende Urteil eines Volkes, das seine Freiheiten nicht für zu-
gesichert erachten kann. In dieser Haltung liegt aber mehr als nur
die seelische Bedrängnis eines Patrioten. Inmitten einer Zivilisation,
die durch die Ausschreitungen ihrer nationalen Leidenschaften zerrissen ist, kehrt dieser Wortführer einer Rasse, der das Schicksal die
Nationalität versagt hat, mit Leidenschaft zu seinem weltbürgerlichen und friedenspolitischen Ideal zurück."

Wenn die jüdische Rasse, heißt es weiterhin, sie selbst zu sein
wagte, so wäre sie „dazu geschaffen, die Nichtigkeit der Gewalt zu
begreifen und zu predigen." Aber nur das Genie wage es, es selbst
zu sein. Der Durchschnittsjude dagegen suche einen Stolz darin,
sich durch Mut in einer der Armeen zu empfehlen." Gewiß, und sofern einer nicht auf dem Standpunkt des unbedingten passiven Wi-
derstandes steht, läßt sich auch prinzipiell nichts dagegen sagen.
Viele Juden begnügen sich aber nicht damit. Sie glauben in Deutschland deutscher, in England englischer, in Frankreich französischer
sein zu müssen als der einfache Deutsche, Engländer, Franzose.

Schon vom Patriotismus des Juden der vorigen Generation für
sein Wirtsland sagt der Artikel der „Nation" mit Recht, er sei immer
etwas königlicher als der König es gewesen.

„Der Patriotismus des Juden der vorigen Generation zu seinem
Adoptivland war ebenso konventionell, wie er aufrichtig war, und
neigte einer künstlerischen Akzentuierung und Übertreibung der
nationalen Züge zu. In London brüllte er in den Personen der jungen

Löwen des ‚Daily Telegraph', während er in Köln mit der ultrabis-marckischen Rauheit der ‚Kölnischen Zeitung' brummte. Uns gab er die Glanzseiten des Disraelischen Imperialismus, in Frankreich posierte er im Royalismus des ‚Gaulois', und in Ungarn trat er auf als der ausschweifende Magyarismus des ‚Pester Lloyd'."

Jetzt erleben wir das in verschärfter Gestalt. Ein Dichter jüdischer Abstammung war es, der in Deutschland eine Hymne des Hasses schrieb, in der dem deutschen Volke ewiger Haß gegen England schlechthin gepredigt wurde. Es geschah im Taumel, als alles um den Dichter herum besessen war, und wird heute vielleicht schon von ihm bedauert. Indeß hätte es ihm doch nicht möglich sein können, wenn er einen Begriff davon gehabt hätte, daß dem Abkömmling von Juden in dieser, von nationalem Hader zerrissenen Welt durch die Geschichte seines Volkes eine besondere Mission zugewiesen ist. In gleicher Weise ward der Haß des Deutschen gegen andere Nationen verfochten in dem Korrespondenzblatt derjenigen jüdischen Studentenvereine Deutschlands, deren Mitglieder es den deutschen Korpsstudenten im sogenannten Pauken (Duell mit Rapieren) gleichzutun suchen. Man konnte glauben, ein Blatt fanatischer Rassepolitiker vor sich zu haben, wenn man eine Nummer dieses Blattes durchlas. Auswüchse des Übernationalismus finden sich gewiß auch bei Juden in Ländern der Gegenseite, im ganzen aber scheinen diesmal die deutschen Juden die Juden anderer Länder in Bezug auf ihn überboten zu haben. Die Assimilation ging in dieser Hinsicht hier so weit, daß man in einer deutschen Zeitung, deren Eigentümer Juden sind, an deren Spitze als Leiter des Unternehmens ein Jude steht und deren Chefredakteur Jude ist, einen Entrüstungsausbruch darüber lesen konnte, daß die Engländer durch das Bündnis mit Rußland Verrat geübt hätten – nicht etwa am Fortschritt, an der Sache der Freiheit, nein, Verrat an der „germanischen Rasse". In eben demselben Blatt wurde jedoch bald darauf und wird noch andauernd Stimmung gemacht für einen Sonderfrieden Deutschlands mit eben dem zarischen Rußland auf Kosten der Länder Westeuropas. Auf noch stärkere Bekundungen eines solchen Übernationalismus bin ich in persönlicher Unterhaltung gestoßen.

Dieses vollständige Vergessen der Tatsache, daß man einem in der Welt als Gast vieler Völker lebenden Volke angehört, ist ein großer Nachteil für die Sache der europäischen Kultur. Ich bin kein

170

Zionist, ich fühle mich zu sehr als Deutscher, um es sein zu können. Aber ich kann den Zionismus als Gegenwehr gegen die staatliche und soziale Zurücksetzung begreifen, der die Juden selbst in vorgeschrittenen Ländern noch begegnen, und bin nicht blind dagegen, daß das idealistische Element im Zionismus einen Wert für das kulturelle Leben darstellen kann. Auch bin ich der Ansicht, daß der Zionismus in keinem notwendigen Widerspruch steht zum weltbürgerlichen Denken, vorausgesetzt, daß der Zionist kein Chauvinist des Judentums ist, und Weltbürgertum nicht gleichgesetzt wird mit roh materialistischem Weltbummlertum. Wer aus Genuß- oder Gewinnsucht, anders ausgedrückt: aus Bequemlichkeit vaterlandslos ist, ist Weltausbeuter, aber nicht Weltbürger. Denn alles wahre Bürgertum – das Wort Bürger nicht im Klassensinn, sondern einfach als die Bezeichnung für die als Recht niedergelegte Zugehörigkeit zu einem bestimmten größeren Gemeinwesen verstanden – ist mit einem Pflichtbewußtsein verbunden. Der echte Weltbürger ist derjenige, der für die Welt, d. h. für die große Familie der Völker, schaffend tätig zu sein sucht, was er aber nur durch Vermittlung von Gliedern dieser Familie wirkungsvoll ausführen kann.

In diesem Sinne kann der zionistische Jude so gut wie der deutsche, der englische, der französische Jude weltbürgerlich denken und handeln, und sollte er es auch tun. Auf die nationalen Kämpfe unserer Zeit angewendet, heißt es, daß der Jude, welcher staatlich organisierten Nation er auch angehört, mit der Erfüllung der Pflichten gegen diese Nation stets auch die Aufgabe verbinden sollte, ein Mittler der Nationen zu sein. Ihm kommt es zu, der Völkerverhetzung jeglicher Art, allen Auswüchsen des Nationalismus nach besten Kräften entgegenzuwirken. Das sollte ihm die Geschichte des Volkes, dem er entstammt, das sollte ihm die Stellung des Judentums in der Welt zur natürlichen Richtung seines weltpolitischen Denkens, die Erinnerung daran, daß das Judentum als ein Ganzes Mitbürger aller Völker ist, zum elementaren Pflichtgebot machen.

IV. |

Die Aufgabe ist heute sicherlich keine leichte und mag den einzelnen Juden, je nach dem Volk, in dessen Mitte er lebt und mit dem er daher naturgemäß stärker empfindet, wie er ja auch, ob er es erkennt oder nicht, tatsächlich in hohem Grade materiell mit ihm solidarisch verbunden ist, in einen anscheinenden oder auch tatsächlichen Gewissenskonflikt bringen. Auch gibt es für sie keine unter allen Umständen gleichlautende Formel. Unmöglich kann der Jude in einem Staate, wo er nur als Bürger zweiter oder dritter Klasse anerkannt und allen möglichen Mißhandlungen ausgesetzt ist, die gleichen Empfindungen für diesen Staat haben, die der Jude, der in einem Staate lebt, wo solche Unterschiede nicht mehr bestehen, für Staat und Land hegen wird. Das *ubi bene ibi patria* kann ich nicht ohne Vorbehalt unterschreiben. Es kommt eben dabei doch sehr darauf an, was man unter *bene* versteht. Soll es lediglich das platte materielle Wohlergehen bezeichnen, so hat mir der Satz zu viel von jener Anschauungsweise in sich, die ich gemäß der sozialistischen Auffassung als Bourgeoisgesinnung sehr gering einschätze. Der sozialistischen Auffassung entspricht es vielmehr zu sagen, wo ich am besten wirken kann, da ist mein Vaterland. Die Möglichkeit zu wirken, sich als ein Gleicher nach seinen besten Kräften für das Gemeinwesen betätigen zu können, gehört aber für jeden, der nicht dem bloßen Gelderwerb und dem materiellen Genuß lebt, zum Wohlbefinden, und so wird in der Tat sich bei Juden nur dort ein vollständiges Vaterlandsgefühl zum Unterschied vom einfachen Heimatsempfinden, mit dem es oft verwechselt wird, entwickeln, wo ihnen jene Rechte zuerkannt sind.

In diesem Geiste ist beiläufig auch der viel, aber so oft unrichtig zitierte Satz aus dem Kommunistischen Manifest zu verstehen, wo der Vorwurf, die Kommunisten wollten das Vaterland abschaffen, mit den Worten zurückgewiesen wird: „Der Arbeiter hat kein Vaterland, man kann ihm nicht nehmen, was er nicht hat." Mit dem Wort Vaterland ist stets der Begriff eines Rechts an dem Lande verbunden, auf das es sich beziehen soll, sowie ein volles Einleben in seine Kultur. Wo solches Recht und solche Teilnahme an der Kultur fehlen, hat man wohl einen Heimatsort oder eine Heimatsgegend, aber kein Vaterland. So daß auch der Sinn für politische Pflichten dort naturgemäß ein anderer ist als in Ländern, wo gleiches politisches Recht und Teilnahme an der Kultur verbürgt und in Wirkung getreten sind.

Dieser Abhängigkeit des politischen Pflichtgefühls in seinen Abstufungen vom Grade der Teilnahme an Recht und Kultur gibt der

streitbare Niedersachse Johann Heinrich Voß in bezug auf ein ver-
wandtes Thema kräftigen Ausdruck, wenn er in seinem Gedicht
„Die Leibeigenen" diese entrüstet ausrufen läßt:

„Was, auch Treue verlangt der übermütige Zwingherr!"

Auch in dem Dichterwort:

„Die fremden Eroberer kommen und gehen,

Wir gehorchen, aber wir bleiben stehen"

kommt ein ähnlicher Gedanke zum Ausdruck. Zur Zeit der Klassiker und Nachklassiker der deutschen Dichtung war eben auch das
Bürgertum noch politisch entrechtet, und die Rückwirkung dieses
Rechtszustandes auf die seelische Beziehung des Bürgers zum Staat
spiegelt sich in den verschiedensten Wendungen in den Dichtungen
der Epoche wieder. Ebenso bei den Philosophen der Zeit. Niemand
hat kühler, man könnte fast sagen, landesverräterischer über das
Pflichtenverhältnis von Volk und Regierungen geschrieben als J. G.
Fichte, der Verfasser der Reden an die Deutschen.

Man konnte daher weder erwarten noch verlangen, daß die Juden aller Länder ihr Verhalten zum jetzigen Weltkrieg nach der gleichen Formel bestimmen lassen. Die große Masse der Juden Rußlands hatten kein Interesse daran, daß die zarische Militärkaste und
Bureaukratie siegreich aus diesem Krieg hervorgingen, sie hatten
für die Besserung ihrer Lage von deren Niederlage mehr als von deren Sieg zu erhoffen. Demgemäß waren z. B. die große Mehrheit der
russisch-jüdischen Mitglieder der Sozialdemokratie der Vereinigten
Staaten, wie Mr. Algernon Lee, der Delegierte dieser Partei, am 2.
August 1916 auf der im Haag versammelten Internationalen Konferenz von Sozialisten neutraler Länder erklärte, „entschieden pro-
deutsch". Damit waren sie aber auch, da es sich um einen Koaliti-
onskrieg handelt, geistig die Alliierten der Verbündeten Deutschlands und die Gegner der Alliierten Rußlands und hätten, um nur
zwei Beispiele herauszugreifen, wo es darauf ankäme, praktisch zur
Frage der Armenier gemäß dem Gesichtspunkt der türkischen
Machthaber, zur Frage Belgiens gemäß dem Gesichtspunkt der Regierenden in Deutschland sich verhalten müssen. In welche Widersprüche sie dies mit den Grundsätzen bringen konnte, an deren all-
seitigem Sieg sie als Juden nicht minder wie als Sozialisten interessiert sind, und ohne deren Betonung ihre Betätigung als Mittler der
Nationen nur Halbheit wäre, liegt auf der Hand. Ebenso klar ist aber

auch, daß der englische oder französische Jude, der sich in diesem Kriege ausschließlich durch die Rücksicht auf die offizielle Politik Englands oder Frankreichs leiten läßt, infolge des Bündnisses dieser Länder mit Rußland mindestens zeitweilig an der Sache der Millionen vergewaltigter russischer Juden sich versündigen kann.

Hier erhebt sich also, sobald man den Juden als Zugehörigen der ganzen Judenheit nimmt, für die einen wie für die andern in politischer Hinsicht jener Widerspruch, für den es eine restlose Auflösung nicht gibt und für den auf philosophischem Gebiet der Ausdruck Antinomie geprägt wurde. Aber so wenig der wissenschaftlich forschende Philosoph es bei der einfachen Feststellung einer solchen Antinomie bewenden läßt, wie z. B. daß weder für noch gegen eine letzte Ursache des Weltgeschehens ein zwingender Beweis möglich ist, sondern sie auf einen immer kleineren irrationalen, d. h. unauflösbaren Rest zu verringern trachtet, so muß auch der von dem Bewußtsein für den Beruf seines Volks zur Mittlertätigkeit durchdrungene Jude danach trachten, den gekennzeichneten Widerspruch, der ja nicht die einzige Irrationalität dieses Krieges ist, auf sein geringstes Maß zu bringen. Und das ist in viel höherem Grade möglich, als es die meisten sich vergegenwärtigen.

Man muß nur sich die Mühe geben, über sein gefühlsmäßiges Urteilen sich Rechenschaft abzulegen, es auf klare Begriffe zu bringen und begrifflich zu unterscheiden. Erst dann ist auch ein Ausgleich möglich, der mehr ist als das bequeme Schwimmen mit dem Strom und zu besseren Ergebnissen führt als das trotzige Verbeißen darauf, die Dinge nur von einer Seite aus zu betrachten, das stets falsch ist, welche Seite immer man wähle. Es handelt sich darum, verschiedenartige Empfindungen, von denen jede ihr Recht hat, in ein richtiges Verhältnis zu einander zu bringen, und wenn wir dies wollen, müssen wir eben die Natur und das Recht jeder dieser Empfindungen begreifen.

V. |

Der Natur des Objekts nach kann man zunächst zwei Arten von jüdischem Patriotismus unterscheiden: den Patriotismus von Juden für das Land, dem sie als Staatsbürger angehören, den man als *Landespatriotismus* bezeichnen kann, und das stärkere oder geringere

Solidaritätsempfinden von Juden für die Judenheit im allgemeinen, das wohl am besten mit dem Wort *Stammespatriotismus* bezeichnet wird. Diese zwei Arten Patriotismus können in vielen Fällen nebeneinander bestehen, ohne sich gegenseitig zu beeinträchtigen, wie man Patriot der einen oder andern Art sein und dabei ohne Schädigung dieses Patriotismus Parteigänger von sozialen Bewegungen sein kann, die Angehörige verschiedener Länder umfassen. Nur in ihren gesteigerten Formen können sie nicht gleichzeitig das empfindungsmäßige Denken ein und derselben Person beherrschen. Der Jude, der französischer Chauvinist, englischer Jingo oder Alldeutscher ist, kann nicht zugleich mit voller Hingabe jüdischer Stammespatriot sein, und umgekehrt. Denn es werden da immer Fälle eintreten, wo das eine Empfinden mit dem andern in Konflikt gerät und die aus dem einen Empfinden abgeleiteten Pflichten sich nicht mit den Pflichten vereinen lassen, welche das andere Empfinden vorschreibt.

Aber auch in ihrer einfachen Form können die beiden Empfindungen ihren Träger in Gewissenskonflikte bringen. Beispiele dafür hat es bisher schon oft gegeben, wenn sie auch selten erhebliche Bedeutung erlangt haben und kaum jemals zu einer Frage von allgemeinerem Interesse geworden sind. Heute ist das jedoch anders. Der oben erwähnte Umstand, daß der Weltkrieg die politisch vorgeschrittensten Großstaaten Europas als die Verbündeten der rückständigsten Großmacht des europäischen Ostens sieht, bringt Landespatriotismus und Stammespatriotismus vieler Juden in einen Konflikt, der dort, wie z. B. in Amerika, wo sie als Wähler in erheblicher Zahl in Betracht kommen oder sonst auf die öffentliche Meinung einzuwirken imstande sind, für die Gestaltung der Politik des Landes nicht gleichgültig ist.

Wenn, wie oben festgestellt wurde, die in Amerika eingewanderten russischen Juden oder deren Abkömmlinge gegen Rußland und für die Vormacht des europäischen Militarismus Partei nahmen und diese Parteinahme praktisch betätigten, so folgten sie damit zum Teil dem Nachempfinden für all das Üble, das sie oder ihre Angehörigen in Rußland erfahren haben. Und man wird nicht sagen können, daß, wenn sie auf diese Weise Rußland schädigten, dessen Gewalthabern damit ein sonderliches Unrecht geschah, welches immer die Beweggründe sein mögen, die diese diesmal in den Krieg geführt haben. Es würde dann nur ein Stück weltgeschichtlicher Sühne für Generationen hindurch begangenes, geduldetes und gefördertes Unrecht vorliegen, unter dem Hunderttausende bitter zu leiden hatten. Freilich kommen in Wirklichkeit nicht nur die Gewalthaber in Betracht. Was die Oberen verfehlen, müssen auch hier in der Hauptsache die Unteren ausbaden. In allen möglichen Variationen illustriert dieser Krieg das Horazische *„Quidquid delirant reges plectuntur Achivi."* Rationeller als die Parteinahme aus dem Verlangen nach Sühne und ethisch unanstößiger ist die Parteinahme im Hinblick auf die innerpolitische Entwicklung Rußlands. Hier folgen diejenigen Juden, von denen eben die Rede war, soweit nicht schlechthin revolutionäre oder entschieden bürgerlich demokratische Gesinnung sie treibt, Erwägungen des Stammespatriotismus. Sie erhoffen von der Niederlage des Zarismus eine innere Umwälzung, die auch der Hebung der gedrückten Juden Rußlands zugute kommen werde.

Ob diese Hoffnung auf durchweg richtige Voraussetzungen sich gründet, könnte nur die Erfahrung zeigen. Sie hätte alle Wahrscheinlichkeit für sich, wenn die gedrückte Lage der russischen Juden ausschließlich der zarischen Regierung und ihrer Bureaukratie zuzuschreiben wäre und der Krieg im russischen Volke ausschließlich als eine Angelegenheit des Zarismus empfunden würde. Das letztere ist aber ganz offensichtlich nicht der Fall. Der gegenwärtige Krieg ist beim liberalen Bürgertum Rußlands und den von ihm beeinflußten Kreisen womöglich noch populärer als bei den Konservativen, eine Schwächung des Nationalismus daher von einer Niederlage Rußlands kaum zu gewärtigen. Die größere Wahrscheinlichkeit spricht vielmehr dafür, daß der nationalistische Geist der Russen durch sie eine Verstärkung erfahren würde, wie dies ähnlich in Preußen nach dem Tilsiter Frieden und in Frankreich nach der Niederlage von 1870/71 der Fall war. Und ebenso ist es kaum richtig, die Judenverfolgungen, die Pogrome usw. Rußlands ausschließlich dem Zarentum auf Rechnung zu stellen, so groß dessen Mitschuld auch zweifelsohne ist. Hier kommen zugleich soziale Strömungen in Betracht, die ein durch eine Niederlage verursachter Regierungswechsel schwerlich aus der Welt schaffen wird. Man kann nur sagen, daß eine Niederlage Rußlands, da sie voraussichtlich die Ablösung Polens, Litauens und Kurlands vom russischen Reich zur Folge haben würde, für etwa zweiundeinhalb Millionen Juden immerhin eine Veränderung ihrer Lage bedeuten würde, von der erhofft werden kann, daß sie zugleich Verbesserung heißen wird. Erhofft, mehr kann man mit Sicherheit leider nicht sagen. Indes selbst das ist für viele Juden, die sich die Lage ihrer Stammesgenossen in jenen Gebieten zu Herzen gehen lassen, ein genügender Grund, die Niederlage Rußlands herbeizusehnen.

Die mehr oder minder große Wahrscheinlichkeit dieser Voraussetzung nun würde für das ethische Recht der aus ihr abgeleiteten politischen Folgerung vollständig entscheidend sein, wenn nicht noch andre Interessen als die des Judentums in Betracht zu ziehen wären. Vom Ausgang des Weltkriegs hängen jedoch gewichtige Interessen der ganzen Völkerfamilie des europäischen Kulturkreises, hängt das Wohl und Wehe, die Freiheit und das Recht auch noch anderer Völker und Völkerschaften ab. Wollte also ein großer Bruchteil des Judentums seine Stellungnahme in diesem katastrophalen Ringen ausschließlich von der Frage abhängig machen: was sichert mir oder den Meinen eine unmittelbare Genugtuung? ohne irgendwie sich darum zu kümmern, ob nicht diese Genugtuung untrennbar ist von der Zertretung anderer, so kann es leicht geschehen, daß die Geschichte im Verein mit jenen anderen ihm die Worte entgegenhält, die der große Dramatiker im *„Kaufmann von Venedig“* den Dogen dem Shylock ins Gewissen rufen läßt: „Wie hoffst du Gnade, so du keine übst?“

Es kommt eben noch der Gesichtspunkt in Frage, der es erlaubt, von einer dritten Art Patriotismus zu sprechen, und das ist der oben schon behandelte kosmopolitische oder, besser ausgedrückt, weltbürgerliche Gesichtspunkt. Wie das Judentum als Einheit begriffen durch die ihm von der Geschichte zugewiesene Lage tatsächliches Weltbürgertum ist, so ist das weltbürgerliche Bewußtsein, das keinem Kulturmenschen fremd sein darf, dem Juden, der nicht die Assimilation so weit treibt, die Erinnerung an seine Herkunft mit Füßen zu treten, ein Stück Erbe, das ihm stets gegenwärtig sein sollte, wenn er zu Fragen der großen Völkerpolitik Stellung zu nehmen hat. Er muß auch *weltbürgerlichen Patriotismus* kennen und empfinden. Das Wort mag manchem paradox klingen, weil man sich daran gewöhnt hat, Weltbürgertum und Patriotismus als Gegensätze aufzufassen. Sie sind dies aber nur dann, wenn man sie in ihre Extreme zuspitzt, wo Weltbürgertum nur Weltbummlertum bedeutet und

Patriotismus nur ein mißbräuchlich angewendetes Wort für einen nationalistischen Partikularismus ist. Die nicht selten anzutreffende Auffassung, die jetzt leidenschaftliche Vertreter in einem Flügel der radikalen Sozialdemokratie gefunden hat, nämlich, daß im Angesicht der neuzeitlichen Entwicklung des Verkehrs der Patriotismus ein überlebtes, rückständiges Empfinden sei, ist durchaus hinfällig. Der gesteigerte Verkehr kann den Patriotismus so wenig aus der Welt schaffen, wie er die Nationen aus der Welt schafft. Er gibt ihnen nur eine andre Bedeutung.

Der Patriotismus ist als der politische Ausdruck eines natürlichen Zusammengehörigkeitsgefühls ebenso unter dem Gesichtspunkt des Zweckes zu rechtfertigen, wie er ursächlich begründet ist. Nur muß er, welcher Kategorie er immer angehöre, um nicht der fortschrittlichen Entwicklung entgegenzuwirken, sozial begriffen und geübt werden. Ist dies der Fall, so ist es auch kein Widerspruch, von einem weltbürgerlichen Patriotismus zu reden. Kein großer Volksstamm und keine Nation leben so außerhalb des großen Ganzen der Kulturmenschheit, daß sie nicht von ihm empfingen und ihm gegenüber Pflichten hätten. Pflichten aber bilden die sittliche Grundlage alles echten Bürgertums, das Wort in seinem weiteren, über die Klasse hinaus greifenden Sinne verstanden. Nicht die nationale oder ethnologische Wurzellosigkeit machen den Weltbürger, sondern das mit einem bestimmten Pflichtbewußtsein verbundene Gefühl der Zusammengehörigkeit mit der großen Völkerfamilie, die den geistigen Kosmos unseres Planeten bildet. Und weil dieser Kosmos kein formloses Durcheinander ist, sondern auf dem geordneten Neben- und Miteinander von Völkerschaften und staatlich organisierten Nationen beruht, ist das weltbürgerliche Empfinden kein Widerspruch gegen den nationalen oder ethnologischen Patriotismus, sondern deren zulässige und mit dem Aneinanderrücken der Völker notwendige Ergänzung. Niemand hat sich dessen mehr bewußt zu sein als der Jude und der Abkömmling von Juden. Wie immer sie es mit der Religion halten, wie innig sie mit der Nation und für die Nation empfinden mögen, der sie als Mitbürger zugehören, mit wie großer Anhänglichkeit immer sie das Bewußtsein ihrer Stammeszugehörigkeit rege erhalten mögen, so ziemt es ihnen doch, neben dem Landes- und Stammespatriotismus das weltbürgerliche Empfinden hochzuhalten, jene durch dieses zu läutern und zu veredeln. Nicht, weil sie die Gewalt nicht ausüben können, wie es im Artikel der „Nation" heißt, sondern auf Grund der *Geschichte* ihres Volkes sind die Juden die geborenen Pazifisten. Ihre Geschichte weist ihnen die Aufgabe zu, das zu pflegen, was die Völker verbindet, und dem entgegenzuwirken, was sie trennt und Haß zwischen ihnen säet. Sie befähigt sie und gebietet ihnen, die Kämpfe der Zeit in ihrem großen Zusammenhange zu erfassen, nach deren Endresultat für das Zusammenleben der Gesamtheit der Kulturwelt zu fragen und der Antwort gemäß ihre Stellung zu bestimmen. Wenn sie in diesem Sinne wagen, „sie selbst zu sein", werden sie, mögen sie noch so oft mit dem Mode- und Klassen-Patriotismus in Widerspruch geraten, überall sich an der Seite der tief und echt empfindenden Patrioten finden, die im Gegensatz zu den Erben des Cäsarenwahns ihr Volk vor allem geachtet und geliebt sehen wollen.

Und noch eine zweite Erinnerung verweist den Juden an die Seite derer, die Mittler der Nationen zu sein streben. Es ist der innere Zusammenhang der sozialen Befreiungsbewegungen unserer Zeit mit den Bewegungen für die allseitige Durchführung des Gedankens der Verbundenheit der Völker in der Gegenwart. Braucht es noch einer besonderen Darlegung, um erkennen zu lassen, warum der Jude, unbekümmert um seine persönliche Klassenlage, seine privaten materiellen Interessen, jenen sozialen Befreiungsbewegungen nicht fremd und teilnahmslos gegenüber stehen darf? Das Hauptgebet der jüdischen Religion enthält den Satz, der, in seiner vollen Bedeutung erfaßt, das kategorische Pflichtgebot für den Juden ausdrückt, für sie mit größter Hingebung einzutreten und in ihrem Sinne als Mittler der Völker sich zu betätigen:

Gedenke, daß du ein Knecht warst in Ägypten!

———

*NOTE [ZU →SEITE 162]:

Deutlich wird diese Tendenz in einem Brief des berühmten Vorkämpfers der Demokratie in Preußen, Johann Jacoby, vom 10. Juli 1832 ausgesprochen, den Gustav Mayer soeben im Januarheft 1917 der Zeitschrift „*Der Jude*" veröffentlicht. Jacoby schreibt da an einen Freund, dessen Vorname nur aus dem Brief zu ersehen ist:

„Nach reiflicher Prüfung bin ich zur Überzeugung meiner guten Sache gelangt: ich habe lange über die verschiedenen Religionen nachgedacht und finde in dem von Rabbinersatzungen gereinigten Judentum noch immer mehr Genüge für meinen Geist als im dermaligen Christentum. Denn ersteres steht der – nach meiner Idee – höchsten, menschenwürdigsten Religion, dem reinen Deismus, um vieles näher … Bis zum Allgemeinwerden dieses Deismus aber scheint es mir eben Bestimmung des Judaismus zu sein, dem überhandnehmenden Gefühlsschwindel (die damalige Erneuerung mystischen Denkens) des Christentums entgegenzuarbeiten. Und vieles ist in dieser Hinsicht schon gefördert. Wie nahe stehen in ihren Ansichten Rationalisten, Thomaschristen, Unitarier usw. dem vorurteilsfreien, vernünftigen Judentum; wie würden sie noch um vieles näher sich stehen, wenn dem Streben der Juden nach Verbesserung und zeitgemäßen Reformen nicht vom Staat so viele Hindernisse in den Weg gelegt würden! Ich erinnere nur an das Verbot, deutsche Predigten in der Synagoge zu halten, an die gewaltsame Schließung der Jacobsonschen Schule; – und auch dem Tempelverein in Hamburg steht ein ähnliches Schicksal bevor." –

Dem vormärzlichen Absolutismus war selbst die Reform im Judentum Umstürzlerei. Johann Jacoby aber, den wir hier für religiöses Mittlertum sich einsetzen sehen, hat am Abend seines Lebens – beim deutsch-französischen Krieg und als er nach der Verurteilung von Bebel und Wilhelm Liebknecht wegen Hochverrats durch öffentlichen Beitritt zu deren, ein Glied der Internationale bildenden Partei sich mit ihnen solidarisch erklärte – auch starkes Empfinden für nationales Mittlertum bekundet.

Völkerbund oder Staatenbund

Eine Untersuchung
(Oktober 1918)[1]

Eduard Bernstein

Vorbemerkung

Diese Schrift gibt mit einem Zusatz den Inhalt eines Vortrages wieder, der von mir am 12. Oktober 1918 im großen Saal der Singakademie zu Berlin auf einem Autorenabend des Verlags Erich Reifs gehalten wurde. | *Eduard Bernstein*

VÖLKERBUND ODER STAATENBUND
ZUR IDEOLOGIE DES VÖLKERBUNDES

Der furchtbare Krieg, in dem wir uns zurzeit befinden, hat die Frage der Bildung eines großen Bundes der Nationen oder Völker zur Sicherstellung des Friedens auf die Tagesordnung gesetzt. Der Gedanke der Bildung eines solchen Bundes ist indes nicht erst ein Erzeugnis dieses Krieges. Schon seit Jahrhunderten spielt er in der Literatur eine Rolle. Geistliche und weltliche Würdenträger, Staatsmänner und Gelehrte, Priester und Laien haben in verschiedenen Zeitaltern Abhandlungen oder Entwürfe verfaßt, welche die Notwendigkeit oder Wünschbarkeit eines solchen Bundes darlegen und die Formeln entwickeln, in denen er verwirklicht werden könne.

Der am meisten zitierte Entwurf dieser Art hat keinen geringeren als den König Heinrich IV. von Frankreich zum Verfasser. Weniger bekannt, und ich glaube zuerst von mir wieder ausgegraben, ist die Abhandlung des englischen Sozialreformers John *Bellers,* der an der

---

[1] Textquelle | Eduard Bernstein: Völkerbund oder Staatenbund. Eine Untersuchung. Berlin: Verlag von Paul Cassirer 1918. [28 Seiten] [Textdarbietung hier nach der Online-Ausgabe auf https://www.marxists.org].

Wende vom 17. zum 18. Jahrhundert lebte. Ihr Titel lautet: ‚Einige Gründe an die Mächte Europas für die *Errichtung eines europäischen Staates* durch das Mittel einer allgemeinen Bürgschaft und eines jährlichen Kongresses, Senats, Landtags oder Parlaments zur Schlichtung aller etwaigen zukünftigen Streitigkeiten über die Landesgebiete und Rechte der Fürsten und Staaten‘. Bellers schlägt darin vor, daß Europa in einer Anzahl gleich großer Distrikte oder Kantone eingeteilt werde und jeder Staat je ein Mitglied für jeden Kanton in das Staatenparlament zu entsenden habe, sodaß also die verschiedenen Staaten im Verhältnis ihrer Größe und Bevölkerung in diesem Parlament vertreten sein würden. Das Parlament solle nur die äußeren und allgemeinen Beziehungen der Staaten zueinander zu behandeln haben, ohne sich in ihre inneren Angelegenheiten zu mischen. Es solle die Herabsetzung der stehenden Armeen und die Zahl der im Frieden pro Kanton zu haltenden Mannschaften unter Waffen vereinbaren und festsetzen, wieviel jeder Staat an wehrfähigen Mannschaften oder Schiffen sowie an Geld pro Kanton zu stellen habe, falls eine gemeinsame Aktion gegen Friedensbrecher erforderlich sein werde. Im Gegensatz zu Heinrich will Bellers auch „die Muskowiten und die Mohamedaner" in diesen Bund hineinziehen, weil sie, so gut wie Protestanten und Katholiken, Menschen seien und „ihr Ausschluß Europa immer noch zum Teil in Kriegszustand belassen würde." Je mehr dagegen dieser staatsbürgerliche Bund ausgedehnt werden kann, schreibt Bellers, „um so größer wird der Friede auf Erden sein und Wohlgefallen unter den Menschen."

Bellers war Quäker und diese eigenartige Religionsgemeinschaft, deren eigentlicher Titel „Verband der Freunde" ist, hat auch späterhin viele Verfechter der Idee der Organisierung des Friedens gestellt. Daß sie fernerhin für ihre Mitglieder die Verweigerung des Kriegsdienstes postuliert und im gegenwärtigen Krieg eine erhebliche Zahl solcher Verweigerer geliefert hat, sei nur beiläufig erwähnt. Nur wenige Jahre später als dieser Anhänger der äußersten Linken des Puritanertums, veröffentlichte der berühmte katholische Philantrop, Abbé *St. Pierre* ebenfalls eine Abhandlung über einen Friedensbund der Staaten, und ziemlich um dieselbe Zeit hat auch ein anderer berühmter Katholik, der Kardinal und Staatsmann *Alberoni* ihm eine Abhandlung gewidmet. In den Staatsromanen, die im Laufe des 18. Jahrhunderts üppig aufsprießen, spielt er keine geringe Rolle, und tiefgreifender in bezug auf seine theoretischen Grundlagen behandeln ihn einige Philosophen, von denen unser großer Immanuel *Kant* besonders hervorgehoben zu werden verdient. Im siebenten Jahrzehnt des 19. Jahrhunderts beschäftigt sich die von bürgerlichen Demokraten und Philantropen gegründete „Friedens- und Freiheitsliga" mit ihm, und gibt im Hinblick auf ihn ihrer in deutscher und französischer Sprache herausgegebenen Wochenschrift den Titel: „Die Vereinigten Staaten von Europa". Dagegen hat die ziemlich gleichzeitig ins Leben gerufene Internationale Arbeiter-Assoziation zwar den Völkerbund zum Ziel ihrer Bestrebungen, steht aber dem Gedanken, ihn noch in der Ära des Kapitalismus verwirklichen zu können, bis zur Ablehnung skeptisch gegenüber.

Der deutsch-französische Krieg von 1870/71 hat diese Skepsis mindestens zeitweilig als berechtigt erscheinen lassen. Die Friedens- und Freiheitsliga schläft ein, und Europa wird in ein immer stärkeres Waffenlager verwandelt. Erst gegen Ende des 19. Jahrhunderts regen sich die Friedensgesellschaften von Neuem, und neue Pläne der Schaffung eines großen Friedensbundes werden ausgearbeitet, von denen das Werk des Russen Iwan *Novikow* „Die Föderation Europas" besondere Erwähnung verdient. Das Rundschreiben Nikolaus II. von Rußland, das zum Zusammentritt der Haager Konferenzen führte, wäre hier gleichfalls zu erwähnen, gehört indes mehr in das Kapitel der Versuche der *praktischen Verwirklichung des Gedankens.*

ANNÄHERUNGEN AN DEN GEDANKEN
IN DER PRAXIS

An solchen praktischen Versuchen hat es in der Geschichte nicht minder gefehlt. Ob wir die *Stammesverbände barbarischer Völker der alten Welt,* die in den Verbänden indianischer Stämme Amerikas ihr Gegenstück haben, als Ansätze zur Verwirklichung des Friedensgedanken betrachten dürfen, ist fraglich. Verbindung zum Zweck gemeinsamer *Kriegführung* hat zum mindesten bei ihnen keine geringe Rolle gespielt. Stärker dürfte das Friedensbedürfnis beim Zustandekommen der *Amphiktyonenbünde* im alten Griechenland und ähnlicher Verbindungen italischer Völkerschaften mitgewirkt haben. Nicht als Friedensbünde, wohl aber als *Friedensverbände* wurden *die*

183

großen Weltreiche hingestellt, die für ganze Nationen das Aufhören gegenseitiger Bekriegung bedeutet haben und ihnen ein gewisses Maß selbständiger Entwicklung überließen. So *namentlich das römische Weltreich* auf der Höhe seiner Machtstellung. Indes vertrug ihre Herrschaft nicht jenen Grad von Selbstentwicklung der beherrschten Nationen, der diese auf die Dauer mit der halben Selbständigkeit hätte versöhnen können. Auflehnung der Unterworfenen und Zerfall der Weltherrschaft waren stets *nur eine Frage der Zeit.* Dies einer der Gründe, weshalb keine der Wellmonarchien des Altertums und des Mittelalters sich halten konnten und die ähnlichen Bildungen der neueren Zeit, wie namentlich das *spanische Weltreich,* ihr Schicksal geteilt haben. Wenn das *englische Weltreich* eine Ausnahme zu machen scheint, so verdankt es dies dem Umstände, daß es schrittweise eine Entwicklung zu einem Bunde *in fast allen Punkten selbständiger Staaten oder Staatengemeinschaften* (wie z. B. Australien eine ist) vollzieht. Es bewahrt den Zusammenhalt dadurch, daß es eines der Merkmale des Imperiums nach dem andern *aufgibt.* Worin wir beiläufig eine der Erklärungen für seine in diesem Kriege an den Tag gelegte Leistungskraft haben. Bei alledem bleibt es eine Frage, ob der britische Weltbund für alle seine Teile die derzeitige Kohäsionskraft behalten wird oder nicht mindestens seine *rassenfremden Bestandteile* sich eines Tages doch wieder von ihm loslösen werden. Im besten Falle bleibt er ein partieller Bund von Nationen, den zum Teil die *Gegnerschaft* gegen andere Nationen oder Imperien *zusammenhält* und der deshalb das heute gestellte Problem nicht löst.

Schließlich, um auch dies noch zu erwähnen, stellte die *römische Kirche* dem Grundgedanken des Evangeliums nach einen *Völkerbund* dar. Das Christentum sollte die Völker zu einer großen, in Frieden zusammenlebenden Familie vereinen. Aber im Papsttum kam die geistige Lehre mit weltlichen Herrschaftsbestrebungen in Konflikt, und dieser innere Gegensatz führte zur *Kirchenspaltung* und schließlich zur Aufhebung jeder weltlichen Herrschaft des römischen Stuhls. Die Macht der Kirche über die Geister erweist sich als nicht stark genug, die christlichen Staaten davon abzunähen, gegeneinander zu rüsten, um sich gegebenenfalls zu bekriegen. Rom hat zwar hier und dort als Vermittler sich betätigen können, wie begrenzt aber schließlich in dieser Hinsicht sein Einfluß ist, hat ebenfalls der gegenwärtige Krieg gezeigt.

Und doch hat gerade *dieser* Krieg offenbart, welch dringendes Bedürfnis in unseren Tagen die Schaffung einer Verbindung ist, welche die Völker gegen Kriege sicherstellt. Wir stehen augenscheinlich vor dem Abschluß des Krieges, aber wir wissen noch nicht, wie dieser Abschluß aussehen wird. Je nach der Gestalt, die er erhält, liegt es nicht außer dem Bereich der Möglichkeit, daß trotz der üblen Erfahrungen, welche die Welt in diesem Krieg gemacht hat, nicht auch nach ihm noch Bestrebungen von Neuem Kraft über die Geister gewinnen werden, welche darauf abzielen, die Rechtsverhältnisse, die der Friedensschluß herbeigeführt hat, mit Hilfe der Waffen umzustoßen. Die Völker haben leider ein ziemlich kurzes Gedächtnis, und die Leidenschaften gewinnen leicht die Herrschaft über die vernünftige Überlegung. Die kapitalistische Gesellschaftsordnung, die vorläufig noch in den meisten Ländern fortbesteht, schafft zwischen den Großstaaten stets neuen Reibestoff, der es den Interessenten leicht genug macht, ihn als ein Lebensinteresse der eigenen Nation erscheinen zu lassen. Das heutige Wirtschaftsleben aber braucht Sicherheit vor Kriegsgefahr als eine der elementarsten Bedingungen des gesunden Funktionierens seiner Organe, an dem auch die Arbeiterklasse interessiert ist. Und so ist es ein Interesse der Allgemeinheit, Einrichtungen zu schaffen, welche die Völker vom Albdruck dieser Gefahr befreien.

Alles, was bisher zu diesem Zweck geschaffen worden ist, hat sich als *unzulänglich* erwiesen. Das Haager Schiedsinstitut, das auf Grund der Beschlüsse der beiden Friedenskongresse der Staaten vom Jahre 1899 und 1907 geschaffen wurde, hat versagt und mußte versagen, weil ihm kein Mittel gegeben war, streitende Regierungen zu *nötigen,* ihren Streitfall vor ihm zur Verhandlung zu bringen, sei es auch nur, um ein Gutachten über die Möglichkeiten einer friedlichen Beilegung durch eine unparteiische Prüfungskommission herbeizuführen. Es war, wie man weiß, in erster Linie Deutschland gewesen, das darauf bestanden hatte, dem Institut vom Haag die Vollmachten zu versagen, streitende Mächte vor sein Forum zu laden. Und diese Opposition der Regierung fand Deckung in der Haltung der deutschen Gelehrten. Der erste der beiden Kongresse war in Gefahr, infolge der Einsprüche der deutschen Vertreter ergebnislos auseinanderzugehen, wenn nicht der damalige amerikanische Botschafter Andrew White eine mehrtägige Pause zu einer Reise nach Berlin benutzt und durch eindringliche Vorstellungen beim deutschen Kaiser und anderen einflußreichen Persönlichkeiten Berlins soviel erreicht hätte, daß Deutschland wenigstens in einigen Punkten seinen Widerstand aufgab. Aber ganz kurze Zeit nach Schluß der ersten Haager Konferenz nahm Wilhelm II. Veranlassung, am 8. September 1899, in einer Rede darzulegen, daß, „ehe die Theorie des ewigen Friedens zur allgemeinen Anwendung gelangen wird, noch manches Jahrhundert vergehen werde" und daß *„der sicherste Schutz des Friedens das Deutsche Reich und seine Fürsten"* seien. Auf der zweiten Haager Konferenz 1907 verstand sich Deutschland zu einigen weiteren Zugeständnissen an den Schiedsgedanken, aber auch jetzt blieb die Verpflichtung zur Anrufung des Schiedsgerichts *ausgeschlossen* für *alle* Fragen, welche die *Ehre*, die *Sicherheit* und die *Interessen* der Staaten betreuen, d. h. für diejenigen Fragen, die erfahrungsgemäß gerade den Anlaß oder *Vorwand zu Kriegen* liefern. Und als am Vorabend des jetzigen Krieges der russische Zar in seinem Telegramm an den deutschen Kaiser vom 29. Juli 1914 anregte, die strittigen Punkte zwischen Österreich-Ungarn und Serbien dem Haager Schiedshof zu unterbreiten, blieb diese Anregung unerwidert und das Telegramm im damals herausgegebenen Weißbuch der deutschen Regierung *unerwähnt*. Wenn Deutschland sich in diesem Kriege in so hohem Grade isoliert gesehen hat, so hat seine ablehnende Haltung zur Schiedsgerichts-Idee nicht wenig dazu beigetragen.

Wenn man aber damals in Berlin den Vorschlägen auf schiedliche Schlichtung des Streites gegenüber taub war, so wurde der Gedanke des internationalen Schiedsgerichts in andern Ländern umso lebhafter von Neuem erörtert. In den Vereinigten Staaten, die eine ganze Reihe von Verträgen auf schiedsrichterliche Entscheidung aller auftauchenden Streitfälle abgeschlossen hatten, entstand im Frühjahr 1915 die *League to enforce Peace* – Liga zur gesetzlichen Sicherstellung des Friedens. In Deutschland wird der Titel oft mit „Liga zur Erzwingung des Friedens" übersetzt, was leicht einen falschen Eindruck hervorruft. Das englische Wort *enforce* bedeutet allerdings einen Zwang, aber den Zwang eines *Gesetzes*. *To enforce a law* heißt lediglich: ein Gesetz in Kraft setzen. Die Liga, an deren Spitze Mr. Taft steht, der republikanische Vorgänger Wilsons in der Präsidentschaft der Vereinigten Staaten, fand großen Anklang und Wilson selbst ist ihr etwas später beigetreten. Um dieselbe Zeit entstand im Haag die *Zentrale für einen dauernden Frieden,* mit hochangesehenen Juristen und Parlamentariern aus den verschiedenen Ländern als Mitglieder, nachdem schon im September 1914 ebenfalls in Holland der *Anti-Oorlog Raad* (Rat zur Bekämpfung des Krieges) gegründet worden war, und beide Organisationen propagierten die Idee eines Verständigungsfriedens und der Schaffung eines „Bundes der Nationen" zur Sicherstellung des Friedens. Solchen Bund hatte übrigens im September 1914 auch Englands Ministerpräsident, Mr. Asquith, als das Ziel seiner Regierung hingestellt. Nun nahm im Frühjahr 1916 im Gespräch mit einem amerikanischen Journalisten der damalige englische Staatssekretär des Äußern, Sir *Edward Grey* das Wort. Grey, jetzt Lord Grey, der, wie man weiß, am Vorabend dieses Krieges sich vergeblich bemüht hatte, eine friedliche Beilegung des russisch-österreichischen Konflikts zu erwirken und vorher schon wiederholt sich sehr entschieden zugunsten der Bestrebungen des Pazifismus geäußert hatte, bestritt dem Amerikaner, Mr. Edward Price Bell von der Chicago Daily News, lebhaft jede Absicht seiner Regierung, das einige und freie Deutschland zerstören zu wollen. Eine solche Verrücktheit sei seiner Regierung nie in den Sinn gekommen. Die Geschichte habe es immer und immer wieder gelehrt, daß man ein Volk nicht knechten, durch Gewaltherrschaft und Brutalität die Seele eines Volkes nicht töten könne.

„Wir glauben," sagte Grey, und es ist interessant, gerade heute daran zu erinnern, „daß *das deutsche Volk,* wenn einmal die von den Alldeutschen gehegten Träume der Weltherrschaft zunichte gemacht worden sind, *darauf bestehen wird, die Überwachung der Regierung selbst in die Hand zu nehmen, und darauf beruht die Hoffnung auf gesicherte Freiheit und nationale Unabhängigkeit in Europa.* Denn *eine deutsche Demokratie* wird keine Kriege planen und anzetteln, wie der preußische Militarismus Kriege plante, die zu einem festgesetzten Datum der Zukunft stattfinden sollten."

Grey entwickelte dann, wie Bell schreibt, diesem „eine Vision des Friedens". „Nicht eines schwankenden Friedens, nicht eines durch politische und militaristische Ehrsucht und Ränke verwundbaren Friedens, sondern eines durch die Mittel und Waffen der Zivilisation vereinter Nationen gesicherten Friedens." Lange vor dem Ausbruch dieses Krieges habe er, Grey, „auf einen Völkerbund gehofft, der einig, schnell und unmittelbar bereit sein würde, die Verletzung internationaler Verträge, des Völkerrechts sowie nationaler Unabhängigkeit zu verhindern und nötigenfalls zu bestrafen", einen Bund, der die Völker, welche Beschwerde führen und Ansprüche geltend machen wollen, auf den Weg der Entscheidung durch einen unparteiischen Gerichtshof verweist und ihnen erklärt, daß, wenn sie versuchen, entgegen dem Schiedsspruch einen Krieg zu entzünden, sie als Feind der Menschheit angesehen und behandelt werden würden.

„Wenn die Menschheit nicht aus diesem Kriege lernt, den Krieg zu vermeiden", seien die Worte Greys gewesen, „so werde der Kampf vergeblich gewesen sein und die Drohung des Untergangs sich über die Menschheit erheben." „Wenn sich die Welt nicht gegen den Krieg zusammenschließen kann, wenn er fortgeführt werden muß, dann können sich die Völker in Zukunft nur dadurch schützen, daß sie alle Mittel der Vernichtung benutzen, die sie nur irgend ersinnen können, bis die Hilfsmittel und Erfindungen der Wissenschaft damit endigen, daß sie die Menschheit, der sie dienen sollten, zugrunde richten."

Diese Erklärungen Greys machten damals im neutralen Ausland einen tiefen Eindruck. In weiten Kreisen blickte man auf ihn als den Staatsmann der demokratischen *Friedensidee* im Gegensatz zu der die deutsche Politik beherrschenden Idee der Gewaltpolitik. Patriotisch gesinnte Deutsche, welche die Vorgänge in der Welt aufmerksam verfolgten, sahen mit Verdruß, wie sehr diese Gegenüberstellung der Sache ihres Landes zum Nachteil gereichte, und suchten daher darauf hinzuwirken, daß von Seiten der deutschen Regierung etwas geschah, was dem entgegenwirken konnte. So schrieb der unterrichtete Historiker, Professor Hans *Delbrück,* im Novemberheft 1916 der von ihm herausgegebenen Preußischen Jahrbücher einen Aufsatz, überschrieben *Realpolitischer Pazifismus,* worin er darlegte, wie sehr die Regierung das Ansehen ihres Landes in der Welt heben würde, wenn sie der starken pazifistischen Strömung Rechnung trüge. Der Pazifismus sei nicht mehr eine Bewegung von Idealisten und Träumern, sondern ein weithin empfundenes Bedürfnis von

Völkern und Staaten, und mit ihm sich einigermaßen zu stellen, sei wahrhafte *Realpolitik*. Ermuntert, wenn nicht überhaupt erst angeregt durch diesen Artikel des ihm befreundeten Delbrück hat dann noch im gleichen Monat November 1916 der deutsche Reichskanzler von *Bethmann Hollweg*, derselbe, der noch im Jahre 1911 die Frage eines *Übereinkommens auf Abrüstung für unlösbar* erklärte, „solange Menschen Menschen und Staaten Staaten" seien, jenen seitdem viel zitierten Ausspruch getan:

„Lord Grey hat sich endlich ausführlich mit der Zeit nach dem Kriege, mit der Gründung eines internationalen Bundes zur Wahrung des Friedens beschäftigt. Auch dazu will ich einige Worte sagen. Wir haben niemals ein Hehl aus unsern Zweifeln gemacht, ob der Friede durch internationale Organisationen, wie Schiedsgerichte, dauerhaft gesichert werden könne. Die theoretische Notwendigkeit des Programms will ich nicht erörtern. Aber praktisch werden wir jetzt und im Frieden zu der Frage Stellung nehmen müssen. Wenn bei und nach der Beendigung des Krieges seine entsetzlichen Verwüstungen an Gut und Blut der Welt erst zum vollen Bewußtsein kommen werden, dann wird durch die ganze Menschheit ein Schrei nach Abmachung und Verständigung gehen, um, soweit es irgend in Menschenmacht liegt, die Wiederkehr einer so ungeheuerlichen Katastrophe zu verhüten. Dieser Schrei wird so stark und so berechtigt sein, daß er zu einem Ergebnis führen muß. Deutschland wird jeden Versuch, eine praktische Lösung zu finden, ehrlich mitprüfen und an seiner möglichen Verwirklichung mitarbeiten … Deutschland ist jederzeit bereit, einem Völkerbunde beizutreten, ja, sich an die Spitze eines Völkerbundes zu stellen, der Friedensstörer im Zaume hält."

Ich will bei der merkwürdigen Unterscheidung, die der oft als Philosoph bezeichnete Kanzler hier zwischen Theorie und Praxis zog, mich nicht lange aufhalten. Was in der Politik mit der Praxis, dem praktischen Bedürfnis nicht in Einklang zu bringen ist, ist nicht Theorie sondern höchstens *Spekulation*, die Praxis ist der Prüfstein der Theorie und nicht umgekehrt. Auch will ich unerörtert lassen, ob es nur eine rednerische Entgleisung war, die Herrn von Bethmann Hollweg sagen ließ, daß Deutschland jederzeit bereit sei, sich „an die Spitze" eines Völkerbundes zu stellen, der „Friedensstörer im Zaume hält." Vom Kanzler desselben Deutschland, das nun einmal die Tatsache nicht aus der Welt schaffen konnte, daß es und das mit ihm verbündete Österreich durch die Kriegserklärungen an Serbien, an Rußland und Frankreich sowie durch den Einmarsch in die völkerrechtlich neutralisierten Staaten Belgien und Luxemburg den Weltkrieg eröffnet hatten, von ihm war es zum mindesten ein Fehler, dem mißtrauisch gewordenen Ausland die Möglichkeit zu der Folgerung zu geben, es stecke hinter der Erklärung nur wieder der Gedanke einer speziell für Deutschland zu erlangenden *Hegemonie.* Nicht verschweigen kann ich jedoch, daß in dem Lande, dessen Kanzler jene Erklärung zugunsten des Völkerbundes abgegeben hatte, die Vereinigungen, die sich die Erziehung der Geister für den Gedanken eines solchen Bundes zur Aufgabe gemacht hatten, daß insbesondere die deutsche Friedensgesellschaft, der Bund Neues Vaterland und die Zentrale für Völkerrecht nicht nur von den Behörden an jeder öffentlichen Propaganda gehindert, sondern auch in ihrer inneren Vereinstätigkeit auf Schritt und Tritt gelähmt wurden, beim Bund Neues Vaterland kann man sogar sagen *erdrosselt* wurden. Wurde doch dem Vorstand des Bundes, nachdem ihm jede Vereinstätigkeit mit dem Zusatz untersagt worden war, daß ihm (ich zitiere wörtlich), „für die Dauer des Krieges jede weitere Betätigung im Sinne der Bestrebungen des Bundes durch Herstellung und Versendung von Mitteilungen, Sonderdrucken, Flugschriften verboten sei", nicht einmal erlaubt, die den Bestimmungen des Reichsvereinsgesetzes widersprechende Verfügung, seine Mitgliederlisten einzureichen, den Mitgliedern durch Rundschreiben bekannt zu geben.

Aber wie sehr man auch die pazifistischen Vereinigungen schuhriegeln mochte, die pazifistische Idee als Gegenströmung gegen die Vorgänge auf den Schlachtfeldern und in den besetzten Gebieten ging darum nicht weniger ihren Gang. Es trat das ein, was Ferdinand Lassalle einmal in seiner Schrift ‚Der italienische Krieg und die Aufgaben Preußens' mit den Worten kennzeichnete, Napoleon III. möge die vom Ausland nach Frankreich geschmuggelten Flugschriften der Ledru Rollin, Victor Hugo usw. noch so sorgfältig konfiszieren lassen, wer konfisziere ihm aber seine eigenen Reden? Ein leitender Staatsmann nach dem andern sah sich veranlaßt, in öffentlichen Reden und Erklärungen den Bund der Nationen als Ziel seiner Bestrebungen hinzustellen, und ebenso predigten ihn in Rundschreiben an die Gläubigen und die Regierenden Papst Benedikt, sowie andere Kirchenfürsten. Weit entfernt, von der Tagesordnung zu verschwinden, hat er sich immer stärkere Geltung erobert. Er steht auf *Präsident Wilsons Friedensprogramm* und wenn es, wie wir nun hoffen dürfen, in Bälde zu Friedensverhandlungen zwischen den kriegsführenden Mächten kommt, wird daher auch er einen Gegenstand der Beratung bilden. Seine Verwirklichung ist indes nicht nur mit technischen Schwierigkeiten verbunden, er ist auch der Gefahr ausgesetzt, von vorneherein infolge *falscher Fragestellung* falsch in Angriff genommen zu werden. Es ist deshalb an der Zeit, sich grundsätzlich klar zu machen, was er bedeutet und welche Probleme er birgt.

DIE FOLGERUNGEN
AUS DEM UNTERSCHIED DER BEGRIFFE

Liest man die Erklärungen der Wilson, Grey und anderer englisch sprechender Politiker über unseren Gegenstand in deren eigener Sprache, so wird man finden, daß sie immer nur von einem *Bund der Nationen* – League of Nations – als Ziel ihrer Bestrebungen sprechen. Ebenso die pazifistischen Staatsmänner und Propagandisten der romanischen Länder und noch einer Reihe anderer Nationalitäten. Bund der Nationen kann aber je nach der Auslegung des Begriffs etwas sehr Verschiedenartiges bedeuten. Der ethnologische Begriff der Nation oder Nationalität hat zum Staat keine unmittelbare Beziehung. Ethnologisch begriffen, kann die Nation daher weiter reichen als der Staat, oder aber nur einen Teil von dessen Bevölkerung umfassen. Politisch oder staatsrechtlich fallen dagegen Nation und Staat zusammen, und *„Bund der Nationen"* kann infolgedessen einfach nur *Bund der Staaten* bezw. *Staatenbund* bedeuten, d. h. einen Bund, den Staaten für *bestimmte abgegrenzte Zwecke* schließen und der im übrigen, wie dies bisher in der Diplomatie Übung war, sich um das Wesen der einzelnen vertragschließenden Staaten nicht weiter kümmert. In Deutschland hat sich dagegen für unsern Gegenstand der Ausdruck *Völkerbund* eingebürgert. Wie wir den konservativen, der Demokratie gar nicht holden Bethmann Hollweg in seiner Erklärung vom 9. November 1916 den „Völkerbund" verkünden hörten, so kehrt in den meisten offiziellen Erklärungen der Regierung und der heutigen Regierungsparteien Deutschlands immer von Neuem dieser Ausdruck Völkerbund wieder, wenn von der zu schaffenden Vereinigung die Rede ist. Ein wenig Nachdenken schon wird aber zu der Überlegung führen, daß das Wort Völkerbund *viel Bestimmteres* und *mehr* sagt als Bund der Nationen oder gar nur Bund der Staaten. Es legt das Gewicht auf die Völker als die Subjekte, die handelnden Personen des Bundes, setzt also eine weitreichende *Intimität der Beziehungen* und eine *demokratische Natur des Bundes* voraus. Ein Völkerbund kann seinem Begriff nach nur ein Bund sein, den die Völker selbst schließen oder durch Beauftragte nach ihrem Wunsch und Weisungen abschließen lassen. An einen solchen Bund hat indes weder Herr von Bethmann Hollweg seinerzeit gedacht, noch dürfte er dem größten Teil der deutschen Politiker, die das Schlagwort seither aufgenommen haben, der Sache nach vorschweben oder ihrer politischen Denkweise entsprechen. Wir stoßen da auf einen Gegensatz zwischen Wort und Sache, der uns auf einem verwandten Gebiet begegnet, wo auch das deutsche Wort für den Gegenstand anders lautet als die entsprechenden Ausdrücke fast aller anderen Sprachen. Ich meine dasjenige Rechtsinstitut, das im Deutschen den Namen *Völkerrecht* führt, das aber in Wirklichkeit kein Recht der Völker, sondern, wie man in jedem Lehrbuch des Völkerrechts nachlesen kann, in Wirklichkeit nur ein Recht der *Staaten* ist. „Da nicht die Völker", lesen wir in Franz von Liszt's weitverbreitetem Werk *Das Völkerrecht*, „sondern die Staaten Subjekte des Völkerrechts sind, würde der von Kant in seinen metaphysischen Anfangsgründen der Rechtslehre 1797 gebrauchte Ausdruck ‚Staatenrecht' sich am meisten empfehlen." Noch schärfer betonen andere deutsche Völkerrechtslehrer, daß das Völkerrecht die Völker immer nur erst mittelbar, durch das Mittelglied des Staates, d. h. insofern sie Angehörige von *Staaten* sind, trifft oder schützt.

Das ist nun keineswegs eine nur akademische Frage, wie man vielleicht meinen möchte. Denn die Auffassung dessen, was wir Völkerrecht nennen, als Staatenrecht steht seiner Entwicklung im Sinne der modernen Demokratie vielfach sehr hemmend im Wege. Sehr gut wird dies unter anderem in der kürzlich erschienenen Schrift des Göttinger Dozenten Leonhard *Nelson* nachgewiesen, der er den Titel gegeben hat: *Die Rechtswirtschaft ohne Recht*, Mit großer

Schärfe weist Nelson an der Hand der Schriften verschiedener namhafter Staatsrechtslehrer nach, wie sehr der dem heutigen Völkerrecht zugrunde liegende und durch dessen Auslegung als Staatenrecht noch besonders befestigte Satz von der Souveränität des Staates der Reform des Völkerrechts im Sinne eines *ethischen* oder *richtigen Rechts* im Wege steht. In der englischsprechenden und romanischen Welt ist der Gegensatz zwischen Wort und Sache in diesem Punkt nicht vorhanden. Da hat sich für letztere der Ausdruck *Internationales Recht* – „International Law", „Droit International" – eingebürgert, der den Gegenstand zwar auch nicht völlig genau trifft, aber wenigstens keine falsche Vorstellungen hinsichtlich des derzeitigen Zustandes der Dinge erweckt. Unser deutsches Wort ‚Völkerrecht' klingt ja sehr schön, was man leider von seiner offiziellen Auslegung und der praktischen Anwendung seines Inhalts nicht immer sagen kann, und wir wollen uns hüten, daß es mit dem erstrebten Völkerbund nicht ebenso geht.

Was nun die *praktische Seite der Frage* ‚Völkerbund oder Staatenbund' anbetrifft, so besteht sie zunächst darin, daß bei der Bemessung der Friedensbedingungen es von ausschlaggebender Bedeutung für die *Abschätzung der Erträglichkeit* einzelner Forderungen sein wird, welchen *Charakter* der in Aussicht genommene *Bund* tragen soll. Gebietsfragen z. B. erhalten ein ganz anderes Gesicht, wenn der abzuschließende Friedensvertrag voraussichtlich sich nicht wesentlich von den bisherigen Friedensverträgen der modernen Staaten unterscheiden wird, also höchstens in die Vereinbarung eines umfassenden Staatenbundes ausläuft, oder aber einem wirklichen Völkerbund so nahe kommt, wie dies ohne gleichzeitige Umwandlung aller vertragschließenden Gemeinwesen in sozialistisch-demokratische Republiken überhaupt nur möglich ist. Bleiben die Staaten ihrem Wesen nach, was sie bisher waren, woran dadurch bis auf Weiteres noch wenig geändert wird, daß bestimmte politische Rechte ihrer Angehörigen, wie das Parlamentswahlrecht, erweitert werden, so mag der Friedensvertrag oder Bundesvertrag lauten wie er will, es wird doch keine Gewähr gegeben sein, daß er die Periode der Erholung von den Wunden des Weltkrieges lange Zeit überdauern wird. Und damit wäre dann auch schon angezeigt, daß die Regierungen und die maßgebenden Gesellschaftsklassen fortfahren werden, die Gebietsfragen unter dem Gesichtspunkt der überlieferten und etwa neugeschaffenen *nationalen Rivalitäten* zu betrachten. Bis in welche Kreise hinein die Auffassung von der Natur des Friedensschlusses die Wertung von Gebietsfragen beeinflußt, mag mir erlaubt sein, an einem Vorgang aus der Gegenwart zu veranschaulichen, an dem ich persönlich beteiligt war.

Im September 1915 fand in der damals noch geeinten sozialdemokratischen Reichstagsfraktion eine Diskussion statt über ein Programm der Kriegs- oder vielmehr Friedensziele der Sozialdemokratie. Für die Mehrheit der Fraktion, die sich auf den Burgfrieden festgelegt, die Gegnerschaft gegen den herrschenden Staat ins Unbestimmte vertagt hatte, war als Referent Dr. Eduard David ausersehen, für die Minderheit zu sprechen, die auch im Krieg die grundsätzliche Opposition gegen die herrschende Politik nicht aufgab, wurde vom Fraktionsvorstand mir übertragen. David und ich arbeiteten jeder Leitsätze für ein solches Programm aus. Da heißt es nun in den Leitsätzen Davids, der sich in bezug auf die nationale Frage der bürgerlichen Auffassung sehr angenähert hatte:

„Die Sicherung der politischen Unabhängigkeit und Unversehrtheit des Deutschen Reiches heischt die Abweisung aller gegen seinen territorialen Machtbereich gerichteten Eroberungsziele der Gegner. Das trifft auch zu für die Forderung der Wiederangliederung Elsaß-Lothringen an Frankreich, *einerlei in welcher Form sie erstrebt wird.*"

Mit dem Schlußsatz war, wie sich in der Debatte herausstellte, auch die Forderung französischer Sozialisten, die Elsaß-Lothringer über ihre nationale Zugehörigkeit selbst abstimmen zu lassen, abgewiesen, und an dieser Stellungnahme zum Problem Elsaß-Lothringen haben David und seine politischen Freunde, wie man weiß, bis in die letzte Zeit festgehalten Es hat das zur Folge gehabt, daß eine Verständigung zwischen ihrer Fraktion und den französischen Sozialisten aller Richtungen unmöglich geblieben ist und eine gemeinsame Friedensaktion der Internationale des Proletariats nicht zustande zu bringen war. In meinem Programm findet man die Frage Elsaß-Lothringen nicht ausdrücklich berührt. Sie ist aber im zweiten und dritten meiner Leitsätze, welche die Forderung des nationalen Selbstbestimmungsrechts der Völker behandeln, der Sache nach einschließend behandelt. Dort hieß es im Satz 3:

„Wo Angehörige europäischer Kultur in Betracht kommen, die

bisher unter Fremdherrschaft standen, dürfen Gebietsveränderungen nicht ohne Befragung dieser Bewohner stattfinden. Die Befragung ist unter Mitwirkung von Vertretern neutraler Staaten so anzuordnen und zu überwachen, daß die volle Freiheit der Abstimmung gesichert ist. Stimmberechtigt müssen alle mündigen Einwohner sein, die bei Ausbruch des Krieges mindestens ein Jahr im Gebiet ansässig waren" … „Es liegt im Interesse der Gesundung Europas, daß Völker europäischer Kultur, die zurzeit unter Fremdherrschaft stehen, überall dort staatliche Selbständigkeit erhalten, wo sie ein genügend großes Gebiet bewohnen, um ein eigenes Leben als Glied des internationalen Völkerverbandes entfalten zu können."

„Auf Verlangen einer genügend großen Volkszahl muß Bevölkerungen, die zwangsweise einem Staatswesen angegliedert sind, das Recht zuerkannt werden, in direkter Abstimmung über ihre Staatszugehörigkeit zu entscheiden."

Damit war auch einer solchen Beilegung der Frage Elsaß-Lothringen die Tür geöffnet, welche eine freundschaftliche Verständigung mindestens der demokratischen Volksklassen Frankreichs und Deutschlands miteinander möglich machte.

Davids Leitsatz mit der Forderung der Stabilisierung des *Machtbereichs* des deutschen Reiches, wie immer dieser zustande gekommen war, entspricht der bisherigen Staatsdoktrin. Ob beim Festhalten an ihm ein Staatenbund mit Frankreich und Deutschland als Mitgliedern möglich geworden wäre, will ich dahingestellt sein lassen. Sicher ist, daß nur ein völlig erschöpftes, durchaus widerstandsunfähig gewordenes Frankreich sich in ihn gefügt hätte. Selbst die sehr deutschfreundlichen Führer der dänischen Sozialdemokratie, wie auch P.J. Troelstra und andere, der Mehrheitsfraktion der deutschen Sozialdemokratie nahestehende Führer der holländischen Sozialisten haben sich in dieser Frage gegen ihn erklärt. Ein Völkerbund aber wäre beim Festhalten an ihm jedenfalls unmöglich zu erzielen gewesen.

Eine ähnliche Differenz trat, um ein zweites Beispiel zu nehmen, in unserer Stellung zur belgischen Frage zutage. In Davids sie betreffendem Leitsatz Nr. 4 hieß es zwar:

„Vom Standpunkt des deutschen Interesses nicht minder wie dem der Gerechtigkeit halten wir die Wiederherstellung von Belgien für geboten."

Daran schloß sich jedoch der Zusatz:

„Aber im Interesse seiner eigenen Sicherheit und wirtschaftlichen Bewegungsfreiheit kann Deutschland auch nicht zulassen, daß Belgien ein militärisches Vorwerk und politisches Machtinstrument Englands wird."

Die Fraktion hat diesen Zusatz und ein an ihn sich anschließendes Satzstück farbloser Natur abgelehnt. Sie lehnte aber auch einen Zusatzantrag Karl Liebknechts ab, der forderte, daß jeder Versuch, Belgiens Selbständigkeit zu beeinträchtigen, auf das Entschiedenste zu bekämpfen sei. Fast in wörtlicher Übereinstimmung mit letzterem sagte mein auf Belgien bezüglicher Leitsatz: „jede zwangsmäßige Annexion belgischen Gebiets oder jede Antastung der Selbständigkeit Belgiens durch irgend einen andern Staat sind entschieden zu bekämpfen." Weiterhin erklärte er es für

„Ehrenpflicht Deutschlands, unverzüglich nach Friedensschluß Belgien zu räumen, wie dies der Staatssekretär von Jagow am 4. August 1914 durch den deutschen Botschafter Fürst Lichnowsky dem englischen Staatssekretär Sir Edward Grey feierlich hat erklären lassen, und das belgische Volk für den ihm zugefügten materiellen und moralischen Schaden in vollem Maße zu *entschädigen*."

Es ist nicht meine Absicht, den Parteistreit der deutschen Sozialdemokratie in diesen Vortrag hineinzuziehen. Indes kann die grundsätzliche Meinungsverschiedenheit, die in dem Gegenüber der Leitsätze Davids und meiner Person *sachlichen* Ausdruck fand, deshalb nicht umgangen werden, weil sie für die praktische Seite unserer Frage von Bedeutung ist. Indem David und seine Freunde ihre Stellung zum gegebenen Staat änderten, war es auch nur folgerichtig, daß sie ihre Stellung zu bestimmten Fragen der herrschenden Staatsdoktrin aufgaben. Der von mir beantragte Leitsatz forderte die unbeschränkte Selbständigkeit Belgiens jedem andern Staat, also auch England oder Frankreich gegenüber; Davids Fassung dagegen bedeutete eine einseitige Einschränkung der Selbständigkeit Belgiens. Wenn die Fraktionsmehrheit nun auch diesen zweideutigen Satz ablehnte, so konnte sie sich doch nicht dazu entschließen, die Forderung der Wiederherstellung Belgiens so zu formulieren, daß sie jeden Eingriff in die Selbständigkeit dieses Landes ausschloß. Sie blieb im Halben stecken, was die natürliche Folge ihrer veränderten Haltung zum Staate war, und konnte daher auch in

Bezug auf diese Frage die Sozialisten im gegnerischen Lager nicht befriedigen. Ein anderer Leitsatz Davids lautete:

„Im Interesse der Sicherheit Deutschlands und seiner wirtschaftlichen Betätigungsfreiheit im Südosten weisen wir alle auf Schwächung und Zertrümmerung Österreich-Ungarns und der Türkei gerichteten Kriegsziele des Vierverbandes zurück."

So berechtigt indes der Gedanke ist, jede gewaltsame Einmischung kriegführender Mächte in die innere Entwicklung der von ihnen bekriegten Länder zurückzuweisen, als so zweifelhaft wird man es bezeichnen dürfen, ob eine Partei der Demokratie richtig handelte, ihm eine Form zu geben, die auf eine Sanktionierung der gerade vom demokratischen Standpunkt aus dringend nach Änderung rufenden Zustände in den bezeichneten Ländern hinauslief.

Die Integrität von Staaten ist ja überhaupt nur dann eine demokratische Forderung, wenn diese Staaten zur Selbständigkeit gelangte Völker vertreten. Wo dies nicht der Fall ist, wo ein Staat oder Reich Nationen oder Völker in Hörigkeit hält, hat die Demokratie niemals das Eintreten für die Aufrechterhaltung dieses Verhältnisses als ihre Angelegenheit betrachtet. Dagegen haben gerade die entschiedensten Demokraten unter Umständen Kriege behufs Aufhebung dieser Hörigkeit je nachdem sogar *gefordert.* Es sei nur unter anderem an die von Marx verfaßten Resolutionen internationaler Sozialistenkonferenzen erinnert, welche den Kampf der Westmächte gegen Rußland behufs Befreiung Polens forderten. Die Aufrechterhaltung der territorialen Unversehrtheit der Staaten und Reiche in ihrem gegebenen Umfang *mag als Satzung für einen Staatenbund passen, sie kann aber nicht leitender Grundsatz eines Völkerbundes sein, sofern dieses Wort überhaupt einen Sinn haben soll.*

Der Grundsatz der *Nichteinmischung* kann überhaupt *nicht unbedingte Geltung* beanspruchen. Er steht in Widerspruch mit dem sozialistischen Grundsatz der Verbundenheit (Solidarität) der Völker, der übrigens bis zu einem gewissen Grade auch in der bürgerlichen Welt Anerkennung gefunden hat. Es sei nur an die verschiedenen internationalen Verträge zum Schutz gegen gewisse allgemeine Gefahren erinnert, wie Schutz gegen Seuchen, gegen Ausrottung bestimmter Tiere usw. Hier war die Freiwilligkeit des Beitritts oft nur eine formale, faktisch wurde er durch irgendwelche Druckmittel erzwungen. Ebenso bedeuten eine Reihe von Satzungen des Völker-

rechts, denen sich kein Kulturstaat entziehen kann, Einmischungen
in das Selbstverfügungsrecht der Staaten und Völker, wobei die
Selbstherrlichkeit der Staaten ebenfalls nur der Form nach gewahrt
wurde. Ich habe aber schon erwähnt, daß diese Rücksichtnahme auf
die fast dogmatisch festgelegte Souveränität der Staaten der Weiter-
entwicklung des Völkerrechts Schwierigkeiten aller Art bereitet und
verschiedene Reformen verhindert hat, die von fast allen Sachkun-
digen als notwendig anerkannt sind. Es kann sich also bei einem zu
schaffenden Völkerbund nur darum handeln, bestimmte Regeln zu
vereinbaren, wonach für notwendig erkannte Eingriffe in die Selbstherrlichkeit der Staaten allein anzuordnen und durchzuführen sind,
und festzustellen, daß jede solche Einmischung grundsätzlich für
alle gleichmäßig gelten soll. Von diesen Gedanken geleitet, habe ich
damals in meinen Leitsätzen als obersten Grundsatz der Völkerbeziehungen hingestellt „das nationale Selbstbestimmungsrecht der
Völker im *Rahmen des für alle gleichmäßig geltenden internationalen
Rechts.*"

Dieses *internationale* Recht auszuarbeiten, würde eben die Aufgabe
des Völkerbundes sein, der zu diesem Zweck periodische Delegier-
tentage würde veranstalten müssen und durch sie und die mit der
Überwachung der Durchführung der Beschlüsse notwendig werdende Instanz die Merkmale einer *Völkerrepublik* erhalten würde. Ein
Staatenbund kann als lose Verbindung gedacht werden, ein *Völkerbund* könnte der *festen Organisation* nicht entbehren. Bis zu einem gewissen Grade scheint man das auch zu fühlen. Die von Wilson auf-
gestellten Forderungen, die vielen Entwürfe pazifistischer Schriftsteller und Konferenzen, die sich mit der Frage befaßt haben und
sehr wertvolle Schriften über sie veröffentlicht haben, sie alle enthalten Bestimmungen, die den Völkerbund als eine *Oberinstanz* über
die heutigen Staaten erscheinen lassen. Aber doch scheuen sie fast
sämtlich davor zurück, den Gedanken folgerichtig zu Ende zu führen. Sie schwanken zwischen dem Plan eines Staatenbundes und
dem eines Völkerbundes und wagen es nicht, die Bindekraft der Beschlüsse über solche Bestimmungen hinaus auszusprechen, die sich

nicht mehr oder weniger auf die Verhinderung des Krieges beziehen. Respektvoll machen sie alle vor dem *Staate* Halt. Und doch muß es ausgesprochen werden, daß, solange die Staaten im wesentlichen bleiben werden, was sie heute sind, der Bund der Nationen immer nur eine prekäre Existenz führen wird, von einem *Völkerbund* aber nur erst sehr bedingt wird gesprochen werden können.

Es mag von einem Sozialisten parodox klingen, es entspricht aber einer Überzeugung, die sich mir nicht heute erst aufgedrängt hat und die übrigens sehr bestimmte Sätze und Darlegungen der Begründer des wissenschaftlichen Sozialismus, Karl Marx und Friedrich Engels, für sich hat, daß der Völkerbund nur Wahrheit sein wird und von den Völkern in ihr Denken und Fühlen nur in dem Maße aufgenommen sein wird, als sie aufgehört haben werden, in *Staaten* zu denken, den Staat als etwas Unantastbares zu betrachten. Der weitgehende Glaube an den Staat, der der Sozialdemokratie in ihren Jugendjahren eigen war und der speziell in Deutschland durch einige Aussprüche Ferdinand Lassalles zum Teil erst hervorgerufen worden ist, hatte eine Berechtigung soweit es sich um die Bekämpfung der Idee handelt, die sozialpolitischen Funktionen des Staates auf Sicherheitsdienste zu beschränken. Er wird aber von einem gewissen Zeitpunkt an schädlicher, der Fortentwicklung des Völkerlebens im Wege stehender Aberglaube. Der Staat kann von der Demokratie, wie immer er entstanden ist und sich gestaltet hat, nur insoweit anerkannt werden, als er Organ der Allgemeinheit des Volkes ist, nach ihren Bedürfnissen sich wandelt und seine diesen widersprechenden Funktionen aufgibt. *Wir müssen den mystischen Glauben an den Staat abstreifen um reif für den Völkerbund zu werden.*

Man erinnert sich, mit welchem Geräusch zu Beginn dieses Krieges, als Deutschland die Welt durch seine Kriegsbereitschaft überraschte und auf dem Schlachtfelde Schlag auf Schlag auszuteilen vermochte, diese Erfolge von Gelehrten und Schriftstellern als die Frucht des Umstandes bezeichnet wurden, daß dem deutschen Volk allein „das rechte Verständnis für den *Staat*" innewohne.

Seitdem hat sich aber gezeigt, daß es viel allgemeinere soziale Kräfte materieller und seelischer Natur sind, welche die Leistungsfähigkeit von Völkern im Krieg und für den Krieg bewirken. Der große Vorsprung, den Deutschland in der ersten Kriegszeit auf dem Festland erzielte, beruhte den Westmächten gegenüber darauf, daß seine Regierenden früher als die Regierungen jener zum Krieg entschlossen waren und den Krieg mit der Überflutung des neutralen Belgien begannen, während man drüben bis zuletzt gehofft zu haben scheint, daß Deutschland von der Hineinziehung Belgiens Abstand nehmen werde. Es ist Tatsache, daß Frankreich für einen Angriff von der belgischen Seite her durchaus ungenügend vorbereitet war. Der Nordflügel der deutschen Armee reichte beim Eisenbahnaufmarsch bis Aachen, also noch über den Breitengrad von Lüttich hinaus; der Nordflügel des französischen Feldheeres stand bei Longwy, 140 Kilometer weiter südlich als Aachen. Von dem Augenblicke an, wo der zeitliche Vorsprung ausgeglichen ist, hört die Überlegenheit Deutschlands dem Westen gegenüber auf, es erringt größere militärische Erfolge nur noch im Osten, wo ein politisch unterwühlter Halbdespotismus an der Unfähigkeit zugrunde geht, sein Regierungssystem aus eigener Kraft zu regenerieren. Dem zarischen Rußland hat es an einer Staatsidee gewiß nicht gefehlt, es hatte davon zuviel und nicht zuwenig. Woran es ihm aber fehlte, das war diejenige *soziale* Fundierung seiner Staatsidee und das aus ihr sich ergebende Verbundenheitsbewußtsein seiner Volksteile, die nötig sind, eine Nation zur höchsten Entfaltung und Zusammenfassung ihrer materiellen und moralischen Kräfte zu befähigen.

Auf dies *Verbundenheitsbewußtsein* seiner Angehörigen kommt es bei allen großen Kraftproben des Staates an. Man gibt sich jedoch einem großen und verhängnisvollen Irrtum hin, wenn man meint, daß das Vorhandensein eines solchen Bewußtseins unbedingt an die Existenz des Staates geknüpft sei. Es war in kleinerem Maßstab vor dem Staate da – im Geschlechtsverband, in der feudalen Gebietseinheit und ähnlichen Bildungen – und es liegen Anzeichen genug vor, die erkennen lassen, daß es ihn überdauern wird. Der Staat ist geschichtlich ein Mittel gewesen, es zu erweitern, bezw. auf eine höhere Stufe zu heben, und diese geschichtliche Mission ist es, die Lasalle und andere Sozialisten im Auge haben, wenn sie den Staat als Kulturträger feiern. Aber auf der einen Seite *territorial* begrenzt, auf der andern der Schauplatz von in seinem Innern spielenden Klassenkämpfen, ist der Staat stets der Gefahr ausgesetzt, des für seine Sicherung gegen alle Schicksalsschläge nötigen Verbundenheitsbewußtseins seiner Angehörigen verlustig zu gehen.

Wie leicht man sich über die sittliche Kraft dieses staatlichen

Bewußtseins täuscht, haben wir in unseren Tagen zur Genüge gesehen. Ich will die Opfer, die in diesem Kriege auf allen Seiten an Gut und Blut willig dargebracht worden sind, nicht gering einschätzen. Aber wenn wir den Beweggründen und Voraussetzungen näher nachforschen, die für diese Willigkeit maßgebend waren, dann werden wir finden, daß gedankenlose Hinnahme von Schlagworten nebst Überlieferungen, deren Voraussetzungen nicht oder nicht mehr vorhanden sind, wirkliche oder vermeintliche materielle Interessen gewöhnlicher Natur in unendlich vielen Fällen die Triebkraft geliefert haben, daß dagegen ein durch gewissenhafte Prüfung der Tatsachen gewonnenes Urteil über die Fragen, die in diesem Kampf für die Völker wirklich zur Entscheidung standen, nur verhältnismäßig sehr selten das Verhalten bestimmte. Der Krieg hat zu allen Zeiten edlere und niedere Eigenschaften geweckt, wir können aber, wenn wir ehrlich gegen uns selbst sein wollen, nicht sagen, daß heute das Verhältnis der ersteren zu den letzteren sich günstiger gestellt hat, als in früheren Jahrzehnten. Man muß im Gegenteil recht weit zurückgehen in der Geschichte, um Beispiele für das zu finden, was in diesem Kriege an Zerstörung und Ausraubung geleistet worden ist. Das Verbundenheitsgefühl, wie es der heutige Staat gezeitigt hat, hat bei uns nicht verhindert, daß eine gegenseitige Auswucherung Platz gegriffen hat, wie sie kaum in einem zweiten Lande allgemeiner und bösartiger aufgetreten ist. Der staatliche Zusammenhalt ist auch bei uns nach außen hin vernehmlich auf den Gegensatz gegründet – heute sogar, Dank der imperialistischen Erziehung der neueren Generation, in höherem Grade als in den Tagen früherer Generationen. Er ist damit mehr negative als positive Tugend.

Kann man daher, solange der Staat auf kapitalistischer Wirtschaft gegründet ist und imperialistische Tendenzen verfolgt, vom Staatenbund erwarten, daß er den dauernden Frieden bringt? Es ist das durchaus nicht sicher. Die von Wilson und anderen bürgerlichen Pazifisten propagierten Sicherungsvorschläge: Freiheit der Meere, Gleichheit der Handelsbeziehungen, Offene Tür usw. reichen nicht aus, die imperialistischen Rivalitäten für die Dauer aus der Welt zu schaffen.

Die Freiheit der Meere ist eine gute Sache. Aber im Frieden war sie seit der Unterdrückung der Seeräuberei nie in Frage gestellt, und sie für den Krieg verkünden, ohne zugleich die Bestimmungen über den Landkrieg nach verschiedenen Richtungen hin zu verschärfen, würde unter bestimmten Umständen für eine Landmacht eine Ermunterung sein, auf einen Krieg hinzuarbeiten. Nun soll freilich die Verpflichtung zum vorherigen Gang an das Internationale Schiedsgericht und zur Beobachtung von dessen Entscheidungen den Krieg überhaupt ausschalten. So wenig indes auf wirtschaftlichem Gebiet die gewerblichen Einigungsämter die Streiks aus der Welt schaffen konnten, so wenig wird das Internationale Schiedsgericht den Krieg aus der Welt schaffen, solange der Staatenbund ihn überhaupt noch zuläßt und die *Beweggründe* zum Krieg nicht aus der Welt geschafft werden.

Die Forderung der *Gleichheit der Handelsbeziehungen* ist prinzipiell ebenfalls etwas Gutes. Aber was bedeutet sie in der Praxis? Sie ist nur eine andere Formulierung der Vorschrift, allen Staaten bezw. ihren Bürgern die Rechte zuzuerkennen, welche ihnen die Klausel der *Meistbegünstigung* in den Handelsverträgen zusichert. Aber diese Verallgemeinerung der Meistbegünstigung hat in der Zeit vor dem Kriege in weitem Umfange bestanden, während gleichzeitig die meisten Großstaaten ihre *Schutzzollmauern* befestigten und erhöhten. *Die Schutzzöllnerei* ist jedoch in den Staaten entwickelter kapitalistischer Produktion die *Todfeindin jeder wahren Verbindung der Völker.* Aus ihr zieht der moderne, wirtschaftspolitische Imperialismus einen großen Teil seiner zu Kriegen treibenden Tendenzen. Die schutzzöllnerische Reaktion, die zu Beginn des letzten Viertels des 19. Jahrhunderts einsetzte, hat das Signal gegeben zur erneuten Wettjagd der kapitalistischen Staaten auf Kolonien, und in wie hohem Grade die kolonialpolitischen Rivalitäten dem gegenwärtigen Kriege vorgearbeitet haben, ist zu allgemein bekannt, daß es hier noch besonders nachgewiesen zu werden brauchte. Bemerken will ich nur Eines. Tatsachen liegen vor, die darauf hindeuten, daß an diesem Krieg auch die *Marokkofrage* nicht unschuldig ist, die schon zweimal vorher in diesem Jahrhundert Europa an den Rand des Krieges gebracht hatte.

In der Kolonialfrage muß, wie dies die fabianischen und andere Sozialisten Englands fordern, der Grundsatz der offenen Tür *ergänzt werden durch die Internationalisierung derjenigen Kolonien,* deren einheimische Bevölkerung, wenn man sie sich selbst überließe, über kurz oder lang irgendwelchen raublustigen Eroberern zum Opfer fallen würde. Eine *internationale Verwaltung und Kontrolle* böte die beste Möglichkeit, die Eingeborenen gegen Ausraubung und Auspressung zu schützen, sie zur Selbstregierung zu erziehen, und zugleich der Monopolisierung der Schätze der Kolonie durch Kapitalistengruppen bestimmter Staaten vorzubeugen.

Die imperialistischen Tendenzen werden freilich damit allein auch noch nicht zur Ungefährlichkeit gebracht. Im Wesen des Kapitals liegt der Drang zur *Expansion* und der Drang zu erhöhter wirtschaftlicher Expansion zieht den Drang zur territorialen Expansion immer wieder nach sich. Endgültig wird hier nur *das Radikalmittel der Sozialisierung des Kapitals* bei gleichzeitiger *Internationalisierung der großen Handels- und Verkehrswege* Sicherung schaffen. Und wenn dieses Mittel nicht überall sofort ergriffen wird, so spricht doch vieles dafür, daß die Wirtschafts- und Finanzlage, die der Krieg in den meisten Großstaaten im Gefolge gehabt hat, den Völkern eine sehr beschleunigte Entwicklung in dieser Richtung zum Gebot der sozialen Selbsterhaltung machen wird. Auf die zwingende Sprache der sozialen Notwendigkeiten und die Aktion der arbeitenden Volksklassen, die den Druck am meisten empfinden werden, wird man stärkere Hoffnung setzen dürfen für die Verwirklichung des Völkerbundes als auf irgendwelche Abmachungen der jetzigen Regierungen. Das soll nicht sagen, daß ich die Forderung der sofortigen Inangriffnahme eines Bundes der Nationen verwerfe oder von ihm befürchte, daß er, immerhin das Gute, sich als der Feind des Besseren herausstellen könne. Nein, es liegt kein Grund vor, dem Kampf für die Verwirklichung des Bundes sich ablehnend gegenüberzustellen. Ein Bund der Nationen nach dem Programm Wilsons z. B. würde sicherlich ein Schritt vorwärts auf dem rechten Wege sein. Aber weil er ein Bund der *Staaten* sein würde und diese Staaten allesamt kapitalistisch sind, kann er *noch nicht der Bund der Völker sein,* den wir erstreben müssen, wenn wir der Kriege und der Kriegsgefahr für immer ledig sein wollen. Ein Bund der Völker kann nur ein Bund freier Republiken der Völker sein, gegründet auf das gleiche demokratische Recht aller, auf volle nationale Selbstbestimmung der Völker und auf jene Herrschaft der Menschheit über ihr soziales Geschick, die nur zur vollen Verwirklichung gebracht werden kann durch den *Sozialismus.*

Genug der Beispiele. Ich könnte ihre Zahl sehr vermehren. Namentlich wird die Prüfung der politischen Vorschläge, wie Beschränkung der Rüstungen, parlamentarische Regierung usw. uns ein ähnliches Bild liefern. An den vorgeführten paar Beispielen sehen wir, hoffe ich, mit hinlänglicher Deutlichkeit, warum der *Staatenbund*, in dessen Wesen er liegt, bei allen internationalen Fragen der Sonderhoheit der Staaten *möglichst wenig* zu nahe zu treten, *den Völkerbund noch nicht verwirklicht* und den Krieg *noch nicht auf den Aussterbeetat* setzt. An ihrer Hand können wir aber auch sehen, nach welchen Grundsätzen diejenigen die in Betracht kommenden Fragen anfassen müssen, die den wirklichen Völkerbund wollen.

Nicht die bloße Gleichheit der Handelsbeziehungen, sondern die *Niederlegung der Zollmauern* ist in der Handelspolitik eine der ersten Vorbedingungen der Verwirklichung dieses Zieles. Der Freihandel ist kein Arkanum, das alle Streithändel der Staaten und Völker aus der Welt schafft. Aber er ist ein wirksames Mittel, diese Händel zu vermindern und ihnen ihre Schärfe zu nehmen. In die *Gebietsfragen* z. B. mischt sich heute stärker als zu irgend einer früheren Zeit die Frage der Sicherheit des *Bezugs wichtiger Bodenschätze*. Bei der Fortdauer der Schutzzöllnerei kann sie daher Völkern den Streit um Gebiete als eine Lebensfrage ihrer Volkswirtschaft erscheinen lassen. Dies wird aber viel weniger eintreten, wenn der Freihandel den unverzollten Bezug jener Schätze sicherstellt. Der internationale zollfreie Güteraustausch wäre ferner ein Mittel, die *geographische Arbeitsteilung* zur höchsten Vollkommenheit zu entwickeln und dadurch die *Intimität* der Völkerbeziehungen, die *gegenseitige wirtschaftliche Verbundenheit* der Völker auf die höchste Stufe zu bringen.

Das war ja auch der leitende Gedanke der großen Propagandisten des Freihandels. Sie waren alle *zugleich Friedenspolitiker*. Kein Ausspruch Richard Cobdens, des großen Freihandelsagitators, ist bedeutsamer als die Antwort, die er in einer Versammlung auf den Einwand gab, die Verwirklichung seiner Politik werde England vom Ausland abhängig machen. Sie lautet: *„Aber lieber Herr, das ist ja grade das Gute".* Für den Völkerbund ist die *Tatsache der gegenseitigen Abhängigkeit* und das Eindringen dieser Tatsache in das Bewußtsein der Völker in der Tat das Gute. Keine schlimmere Reaktionserscheinung in diesem Kriege, als die in allen Großstaaten entfaltete Agitation, um jeden Preis die heimische Produktion selbst oder diese im Bund mit der von ein paar anderen Staaten wieder auf den Stand der *Selbstversorgung* zu bringen, die sogenannte *wirtschaftliche Autarkie* zu verwirklichen. Die neueste Gestaltung der Kriegslage hat durch verschiedene dieser Pläne einen dicken Strich gemacht, und wer den Völkerbund erstrebt, kann wenigstens diese Wirkung nur begrüßen. Nicht die Rückkehr zur Selbstversorgung, sondern der möglichst innige *Wirtschaftsverkehr* der Völker wird ihn bringen. Die Niederreißung der Zollmauern bedeutet das Sprengen eines der Reifen, welche die Völker in den Bann des *Macht- und Gewaltstaates* spannen. Der vollständige Bruch dieses Bannes wird den Völkerbund erst zur Wahrheit machen, nur als *Weltrepublik solidarisch verbundener freier Völker* wird er seine große Mission erfüllen.

———

ZUSATZ

Seitdem das Vorstehende gesagt und geschrieben wurde, hat die große politische Revolution stattgefunden, die Deutschland in eine demokratische Republik umgewandelt hat. Damit ist ein gewaltiger Schritt vorwärts zur Verwirklichung des Bundes geschehen, von dem ich hier nachgewiesen zu haben glaube, daß er allein das Recht haben wird, den Namen Völkerbund zu führen. Die Republik Deutschland befestigen und ausbauen zu helfen, muß jeder sich angelegen sein lassen, der den Völkerbund verwirklicht sehen will.

Das Kaiserreich war der Krieg, die Republik wird der Friede sein.

Eduard Bernstein, Aufnahme 1895
(https://commons.wikimedia.org | Bearbeitung: Anne Boskamp)

Weimarer Referat über Auswärtige Politik
auf dem Parteitag der Sozialdemokratie | MSPD
(Juni 1919)[2]

Eduard Bernstein

Wenn es sich nur darum handelte, die allgemeine Grundlage für eine sozialistische auswärtige Politik festzustellen, dann könnte ich nach Scheidemanns Ausführungen auf mein Referat verzichten. Was er zuletzt gesagt hat, unterschreibt wohl jeder Parteigenosse (Beifall.) Aber die Welt ist kompliziert, und die Fragen, die zur Entscheidung stehen, sind sehr verschiedenartig. So leicht wird es uns nicht gemacht, daß wir uns mit allgemein gehaltenen grundsätzlichen Erklärungen weiterhelfen könnten. Zwei Fragen haben wir uns vorzulegen, wenn wir die auswärtige Politik der deutschen Republik in ihrem großen Zusammenhange betrachten. Wir haben eine Untersuchung anzustellen über die Einwirkung der Partei auf die Politik der deutschen Republik und über die Stellung der deutschen Sozialdemokratie – worauf auch Scheidemann hingewiesen hat – innerhalb der sozialistischen Internationale. Die Partei wird in erster Hinsicht für die Politik der Republik verantwortlich gemacht. Da entsteht die Frage, wie weit ist das tatsächlich der Fall? Die deutsche Regierung, in der unsere Genossen sitzen, ist eine Koalitionsregierung, und die Entscheidungen, die in ihr getroffen werden, sind Kompromisse. Auch darauf hat Scheidemann bereits hingewiesen. Er sagte, wenn auch in einem anderen Zusammenhange, wir sind zuweilen genötigt, Wasser in den Wein zu gießen. Ja, in der auswärtigen Politik steht es sogar so, daß der Minister, der Staatssekretär,

---

2 Textquelle | Eduard BERNSTEIN: Referat auf dem Weimarer MSPD-Parteitag im Juni 1919, o. T. (Dritter Verhandlungstag – Vormittagssitzung: Auswärtige Politik). In: Protokoll über die Verhandlungen des Parteitages der Sozialdemokratischen Partei Deutschlands, abgehalten in Weimar vom 10. bis 15. Juni 1919. | Bericht über die 7. Frauenkonferenz, abgehalten in Weimar am 15. Und 16. Juni 1919. Berlin: Buchhandlung Vorwärts Paul Singer G.m.b.H. 1919, S. 240-249 (Referat) und S. 277-281 (Bernsteins Schlusswort nach der Debatte zum Referat).

der speziell sie zu führen hat, kein Mitglied der Sozialdemokratie,
kein Sozialdemokrat ist. Ich bin nicht blind gegen die Vorzüge des
Grafen von Brockdorff-Rantzau. Ich erkenne gern an, daß er in verschiedenen Punkten sich wohltätig unterscheidet von anderen
nichtsozialdemokratischen Staatsmännern. Aber ich tue ihm kein
Unrecht, wenn ich sage: internationaler Sozialist ist er nicht. (Große
Heiterkeit.) Ich will gar nicht von anderen Persönlichkeiten sprechen, die in die auswärtige Politik der Deutschen Republik zurzeit
hineinpfuschen. Ich will nicht auf die Persönlichkeit des sehr be-
triebsamen und wandlungsfähigen Matthias Erzberger hinweisen.
Aber aus ganz anderen Gründen allerdings, als ein Teil seiner bürgerlichen Kritiker will ich sagen, daß ich seinen Einfluß, seine Rolle
in der deutschen Auslandspolitik schon verschiedentlich zu bedau-
ern Anlaß hatte. Indes die Dinge liegen nun einmal so. Nicht in jedem Augenblick kann die Republik ihr Personal wechseln. Ich erkenne das an. Aber weil dem so ist, kann die Sozialdemokratische
Partei umso weniger auf das Recht der Kritik der auswärtigen Politik gegenüber verzichten.

Es handelt sich in Deutschland um die Aufklärung unseres Volkes und draußen eben um die Stellung unserer Partei in der sozialistischen Internationale, um die Frage des Vertrauens dieser in unsere Partei, welches ja, darüber können wir uns gar nicht täuschen,
in weiten Kreisen der sozialistischen Welt schwer erschüttert und
noch nicht wiederhergestellt ist. Das ist nun eine wichtigere Frage
als die meisten von ihnen es sich vorstellen. Kurt Eisner sprach auf
der Internationalen sozialistischen Konferenz, die im Frühjahr dieses Jahres getagt hat, ein sehr wahres Wort, als er sagte: die Internationale ist ein wesenloses Werkzeug, wenn sie nicht auf sicherem
gegenseitigen Vertrauen beruht. Und von welcher Bedeutung die
Internationale für die praktische Politik ist, das erleben wir gerade
im gegenwärtigen Augenblick. Genossen, weshalb die Sozialdemokratische Partei Deutschlands das früher getroffene große Vertrau-
en, ich kann weiter gehen und sagen: die große Liebe eingebüßt hat,
das ist ja allgemein bekannt. Ich würde daher nicht heute darauf zurückkommen, wenn nicht der Genosse Wels vorgestern in seinen
Ausführungen verschiedene Bemerkungen gemacht hätte, die mir
der Antwort nicht nur wert, sondern auch bedürftig erscheinen. Ich
will es so kurz, wie nur möglich, tun. Wir wollen alle vorwärts und

nach Möglichkeit das Rückblicken vermeiden. Ganz zu umgehen ist es freilich nicht.

Wels meinte, was man jetzt sähe, das heißt die Friedensforderungen, die von den Gegenmächten an Deutschland gestellt werden, die bewiesen die Richtigkeit der Politik des 4. August. Nein, werte Genossen, wenn für diese Politik keine besseren Argumente geltend gemacht werden können, dann steht es recht schlimm um sie. Was wir jetzt vor uns sehen, das ist das Ergebnis von 4 ½ Jahren Krieg, der geführt wurde mit Mitteln, welche die Partei zum Teil selbst verdammt hat, und von dem [sic] die Partei selbst zugibt, daß die deutschen Regierer im Jahre 1914 zum mindesten im hohen Grade für sie verantwortlich sind. Was wir heute vor uns sehen, das konnte niemand am 4. August 1914 voraussehen, und wenn er den berühmten Fernblick des Wunderrabbi von Minsk besessen hätte. Und wenn man es vorausgesehen hätte, wäre es erst recht ein Grund gewesen, damals nein zu sagen. Ich will niemand zu nahe treten. Ich will vor allen Dingen, und habe es niemals getan, niemandem, der anders darüber denkt als ich, den guten Glauben bestreiten. Aber für meine Person kann ich heute nur wiederholen, was ich schon im Herbst 1914 in einer Vertrauensmännerversammlung in Berlin erklärt habe: für mich ist der 3. und 4. August 1914 der schwärzeste Tag meines ganzen politischen Lebens. (Vereinzeltes Bravo!) Nach meiner Auffassung war unsere Abstimmung damals ein Unheil, ein Unheil für unser Volk, ein Unheil für die Kulturwelt. Hätten wir nein gesagt, wozu wir das gute Recht gehabt hätten nach allem, was wir sahen, oder hätten wir uns, worauf die damalige Regierung vorbereitet war, der Stimme enthalten, wäre es dem deutschen Volke wahrhaftig nicht schlechter gegangen, als es ihm heute geht. Nur wären Millionen Menschen weniger gefallen und Millionen weniger verkrüppelt worden. (Große Unruhe und Beifall.)

Werte Genossen! Es ist mir seinerzeit gesagt worden, daß, als Sir Edward Grey die deutsche Regierung durch den englischen Botschafter Edward Goschen und den deutschen Botschafter Lischnowsky wissen ließ, daß England nicht fernbleiben könne, wenn Frankreich angegriffen werde – daß damals Herr von Bethmann Hollweg an dem verhängnisvollen 31. Juli den Kaiser kniefällig gebeten habe, den Krieg nicht zu erklären. Das macht vielleicht dem guten Herzen des Herrn von Bethmann Hollweg alle Ehre, aber

wenn er ein Mann von Festigkeit und Charakter gewesen wäre,
dann hätte er sagen müssen: Dann gehe ich, wenn dieser Krieg gemacht wird.

Wie sah es aber 1914 aus? In Frankreich war eine Friedensregie-
rung am Ruder. Im Juni 1914 hatten die Wahlen eine Niederlage der
Kriegspartei ergeben. An der Spitze der französischen Republik als
Ministerpräsident und Minister des Auswärtigen stand Viviani, der
Freund von Jaurès, der·Mann, der trotz des Konflikts mit der Partei
… (Rufe: Poincaré!) – – Genossen! Was Poincaré betrifft, so lest seinen Brief, den er am 31. Juli an den König von England geschrieben
hat, wo er ihn beschworen hat, im Interesse des Friedens einzutreten. Aber die Viviani, die Abel, Ferry und Malvy, die wollten den
Krieg nicht. Und wer stand in England an der Spitze der Regierung?
Asquith, Grey, Haldane, die Leute, die heute für das deutsche Recht
noch eintreten gegen die Friedensbedingungen, die Leute von denen selbst Jagow zugibt, daß sie den Krieg nicht wollten. Der Friede
war zu erhalten. Es waren ganz andere Elemente, die auf den Krieg
hindrängten, die die Macht in die Hand bekamen. Jagow hat es Goschen gesagt: Die Generäle haben die Sache in der Hand, und wir
sind jetzt ohnmächtig. Das haben wir am 4. August allerdings nicht
gewußt. Aber die Frage ist, warum man, als man etwas näher informiert war, an dieser Politik festgehalten hat. Wer ist heute in Frankreich am Ruder? Clemenceau und die Nationalisten! Wer ist heute
in England am Ruder? Lloyd George, Bonar Law, die Unionisten,
die Tories. Und durch den Krieg, nicht vorher!

Genossen, die Friedensbedingungen, die uns von den Alliierten
auferlegt werden, sind hart, sehr hart und zum Teil – das sage ich
offen und habe [es] in englischen Blättern, in dem „Daily Herald"
gesagt – – *einfach unmöglich.* Aber auch Scheidemann hat das anerkannt: die Notwendigkeit eines großen Teils davon, der auch sehr
schwer ist, erkennen wir an. Neun Zehntel davon sind Notwendigkeiten. (Lebhafter Widerspruch.) Neun Zehntel davon sind unabweisbare Notwendigkeiten. (Stürmischer anhaltender Widerspruch
und große Unruhe: Skandal!) Werte Genossen! Dann desavouieren
Sie ja das Anerbieten der deutschen Regierung selbst, das neun
Zehntel davon zugibt (erneuter lebhafter Widerspruch); das Anerbieten der deutschen Regierung selbst empfahl einen großen Teil
der Bedingungen, sagen wir acht Zehntel, aber es ist ein großer Teil.

Vergessen Sie eins nicht: Frankreich ist unter den Bedingungen dieses Krieges schwerer getroffen worden als Deutschland. Das wird Euch jeder Fachmann sagen. (Fortgesetzte Unruhe.) Denkt daran, was in Belgien geschehen ist. (Rufe: Denken Sie an Ostpreußen!) Das muß ich zurückweisen. Als die Russen in Ostpreußen eindrangen, gab es noch keine unabhängige Sozialdemokratie, da waren wir gegen den Krieg, aber nicht gegen die Bewilligung, gegen die Mitverantwortung. Und wer hat Ostpreußen preisgegeben? Uns hat man gesagt: der Krieg geht gegen Rußland. Und wo war die größte Kraft Deutschlands? Die größte Kraft Deutschlands wurde gegen Westen, gegen Belgien und Frankreich geworfen.

Werte Genossen, hört doch ruhig zu; ich spreche nicht zu dem Zweck, die Uneinigkeit in unsere Kreise zu tragen. (Zuruf: Damit doch!) Ja, Meinungsverschiedenheiten werden sein (Sehr richtig!), sie können wir nicht aus der Welt schaffen und es ist gut, daß sie da sind (Sehr richtig!), daß nicht alle sich der Parole fügen. Ihr zwingt mich nun durch Eure Unterbrechungen, noch einen Punkt zu erörtern, auf den ich nicht eingehen wollte. Was mich einigermaßen entschuldigen könnte, das war, daß ich am 3. und 4. August der Meinung war, Deutschland würde sich nach Westen hin auf seine starke Defensivstellung stützen und seine ganze Kraft nach Osten wenden. Als ich etwas später das schrieb, bin ich von einem, der für Hindenburg schwärmt, verhöhnt worden. Ich habe aber nachträglich erfahren, und das ist auch in die Öffentlichkeit gekommen, daß sehr einflußreiche, sehr kenntnisreiche Leute im Generalstab derselben Meinung waren. (Hört, hört!) Ich bin kein Militär, aber ich glaube etwas von Politik zu verstehen, und die Tatsachen, die uns seitdem bekannt geworden sind, haben das bekräftigt: Es wäre für Frankreich beinahe unmöglich gewesen, bei der Haltung der Sozialisten, den Krieg zu machen, wenn Deutschland nicht den Krieg erklärt hätte und ins Land eingedrungen wäre. Jedenfalls wäre die Stimmung eine andere gewesen. Wels spricht so, als ob es drüben nur Imperialisten gäbe. Ich möchte davor warnen, mit dem Wort Imperialismus in einer Weise herumzuspringen, daß es jede Bedeutung verliert. Imperialisten gibt es drüben sicher, einflußreiche Imperialisten gibt es in allen Ländern, aber wenn wir die Situation richtig erfassen wollen, dann müssen wir auch wissen und berücksichtigen, daß es drüben noch andere Parteien, daß es große Klassen gibt, die nicht von dem Gift angesteckt sind. Diese Worte werden heute teilweise in einer Weise gebraucht, daß sie nichts mehr erklären, daß sie anfangen zu verdummen. Man glaubt, wenn man auf etwas ein marxistisches Wort aufklebt, man habe dann die Wahrheit. Die Bolschewisten nennen jeden Imperialist, der für nationale Zusammenfassung eintritt. Sie nennen auch Scheidemann, auch die heutige Regierung Imperialisten, und Radek hat noch ein schöneres Wort geprägt (Zuruf: Der ist überhaupt der schönste! – Heiterkeit), das Wort „Sozialpatrioten" – ein sinnloses Wort, das gar nichts sagt und das jedem nach Belieben angehängt wird. (Sehr wahr!) Patriotismus ist an sich nichts Verwerfliches, es kann auch etwas sehr Anerkennenswertes sein, und unsere Haltung, auch die meine ist wahrhaftig nicht diktiert durch Mangel an patriotischem Empfinden. (Bravo.) Die Forderungen, die an Deutschland gestellt werden, und die zum Teil sehr harter Natur sind, haben zu einem großen Teil mit Imperialismus wenig zu tun.

Genossen, nehmt eine praktische Frage heraus, die Frage der Bestimmung der deutschen Grenzen. Was fordert das Friedensprogramm der Alliierten? Die Wiederherstellung Polens in den Grenzen von 1772 vor der ersten polnischen Teilung. Parteigenossen, diese Forderung haben Karl Marx und Friedrich Engels noch in den 70er Jahren des vorigen Jahrhunderts gestellt (Otto Braun: In dem Umfange nicht!) In dem Umfange vor 1772, das kann ich Ihnen beweisen. Lesen Sie nach in den Aufsätzen von Rjasanoff im Archiv des Sozialismus von Grünberg über Marx und Engels zur polnischen Frage. (Braun: Masuren hat in der Zeit nie zu Polen gehört.) Auch Lassalle selbst hat 1863 dieselbe Forderung gestellt, nur mit einer Ausnahme. Er erklärte: Die Gebiete, die germanisiert sind, sollen deutsch bleiben. (Zuruf: Na also!) Wir wollen ruhig darüber sprechen, hören Sie nur zu. (Zuruf: Oberschlesien!) Wir kommen auch darauf. Was Lassalle damals sagte, halte ich für grundsätzlich richtig. Unser Prinzip kann nicht sein, das alte historische Recht, das Jahrhunderte alt ist, nun neu zu beleben, wenn es mit dem Recht der Lebenden nicht übereinstimmt. Das Recht der lebenden Generation ist für uns Sozialdemokraten entscheidend, muß entscheidend sein, bei unserer Stellung zur auswärtigen Politik. (Sehr richtig!) Wie steht es aber mit der Frage der Germanisierung? Nehmen Sie Sprachenkarten zur Hand, André oder Kiepert, dann werden Sie finden, daß diese Karten mit wenigen Unterschieden dieselben Linien geben, wie die Demarkationslinie der Entente. (Widerspruch.) Ich habe sie doch auch, ich kenne sie, wir wollen nur darüber sprechen, hört nur weiter. Ihr werdet schon hören, auch was Ihr gern wollt. Ähnlich liegt es mit Oberschlesien. Ich habe die Karte nicht mitgebracht, die der nationalliberale Geheimrat Sering jetzt für die Friedensbedingungen herausgegeben bat. Seht sie Euch an, dann werdet Ihr dasselbe finden. Oberschlesien ist 80 Jahre früher zu Preußen gekommen. Aber Genossen, auch die Sprache entscheidet nicht allein, ist nicht maßgebend für die nationale Zusammengehörigkeit. Wichtiger ist der *politische Wille, die politische Gesinnung.* Sehr wahr! Nun zeigt zwar auch die Karte der Reichstagswahlen, daß fast durchgängig dieselben Gebiete auch in Oberschlesien polnisch gewählt haben, die durch die Sprachenkarte als polnisch gekennzeichnet werden. Dabei ist es jedoch sehr fraglich, ob alle diejenigen, die bei den Reichstagswahlen polnisch gewählt haben, damit einverstanden sein würden, *zu Polen zu gehören.* (Rufe: Aha! Niemals!) Darüber wollen wir nicht streiten, das kann sein, ein Teil wird so denken, ein anderer Teil wird anders denken. Ich betone ja: wobei es sehr fraglich ist. (Zuruf: Der Retter Oberschlesiens!) Genossen, hört mich doch ruhig an. Ist Eure Sache so schwach, daß Ihr bei jeder Gelegenheit dazwischenrufen müßt, ohne anzuhören, worauf ich hinaus will?! Eins kann ich Euch sagen: zu einem Verständnis auch über diese Fragen werden wir nur kommen, wenn wir den Dingen objektiv ins Gesicht sehen und auch das betonen und uns klar machen, was die anderen für ihre Forderungen geltend machen können. (Sehr richtig!) Es gibt sehr viele Leute in Deutschland, die die Dinge sehr genau kennen. Ich habe ja Gelegenheit, mit solchen Leuten zusammenzukommen, die sogar eine recht verantwortliche Stellung im Augenblick einnehmen für die Friedensfrage, die da sagen: nur keine Volksabstimmung, sie könnte sehr schief ausgehen! (Unruhe, Zuruf: Weißbrötchen-Abstimmung!) Aber es sind bei dieser wichtigen Frage noch andere Momente zu berücksichtigen. Da ist die Frage der *Kultur,* die Frage der *wirtschaftlichen Zusammenhänge,* da ist die Frage – Genosse Braun, jetzt kommen Sie zu Ihrem Recht – der *örtlichen Gliederung der Bevölkerung.* Es gibt Gebiete, die anscheinend der Sprache nach polnisch sind, wo in der Tat die Mehrheit polnisch spricht, in denen aber Städte ganzer Enklaven von

Nichtpolen sind. All diese Tatsachen und Gesichtspunkte verlangen Berücksichtigung und beweisen, daß die Frage nicht auf eine Formel hin entschieden werden kann. Sie kann nicht formalistisch weder nach der einen noch nach der anderen Seite hin, sie kann nur gelöst werden auf Grund einer vernünftigen Auseinandersetzung, um erträgliche Zustände an der deutschen Ostgrenze zu schaffen. Das Interesse der Deutschen Republik ist, in ein gutes Verhältnis mit dem werdenden polnischen Staat zu kommen, nicht nur aus Friedensgründen, sondern auch aus einer ganzen Reihe wirtschaftlicher Gründe. Wir wollen keine polnische, wir wollen keine deutsche Irredenta an unserer Ostgrenze haben, und darum fordern wir eine schiedliche Lösung dieser Frage auf der Grundlage einer Verständigung unter Berücksichtigung der Umstände, die ich hier entwickelt habe. Das ist die Auslandspolitik, welche in dieser Frage die Sozialdemokratie sich zur Aufgabe machen muß. Das zeigt aber auch, wie notwendig es ist, daß unsere Partei sich freihält von der Phraseologie und der Kampfesweise, der wir in der bürgerlichen Presse und von bürgerlicher Seite begegnen. Scheidemann, und ich glaube, auch Wels sagten: Was die da drüben wollen, das richtet sich gegen den Sozialismus, das frißt Deutschland, weil es sozialistisch ist. Täuscht Euch darüber nicht. Wir haben nicht nur noch Kapitalisten und werden sie noch eine Weile haben, wir haben auch Nationalisten, wir haben noch große Parteien, die heute den Mund wieder sehr voll nehmen und von denen man drüben noch nicht sicher weiß, ob sie so ohnmächtig in der deutschen Politik sind, wie wir alle wünschen, daß sie es sein müßten. Die Politik der Sozialdemokratie ist nicht gleichgültig gegen nationale Interessen des deutschen Volkes, darf es nicht sein, und kein vernünftiger Mensch drüben verlangt es von uns. Deswegen ist unsere Politik aber noch lange nicht nationalistisch, und noch viel weniger Imperialismus. Unsere Auslandspolitik heißt *Völkerpolitik*, und auch die muß rationell betrieben werden. Wir müssen uns enthalten, in allen den großen Fragen ins Blaue hinein zu urteilen nach dem Anschein. In der polnischen Frage werden gerade die extremen Forderungen der polnischen Nationalisten hartnäckig von Wilson verteidigt, der sich auf diese Fragen festgebissen hat, obwohl er doch die genauen örtlichen Verhältnisse dort nicht kennt, obwohl er nicht weiß, wieviel von einer vernünftigen Lösung der oberschlesischen Frage für das wirtschaftliche Leben des deutschen Volkes abhängt. (Sehr richtig!) Meine Wenigkeit, die doch ein gewisses Vertrauen genießt, ist nicht stumm gewesen, das der anderen Seite auseinanderzusetzen.

Wir können Wilson nicht den Vorwurf machen, daß er über Dinge urteilt, die er nicht kennt, wenn man bei uns denselben Fehler nicht vermeidet. Im „Vorwärts" habe ich einen begeisternden Bericht über eine Versammlung gelesen, die am vorigen Sonnabend in Berlin gegen Völkerknechtung stattgefunden hat. Als ich die Anzeige zu der Versammlung las, sagte ich mir: wenn unsere Regierung sich ihrer Aufgabe bewußt ist, sagt·sie den Leuten: Werte Herren, lassen Sie das, es nützt Ihnen nichts, und es kann Deutschland nur schaden. Was war das für eine gemischte Gesellschaft! Da sollte Ludo Hartmann sprechen, er hat sich zuletzt vertreten lassen, und Herr Chatterton-Hill. Die Deutschösterreicher wenden sich in bezug auf Deutschböhmen gegen das historische Recht, das die Tschechen für sich anrufen, wenn sie Deutschböhmen behalten wollen. Chatterton-Hill tritt ein für die *Aufrechterhaltung des historischen Rechts* in bezug auf Nordirland, das nicht bei dem nationalistischen Irland bleiben will. Beide Leute aber protestieren in derselben Versammlung, gewiß eine merkwürdige Sache. Dann trat in der Versammlung auf Herr Bogarts, der Flame, für das angeblich unterdrückte Flamenland. Unsere flämischen Parteigenossen Anseele, Huysmans, Vandervelde wollen von diesen Leuten nichts wissen, sie verachten sie. Nicht, daß sie gegen flämische Interessen blind sind. Im „Vorwärts"-Bericht werden diese Leute gepriesen. Was soll es für unsere Partei in der Welt bedeuten, wenn wir so kritiklos in diesen Dingen vorgehen? Ist das die Auslandspolitik der Sozialdemokratie? Unsere Presse sollte sich diesen Bewegungen gegenüber etwas kritischer verhalten. Ich bin in unserer Presse auf diesem Gebiete vielfach auf Artikel gestoßen die nur Wasser auf die Mühle der Nationalisten sind. Ich teile durchaus den Wunsch, das Unheil, das Deutschland von den Friedensbedingungen droht, nach Möglichkeit von unserem Volke abzuwenden. Ich verlange aber, daß diese Bewegung auf intelligente Weise betrieben wird, daß man unserm Volke die *Tatsachen* vorführt, auf die sich die Forderungen gründen und nicht das Schreien der bürgerlichen Presse mitmacht.

Ich war im Februar dieses Jahres bei Gelegenheit der Internationalen Sozialistenkonferenz in der Schweiz und habe dort mit angesehenen Angehörigen der feindlichen Länder, namentlich mit Amerikanern, die es mit Deutschland wirklich wohl meinen, gesprochen. Sie haben mir erklärt: die Stellung Wilsons in der Entente sei ungemein geschwächt durch Reden und Erklärungen, die in Deutschland erfolgen; auf diese Dinge gestützt sagten die Franzosen zu Wilson: „Sehen Sie, Präsident, das ist noch das alte Deutschland, nur die Fassade ist geändert." Kurz vor seiner Rückreise nach Amerika hat Wilson in der Tat amerikanischen Journalisten gegenüber erklärt, er habe sich überzeugt, daß dieses neue Deutschland in wesentlichen Beziehungen noch gar nicht anders sei als das alte Deutschland. (Zurufe.) Ich teile Euch das mit, damit Ihr wißt, was vermieden werden muß, und was zu geschehen hat. Es zeigt auch, wie eng die innere Politik mit der auswärtigen Politik verbunden ist. Daher kann der Strich, der die Deutsche Republik von dem früheren System trennt, *nicht stark und deutlich genug gezogen werden.*

Das führt zu der Frage der Schuld und der Verantwortung. (Zuruf: Um Gottes Willen!) Warum das Zögern? Warum das Verschleppen der Feststellung, das Herumreden um die Kernfragen? Wels sagte vorgestern: Ja, da macht man aus Nikolaus dem Zweiten einen Engel. Das tut kein Mensch, darum handelt es sich nicht. Es handelt sich um die hiesige Verantwortung. (Zuruf von Wels: Wenn ich von der Internationale spreche, spreche ich von der internationalen Verantwortung, nicht nur von der deutschen!) – Darauf werde ich gleich zu sprechen kommen. Wenn Ihr aber zaudert, die entscheidenden Schritte zu tun, dann zeigt Ihr dadurch, daß schließlich doch Eure Kritik gelähmt ist, wie sie im Kriege durch die Abstimmungen gelähmt war, daß Ihr zum Teil noch heute die Gefangenen der damaligen Abstimmung seid, und ich möchte Euch zurufen: *Heraus aus diesem Turm, werdet endlich frei auch in dieser Sache.* Was will die Internationale von Euch; sie ist nicht hart, sie ist nicht ungerecht gegen die deutsche Sozialdemokratie. (Heiterkeit.) (Zuruf von Wels: Sie ist nicht unsere Richterin!) Nicht Vandervelde, nicht Thomas, nicht Renaudel sind hart gegen Euch. (Zuruf: Alles Engel!) — Redet solche Worte nicht. Es sind Menschen wie wir alle. (Sehr richtig!) Vandervelde hat im Winter 1914/15 geschrieben: Ich mache den Deutschen keinen Vorwurf aus ihrer Abstimmung, sie haben geglaubt, bedroht zu sein, von Rußland angegriffen zu sein. Aus allen Reden, die in Bern gehalten worden sind, selbst aus allen Anklagen, tönte doch immer der kameradschaftliche Geist hindurch, der da sagte: Kommt heraus, und dann wollen wir zusammen wirken. Das war ja die ganze Stimmung auf der Berner Konferenz. Und Genosse Müller wird nicht bestreiten, daß man Euch kollegialisch und freundschaftlich entgegengetreten ist und gesucht hat, die Vermittlungslinie zu finden. (Müller-Breslau: Mit wenigen Ausnahmen!) Mit ein paar Ausnahmen, aber doch im allgemeinen, und darauf kommt es an. Wie objektiv die Genossen in den feindlichen Ländern unsere Politik und unsere Lage beurteilt haben, das hat sich bereits gezeigt auf der Konferenz der Sozialisten der alliierten Länder, die im Jahre 1915 in London stattgefunden hat. Was ist dort über die Kriegsfrage gesagt? Ich will es Ihnen vorlesen:

„Die Konferenz denkt nicht daran, die allgemeinen und tiefen Ursachen des europäischen Konflikts zu verkennen, der das ungeheuerliche Produkt ist der Gegensätze welche die kapitalistische Gesellschaft zerreißen, sowie der aggressiven Kolonial- und imperialistischen Politik, die der internationale Sozialismus nie unterlassen hat, zu bekämpfen, und an der alle Regierungen ihr Teil der Verantwortlichkeit tragen. Aber der Einfall der deutschen Armee in Frankreich und Belgien bedroht die Existenz der Nationen und untergräbt den Glauben an Verträge.“

Diese Erklärung haben sie 1917 in einer Denkschrift an die Konferenz in Stockholm wiederholt. Sagt doch nicht, daß sie uns eine Schuld aufladen wollen. Erkennt an, daß sie gerechter sind als wir.

Welche Resolution hat man ferner in Bern beschlossen? Ich will auch sie Ihnen verlesen:

„Die Konferenz von Bern erkennt an, daß für sie die Frage der unmittelbaren Verantwortlichkeit des Krieges geklärt ist, sowohl durch die Aussprache, als auch durch die Erklärung der deutschen Mehrheit, die den revolutionären Geist des neuen Deutschland und dessen völlige Loslösung von dem für den Krieg verantwortlichen alten System bekundet hat. Indem die Konferenz die deutsche Revolution begrüßt und die Entwicklung der demokratischen und sozialistischen Einrichtungen, die sie herbeiführte, sieht sie die Bahn frei für die gemeinsame Arbeit der Internationale.

Die weiteren Erklärungen, die die deutschen Delegierten in der Debatte über den Völkerbund abgegeben haben, überzeugen die Konferenz, daß von nun an die vereinigten Arbeiterklassen der ganzen Welt die stärkste Macht zur Niederhaltung jedes Militarismus und aller Versuche, die internationale Demokratie zu vernichten, verbürgen und bewahren werden.

Die Konferenz sieht in den auf ihr geführten Debatten eine fruchtbare Vorarbeit und überläßt es einem künftigen internationalen Kongreß, dessen Einberufung unter normalen Bedingungen erfolgen kann, über die weltgeschichtliche Frage der Verantwortlichkeiten das Urteil der Internationale zu fällen."

Man wird zugeben, es ist durchaus kameradschaftlicher Geist, der aus dieser Resolution spricht. Wir müssen sie begrüßen. Ich hoffe, daß Sie die von mir beantragte Resolution annehmen werden, die sich gegenwärtig noch im Druck befindet, und die diesem Geist Rechnung zu tragen sucht. Was hat die Berner Konferenz getan, um die Resolution durchzuführen? Sie hat einen Ausschuß gewählt, der ihre Durchführung in den Ländern der Entente überwachen soll. Am letzten Tage der Berner Konferenz hat diese Kommission, der Renaudel, Branting, Troelstra und der all die anderen Führer angehören, getagt. Ich habe bedauert, daß die Delegation der S.P.D. bei dieser Sitzung nicht anwesend gewesen ist. Ich war als Gast zugegen und habe die Verhandlungen mit gehobenem Gefühl verfolgen dürfen. Ich war ergriffen von dem Ernst der Debatte, wie unsere Genossen der feindlichen Länder überlegten, was sie tun können und wollten, um den gegnerischen Machthabern in der Frage der Friedensbedingungen auf die Finger zu sehen. Der ganze Verlauf dieser Sitzung war einfach großartig. Amsterdam und Paris haben dann auch gezeigt, daß durchzuführen versucht wurde, was in Bern beschlossen worden war. Selbst in Belgien, wo der Haß gegen uns naturgemäß am stärksten war, haben sich versöhnlich gesinnte Genossen gefunden. Vandervelde und Anseele sind für die gemeinschaftlichen Beratungen in Bern eingetreten, aber die Konferenz der belgischen Partei hat es abgelehnt, die Berner Konferenz zu beschicken, weil die deutsche Mehrheitspartei dort vertreten sei. Sie werfen ihr vor, daß sie zu den in Belgien begangenen Gewalttaten geschwiegen. Öffentlich hat die Fraktion ja auch geschwiegen zu vielem, was

Deutschland vorzuwerfen war. Ich verstehe dieses Schweigen; in den Ausschüssen hat man darüber natürlich gesprochen und Remedur gefordert. Das Schweigen war auch eine Folge Eurer Abstimmung.

Die Resolution, die wir Ihnen vorlegen, verlangt nichts Unbilliges von der deutschen Sozialdemokratie. Es ist keine Zumutung, wenn man von der Sozialdemokratischen Partei Deutschlands verlangt, zu bekennen, was von deutscher Seite gefehlt ist. (Zuruf Otto Braun: Geschieht!) Genosse Braun, es geschieht, aber es geschieht nur halb. Machen wir uns doch frei von den Ehrbegriffen der Bourgeoisie; nur die Wahrheit, die volle Wahrheit kann uns nützen. Vermeiden wir vor allen Dingen auch die Winkelzüge bei den Beratungen über die Friedensbedingungen in Versailles.

Noch ein Paar Worte über eine Frage, in der die Politik der Sozialdemokratischen Partei auch unglücklich gewesen ist: die elsaß-lothringische Frage. Die Haltung der Sozialdemokratischen Partei während des Krieges in dieser Frage ist sehr, sehr kritikbedürftig, hat man doch sogar das nationale Selbst-Bestimmungsrecht Elsaß-Lothringens verleugnet, Bebel und Liebknecht desavouiert. Jetzt krebst die Bourgeoisie damit und verlangt die Volksabstimmung. Das zeigt, was für schlechte Politiker die Herren sind. Eins ist sicher: je mehr sie durchblicken lassen, daß sie von diesem Verlangen nicht abstehen, desto rebellischer werden sie die Franzosen machen und desto mehr Schädigung werden sie uns an der deutschen Ostgrenze zufügen. Vergessen wir nicht, was geschehen ist, als die Regierung des Prinzen Max von Baden die Autonomie für Elsaß-Lothringen beantragte. Damals trat der Führer der elsässischen Fraktion Ricklin auf die Tribüne des Reichstags und sagte in dürren Worten: das ist nun zu spät. Das gleiche hörten wir von Haegi, und als ich dann in der Wandelhalle zu einem elsässischen Arbeiter, den mir der Genosse Fuchs vorstellte, sagte: wir müssen die Volksabstimmung verlangen, da rief er aus: Ach, wozu noch Volksabstimmung? Der elsässisch-lothringische Landtag hat sich für Frankreich entschieden. (Zuruf des Genossen Emmel: Nur diejenigen, die da waren!) Während des Friedens haben wir in diesem Sinne gekämpft, daß Elsaß-Lothringen nicht zum Gegenstand eines Krieges zwischen Frankreich und Deutschland gemacht werden dürfe. In diesem Sinne haben auch die elsaß-lothringischen Genossen gearbeitet. Während des Krieges ist dann in Elsaß-Lothringen eine ganz andere Stimmung entstanden. Nicht nur der Landtag, sondern auch die Stadtvertretungen, ja auch die elsässischen Sozialdemokraten haben sich auf ihrer Landeskonferenz für Frankreich entschieden. Trotzdem verlange ich auch jetzt noch die Volksabstimmung, ebenso wie sie auch die französischen Genossen verlangen. Warum? Weil wir wollen, daß in der elsaß-lothringischen Frage endlich Klarheit auf beiden Seiten geschaffen werde. Hier liegt die Entscheidung. Die Volksabstimmung ist das einzige Mittel, um diese Streitfrage aus der Welt zu schaffen. Wir müssen versuchen, mit Frankreich in ein denkbar bestes Verhältnis zu kommen. (Zuruf: Mit allen Völkern!) Jawohl, mit allen Völkern, auch darauf komme ich noch zu sprechen.

Man wird mir das Zeugnis ausstellen, daß ich alles, was in meinen Kräften und in meinem Können steht, tue, um ein freundliches Verhältnis zwischen Frankreich und Deutschland herbeizuführen. Aber dennoch betrachte ich mit Erstaunen die neue Gruppe, die sich jetzt in unserer Partei gebildet hat, ich glaube, ihre Wortführer nennen sich Aktivisten. (Zuruf: Neu-Revisionisten – Große Heiterkeit.) Die kontinentale Politik gegen die angelsächsische Welt, die von ihnen verlangt wird, würde ich vielleicht verwerflich finden, wenn sie einigermaßen Aussicht auf Erfolg hätte. Ich muß sie aber als so dumm bezeichnen, wie mir seit langem nichts vorgekommen ist. (Beifall und Unruhe.)

Etwas dergleichen hat ja die deutsche Regierung während des Krieges versucht. Bald, nachdem England in den Krieg eingetreten war, im Jahre 1915, hat man den Franzosen quasi auf die Schulter geklopft und gesagt: ‚Ihr seid ja die armen Verführten, John Bull hat Euch verführt.‘ Ich habe wirklich gelacht, als ich dergleichen Zeug zu lesen bekam. Wie schlecht kennen diejenigen, die so operierten, die Seele des französischen Volkes, insbesondere die Seele der französischen Bourgeoisie. Die Franzosen wollen nicht bejammert sein, sie leben in dem Gefühl, zum Teil sogar übertriebenen Gefühl von der Größe ihrer Geschichte Sie wollen anerkannt sein und eine maßgebende Rolle spielen. Übertreibungen dieses Gefühls kann man nur stärken durch eine solche aktivistische Politik, die ich für wahnsinnig halte. Gewiß sind Gegensätze heute da in dem anderen Lager. Es ist ja allgemein bekannt, daß z. B. Lloyd George für Zugeständnisse an Deutschland in der oberschlesischen Frage eintritt und die Franzosen sich den Polen gegenüber für gebunden halten. Aber auseinandertreiben werden wir die Alliierten nicht. Das ist einfach Unsinn, solches Spiel darf nicht unsere Politik sein. Diese Art von Westentaschen-Macchiavellismus sollte man Georg Bernhard und seiner „Vossischen Zeitung" überlassen und nicht die sozialdemokratische Presse damit verunzieren. (Sehr gut!)

Wir wollen auch und müssen wollen ein gutes Verhältnis mit *Rußland*. Wir müssen es haben aus einer ganzen Reihe auch wirtschaftlicher Gründe. Wir wollen keine Einmischung der Republik in die inneren Verhältnisse Rußlands, es soll sich selbst entwickeln. Wir wollen das denkbar beste Verhältnis herstellen, aber wir müssen eins von jeder russischen Regierung verlangen, ob sie demokratisch, menschewistisch oder bolschewistisch ist, wir müssen Gegenseitigkeit verlangen. (Sehr richtig!) Keine Intrigen, keine Geheimagenten ins andere Land geschickt, keine Zettelungen verursacht! Das ist ein Kapitel, über das sehr viel zu sagen wäre. Das abgelöste System in Deutschland hat auch da kein sehr reines Gewissen, und wenn es darauf ankommt, die Frage zu untersuchen, warum man Deutschland haßt und mißtraut, dann lest einmal die Prozesse, die drüben in Amerika usw. gegen die Agenten der Deutschen Republik geführt sind, die Prozesse von San Franzisko, wo festgestellt wurde, daß Millionen und Abermillionen ausgegeben sind an gewisse Agenten, um drüben Fabriken und Brücken in die Luft zu sprengen, zur Zeit, als noch Friede zwischen Amerika und Deutschland herrschte. (Zuruf: Und die Agenten der anderen?) Ich habe es mit der deutschen Politik zu tun. (Zuruf: Das ist doch kein Ding an sich!) Genossen, damit kann man jede Schweinerei rechtfertigen. Soviel ist drüben nicht geschehen. Wir verwerfen das ganze System, und wir wollen uns dagegen erklären. In der Schweiz fand jetzt Anfang März der Kongreß der Pazifisten statt. Da hat unser Botschafter Adolf Müller die deutschen Delegierten zu einer Besprechung eingeladen und hat ihnen auseinandergesetzt, warum die Sympathien für Deutschland, die in der deutschen Schweiz zu Anfang des Krieges sehr stark waren, ins Gegenteil umgeschlagen sind. Und was hat er u. a. angeführt? Die Armee von Agenten, die Deutschland, deutsche Heerführer usw. in der Schweiz unterhalten haben, und die sich in einer Weise aufgeführt haben, die in weiten Kreisen des Schweizer

Volkes große Erbitterung hervorgerufen hat. Ich glaube, ein Teil dieser Herren – Müller ist darangegangen, auszumisten – treibt jetzt das lukrative Geschäft von Agenten für die Kapitalflucht ins Ausland. (Hört, hört!)

Von diesem System müssen wir uns deutlich lossagen. Wir wollen – darin sind wir alle einig – eine ehrliche und reine Politik der deutschen Republik, und wir wollen das auch in unserer Resolution zum Ausdruck bringen. Als sozialistische Partei, als Partei der Internationale, wollen wir die Gegenseitigkeit der sozialistischen Parteien, in Unterstützungen, in gegenseitiger Hilfe. Aber wie wir es bisher gehalten haben: offen am Tage, am Lichte der Sonne. (Sehr wahr!) Wir verwahren uns aber auch dagegen, was da von anderer Seite jetzt geschieht. Da muß ich ein Wort aussprechen, was ich nicht gern in den Mund nehme. Ich muß sagen: die Deutsche Republik verbittet es sich, daß eine Regierung eines Landes Agenten in ein anderes Land schickt, um Unruhen und Aufstände herbeizuführen. (Lebhafte Zustimmung.) Wir wollen aufräumen mit all dem Plunder der alten Diplomatie, des alten Systems. Unsere Auslandspolitik muß eine rückhaltlose internationale Politik sein. Das wird die beste Politik sein für unser Volk. Es wird die beste Politik sein für Europa, für die große Familie der Völker, der ganzen Kulturwelt. (Beifall.)

———

Vorsitzender *Heinrich Schulz*: Wir haben jetzt darüber zu entscheiden, wie wir weiter verhandeln wollen. Es scheint mir, als ob die beiden eben gehörten Referats sich sachlich von der Hauptlinie unserer gestrigen Debatte nicht entfernt haben. Es haben sich aber 16 Genossen gemeldet, die unter dem Eindruck der beiden Referate das Wort haben wollen. Es fragt sich, Ob wir die gestrige Debatte fortsetzen oder getrennt davon über die heutigen Referate verhandeln wollen.

Hoch: Wir müssen die Auslandspolitik gesondert behandeln. Dazu geben die beiden Referate die beste Unterlage. Ich empfehle eine getrennte Diskussion.* […]

* Zum weiteren Verlauf der Aussprache auf dem Weimarer MSPD-Parteitag 1919 schreibt Teresa Löwe zusammenfassend: „Die anschließende Debatte glich einer ‚moralischen Hinrichtung‘. Eine sachliche Auseinandersetzung mit Bernsteins Grundsätzen fand ebenso wenig statt wie eine Abstimmung über seinen Resolutionsentwurf. Einhellig war der Vorwurf, er habe mit seiner Rede den Absichten der Entente Vorschub geleistet. Diffamierend waren die Äußerungen des Ostpreußen Otto Braun: Die östlichen Teile Deutschlands seien Bernstein gleichgültig, für Belgien habe er dagegen ‚bittere Tränen‘ gehabt; man wisse ohnehin nicht, ob er nicht noch mit einem Fuß bei den Unabhängigen [USPD] stehe, zudem sei gerade er zunächst ‚mit Begeisterung für die Kriegskredite gewesen‘; Braun behauptete auch, der drohende Friedensvertrag rechtfertige ‚glänzend‘ die Kriegspolitik der Mehrheitler [von 1914 an]. – Adolf Braun nannte die Rede ‚friedenserschwerend und schädlich für das deutsche Volk [...]. Wir kennen allerdings den Genossen Bernstein und wissen, daß er kein praktischer Politiker ist.‘ Die Partei könne ihm ‚in der talmudistischen Methode‘ seiner Politik nicht folgen. Hermann Müller fuhr auf diesem Niveau fort: Man dürfe ‚eben nicht alle Dinge unter dem Gesichtspunkte des Rabbiners von Minsk behandeln‘, Bernstein komme daher wie ein ‚Hosenhändler‘, wenn er zunächst von neun und dann von acht Zehnteln spreche. David machte sich über Bernsteins internationalistische Emphase lustig. – Der Genosse Kummer aus Leipzig verglich ihn mit Kurt Eisner, auf dessen Grab geschrieben werden müsse: ‚Er litt arg am Wahrheitsfimmel.‘ Wilhelm Keil schließlich befand, es sei ‚unhistorisch und unmarxistisch, wenn wir uns jetzt auf die Erörterung des persönlichen Anteils der Staatsgewaltigen von 1914 an dem Kriegsausbruch einlassen‘. – Der ‚Vorwärts‘ suchte den Vorfall herunterzuspielen, und im Abschlussbericht über den Parteitag erwähnte er ihn mit keinem Wort. Die unabhängige ‚Leipziger Volkszeitung‘ konstatierte mit Genugtuung, Bernstein sehe sich ‚fast völlig isoliert in der Partei, die er aufgesucht hat, weil er glaubte, sie stehe ihm näher als die Kampfgenossen [von der USPD], mit denen er in der Kriegszeit zusammenwirkte‘. Scharf ins Gericht mit der MSPD ging Hellmut von Gerlach in seiner ‚Welt am Montag‘. Schlimm sei, dass die Mehrheit des deutschen Volkes über die Schuldfrage immer noch nicht unterrichtet sei, schlimmer sei, dass es immer noch Leute gebe, die die Wahrheit gar nicht wissen wollten: ‚Und zwar nicht bloß Leute, die ein Interesse an der Vertuschung der Schuld des alten Regimes haben, sondern auch angebliche Vertreter des angeblichen ›neuen Geistes‹ in Deutschland.‘ Bernstein habe ‚ein sachlich ausgezeichnetes Referat‘ gehalten, auch seine Gegner billigten ihm ‚seine Sachkenntnis und sein Bemühen um Objektivität‘ zu. Doch wie sei es ihm auf dem Parteitag ergangen? – ‚Wahrheitsfimmel! Das Wort wird haften bleiben an dem Weimarer Parteitag und an der Scheidemann-Noskeschen Sozialdemokratie. Einst war es der Stolz der Sozialdemokratie, nicht nur für die Freiheit, sondern auch für die Wahrheit zu kämpfen. [...] Internationales Proletariat, höre, zu welchen Moralgrundsätzen man sich in Weimar bekennt! Die Arbeiterschaft der ganzen Welt kennt Eduard Bernstein als den Mann, der sein Leben dem Dienst der Wahrheit geweiht hat.‘ Doch seine eigene Partei verhöhne und beschimpfe ihn, tue ihn ab ‚wie eine Art Trottel‘. – Die antisemitischen Anspielungen Müllers

und Adolf Brauns, die von Bernstein selbst gebrauchte Wendungen in eindeutig diffamierender Weise gegen ihn richteten, sind ein Indiz für den auch in der Weimarer Sozialdemokratie nicht nur latent vorhandenen Antisemitismus. Sie zeigen zudem, dass und wie sehr Bernstein von manchen seiner Parteigenossen als Jude wahrgenommen wurde." (Teresa LÖWE: Der Politiker Eduard Bernstein. Eine Untersuchung zu seinem politischen Wirken in der Frühphase der Weimarer Republik 1918 – 1924. Bonn 2000, S. 49-54 – hier unter Fortlassung der Anmerkungen und Quellennachweise. | Online-Ausgabe: https://library.fes.de). – Vgl. zur (inter-)antisemitischen Verunglimpfung Bernsteins auf dem Parteitag auch Ludger Heid in Eduard BERNSTEIN: „Ich bin der Letzte, der dazu schweigt". Herausgegeben und eingeleitet von Ludger Heid. Potsdam 2004, S. 29-31.

[SCHLUSSWORT VON EDUARD BERNSTEIN NACH
DER DEBATTE ÜBER SEIN REFERAT]

B e r n s t e i n: Werte Genossen! Ihr habt mich gründlich Spießruten laufen lassen. Aber eins will ich Euch sagen: Ich bin alt genug in der Partei, es zu ertragen, wenn auf mich losgeschlagen wird, aber nicht alt genug, um es zu ertragen, wenn einer nach dem andern auftritt und gestützt auf eine Bemerkung, die nicht wahr ist, auf mich losschlägt. Ich habe hier das unkorrigierte Stenogramm meines Referats. Sie werden kein Wort darin finden, daß ich die Forderungen schlechthin oder einen großen Teil derselben, neun Zehntel kurzweg als gerecht anerkannt hätte. Gestatten Sie mir, meine Worte zu verlesen?

„Die Friedensbedingungen, die uns von den Alliierten auferlegt werden, sind hart, sehr hart und zum Teil – das sage ich offen und habe ich in englischen Blättern, im ‚Daily Herald' gesagt – einfach unmöglich. Aber auch Scheidemann hat das anerkannt: Die Notwendigkeiten eines großen Teils davon, die auch sehr schwer sind, erkennen wir an. Neun Zehntel davon sind Notwendigkeiten, neun Zehntel davon sind unabweisbare Notwendigkeiten …" (Rufe: Na also, Unruhe.) Aber, um Himmelswillen, könnt Ihr nicht eine ruhige Debatte führen? Ich habe in der Rede selbst gesagt, Ihr könnt die Proportion bemängeln, sagt meinetwegen acht Zehntel. Ich wollte nur sagen: Ein Teil davon sind unabweisbare Notwendigkeiten, ja, ich könnte noch mehr sagen, Hoch hat gesagt, ein großer, ein schwerer Teil davon wird gedeckt durch die Wilsonschen 14 Punkte. Das wollen wir uns auch nicht verhehlen, daß ein großer Teil von dem, was die Regierung selbst zu erfüllen angeboten hat – ich selbst habe das Wort gebraucht von dem Angebot –, daß es außerordentlich schwer, beinahe unmöglich ist durchzuführen.

Ich will bei der Gelegenheit eins sagen: Genosse Hoch hat schon darauf hingewiesen, daß meine ganze Tätigkeit seit dem 9. November nur in einem bestand – daß ich mir sagte – wie jeder Sozialist sich sagen mußte: Jetzt gilt es, zusammenzustehen, die ganze Sozialdemokratie (sehr richtig!), jetzt gilt es, die Streitaxt zu begraben, alles zu vergessen, was vorher zwischen uns vorgefallen ist, zusammenzustehen, um die Deutsche Republik festzustellen. (Sehr richtig.) Dazu gehörte doch selbstverständlich auch die Erreichung möglichst günstiger Friedensbedingungen für das deutsche Volk (sehr richtig!); darum habe ich es allerdings sehr bedauerlich gefunden, daß man gezaudert hat, den Strich, der uns von dem alten System trennt, so dick wie nur möglich zu ziehen. Wenn ich die Schuld des alten Systems feststelle, dann sage ich nicht wir, das deutsche Volk, sind schuld, sondern dann sage ich, diejenigen sind schuld, die das deutsche Volk damals belogen und betrogen haben. (Sehr richtig!) Dann wälze ich die Schuld ab vom deutschen Volke. So ist meine Tätigkeit, soweit sie mir möglich war, in der ausländischen Presse bezw. ausländischen Fragern gegenüber gewesen. Gerade der ‚Daily Herald‘, das neugegründete sozialistische Tageblatt der englischen Genossen, hatte mich gebeten, für die erste Nummer einen Artikel zu schreiben über die Kriegsbedingungen. Auf die Frage: Werden wir unterschreiben können? erwiderte ich: „Wie kann ich das unterschreiben, ohne den Grundsätzen der Internationale untreu zu werden und ohne Hunderttausende und Aberhunderttausende meiner eigenen Landsleute zu verraten.“ Das habe ich in einem englischen Blatte geschrieben. (Bravo.)

Vor einer Woche wurde ich von einem Amerikaner für die Presse, ‚Daily Mail‘ oder ‚Times‘ interviewt – der Frager, beiläufig ein Mann, der es mit Deutschland recht gut meint, Mr. White Williams, der ein Telegramm an die ‚Daily Mail‘ geschickt hat, das auch aufgenommen ist, daß Oberschlesien überwiegend deutsch ist und deutsch bleiben sollte. Dieser Herr hat sich auch an mich gewandt. Ich habe gesagt, gut, schreiben Sie mir Ihre Fragen nieder – die Vor-

sichtsmaßregel gebrauche ich – dann werde ich Ihnen schriftlich
Antwort geben. Ich weiß dann, was ich gesagt habe und bin sicher,
daß kein Irrtum vorkommt. Da war nun die erste Frage: Wird
Deutschland unterschreiben? Was war meine Antwort: „Wenn
Deutschland nur eine Spur von dem hat, was man freien Willen
nennt, nein." Die zweite Frage war: Wird Deutschland unterschreiben, wenn Oberschlesien deutsch bleibt? Darauf habe ich geantwortet: [„]Wenn Oberschlesien bei Deutschland bleibt, wird Deutschland zweifelsohne in der Lage sein, eine Anzahl Forderungen zu erfüllen, die es sonst nicht erfüllen kann. (Sehr gut!) Ich zweifle aber,
ob Deutschland dafür zu haben sein wird, für Oberschlesiens die
Rechte Westpreußens wegzuschachern." Seid doch sicher: Ich bin
nahezu 50 Jahre im politischen Leben, ich weiß, was ich tue, und
weiß auch, was ich sagen kann. Es haben mir verschiedene gesagt,
ich hätte unseren englischen und französischen Genossen die größten Schwierigkeiten bereitet. Nun, ich will Ihnen sagen: Ich bin in
der glücklichen Lage, mit den englischen Sozialisten beider Richtungen befreundet zu sein, mit dem radikalen Flügel und mit dem gemäßigten Flügel. Und ebenso in Frankreich genieße ich das Vertrauen der Genossen Thomas und Renaudel, aber auch des Genossen Longuet. Die haben mir noch nie einen solchen Vorwurf gemacht. Wenn gesagt wird, Snowden habe den Friedensvertrag als
Schurkenstreich bezeichnet, nun, Snowden liebt es, sich etwas stark
auszudrücken, und in England hat er vielleicht auch recht. Aber er
weiß ganz gut, wenn ich zu meinem Volke in dieser ernsten Situation spreche, dann habe ich auch ein abwägendes Wort darüber zu
sprechen, was möglich ist und was nicht. Genosse Adolf Braun hat
mir in seiner liebenswürdigen Art vorgeworfen, daß ich nicht auf
die Einzelheiten der Friedensbedingungen eingegangen bin. Ich
habe aus folgendem Grunde davon Abstand genommen. Ich weiß
nicht, zu welchem Entschluß die Regierung in dem letzten Augenblick kommt, ob sie zu dem Entschluß kommt, nein zu sagen, oder
in dem Bewußtsein der großen Verantwortung, die dieses Nein mit
sich bringt, der ungeheuren Leiden, die unserm Volke bevorstehen,
selbst wenn die Entente ruhig bleibt und nichts tut, wenn es bleibt,
wie es jetzt ist, ob sie schließlich doch unter Verwahrung unterschreiben will. Und weil ich ihr da nicht in die Suppe spucken
wollte, darum bin ich nicht auf Einzelheiten eingegangen.

Nun hat ein Teil der Genossen eine sehr liebenswürdige Art, zu diskutieren. Wenn ich sage: Hinz hat den Kunz überfallen, dann sagen Sie: Ach, du sagst, der Kunz sei ein Engel gewesen. Das habe ich aber gar nicht gesagt. Darum handelt es sich gar nicht, sondern darum, wer in jenen verhängnisvollen Tagen das Verbrechen begangen hat, die Lunte an das Pulverfaß zu legen. Es ist nicht richtig, wenn man sagt, es sei unmarxistisch, die persönliche Frage zu stellen. So hat Marx niemals gehandelt. Wer seinen „18. Brumaire" und andere politische Schriften gelesen hat, wird wissen, daß Marx sehr wohl unterschieden hat zwischen den sozialen und politischen allgemeinen treibenden Ursachen und der Verantwortlichkeit der Persönlichkeiten. Eine Eigenschaft liegt mir durchaus fern: Ich bin noch nie in meinem Leben rachsüchtig gewesen, auch nicht gegen diejenigen, die damals die großen Verbrechen begangen haben. Es ist in der Resolution von Katzenstein die Forderung eines internationalen neutralen Schiedsgerichtshofs gestellt worden. Für mich ist das nichts Neues. Im Dezember 1916, als die Frage brennend war, ob Amerika in den Krieg eintreten werde, bin ich aufgefordert worden, eine Denkschrift zu verfassen, die dem Präsidenten Wilson vorgelegt werden sollte: Was Amerika für Europa tun kann. Die Denkschrift ist, ohne daß mein Name genannt wurde, von dem amerikanischen Gesandten Gerard in seinem Buche über das deutsche Kaisertum abgedruckt worden. Ich habe damals gesagt: Was in diesem Augenblick, damals, aber auch heute noch, von größter Wichtigkeit für die Herstellung guter Verhältnisse zwischen den Völkern ist, ist, einmal die Frage der Verantwortungen vor einem neutralen Tribunal festzustellen, und ich habe dann bestimmte Vorschläge in dieser Richtung gemacht. In jener Zeit, wo der Haß auf beiden Seiten am stärksten war, wäre es von größter Wichtigkeit für die Völker gewesen, wenn sie von einem unparteiischen Tribunal ein Gutachten bekommen hätten, worin gesagt worden wäre, wo die Hauptverantwortung liegt. Nach meinem Erachten und meinem Wissen liegt sie allerdings bei denen, die damals Deutschland regiert haben und glücklicherweise nicht mehr hier sind.

Darum meine ich, kann der Trennungsstrich jenen gegenüber nicht stark genug sein. Wir würden nicht nur unseren Parteigenossen drüben, wir würden unserm eigenen Volke den größten Gefallen tun, wenn wir die Verantwortungen einmal feststellen würden.

Eisner hat dem deutschen Volke keinen Schaden getan, als er die bayrischen Papiere veröffentlichte. Im Gegenteil. Außerdem habe ich hier eine Nummer der ‚Wiener Arbeiterzeitung‘ vom 3. Juni, unmittelbar vor der Übergabe der Friedensbedingungen. Sie schreibt da ganz offen:

> Mag in anderen Ländern Maß und Verteilung der Schuld strittig sein: – was Österreich-Ungarn in den Krieg trieb, was des Weltkrieges erster Anlaß und tiefste Ursache war, das steht über allem Zweifel hinaus fest: *es war die Hasardeurpolitik der Habsburger*, die bewußt und mit kaltem Zynismus das hohe Spiel um das Leben ihrer Untertanen eingingen, um ihre wankende Herrschaft in letzter Stunde vielleicht noch zu retten.
>
> Das Kaiserhaus und seine Diener hatten dessen auch kein Hehl. Offen wurde ausgesprochen, man müsse Serbien demütigen, um den seit dem Balkankrieg in Bosnien und in Kroatien schwelenden Brand zu ersticken. *Die Ermordung Franz Ferdinands war bloß der gern ergriffene Vorwand.* Schon vorher stand die Absicht fest, Serbien zu günstiger Stunde niederzuschlagen, schon während des Balkankrieges hat uns der Übermut des Wiener Kabinetts zweimal hart an den Abgrund des Krieges gedrängt. Wie wenig aber Berchtold und Genossen daran zweifelten, daß der Krieg mit Serbien zugleich der Krieg mit Rußland bedeute, darüber legt der Depeschenwechsel mit dem Zaren deutlich Zeugnis ab. Man wagte die Wahnsinnstat, weil man den inneren Zerfall der Monarchie als unaufhaltsam ansah, weil man glaubte, man habe ohnehin nichts mehr zu verlieren und könne doch vielleicht dank der militärischen Kraft Deutschlands dem lebensunfähigen und lebensunwürdigen Habsburgerstaat eine Galgenfrist von einigen Jahrzehnten gewinnen. *Zur Spielerfrechheit gesellte sich der Spielerleichtsinn.*

Das schrieb die „Wiener Arbeiterzeitung“, dessen gewiß, daß sie dadurch das österreichische Voll nicht schädigte. Im Gegenteil, sie war sich dessen bewußt, daß sie dadurch dem österreichischen Volk einen Dienst erwies. Ich verstehe nicht, wie die Aussprache der Wahrheit in diesen Dingen eine Schädigung des deutschen Volkes bedeuten soll. Bedauerlicherweise hat sich noch eine Sprachgewohnheit aus den Zeiten der Kabinettsdiplomatie erhalten, die viel Mißverstehen verursacht. Man spricht von Ländern wie von Persönlichkeiten, und wenn man von seinem Lande spricht, sagt man ohne weiteres „Wir". Aber ein Land besteht aus Parteien, Klassen, Schichten der verschiedensten Art. Wenn ich sage, die damalige deutsche Regierung ist schuld, sage ich nicht: das deutsche Volk ist schuld, am wenigsten die deutsche Arbeiterklasse. Im Gegenteil, ich wälze die Schuld von ihr ab.

Wenn gesagt worden ist, ich stehe mit dieser Auffassung im deutschen Volke allein – die das sagen, sind nicht das deutsche Volk. Es sind nicht Zehntausende, es sind Hunderttausende im deutschen Volke, die so denken wie ich. Auch eine große Zahl von Arbeitern und Sozialisten, die der Partei angehören, denken gleichfalls so wie ich. Ich habe zufällig heute wieder den Brief eines Arbeiters aus Hamburg erhalten, der dasselbe sagt, was ich ausführte. Ich bin aber auch Manns genug, unter Umständen mit meiner Auffassung allein dazustehen. Ich bedaure nur im Interesse der Gesamtpartei, daß ich hier fast isoliert dastehe.

Meine Resolution, die ich beantragt habe, soll zusammengestrichen und mit neuen Anträgen des Genossen Katzenstein verbrämt werden. Ich kann noch nicht übersehen, ob ich mich unter diesen Umständen damit einverstanden erklären kann. Gegen die Form, wie sie die Genossen Braun, Löbe usw. zusammengestrichen haben, hätte ich nichts einzuwenden. Es sind dieselben Gedanken ausgedrückt, nur ein Teil ist weggeblieben. Mir kam es vor allem auf die Stellung zur Internationale an. Ich bedauere nur, daß die Bedeutung der Internationale von verschiedenen Rednern so gering angeschlagen worden ist. Gewiß, die Machtfrage liegt so, daß im Augenblick unsere Genossen in Frankreich und England nichts Endgültiges gegen diese Friedensbedingungen ausrichten können. Wenn gesagt worden ist, sie sind nicht einmal vorgelassen worden, so habe ich Grund, zu sagen, Manchen den man nicht durch die Vordertür einläßt, hört man im Hinterzimmer. Entscheidend ist aber folgendes: Ist diesen Ländern ist eine starke Bewegung der Opposition. In ein, zwei Jahren gibt es dort Neuwahlen, und was England anbetrifft, so ist die Meinung sehr stark vertreten, daß die Neuwahlen dort einen Umschwung im Parteileben bringen werden. Alle die Nachwahlen deuten darauf hin, es ist deshalb sehr möglich und wahrscheinlich,

daß in England eine andere Regierung ans Ruder kommt; und zwar
eine Koalitionsregierung aus Liberalen und Arbeitern. Ich erinnere
daran, daß im Jahre 1906, als die Liberalen zur Regierung kamen,
ihre erste Tat die Umstoßung des Friedens mit den Buren gewesen
ist; die Buren erhielten durch Umstoßung des Friedens – ich weiß
im Augenblick nicht seinen Namen – ihre volle Selbstregierung zurück; ähnliches könnte sich auch bei dem jetzigen Friedensschluß
ereignen. Was Frankreich betrifft, so weiß ich von sehr einflußreichen Politikern, die vor dem Kriege in der auswärtigen Politik
Frankreichs eine Rolle gespielt haben, daß dort mit einem ähnlichen
Umschwung zu rechnen ist. Deshalb braucht man diese Zusammenarbeit nicht gar so pessimistisch zu beurteilen, wenngleich man sich
auch noch nicht Illusionen hinzugeben braucht. Die Fragen, mit denen wir uns beschäftigen, sind so wichtiger Art, daß wir kein Ha-
sardspiel damit treiben dürfen, sondern uns fragen müssen, was gewinnen wir beim Ja, was verlieren wir beim Nein. Ich habe der Entscheidung nicht vorgreifen wollen, sondern wollte nur dahin wirken, daß Verhältnisse geschaffen werden, daß die deutsche Sozialdemokratie in der Welt dasteht rein von allem Vorwurf, als bester
Wahrnehmer der Interessen des deutschen Volkes. (Lebhafter Beifall eines Teiles des Parteitages.)

Quelle der gesamten – hier auszugsweise wiedergegebenen – ‚Debatte des Dritten Verhandlungstages über Außenpolitik‘: *Protokoll über die Verhandlungen des
Parteitages der Sozialdemokratischen Partei Deutschlands, abgehalten in Weimar vom
10. bis 15. Juni 1919. | Bericht über die 7. Frauenkonferenz, abgehalten in Weimar
am 15. Und 16. Juni 1919*. Berlin: Buchhandlung Vorwärts Paul Singer G.m.b.H.
1919, S. 231-240 (Referat Scheidemann), S. 240-249 (Referat Bernstein), S. 249-277
(Aussprache über die Referate, heftige Kritik an Bernstein), S. 277-281 (Schlusswort Bernsteins) und S. 281-282 (Schlusswort Scheidemanns). [Textzugänge zum
Parteitagsprotokoll: https://library.fes.de; oder: Nachdruck als Paperback ‚Berlin/
Bonn: J. H. W. Dietz Nachf. 1973‘; 540 Seiten]. – Vgl. zum Parteitag auch Wolfram
WETTE: Gustav Noske. Eine politische Biographie. Düsseldorf 1987, S. 446-459:
„Noske im Mittelpunkt des SPD-Parteitages im Juni 1919" (der Reichswehrmi-
nister sah sich trotz der bekannten Kritik aus der Parteibasis selbstbewusst jenseits jeder Notwendigkeit zur Selbstrechtfertigung und konnte – ganz anders als
der geschmähte Bernstein – in Weimar großen Beifall erringen).

Die Wahrheit über
die Einkreisung Deutschlands

Dem deutschen Volke dargelegt
(1919/20)[1]

Eduard Bernstein

EINLEITUNG

Die Entstehung des vorliegenden Schriftchens geht auf das Jahr 1915 und einen Besuch des so schmählich ums Leben gekommenen Karl Liebknecht beim Unterzeichneten zurück. Ende Mai 1915 suchte mich Liebknecht auf und fragte mich, ob ich nicht eine Flugschrift über irgendeine der auf den Krieg und unser Volk bezüglichen Fragen abfassen wolle. Angesichts der beklagenswerten Haltung des größten Teils der sozialistischen Parteipresse und des scheußlichen Drucks der Zensur auf die anderen Blätter haben Freunde und er beschlossen, aufklärende Schriften geheim drucken und unter der Hand verbreiten zu lassen, um der systematischen Täuschung des Volkes entgegenzuwirken; sie würden sich freuen, wenn ich mich daran beteiligte. Nach kurzer Überlegung sagte ich zu. Hatte ich doch reichlich genug Gelegenheit gehabt mich davon zu überzeugen, wie sehr die Mitglieder unserer Partei in ihrer Mehrheit durch die von oben ausgegebenen und von der nationalistischen Presse noch in vielfacher Vergröberung wiedergegebenen Schlagworte über Ursachen, Entstehung usw. des Krieges in ihrem Urteil über ihn irregeführt und zu jener Haltung mit Bezug auf ihn verleitet wurden, die nach meiner Überzeugung jede internationale Aktion der Sozialdemokratie für eine baldige Beendigung des Krieges und den Abschluß eines ihren Grundsätzen entsprechenden Friedens unmöglich machte.

---

[1] Textquelle | Eduard BERNSTEIN: Die Wahrheit über die Einkreisung Deutschlands. Dem deutschen Volke dargelegt. Erstes bis drittes Tausend. Berlin: Verlag Neues Vaterland / E. Berger & Co. 1919 [1920]. [48 Seiten] [Textdarbietung hier nach der Online-Ausgabe auf https://www.marxists.org].

Zu jenen Schlagworten gehörte auch die Behauptung, Deutschland sei von den Ententemächten teuflischerweise eingekreist und dadurch zur Gegenwehr genötigt gewesen. Sie betörte selbst Leute, die zugaben, daß Deutschland nicht „mitten im Frieden" von den andern überfallen worden sei. Sie erwies sich – und erweist sich ja auch heute noch – als ein verhängnisvoll wirkendes Opiat zur Betäubung der Gewissen. Die Zeit des Krieges über ein Agitationsmittel der Parteien der Annexionen, ist sie heute ins Arsenal der unser Volk gegen die Republik und die Demokratie aufstachelnden und die Geister mit der Idee des Vergeltungskrieges betörenden Reaktion übergegangen und richtet noch immer Unheil an. Das wirksamste Mittel der Beeinflussung der Geister, die unablässige, dreiste Wiederholung einer Behauptung, als ob sie eine unantastbar festgestellte Tatsache ausdrücke, kommt ihr in hohem Maße zugute.

Kurz nachdem Karl Liebknecht bei mir gewesen war, fiel mir eine Nummer des Vorwärts betitelten Wochenblatts der Sozialdemokratie New Yorks mit einem Artikel in die Hand, der gerade diese Einkreisungsfrage behandelte und mir für die geplante Flugschrift außerordentlich geeignet erschien. Der Verfasser war zwar nicht ganz frei von dem Fehler so vieler sozialistischer Schriftsteller aus der Schule von Karl Marx und Friedrich Engels, im Gegensatz zum Beispiel, das diese Denker selbst gegeben, das ökonomische Motiv in der Geschichtserklärung zu übertreiben. Aber er legte doch hierbei eine stärkere Unterscheidungskraft an den Tag als man sie in der Regel findet. So nahm ich den Aufsatz zum Ausgangspunkt der Flugschrift.

Als diese aber fertig war, konnte ich mich nicht entschließen, sie Liebknecht für dessen Vereinigung zu übersenden. Es hatte sich inzwischen herausgestellt, daß diese den Kampf in der Partei unter Voraussetzungen und in Formen führten, die sich wesentlich von dem unterschieden, was ich für angezeigt und richtig hielt. Ein Vergleich zwischen dem gerade damals von Hugo Haase, Karl Kautsky und mir veröffentlichten Aufruf *Das Gebot der Stunde* und der zur selben Zeit von jener Seite behufs Unterzeichnung in Umlauf gesetzten Denkschrift gegen die Kriegspolitik der Mehrheitsfraktion der Sozialdemokratie wird dies klar erkennen lassen. Der Aufruf enthält sich jeder Kritik der Fraktion und sucht lediglich durch Vorführung einer Reihe von Tatsachen, die nach unserer Ansicht über die Natur des Krieges keinen Zweifel mehr ließen, auf das Urteil der Fraktion einzuwirken. Die Denkschrift aber übt an der Haltung der Fraktion selbst Kritik und läuft in eine Warnung an die Adresse der Fraktionsmehrheit aus, die schon einer förmlichen Kriegserklärung innerhalb der Partei sehr nahe kam. An einer Bewegung, die auf dergleichen abzielte, mochte ich mich, solange es irgend zu vermeiden war, weder direkt, noch indirekt beteiligen, und so lehnte ich es ab, die Denkschrift zu unterschreiben, und blieb auch den Zusammenkünften der Anhänger dieser Auffassung fern. Damit geriet meine Liebknecht gegebene Zusage in Vergessenheit, und das Manuskript blieb, weil niemand mehr danach fragte, in meinem Pult.

Wenn ich es nun aus diesem heraushole und an die Öffentlichkeit bringe, so veranlaßt mich dazu die oben schon betonte Tatsache, daß die in ihm behandelte Frage noch heute ihre Aktualität hat. Ja. genau zugesehen, fast noch größere Aktualität hat als zur Zeit des Krieges selbst. Solange dieser nicht beendet war, genügten für die große Masse der Nation und auch die Mehrzahl der Politiker seine einfache Tatsache und der Gedanke an die mit einer Niederlage verbundenen Gefahren, ihre Stellung zur Regierung und der Heeresleitung zu bestimmen; es war die objektive Prüfung der Ursachen des Krieges mehr eine innere Angelegenheit der Parteien als ein Gegenstand der öffentlichen Debatte. Heute aber ist die *Frage der Verantwortung für den Krieg* eine Angelegenheit von grundlegender Bedeutung für das ganze politische Leben der Nation. War das durch die Revolution des November 1918 entthronte System verantwortlich für den Krieg oder nicht, und in welchem Grade war es verantwortlich? Das ist die Frage, über welche die Nation sich klar werden muß.

Mit einem ungeheuren Aufwand von Geldmitteln und mit einem noch größeren Aufwand von Dreistigkeit im Umspringen mit den Tatsachen suchen die Anhänger des alten Systems dieses in den Augen der breiten Massen als das unschuldige Opfer böswilliger Ränke des Auslands und teils berechnet lügenhafter, teils kurzsichtiger Umtriebe seiner inneren Feinde hinzustellen. Von Seiten der berufenen Vertreter der Republik aber wird – das muß einmal von einem Nichtoppositionsmann rund heraus gesagt werden – die Aufklärung des Volkes über diese Fragen in unverantwortlicher Weise vernachlässigt. Wer sich im Volk bewegt und da bemerkt, welches

Unheil in den Köpfen aller Schichten der Bevölkerung die von den
Reaktionsparteien mit guter Wirkung für die Empfänglichkeiten der
Volksseele in Umlauf gesetzten handgreiflichen Unwahrheiten über
den Krieg anrichten, kann sich der Erkenntnis nicht verschließen,
daß auf diesem Gebiet noch unendlich viel nachzuholen ist, soll die
Republik nicht eines Tages sehr trübe Erfahrungen machen. Erwägungen dieser Art veranlassen mich, die nun ziemlich fünf Jahre alte
Broschüre mit einigen notwendig gewordenen Ergänzungen auf
den Markt zu bringen, und wenn es durch den *Verlag Neues Vaterland* geschieht, so soll dieser Name anzeigen, welche Interessen mich
dabei geleitet haben.

Berlin-Schöneberg, Ende Februar 1920
Ed. Bernstein

I. Ein Artikel
über die Legende von der Einkreisung

Nicht wenige Deutsche sind zu ihrer Stellungnahme zum Weltkrieg
durch die Meinung gekommen, Deutschland sei seit Jahren vorher
schon von den ihm feindlich gesinnten Mächten England, Frankreich und Rußland in solcher Weise „eingekreist" gewesen, daß
seine gesunde Entwicklung dadurch schwer gehemmt und seine Sicherheit beständig bedroht gewesen sei; so daß also der Krieg, ganz
gleichgültig, wer ihn schließlich herbeigeführt oder erzwungen
habe, eine *geschichtliche Notwendigkeit* gewesen sei, im Interesse der
freien Entfaltung der Kräfte Deutschlands früher oder später doch
unvermeidlich habe kommen müssen. Mit anderen Worten, daß die
Politik, die Deutschlands Regierung vor und beim Ausbruch des
Krieges verfolgte, für ersteres eine bittere Notwendigkeit gewesen
sei.

Mit dieser weitverbreiteten Ansicht, der vor der Öffentlichkeit
rückhaltlos entgegenzutreten in der Kriegszeit in Deutschland unmöglich war, rechnete der in der Einleitung erwähnte Leitartikel der
sozialdemokratischen New Yorker Volkszeitung ab; der von dieser in
deren Wochenblatt Vorwärts überging und dort in der Nummer vom

8. Mai 1915 abgedruckt ist. Als Stimme von nicht unmittelbar beteiligter Seite erschien er mir damals – und scheint er mir noch – der weitesten Verbreitung im deutschen Volke wert. In gedrungener Darstellung hebt er schlagend die Hauptgesichtspunkte hervor, die für die Beurteilung dieser Frage in Betracht kommen. Ich lasse ihn daher mit einigen unwesentlichen Auslassungen zunächst folgen, indem ich ihn der besseren Übersicht halber in kleine Abschnitte einteile. Er trug den Titel: *Die Legende von der deutschen Einkreisung.*

a) Die zwei imperialistischen Strömungen in Deutschland | „Die Meinung der deutschen Imperialisten ist gespalten. Die einen sehen in *England* den Feind, den Deutschland bis zum äußersten bekämpfen muß, die anderen rufen zu einem Vernichtungskampf gegen *Rußland* auf, das völlig niedergeworfen und in ,seine geschichtlichen Bestandteile' zerlegt werden müsse …

Diejenigen deutschen Imperialisten, die die Zukunft des ,Größeren Deutschlands' in *Vorderasien* sehen, erblicken naturgemäß in Rußland den Hauptfeind. Denn hier stoßen nach ihnen die deutschen Pläne auf die Expansionsbestrebungen Rußlands. Rußland will bekanntlich einen freien Ausgang zum Meere, über die Meeresengen und Konstantinopel, oder über Türkisch-Armenien und Alexandrette. In beiden Fällen würde Rußland zum faktischen Herrn Vorderasiens. Der fast 20jährigen deutschen türkischen Politik, die in der Bagdadbahn und in zahlreichen Industrieunternehmungen ihren Ausdruck findet, wäre damit ein Ende gemacht. Daher der Haß der *Rohrbach, Jaeckh* und der anderen Herren aus dem ,*Größeren Deutschland*' gegen Rußland.

Umgekehrt sind die Politiker, die keine konkreten Ziele verfolgen, sondern bloß unbestimmt für eine Machtpolitik schwärmen, *die Hasser Englands.* So vor allem die sogenannten *Alldeutschen* mit dem Grafen *Reventlow* an der Spitze, für die England der Feind ist … Zu ihnen gesellen sich auch die deutschen Agrarier, die *in Rußland den Hort der Reaktion* in Europa sehen und seine Macht als Gegengewicht gegen England erhalten möchten. Vor allem kommen hier nicht allein die engen verwandtschaftlichen Beziehungen zwischen den Höfen Petersburg und Potsdam in Betracht, sondern auch die *historische Interessengemeinschaft* der herrschenden Kreise *den Befreiungsbestrebungen der Polen gegenüber.* Mehr ins Gewicht fallen noch die handelswirtschaftlichen Beziehungen der kämpfenden Länder zueinander.

Während die deutsche Exportindustrie in Rußland einen sehr bedeutenden Markt hatte, stößt sie sonst auf die höchst unbequeme englische Konkurrenz. Es ist jedoch durchaus falsch, wenn man den jetzigen Krieg auf die Handelsrivalität zwischen Deutschland und England zurückführt. Es handelt sich vielmehr um einen Kampf um die *Weltmacht*stellung, die unter Umständen den herrschenden Klassen *Monopolgewinne* verschaffen könnte, keineswegs aber um die Eroberung von *Märkten*. Im Kampfe um Absatzmärkte entscheiden heute nicht Kanonen, auch nicht die 42-Zentimeter-Mörser. Die *Technik*, die *Billigkeit* und die *Güte* der Waren sind die schwere Artillerie, die die Märkte erobert. Trotzdem aber empfindet die Bourgeoisie die Konkurrenz der anderen Länder, die den Verdienst herabdrückt und zu technischen Verbesserungen zwingt, höchst unangenehm. Daher die erbitterte Stimmung der deutschen Industriellen gerade gegen England."

b) Die vermeintliche Einkreisung | „Als politisches Argument gegen England wird immer, leider selbst von Parteigenossen, das Schlagwort von der Einkreisungspolitik Englands angeführt. Da man in Deutschland nicht die volle Wahrheit über England sagen darf, so wollen wir hier auf dieses Argument etwas naher eingehen.

Unter der Einkreisungspolitik versteht man Bemühungen Englands, die Bundesgenossenschaft der europäischen Festlandsmächte gegen Deutschland zu gewinnen. Diese Politik nahm danach ihren Anfang vor ungefähr einem Jahrzehnt. Anfang 1904 wurde die Entente zwischen England und Frankreich und 1907 das Abkommen Englands mit Rußland geschlossen. Ungefähr bis 1908/9 dauern die Bemühungen Englands, Österreich und Italien zu gewinnen. Das sind die Tatsachen der ‚Einkreisungspolitik'. Welches ist aber ihr politischer Sinn und Hintergrund?

Lassen wir den schlimmsten Feind Englands unter den deutschen Imperialisten, den Grafen *Reventlow*, selbst sprechen. In seinem Geschichtswerke über die deutsche auswärtige Politik sagt er darüber selbst folgendes (S. 232):

‚Von entscheidender Bedeutung für die Beurteilung der damaligen deutschen Politik und ihrer im vollen Sinne des Begriffes grund-

236

legenden Folgen ist die Tatsache, daß die entschiedene Annäherung Englands an Frankreich im selben Augenblicke erfolgte, wie die Abkehr von Deutschland … Hätte sich der, jenseits der Nordsee (also in England) *gewünschte* englisch-deutsche Zusammenschluß damals vollzogen, so würde zweifelsohne die *Entente cordiale* zwischen Frankreich und Großbritannien nicht eingetreten sein. Zu einer *Entente cordiale* mit dem Deutschen Reiche bedurfte Großbritannien keine mit Frankreich … Großbritannien braucht aber notwendig *eine* der großen Festlandsmächte, und als die britischen Staatsmänner sahen, daß Deutschland im Gegenteil auf die Freundschaft Rußlands entscheidenden Wert legte, da vervielfachte sich jene Notwendigkeit für Großbritannien.'

Hier gibt also Reventlow offen zu, daß England ein Abkommen mit Deutschland wünschte. In der Tat machte England Deutschland *wiederholt Vorschläge für ein Zusammengehen*. Deutschland lehnte immer ab, und nicht nur deshalb, weil es die Freundschaft Rußlands vorgezogen hat, das zu dieser Zeit der gefährlichste Gegner Englands war. Vielmehr kamen *machtpolitische Fragen* in Betracht. Die Flotten-Politik Deutschlands, die durchaus gegen England gerichtet war, bildete das Moment des Gegensatzes zwischen diesen Ländern, und auch von diesem Standpunkte aus wurde dann die Entente mit Frankreich geschlossen:

,Daß der rein maritime Gesichtspunkt', meint Reventlow (S. 246) ,eine der Hauptursachen bildete (für die Bildung der Entente), ist nicht zu bezweifeln … Die britische Admiralität und Regierung waren sich darüber klar, daß das Anwachsen des neuen, des deutschen Flottenfaktors in der Nordsee andauern werde.'

Infolgedessen schloß England das Abkommen mit Frankreich, um seine ganze Flotte in der Nordsee konzentrieren und immer schlagfertig halten zu können.

Es steht also unerschütterlich fest, daß es *die deutsche Flottenpolitik* war, die England in die Arme Frankreichs trieb. Die gleiche Ursache bewirkte das Abkommen zwischen England und Rußland.

,Vom Boden der damals allgemeinen Lage aus urteilend, finden wir,' sagt Reventlow, ,tatsächlich nur eine einzige praktische Möglichkeit für die deutsche Politik, das Trio: Großbritannien-Frankreich-Rußland unmöglich zu machen. Dieser Weg war der seinerzeit von J. Chamberlain gewiesene: Abkehr von Rußland, Anschluß an

Großbritannien, im Verein mit Japan und eventuell den Vereinigten Staaten …'

Die Bedingung wäre aber, daß Deutschland auf eine starke Flotte verzichten müßte. Das wollte aber der neue Kurs der deutschen Politik nicht. Die Folge war der Anschluß Englands an die anderen Festlandsmächte.

,Die Tatsache des englisch-russischen Abkommens war eine Folge jener Entscheidung der Bülowschen Politik (eine starke Flotte zu bauen); sie erwuchs konsequent aus ihr in dem Augenblicke, wo die japanischen Waffen sich endgültig siegreich gezeigt hatten.' (S. 295/96)"[2]

c) Verhängnisvolles Großtuen | „Die englische Antwort auf die deutschen Anschuldigungen ist die, daß die europäische Isolierung Deutschlands den Fehlern seiner eigenen Politik zuzuschreiben ist, vor allem dem *Bestreben, an allen Welthändeln seinen Teil zu haben.* ,In keinem Teile der Welt konnte ein Vertrag geschlossen, ein Abkommen getroffen werden,' schreibt der Engländer James W. Headlam in seiner Schrift England, Deutschland und Europa auf Seite 44, ,ohne daß Deutschland seine Stimme vernehmen ließ, um mit überflüssigem Nachdruck zu erklären, daß *ohne seine Zustimmung kein Abkommen* getroffen werden dürfe.' Das war wirklich so, und es ist ein leichtes, aus der Feder deutscher Schriftsteller Bestätigungen dieser

---

[2] Die Zitate sind der Anfang 1914 erschienenen ersten Auflage des Reventlowschen Buches entnommen. In den während des Krieges erschienenen späteren Auflagen sagt Graf Reventlow unverzagt wiederholt das Gegenteil von dem, was er in der ersten Auflage geschrieben. Dort hieß es noch auf Seite 390: „Man kann den englischen Staatsmännern wohl glauben, daß sie einen deutsch-französischen Krieg vermieden wissen wollen. Sie sind sich nicht im unklaren darüber, daß England dabei wahrscheinlich nichts zu gewinnen und ebenso wahrscheinlich sehr viel zu verlieren habe … Das Deutsche Reich ist schon durch seine Fähigkeit, in Kriegszeiten die ganze Bevölkerung aus dem eigenen Boden zu ernähren, weit sicherer fundiert. Genug, das *heutige Großbritannien* wünscht einen großen, europäischen Krieg, wie die Dinge zum Schluß 1913 liegen, nicht." – In den späteren Auflagen wurden im krassen Gegensatz dazu die Dinge so verarbeitet, daß der Leser zum unabweisbaren Schluß sich genötigt sieht, England habe den Krieg seit langem geplant und gewollt. Die erste Auflage aber war merkwürdig schnell aus dem Buchhandel verschwunden. *Ed. B.*

Beschuldigung Deutschlands anzuführen.[3] Auf ein Beispiel möge aber hier in diesem Zusammenhange hingewiesen werden.

Nachdem Rußland sich in Ostasien eine schwere Niederlage geholt hatte, begann Deutschland einen starken Druck auf Frankreich wegen Marokko auszuüben. Nicht weil Deutschland in Marokko große Interessen hatte, nicht um von einem Stück Marokko Besitz zu nehmen, sondern, wie der ‚sozialdemokratische‘ Lobredner des deutschen Imperialismus, Dr. Paul Lensch, selber zugibt, tun gegen die *beleidigende Nichtachtung* Deutschlands zu protestieren. Es begann damit eine Politik, die *nur um Haaresbreite um den Ausbruch des Krieges herumsegelte …* ‘ (Die deutsche Sozialdemokratie und der Weltkrieg, Seite 10/11.)

Es war und bleibt bis heute die reine Prestigepolitik, die Deutschland treibt. Auf die Frage, warum Deutschland und Österreich nicht an einer Konferenz teilnehmen wollten, die den Streit zwischen Österreich und Serbien schlichten könnte, hat die deutsche Regierung nur eine Antwort: es wäre *einer Großmacht unwürdig*, ihren Streit mit einem Kleinstaat vor das Forum der anderen Mächte zu tragen, und für diese Prestigepolitik legten sich noch ‚Genossen‘ ins Zeug! …

Natürlich kümmerte sich Deutschland um andere Ambitionen durchaus nicht, wenn es seine Ziele verfolgt. Die Annexion von Bosnien und der Herzegowina fand statt *ohne und gegen den Willen der anderen Mächte*, die mit Deutschland und Österreich-Ungarn den Berliner Frieden gemacht und das Schicksal dieser Länder bestimmt hatten …“

d) Widersprüche des Schlagwortes | „Trotzdem ist es durchaus falsch, daß Deutschland in Europa völlig isoliert dastand. Es genügt, auf die Potsdamer Zusammenkunft Wilhelms II. und Nikolaus vom 10. Dezember 1911 hinzuweisen, wo diese beiden ‚befreundeten‘ Monarchen nicht nur von neuem festgestellt haben, daß sich beide Regierungen in keinerlei Kombinationen einlassen, die eine aggressive Spitze gegen den anderen Teil haben könnten, sondern auch wichtige Abmachungen über die Verteilung der Einflußsphären in Vorderasien getroffen haben.

---

[3] Headlam, an eine Deutsche verheiratet, war bis zum Ausbruch des Krieges entschiedener Deutschfreund. *Ed. B.*

Auch zwischen England und Deutschland hatten sich die Verhältnisse bedeutend verbessert, und ein ähnliches *Abkommen über Vorderasien und Zentralafrika* war schon vor dem Ausbruch des Krieges fertig. Dieses Abkommen war *für Deutschland durchaus vorteilhaft,* selbst nach dem Zeugnis der Herren deutschen Imperialisten selbst. So schreibt *Rohrbach:*

,In Afrika war uns die englische Politik *überraschend weit entgegengekommen.* In der Türkei war nicht nur in der Bagdadbahnfrage *dem deutschen Standpunkte weitgehend Rechnung getragen,* sondern auch die damit zusammenhängenden Angelegenheiten, die Ausbeutung der mesopotamischen Petroleumfelder und die Tigrisschiffahrt, die England schon ganz allein in Besitz gehabt hatte, waren *unter deutscher Beteiligung* geregelt ...' (Rohrbach, Der Krieg und die deutsche Politik, S. 85).

Wie kann man nach alledem sagen, England habe danach gestrebt, Deutschland zu isolieren und es in seiner wirtschaftlichen und weltpolitischen Ausdehnung zu hindern? ... Noch in der allerletzten Zeit trat England mit dem Vorschlag an Deutschland heran, einen ,Modus vivendi' für ein Zusammengehen zu finden. Voraussetzung dafür war allerdings ein Übereinkommen über den Flottenbau Deutschlands. Deutschland forderte von England, daß es in einem europäischen Kriege neutral bleiben solle. England wollte aber bloß versprechen, sich an einen ,unprovozierten Angriff auf Deutschland' nicht zu beteiligen ... Unter keinen Umständen aber konnte und wollte England die Machtausdehnung Deutschlands auf dem Kontinent, vor allem auf Kosten Frankreichs, Belgiens oder Hollands zulassen. Selbst die politische Herrschaft über diese Staaten durfte England nicht ohne Krieg erlauben. Das wußte Reventlow, das wußte auch die deutsche Regierung sehr gut. England hat auch keinen Zweifel aufkommen lassen, daß es in diesem Falle an einem Kriege nicht unbeteiligt bleiben werde.

,Das Ergebnis,' sagt Rohrbach, ,*wenn England neutral blieb,* konnte leicht die *vollkommene Niederwerfung Frankreichs* und die siegreiche Zurückweisung des russischen Angriffs sein ... Wir dürfen uns also nicht darüber täuschen, daß es sich für England *keineswegs einfach um die Frage: neutral oder nicht neutral* gehandelt hat, sondern um die viel weitergehende: in Zukunft möglicher –, ja *wahrscheinlicherweise* einem *neuen Deutschland* gegenüberzustehen, das *imstande sein würde*, vielleicht die *Überlegenheit* über England zu erwerben.'"

e)   Ein Sozialdemokrat, der die bürgerlichen Imperialisten noch überbietet | „So die deutschen Imperialisten selbst, und der deutsche sozialdemokratische Reichstagsabgeordnete, Dr. Lensch, erhebt sich zu der Behauptung, England habe *lediglich deshalb* am Kriege teilgenommen, um in der Zukunft die Welt zu beherrschen, halbe Kontinente zu verschlingen und ganze Länder *versklaven zu können*. Man weiß nicht, ob man sich mehr über die Unwissenheit und die .... dieses neugebackenen ‚Sozialimperialisten' oder aber über die Tatsache wundern soll, daß seine durchaus ...... mit chauvinistischem Geiste eines unerträglichen ‚Großdeutschen' erfüllte Schrift im Parteiverlag des Vorwärts erscheinen konnte ... Man darf allerdings bemerken, daß die Redaktion unseres Zentralorganes auf die Geschäftsführung des Verlages keinen Einfluß hat und daß der Vorwärts diese Schrift als das gewürdigt hat, was sie in der Tat ist, als eine mangelhafte Abschrift der imperialistischen Schriften bürgerlicher Autoren ...

Immerhin hat die Feindschaft gegen England selbst in deutschen Arbeiterkreisen Wurzel gefaßt, insbesondere in Hamburg, der Handels- und Reederstadt Deutschlands, die in London ihre Konkurrentin sieht. Es ist deshalb notwendig, die Politik Englands einer objektiven Kritik zu unterwerfen. Wir haben daher die deutschen Imperialisten selbst über England sprechen lassen. Wir könnten die Auszüge aus ihren Werken noch um das Vielfache vermehren, aus denen hervorgeht, daß England im Grunde die bestehenden Zustände verteidigt, die für es allerdings vorteilhaft sind, während Deutschland, das klagt, bei der früheren Weltteilung nicht zugegen gewesen zu sein, eine neue Verschiebung in den Weltverhältnissen hervorrufen will. Vor allem möchte es die belgischen und portugiesischen Kolonien und einen Teil der französischen Kolonien nehmen, womöglich aber auch über Ägypten und Vorderasien allein gebieten. Politisch tritt zweifelsohne Deutschland als Angreifer auf, während England sich auf den ‚Status quo' beruft. England gegenüber steht Deutschland geschichtlich im Unrecht; anders aber Rußland gegenüber."

Soweit der Artikel des New Yorker ‚Vorwärts‘. Er konnte natürlich das Thema nicht in bezug auf alle in Betracht kommenden Punkte behandeln, und seine Fortsetzung ist mir nicht zu Gesicht gekommen. Daher sei er hier noch durch einige Kapitel ergänzt.

f) Aus der Geschichte der „Einkreisung" | Im letzten Jahrfünft des 19. Jahrhunderts hatten sich die Beziehungen zwischen Frankreich und England infolge verschiedener Streitigkeiten auf dem Gebiet der Kolonialpolitik – die Fragen Siams, des Sudans, (Faschoda!), Madagaskars, der Neufundland-Fischerei – so zugespitzt, daß es darüber beinahe zum Krieg zwischen den beiden Nationen gekommen wäre. Während aber demokratische Engländer sich darauf verlegten, eine Aussöhnung mit Frankreich anzubahnen, suchte die damalige konservativ-unionistische Regierung, durch eine Abmachung mit Deutschland sich einen möglichen Bundesgenossen gegen Frankreich zu sichern. „Deutschland ist der geborene Bundesgenosse Englands", verkündete am 30. November 1899 ihr energischstes Mitglied, der Kolonialminister Joseph Chamberlain in einer großen Rede zu Leicester, und 1901 trat er mit bestimmten Vorschlägen an Deutschland heran, ohne aber die erhoffte Gegenliebe zu finden. Dies und die im Gegenteil mit fieberhaftem Eifer betriebene Vergrößerung der deutschen Kriegsflotte legten es den maßgebenden Politikern Englands nahe, nun doch einen Ausgleich mit Frankreich nach dem Grundsatz von Geben und Nehmen zu versuchen. Es ward ihnen das durch die Mitwirkung des damals gerade auf den englischen Thron gelangten Eduard VII. erleichtert, der ein alter Freund der Franzosen war, und so kam 1904 das Abkommen zustande, das in einem Freundschaftsbündnis allgemeiner Natur eine Art Weihe fand. Es erhielt denselben Namen, den wenige Jahre vorher eine von dem radikal-demokratischen Schriftsteller W. Thompson, Chefredakteur von Reynolds Newspaper gegründete englisch-französische Vereinigung sich gegeben hatte, nämlich *Entente cordiale*, wörtlich: herzliches Einvernehmen, was andeuten sollte, daß es keinen punktierten Bündnisvertrag darstellte.

Nun hatte zu jener Zeit Frankreich längst sein Bündnis mit Rußland geschlossen. Von dem Augenblicke an, wo England in intimere

Beziehung zu Frankreich trat, war infolgedessen damit der Sache nach auch schon dessen Freundschaftsbündnis mit Rußland angezeigt. Das eine Einvernehmen konnte nicht ohne das andere sein. Eines zog das andere mit Notwendigkeit nach sich. 1907 ward denn auch ein ähnliches Abkommen zwischen England und Rußland vereinbart, womit zwischen den drei Großmächten, die Deutschland von Westen, Nordwesten, Osten und Nordosten her umgeben, eine diplomatische Vereinigung geschaffen war, der „Tripleentente" (deutsch: *Einvernehmen zu dritt*) genannte Freundschaftsbund, der natürlich, wenn er sich feindselig gegen Deutschland kehrte, diesem leicht unbequem werden konnte, den aber nach Lage der Dinge Deutschland doch nur zu fürchten hatte, wenn es selbst eine aggressive Politik verfolgte. Etwas später erfolgte eine längst angebahnte Verständigung mit Italien, die indes dessen Bündnis mit Deutschland und Österreich-Ungarn unberührt ließ, wenn sie auch seinen Wert für Italien naturgemäß verminderte. Dies die schreckliche Einkreisung Deutschlands. Sie ist nicht das Werk eines weitausgreifenden, mit teuflischem Geschick gesponnenen Planes, sondern im wesentlichen ein Produkt der Umstände, bei dem es fraglich ist, wer mehr dazu beigetragen hat, ihr Geburtshilfe zu leisten: das Unterhändlertalent Eduards VII. oder das Talent der Staatskunst Wilhelms II., Mißtrauen gegen sich zu erregen.[4]

g) Die Staatskunst der gepanzerten Faust | Als nach Abschluß des englisch-französischen Abkommens am 19. April 1904 der damalige englische Staatssekretär des Äußeren, Lord Lansdowne, die Schriftstücke über diese Abmachung dem Haus der Lords vorlegte, bemerkte der Wortführer der liberalen Opposition in der Peerskammer, der radikale Lord Spencer („Bobby Spencer"), er könne nicht umhin, der Hoffnung Ausdruck zu geben, daß der gleiche Erfolg, der diese Unterhandlungen gekrönt habe, auch die Ausgleichung der *mit anderen Ländern* obwaltenden Differenzen begleiten möge. Worauf Lord Lansdowne in seiner Antwort folgende Erklärung abgab:

---

[4] Die Briefe Wilhelms II. an Nikolaus II., deren Inhalt letzterer schwerlich in seinem Busen bewahrt hat, waren nur zu geeignet, dies Mißtrauen zu nähren.

„Ich füge nur noch hinzu, daß ich dem Widerhall zu geben wünsche, was der edle Lord am Schluß seiner Ausführungen gesagt hat, und die Hoffnung ausdrücken, die ich mit ihm hege, daß das in diesem Fall erreichte Abkommen ein nützliches Vorbild abgeben möge für unsere Verhandlungen mit andern Mächten." (Vgl. den damaligen amtlichen Bericht, dem dies und die folgenden Zitate entnommen sind.)

Eine bestimmtere Sprache in diesem Sinne ward im Haus der Gemeinen geführt, wo das Abkommen am 1. Juni 1904 zur Verhandlung kam. Dort erklärte der Regierungsvertreter Earl Percy:

„Das Abkommen wird, so hoffe ich, sich nicht nur als sehr nützlich für diejenigen erweisen, für die unser Einfluß geltend gemacht worden ist, sondern auch *ein brauchbares Muster* abgeben für die Ausgleichung von anderwärts zwischen uns und rivalisierenden Nationen obwaltenden Differenzen, die in hohem Grade zur Mehrung jener Gefühle von Eifersucht und Mißtrauen beigetragen haben, infolge deren die Ausbreitung des Einflusses des Westens so sehr hintenangehalten worden ist."

Für die in der Opposition befindlichen Liberalen erwiderte Sir Edward Grey:

„Ich heiße die Vereinbarung willkommen und hoffe, wie dies der edle Lord erklärt hat, daß die Regierung *keine Gelegenheit vorübergehen lassen* wird, sie als praktisches Muster für andere Fälle zu benutzen, wo dies möglich ist."

Und Greys Parteigenosse, Augustine *Birrel,* schloß drei Wochen später, am 20. Juni 1904, in seinem Wahlort Bristol, eine politische Programmrede mit den Worten:

„England muß auf der Bahn, die es durch das Abkommen mit Frankreich beschritten hat, weiterwandeln und *Verträge gleicher Art mit stammesverwandten Nationen abschließen.*"

Ebenso schrieb das Organ der Regierungspartei, der konservative Standard am 23. Juni 1904:

„Nichts würde der englischen Nation mehr gefallen, als wenn in den politischen Zirkeln *Deutschlands* sich eine freundliche Stimmung gegenüber England als im Zunehmen begriffen feststellen ließe. Mit dem Volk, als einer Summe von Individuen, ist es niemals zu einer ernsten oder doch nicht zu einer andauernden Feindschaft gekommen."

Zwei Tage darauf erfolgte der Besuch Eduards VII. in *Kiel* und ein Austausch von Freundschaftsreden zwischen Wilhelm und dem englischen König. Wie viel oder wie wenig Gewicht man nun auch Monarchenbesuchen und den dabei üblichen Reden beilegen mag, so war doch in diesem Fall der Besuch eine ziemlich deutliche Unterzeichnung der obigen Parlamentsreden. In Hinblick auf ihn hatte der Standard in dem zweiten Artikel noch ausgeführt, daß eine freundliche Verständigung mit Deutschland über koloniale Fragen sehr wohl möglich sei, wenn sie auch nicht schon in Kiel sofort abgeschlossen werden könne.

Warum ist sie aber nicht wenigstens, kann man fragen, in der Folge jenes Besuchs eingetreten? Die Tangerfahrt von 1905 mit der gepanzerten Faust gibt die Antwort darauf. Sie veränderte mit einem Schlage die politische Situation. Nachdem die deutsche Regierung 1904 in Antwort auf eine Interpellation im Reichstag kategorisch erklärt hatte, daß durch das englisch-französische Abkommen über Ägypten und Marokko deutsche Interessen in keiner Weise berührt würden, ward im März 1905 plötzlich jene Fahrt unternommen und mit Reden und Erklärungen ergänzt, die allseitig als eine Aufstachelung des reformfeindlichen Sultans von Marokko gegen das auf Reformen drängende Frankreich aufgefaßt wurden, für das England in der Marokkofrage einzutreten verpflichtet war.

Die Ansprache, die Wilhelm II. an den ihm entgegengesandten Oheim des Sultans hielt, betont wiederholt und demonstrativ, daß er den Sultan als einen „unabhängigen Souverän" aufsuche, und läuft in die Erklärung aus, er, Wilhelm, wolle mit dem Sultan als „völlig freien Souverän" sich über die besonderen Mittel verständigen, Deutschlands Interessen in Marokko zu schützen. „Was die *Reformen* anlangt," heißt es dann wörtlich, „die der Sultan zu machen beabsichtigt, so scheint es mir, daß er *mit großer Vorsicht vorgehen muß*, indem er Rücksicht nimmt auf die religiösen Gefühle der Bevölkerung, damit die öffentliche Ordnung nicht gestört wird".

Diese mit Sorgfalt vorher ausgearbeitete Rede aus dem Munde des Mannes, der 1898 sich der muselmännischen Welt als ihr Schutzherr präsentiert hatte, konnte nicht anders als ein Drohwort an die Adresse Frankreichs aufgefaßt werden, das durch seine an Marokko angrenzende Kolonie Algier in weit höherem Grade als Deutschland an der Schaffung gesetzlicher Zustände im ersteren Lande, interessiert war, mit dem seine Beziehungen obendrein auf Jahrhunderte zurückgehen. Sie rief denn auch in Frankreich ungeheure Aufregung hervor, und es hat nur wenig gefehlt, daß es darüber zum Krieg kam. Das herausfordernde Auftreten Deutschlands zu jener Zeit ist von Kurt Eisner in seiner 1904 erschienenen Schrift Der Sultan des Weltkrieges (Dresden, Kaden & Co.), auf Grund sorgfältigen Studiums der diplomatischen Akten mit prophetischem Blick für die Folgen gekennzeichnet worden.[5]

Aus seinem Buch ersieht man unter anderm, daß, wenn der Krieg damals vermieden wurde, dies in hohem Grade dem großen Sozialisten Jean Jaurès geschuldet war. Denn Jaurès war es, der, von seiner Partei unterstützt, in den kritischen Tagen sich als der sicherste und stärkste Beistand des auf Erhaltung des Friedens bedachten französischen Ministerpräsidenten *Rouvier* bewährte und den Rücktritt des Staatssekretärs des Äußern Delcassé erwirkte, der von der Berliner Regierung als Gegenstand ihres besonderen Mißtrauens hingestellt worden war. Aber Jaurès hatte auch in der Humanité geschrieben:

„Unser Land wünscht leidenschaftlich den Frieden. Es würde einen Konflikt nicht leichten Herzens hinnehmen … Aber diese Klugheit bedeutet nicht Furcht. Wenn Frankreich das Ziel eines schändlichen und ungerechtfertigten Angriffes würde, so würde es sich mit allen seinen Lebenskräften gegen ein solches Attentat erheben." (Eisner, a. a. O., S. 59.)

---

[5] Daß Eisner der damaligen deutschen Politik nicht unrecht getan hat, ist später aus offiziösem Munde eingestanden worden. Klassisches Zeugnis hat z. B. dafür im Augustheft 1916 der Preußischen Jahrbücher der mit dem Auswärtigen Amt damals in enger Beziehung stehende Geschichtsprofessor *Veit Valentin* in einer Polemik mit dem Grafen Reventlow abgelegt. Gegen diesen, der in der neuen Auflage seines vorerwähnten Buches der deutschen Politik es zum Vorwurf machte, 1905 zu friedliebend gewesen zu sein, schreibt Valentin: „Weiß Graf Reventlow nicht, daß unsere Leitung im Sommer 1905 Drohungen an Frankreichs Adresse hat gelangen lassen, die *von der ‚unbedingten Friedensliebe' sehr weit entfernt waren,* und deren Erfolg es gewesen ist, Frankreich und England auseinander zu treiben? Ebensowenig kommt der bedeutende taktische Erfolg Bülows, die Entlassung Delcassés, zu einer sachgemäßen Darstellung." – Selbstverständlich konnten die Erfolge, die Herr Valentin da der deutschen Politik zuschreibt, nur Tageserfolge sein, während die verbitternde Wirkung ihres Vorgehens auf die Geister noch lange vorhielt. Übrigens hatte es mit jenen Erfolgen, wie oben ersichtlich, auch sonst seine Bewandtnis.

Berlin zog sich hinter die Forderung einer internationalen Mächtekonferenz zur Regelung der Marokkofrage zurück, womit das so pomphaft verbürgte Eintreten für die „volle Unabhängigkeit" Marokkos grundsätzlich schon wieder aufgegeben war, und Frankreich willigte, um den Krieg zu vermeiden, ein. War das ein Erfolg, so wird selbst der blindeste Lobredner der damaligen Berliner Politik den Ausgang der dann in Algeciras abgehaltenen Konferenz nicht als einen solchen hinzustellen wagen. Sie mußte in dem Punkt, auf den es ihr angekommen war, nachgeben und sich mit einigen Zugeständnissen kommerzieller Natur begnügen, die auch ohne das Heraufbeschwören der Kriegsgefahr hätten erzielt werden können. Nur den Vertreter Österreichs fand sie in Algeciras an ihrer Seite, sonst hatte sie sich mit ihrer Unterstützung der reaktionären Tendenzen des Sultans Abdul Asis gründlich selbst „eingekreist".

Es dauerte eine gute Weile, bis die üble Nachwirkung dieser Aktion sich einigermaßen legte. Der Eindruck, daß es sich um einen deutscherseits vom Zaun gebrochenen Streit handelte, war im Ausland ziemlich allgemein, und in Frankreich war die Anschauung weit verbreitet, Deutschland habe den Umstand, daß Rußland durch die im Krieg mit Japan erlittene Niederlage für eine Weile entkräftet war, zu einem Krieg mit Frankreich ausnutzen wollen. „Bernstein, wir haben 25 Jahre vergebens für den Frieden gearbeitet," sagte der damals in Berlin lebende Mitbegründer des seinerzeit am entschiedensten international gesinnten marxistischen Flügels der französischen Sozialisten, Duc Quercy, niedergeschlagen zum Schreiber dieses, und Jaurès, um die möglichst starke Sicherung des Friedens bemüht, betrieb auf dem Internationalen Sozialistenkongreß, der 1907 in Stuttgart zusammentrat, die Annahme einer Resolution, welche die Sozialisten aller Länder verpflichten sollte, die Kriegserklärung mit dem Generalstreik zu beantworten.

Grundfalsch ist es, mit Veit Valentin zu behaupten, daß Deutschlands schroffes Auftreten von 1905 den Erfolg gehabt habe, „Frankreich und England auseinanderzutreiben". Was damals in England auseinanderbrach, war die konservative und unionistische Regierung, aber nicht wegen außenpolitischer Fragen, sondern im Streit um die Handelspolitik (Chamberlains Reichszollverband-Plan). Sie trat Ende 1905 zurück und wurde durch das stark pazifistisch gesinnte radikale Kabinett Campbell Bannermann-Asquith-Grey er-

setzt, das allerdings für eine kriegerische Unterstützung Frankreichs
nicht zu haben gewesen wäre, wenn dieses durch schroffes Auftreten Deutschland einen Kriegsvorwand geliefert hätte. Wie aber Grey
in seiner großen Rede vom 3. August 1914 dem Haus der Gemeinen
mitgeteilt hat, hat er jedoch damals dem Botschafter der französischen Regierung erklärt und dies gleichzeitig auch die deutsche Regierung wissen lassen, daß, wenn Frankreich aus Anlaß des mit England 1904 geschlossenen Vertrags in Sachen Marokkos ein Krieg aufgezwungen werden sollte, nach seiner Ansicht die öffentliche Meinung Englands „zur materiellen Unterstützung Frankreichs sich zusammenfinden würde."

Außerdem machte Grey im Einverständnis mit seinen obengenannten Kollegen und dem Minister Haldane, der damals das
Kriegsamt unter sich hatte, der französischen Regierung das weitere
Zugeständnis, daß die Heeres- und Marinesachverständigen beider
Länder von Zeit zu Zeit sollten zusammenkommen dürfen, um sich
über ihre Anordnungen zu unterhalten. So wenig waren die Kabinette auseinandergetrieben. Zwar hieß es in der Abmachung noch,
daß nichts, was zwischen diesen Sachverständigen vorgehen sollte,
die Regierungen selbst in irgendeiner Weise binden dürfe. Aber
diese Klausel hatte wohl einen Wert für die Gewissen der Vereinbarer der Abmachung, änderte aber nichts daran, daß das Endresultat
der Tangerfahrt das war, die beiden Länder in ein festeres Verhältnis zueinander zu bringen, als vorher zwischen ihnen bestanden
hatte.

Bei alledem blieb die auswärtige Politik des Kabinetts Campbell
Bannermann der Absicht nach entschieden pazifistisch. Es gab dieser Tendenz dadurch greifbaren Ausdruck, daß es in seinem ersten
Budget die Ausgaben für die Flotte um über 40 Millionen Mark herabsetzte. Die deutsche Regierung ließ sich jedoch nicht veranlassen,
ihrerseits von einer fortgesetzten Steigerung des Flottenbudgets absehen. Sie verhinderte vielmehr durch ihren Einspruch, daß auf
dem Haager Friedenskongreß von 1907 die Frage der Einschränkung der Rüstungen verhandelt wurde, und kam schon im Jahr darauf mit einem neuen Flottenbauplan heraus.[6] Sie unterstützte 1908

---

[6] Er bestand darin, daß die Lebensdauer der Linienschiffe von 25 auf 20 Jahre
herabgesetzt wurde, was den Bau von 5 weiteren Linienschiffen für die nächsten

Österreich, als es den politischen Umschwung in der Türkei zum Anlaß nahm, Bosnien zu annektieren, und damit die Balkanfrage aufs neue ins Rollen brachte. Andererseits machte sie Frankreich mit Bezug auf dessen Sonderstellung in Marokko Zugeständnisse, und es kommt 1909 zu einem deutsch-französischen Abkommen über die Auslegung strittiger Punkte des Vertrags von Algeciras, in dem Deutschland ausdrücklich anerkennt, daß „die *besonderen* politischen Interessen Frankreichs in Marokko dort auch mit der Festigung der Ordnung und Festigung des Friedens im Innern verbunden sind." Bei den Besuchen Eduards VII. in Deutschland kommt ein immer stärkerer Wunsch nach Ausgleichung von Differenzpunkten zum Ausdruck, gegenseitige Besuche Wilhelms II. und Nikolaus II. geben 1910 zu Kundgebungen Anlaß, wonach die Beziehungen der beiden Kaiserreiche Rußland und Deutschland nichts zu wünschen übrig lassen. Vom Tripolis-Abenteuer Italiens abgesehen, bot die Welt einen so friedlichen Anblick wie seit langem nicht.

Da erfolgte im Sommer 1911 plötzlich der „Panthersprung", die Entsendung des deutschen Kriegsschiffes Panther nach Agadir an der Westküste Marokkos, der Streit um Frankreichs Rechtsstellung in diesem Land wird von neuem aufgerollt und gestaltet sich zum Streit um die Forderung Deutschlands nach einer für den Verzicht auf Marokko zu gewährenden Entschädigung. Nachdem er in Deutschland einen Entrüstungssturm gegen England herbeigeführt hat wegen einer Rede Lloyd Georges, in der dieser erklärt hatte, England könne auf sein Recht, in der Marokkofrage gehört zu werden, nicht verzichten, wird er nach langen Unterhandlungen, die zweimal ins Stocken gerieten und durch einen Krieg beendet zu werden drohten, im Herbst 1911 mühsam geschlichtet. Auf der einen Seite wird er in seiner akuten Gestalt durch das französisch-deutsche Abkommen vom November 1911 behoben, durch das Deutschland seine Entschädigung in Gestalt des später Neukamerun bezeichneten Teils des französischen Kongo erhält, auf der andern erfolgt Anfang 1912 nach vorhergegangenen unverbindlichen Anknüpfungsversuchen die Reise des englischen Staatsministers Haldane nach Berlin, die den Zweck hat, durch offene gegenseitige Aussprache Behebung der Streitigkeiten zwischen England und

---

Jahre notwendig machte.

Deutschland zu erzielen, die also jedenfalls nicht Einkreisungspolitik hieß. Infolge welcher Forderungen Deutschlands ein voller Erfolg nicht erzielt werden konnte, ist bekannt. England sollte sich verpflichten, so verlangte man in Berlin, neutral zu bleiben, falls Deutschland ein Krieg „aufgezwungen" werden würde. Welcher Dehnbarkeit der Begriff „aufgezwungen werden" fähig ist, braucht heute nicht erst des breiteren entwickelt zu werden. Es hat noch keine Macht einen Krieg erklärt, ohne ihn damit zu begründen, daß sie zu ihm *gezwungen* worden sei. Der Verdacht, daß die Forderung auf eine Fortsetzung der Politik der gepanzerten Faust hinauslaufe, wird begreiflich, wenn man berücksichtigt, daß sie gestellt wurde, ehe noch ein Jahr seit dem Panthersprung nach Agadir verstrichen war.

h) Die kolonialpolitische Rückwirkung des Zustandekommens der Triple-Entente | Unter zwei Gesichtspunkten konnte die „Einkreisung" Deutschlands diesem Grund zum Mißvergnügen geben: als Gefährdung oder direkte Schädigung seiner kolonialpolitischen Entwicklung und als Gefährdung oder direkte Schädigung seines Handels- und Wirtschaftslebens im allgemeinen. Was das erstere betrifft, so wird von den deutschen Imperialisten erklärt und von einigen Sozialdemokraten wiederholt, die Triple-Entente habe sich in der Praxis als „Länderverteilungssyndikat" betätigt, das Riesengebiete unter sich verteilt und Deutschland das leere Nachsehen gelassen habe. Nimmt man aber die Liste der Gebiete, die in solcher Weise verteilt worden sein sollen, in näheren Augenschein, so wird man finden, daß es sich da entweder um Länder oder Provinzen handelt, die, wie Ägypten, Marokko, Nordpersien, schon vor dem Zustandekommen der Triple-Entente in irgendeiner Form dem Interessengebiet der diese bildenden Mächte angehörten, oder aber um Gebiete (Südpersien, Arabien), die selbst 1914 noch nicht in ein festes Verhältnis zu einer der Ententemächte getreten, noch keiner von ihnen angegliedert waren. Auch schrumpfen die Zahlen über die Größe der Gebiete sehr zusammen, wenn man unbewohnbare Wüsten und Gebirgszüge in Abzug bringt. Arabien z. B. bedeckt 3 Millionen Quadratkilometer, aber der weitaus größte Teil davon – weit mehr als drei Viertel – ist unwirtliches Gebirgs- oder Wüstenland. Ferner genoß Deutschland fast überall die Rechte der offenen Tür, in Marokko außerdem noch Beteiligung an Sonderrechten Frankreichs, und schließlich war ihm, wie schon bemerkt, durch den Marokkovertrag von 1911 das später Neukamerun genannte Stück des französischen Kongo im Umfange von 275.000 Quadratkilometer zugefallen, waren ihm ferner durch die von Rohrbach erwähnten Verträge mit England, die schon Ende 1913 unterzeichnet waren und nur noch der Veröffentlichung harrten, als der Krieg ausbrach, Förderung seiner Pläne auf Ausdehnung des Schutzgebiets in Südwestafrika nach Norden und Nordosten hin sowie der mit dem Bau der Bagdadbahn verbundenen Unternehmungen zugesichert worden, die der kolonialen Betätigung einen sehr weiten Spielraum eröffneten. Die Bekanntgabe dieser Abmachungen ist dem deutschen Volk damals vorenthalten worden.[7] Tatsache ist, daß in bezug auf koloniale Ausdehnung Deutschland unmittelbar vor Ausbruch des Krieges in günstigerer Lage sich befand als zu irgendeiner früheren Zeit. Wenn also wirklich die koloniale Ausdehnung für Deutschlands wirtschaftliche Entfaltung ein Lebensbedürfnis war, so lag zu keiner Zeit weniger Notwendigkeit vor, sich diese Entfaltung durch einen Krieg zu sichern, als im Sommer 1914.

---

[7] Der Erz-Nationalist Graf Reventlow hat in der dritten Auflage seines Buches ‚Deutschlands auswärtige Politik 1888 bis 1913‘ behauptet, die britische Regierung habe tückischerweise die Geheimhaltung des Vertrages hinsichtlich der etwaigen Neubildung der portugiesischen Kolonien *ausbedungen*, um Deutschland hinterher einen Streich spielen zu können. Aus der verdienstvollen Denkschrift des Fürsten Lichnowski weiß man jetzt, daß das nicht wahr ist, daß im Gegenteil die englische Regierung auf die Bekanntgabe der Abkommen drängte und Berlin dagegen sie verschleppte. Schon im Berliner Tageblatt vom 13. Juni 1916 schrieb dessen Chefredakteur *Theodor Wolff:* „Auch diese Angaben des nationalistischen Historikers stimmen nicht. Der deutsch-englische Vertrag wurde Ende 1913 fertiggestellt und im Januar 1914 paraphiert (unterzeichnet). Sir Edward Grey wünschte die Veröffentlichung und schlug auch die gleichzeitige Bekanntgabe des älteren, im Jahre 1898 abgeschlossenen Afrikavertrages vor. Aus Gründen, die man später vielleicht mitteilen wird, war die Berliner Diplomatie der Veröffentlichung abgeneigt." Was für Gründe das sind, deren Mitteilung der gut unterrichtete Leiter des liberalen Blattes damals einer späteren Zeit vorbehielt, kann man sich unschwer vorstellen. Jedenfalls hat die Nichtveröffentlichung des besagten Abkommens und des gleichzeitig mit ihm zustande gekommenen Einvernehmens hinsichtlich der Bagdadbahn viel dazu beigetragen, die Ausbeutung der Legende von der Einkreisung im Volk zu erleichtern.

i) Die Einkreisung und Deutschlands wirtschaftliche Entwicklung | Wie steht es aber mit der Rückwirkung der „Einkreisung" auf Deutschlands Wirtschaftsentwicklung? Hat diese „Einkreisung" und die behauptete Expansion der Einkreisungsmächte ein Zurückbleiben der Volkswirtschaft Deutschlands gegenüber der Volkswirtschaft jener zur Folge gehabt? Man weiß, daß das Umgekehrte der Fall ist.

In den Jahren seit der sogenannten Einkreisung haben weder England noch Frankreich noch Rußland eine Steigerung ihrer Volkswirtschaft und Zunahme ihres Nationalreichtums erfahren, die günstigere Zahlen aufweisen als die gleichzeitige deutsche Wirtschafts- und Vermögensentwicklung. Was insbesondere die *Warenausfuhr* der genannten Länder anbetrifft, so ergeben die Zusammenstellungen des Statistischen Jahrbuchs für das Deutsche Reich darüber folgendes Bild. Es betrug der Gesamtwert des Eigenhandels in der Ausfuhr in Millionen Mark von:

	1904	1912	1913
England	6.134,1	9.939,3	10.719,4
Frankreich	3.560,8	5.370,1	5.500,1
Rußland	2.173,8	3.280,6	—
Deutschland	5.222,8	8.956,8	10.097,8

Während der Wert von Rußlands Ausfuhr um rund 50, Frankreichs um rund 56, Englands, d. h. Großbritanniens, um rund 76 vom Hundert zunahm, stieg in derselben Zeit der Wert der Ausfuhr Deutschlands um *über 90 vom Hundert.* Nicht anders ist das Bild der Produktionsstatistik. Und wenn wir nach der Vermögensbildung als für die heutige Gesellschaft entscheidenden Anzeiger des Nationalwohlstandes fragen, so erzählen uns gerade die autorisiertesten Vertreter der deutschen Volkswirtschaft, Praktiker wie Theoretiker, daß Deutschland dabei war, alle seine europäischen Rivalen zu überflügeln. Es war kein anderer als der spätere Schatzkanzler des Reiches, Herr Professor *Helfferich,* der am Vorabend des Krieges das Wort vom *„reichen Deutschland"* prägte, der ein ganzes Buch schrieb, um den Deutschen zu zeigen, wie heidenmäßig viel Geld sie haben, wie üppig es auf allen Gebieten des Wirtschaftslebens um Deutschland stehe, und daß die Deutschen infolgedessen — — — —

Herr Helfferich hat damals das Wort nicht ausgesprochen, aber andere haben die Folgerung gezogen. Nämlich die, daß Deutschland *reich genug* sei, um sich „zur Abwechslung" einen Krieg leisten zu können. Und in der Tat, *nicht Not* oder *Armut* Deutschlands oder auch nur Zurückbleiben seines Wohlstands im Verhältnis zu dem anderer Länder war es, was diejenigen Elemente nicht ruhen ließ, welche in Deutschland auf den Krieg hin arbeiteten, sondern im Gegenteil jenes *Gefühl des Übermutes,* das den Protzen auf den vollen Geldsack schlagen läßt, wenn er für wahnsinnige Zwecke Unsummen mit den Worten wegwirft: „Meine Mittel erlauben mir das." So berief sich General *von Bernhardi* in seinem Buch Deutschland und der nächste Krieg, das so viel dazu beigetragen hat, Stimmung für den Krieg zu machen, auf einen Vortrag des Nationalökonomen Professor *Dade,* worin dieser nachwies, daß, wie Deutschlands Industrie und Handel, so auch *sein Vermögenszuwachs unausgesetzt aufsteige.* Und wie sehr letzteres stimmt, erzählt Herr *Helfferich* am Vorabend des Krieges:

„Das deutsche Volkseinkommen – Herr Helfferich meint das *Nationaleinkommen,* wovon das Volkseinkommen nur ein Teil ist – beträgt heute *rund 43 Milliarden jährlich,* gegen 23-25 Milliarden Mark um das Jahr 1895. *10 Milliarden Mark* wachsen als Mehrung dem Volksvermögen – soll heißen *Nationalreichtum* – jährlich zu, gegen etwa 4½ bis 5 Milliarden vor 15 Jahren. Das deutsche Volksvermögen – wieder falscher Ausdruck für *Nationalreichtum* – beträgt heute *mehr als 300 Milliarden Mark,* gegen rund 200 Milliarden Mark um die Mitte der 90er Jahre des vorigen Jahrhunderts."

So sah es wirtschaftlich um das Deutsche Reich aus, als man Österreich-Ungarn erlaubte, durch Einmarsch in Serbien und Ablehnung jeder internationalen Schlichtung oder Vermittlung seines Streits mit dem von ihm wirklich eingeschnürten serbischen Kleinstaat den Weltkrieg heraufzubeschwören, den Deutschlands Kriegserklärung an Rußland und Frankreich unabwendbar machte: ein *gewaltiger Aufschwung der Industrie,* ein *blühender Außenhandel,* letzterer mit keinem Reich stärker als mit dem britischen Weltreich, mit dem allein Deutschland im Jahre 1913 Güter im Wert von über 2,3 Milliarden Mark damaliger Valuta austauschte, ein *fabelhaftes Anschwellen* des Nationalreichtums! Unter diesen Umständen dem deutschen Volk erzählen, daß Deutschland sich gegen „politische Einkreisung"

und „wirtschaftliche Einschnürung" habe zur Wehr setzen müssen,
heißt es in verwerflichster Weise irreführen.

III. Zwei Zeugnisse

k) Fürst Bülow über die Einkreisung | Einer nach dem andern haben
Staatsmänner und Heerführer Wilhelms II. zur Feder gegriffen und
Bücher geschrieben, die entweder nur die politische Vorgeschichte
und Geschichte des Krieges behandeln oder eine Verbindung von
politischer und militärischer Kriegsgeschichte darbieten. In einer
Hinsicht sind die Verfasser alle auf den gleichen Ton gestimmt. Das
kaiserliche Deutschland erklären sie sämtlich für wider den Willen
seiner Regierung in den Krieg getrieben. Durch die Bank erklären
sie die Triple-Entente für schuldig am Krieg und weichen nur in der
Verteilung der Schuld an die Ententemächte von einander ab. Daneben aber gibt es bei ihnen, wie man weiß, allerhand sachliche und
persönliche Differenzen, die sich bei einigen in teils offener und teils
verhüllter Polemik Luft machen und sie Personen und Vorgänge
sehr verschieden abschätzen lassen. Hält man sie gegeneinander, so
kommt beim Vergleichen manchmal mehr zutage, als in der Absicht
der Verfasser lag, weil der eine unbewußt den andern ergänzt. Das
trifft auch auf die hier behandelten Fragen zu. Als Beispiel mögen
zwei Stücke dienen.

In seinem 1916 erschienenen Buch Deutsche Politik beschäftigt
sich Fürst Bülow auch mit der Einkreisungsfrage. Da er als Diplomat
einen Ruf zu verlieren hat, behandelt er sie weniger plump, als es
das nationalistische Zeitungsgeschreibe tat und tut. Nach ihm, der
es doch besser wissen muß als jene, gab es nur eine gar nicht sehr
lange „Ära" einer „Einkreisung" Deutschlands durch England, und
auch für sie braucht er vorsichtig den Ausdruck „sogenannte englische Einkreisungspolitik". (a. a. O., S. 58) Von Eduard VII., der als
ihr Betreiber gilt, sagt er: „Seine Politik richtete sich nicht so sehr
direkt gegen deutsche Interessen, als daß sie versuchte, durch Verschiebung der europäischen Machtverhältnisse Deutschland matt-
zusetzen." Das bestätigt mit anderen Worten unsere obige Bemerkung, daß es sich um eine Sicherung gegen etwaige Angriffsabsich-
ten Deutschlands handelte. Und diese Einkreisung hat nach Bülow

schon 1908 sich als illusorisch erwiesen, als Österreich-Ungarn Bosnien annektierte. Da habe Deutschlands Erklärung, in Nibelungentreue zu Österreich-Ungarn zu stehen, genügt, trotz England eine Aktion der Triple-Entente gegen diese Durchlöcherung des Berliner Vertrages nicht zustandekommen zu lassen. Vor dem „in die Wagschale geworfenen deutschen Schwert" sei die Entente zurückgewichen. Triumphierend schreibt Bülow:

„Die Stunde war da, die zeigen mußte, ob Deutschland durch die Einkreisungspolitik wirklich mattgesetzt war, ob die in den Kreis der antideutschen Politik gezogenen Mächte es mit ihrem europäischen Lebensinteresse vereinbar finden würden, feindlich gegen das Deutsche Reich und seine Verbündeten aufzutreten oder nicht. *Der Verlauf der bosnischen Krise wurde tatsächlich das Ende der Einkreisungspolitik Eduards VII.* Keine Macht zeigte Lust, die eigenen europäischen Interessen unterzuordnen und die eigenen Knochen für andere zu Markte zu tragen. Durch die bosnische Annexionskrisis wurde weder der Krieg entfesselt, noch auch nur unser Verhältnis zu Rußland ernstlich geschädigt. Die sehr überschätzte Konstellation von Algeciras zerbarst an den handfesten Fragen der Kontinentalpolitik. Italien blieb an der Seite seiner Verbündeten, Frankreich verhielt sich abwartend und nicht unfreundlich für Deutschland, und Kaiser Nikolaus entschied sich für einen gütlichen Ausgleich der bestehenden Schwierigkeiten. So erwies sich damals die kunstvolle Einkreisung und Isolierung Deutschlands, während einiger Zeit das Schreckbild ängstlicher Gemüter, als *ein diplomatisches Blendwerk, dem die realpolitischen Voraussetzungen fehlten.*" — — — — — — — — — —

„Über den Eindruck, den unser Erfolg in St. Petersburg hinterlassen hatte, schrieb Baron Greindl, man empfinde dort, daß die Triple-Entente Rußland keine genügende Stütze biete, um auf mindestens normale Beziehungen zu Deutschland verzichten zu können. Die Erfahrung habe Rußland die Wirkungslosigkeit der von König Eduard gebildeten Koalition beim erstenmal gezeigt, wo diese auf die Probe gestellt worden wäre. Der belgische Geschäftsträger in Paris berichtete um dieselbe Zeit, in Frankreich sei von dem frenetischen Enthusiasmus, mit dem dort erst die russische Allianz begrüßt worden wäre, nicht mehr viel zu spüren. Der jener Isolierungspolitik zugrunde liegende Rechenfehler war der gewesen, daß sie die europäische Großmachtstellung des Deutschen Reiches nicht mit ihrem vollen Wert als Faktor in die politische Rechnung eingestellt hatte." — —

„Der Dreibund war eine Macht, gegen die sich um ferner liegender Interessen willen selbst von einer geschickten Diplomatie keine Macht vorschieben ließ, gegen die jede Macht den Kampf nur um letzte Lebensfragen wagen konnte. *Last not least* waren die Festlandmächte vielfach durch Interessen verbunden, die sich der deutschenglischen Rivalität auf der See und im Welthandel nicht unterordnen ließen. Nur mit England stand Deutschland in weltpolitischer Verrechnung. Bei allen anderen europäischen Mächten kam die kontinentalpolitische Gegenrechnung für die Gestaltung ihrer Beziehungen zum Deutschen Reich entscheidend in Betracht. Wie recht die Mächte des Festlandes damals hatten, neben und vor allen Interessengemeinschaften mit Deutschland den Respekt vor dem in Kraft und Kräften starrenden deutschen Nachbarn in die große politische Berechnung zu stellen, das haben die vergangenen Kriegsmonate bewiesen, in denen die englische Freundschaft die Furchtbarkeit der deutschen Feindschaft nicht zu beschwören, und von denen, die auf diese Freundschaft gebaut hatten, das Verderben nicht abzuwenden vermochte."

Es ist nicht nötig, über diesen Anfang 1916 ausgestoßenen Jubelruf, soweit der Weltkrieg in Frage kommt, Worte zu verlieren. Er legt nur Zeugnis davon ab, wie sehr auch die größte Weltgewandtheit den Staatsmann nicht vor groben Rechenfehlern schützt, wenn er mit den in der Seele der Völker lebenden Empfindungen leichtes Spiel treiben zu können glaubt. Tatsächlich wurzelte der Erfolg von 1908, auf den Bülow so stolz ist, in der Abneigung aller Völker gegen den Krieg. Aber wenn die Staatsmänner der Entente es damals auf einen solchen nicht ankommen ließen, so geht daraus sicherlich noch nicht hervor, daß damit das drohende Gebahren des kaiserlichen Deutschland aus ihrem Gedächtnis ausgelöscht war. Deutschland hatte die „Einkreisung" nicht zu fürchten, solange es nicht selbst den Krieg erklärte. Sein wiederholtes Drohen hatte aber die Wirkung, daß, als es mit Krieg vorging, es bald fast ganz Europa gegen sich hatte.

1908 ging, wie weiter oben schon festgestellt ward, die gereizte Stimmung ziemlich schnell vorüber. 1909 kam Eduard VII. wieder zum Besuch nach Berlin. Über das Ergebnis der damaligen Besprechungen lesen wir bei Bülow:

„Mit diesem letzten Besuch des Königs Eduard in Berlin fiel ein freundliches und für die Zukunft gute Hoffnungen erweckendes Licht nicht nur auf das Verhältnis des Königs zu Deutschland, sondern auch auf die Beziehungen zwischen zwei großen Völkern, die allen Grund hatten, sich gegenseitig zu achten und friedlich in Friedensarbeiten miteinander zu wetteifern. Der Versuch, den deutsch-englischen Gegensatz zu einem System der gesamten internationalen Politik zu erweitern, ist bis 1914 nicht wiederholt worden."

Aber zwischen 1909 und 1914 liegt 1911, das Jahr des Panthersprungs nach Agadir. Er erfolgte, als Bülow nicht mehr im Amt war. Über ihn schweigt sich dieser denn auch weidlich aus. Hören wir daher einen Mann der Aktion, den Flottenerbauer Tirpitz.

l) Tirpitz über den Panthersprung nach Agadir | Tirpitz zeigt sich in seinem 1919 erschienenen Buch *Erinnerungen* als ein typischer Vertreter jener Auffassung, für die ein wahrhafter Friede zwischen Deutschland und England nur dadurch zu erzielen war, daß ersteres sich in die Lage versetzte, dem letzteren jederzeit die Pistole auf die Brust setzen zu können. Andernfalls würde England in seiner Mißgunst die erste Gelegenheit ergreifen, Deutschlands ihm unbequemen Handel zu vernichten. Daß England noch mit mehr Konkurrenten zu tun hatte, als mit Deutschland, und mit ihnen bisher ohne Wettrüsten zur See auskam, stört diese Auffassung nicht. Noch kennt oder anerkennt sie eine Entwicklung der Völkerbeziehungen in der Richtung zunehmender Erkenntnis der Verbundenheit der Interessen der Kulturmenschheit und Durchführung auf ihr beruhenden internationalen Rechts. Mit nur geringen Änderungen ist sie eine Auffrischung der politischen Auffassung, wie sie der merkantilistischen Denkweise des 17. und 18. Jahrhunderts entsprach. Für die Demokratie und den Pazifismus unserer Zeit hat sie nur ein geringschätziges Achselzucken.

Nicht Anwandlungen dieser Art sind es also, die Tirpitz am Panthersprung scharfe Kritik üben lassen. Er schreibt im 15. Kapitel seines Buches:

„Die einzige wirkliche Krisis der deutsch-englischen Beziehungen zwischen 1904 und 1914 trat im Sommer 1911 ein infolge der

Art, wie die politische Reichsleitung versuchte, den zwischen uns und den Franzosen schwebenden Marokkostreit zu liquidieren. Der damalige Staatssekretär des Auswärtigen Amtes v. Kiderlen-Wächter, dem, wie so vielen deutschen Diplomaten, das Organ gerade für England abging, hat zwar nicht durch Nachlaufen, aber durch saloppe Geschäftsbehandlung Schaden gestiftet. Auf seine Anregung entsandte am 1. Juli 1911 der Reichskanzler das Kanonenboot *Panther* nach der marokkanischen Hafenstadt Agadir und ließ die britische Regierung, welche nach dem Zweck fragte, *mehrere Wochen lang ohne Antwort* und im Unklaren. Die Folge war, daß am 21. Juli Lloyd George eine im englischen Kabinett festgelegte Rede ablas, worin er Deutschland warnte, es würde im Fall einer Herausforderung die britische Macht an Frankreichs Seite finden."

Hier wird kühl eingestanden, was seinerzeit dem deutschen Volk vorenthalten ward, nämlich daß die von Lloyd George verlesene Rede dadurch verursacht worden war, daß die deutsche Regierung wiederholte Anfragen der englischen Regierung nach dem Zweck der Demonstration einfach unbeantwortet gelassen hatte. Sie war ein Protest gegen eine Handlungsweise, die nur als eine beleidigende Nichtachtung international anerkannter Rechte Englands aufgefaßt werden konnte. Die an die Adresse Berlins gerichtete Rede lautete denn auch:

„Wenn man zugäbe, daß Großbritannien so behandelt würde, als ob es im Rate der Nationen nicht mitzählte, dann, das sage ich mit Nachdruck, dann wäre der Friede um diesen Preis eine unerträgliche Demütigung für eine große Nation wie die unsrige."

Obwohl in der Rede Deutschland absichtlich nicht genannt war, der Rat also als eine allgemeine Sentenz aufgefaßt werden konnte, ward in Deutschland ob ihrer ein Entrüstungssturm ins Werk gesetzt, der nicht ärger hätte sein können, wenn der Nation die größte Beleidigung angetan worden wäre. „Unverschämt" war noch das geringste Beiwort, das in bezug auf Lloyd George gebraucht wurde. Allerdings wußte von hundert Leuten noch nicht einer, was Lloyd George eigentlich nun gesagt hatte. „Diese Rede Lloyd Georges!" rief in einem Gespräch mit mir ein freisinniger Abgeordneter im Ton höchster Entrüstung aus, wobei er die Hände nach oben streckte. Als ich ihn aber fragte, was Schreckliches Lloyd George denn gesagt habe, wußte er nichts zu antworten. Irgendwo war die Parole „Entrüstung" ausgegeben worden, und einer überbot den andern im Entrüstetsein. Während aber bei uns die aufgepeitschte Wut alsdann dadurch gestillt wurde, daß man verbreitete, Englands Minister des Auswärtigen sei nach einer Abkanzlung durch den deutschen Botschafter zu Kreuze gekrochen, war tatsächlich das Umgekehrte geschehen. Berlin hatte sich in der Notwendigkeit gesehen, um Entschuldigung zu bitten. Von einem der namhaftesten und wegen seiner politischen Unabhängigkeit ganz besonders geschätzten englischen Gesinnungsgenossen, nämlich J. Ramsay Macdonald, darüber unterrichtet, habe ich es damals in der Schrift *Die englische Gefahr und das deutsche Volk* festgestellt (Berlin 1911, Vorwärts – Verlag, S. 26-27). Jetzt kann es der von seiner großen Presse belogene deutsche Michel bei Tirpitz erfahren. Dieser schreibt weiterhin:

„Die gröbste Fehlrechnung aber beging die Reichsleitung darin, daß sie sich in den ersten Juliwochen über ihre Absichten in Dunkel hüllte. Kiderlen hat nachträglich versichert, daß der Kanzler niemals daran gedacht habe, marokkanisches Gebiet zu fordern. Nach Lloyd Georges Drohrede aber sah es so aus, als ob er nur vor dem erhobenen Schwert Englands zurückgewichen wäre. Unser Ansehen erlitt in der ganzen Welt einen Stoß, und auch die deutsche öffentliche Meinung stand unter dem Eindruck der Schlappe. ‚England stopped Germany‘, war das Schlagwort der Weltpresse."

Was Tirpitz hier „die deutsche öffentliche Meinung" nennt, war die Meinung der Eingeweihten. Dem Volk war es anders hingestellt worden. Noch am 18. November 1911 schrieb Matthias Erzberger, der damals sich des besonderen Vertrauens des Tirpitz erfreute, im ‚Tag‘, England habe von Deutschland „die allein entsprechende Antwort" erhalten und die deutsche Diplomatie dadurch „einen nicht zu geringen Erfolg" erzielt, so daß das Foreign Office sich von da ab „nicht mehr in amtlicher Form" eingemischt habe.

Ob Erzberger zu den Eingeweihten gehörte oder auch einer der Eingeseiften war, mag dahingestellt bleiben. Von Tirpitz erfährt das Volk aber jetzt, welches Spiel unter dem Kaiserreich mit seiner Leichtgläubigkeit getrieben wurde.

„Unter Kaiser Wilhelm war es doch besser", lautet eine der von den Reaktionsparteien ausgegebenen Parolen, und mit einer Gedankenlosigkeit, wie man sie am letzten in einem Volke suchen sollte, das sich mit Recht zu den gebildetsten Nationen der Kulturwelt rechnet, schwatzen unzählige Deutsche sie nach. Ein Kind, das noch keine entfernte Ahnung von Ursache und Wirkung hat und sich von der Mutter oder Wärterin aufschwatzen läßt, der Tisch, gegen den es gelaufen ist, sei die Ursache seiner Schmerzempfindung, kann nicht sinnloser reden. Gewiß war es in Deutschland besser, ehe noch das ganze Gewicht der Lasten auf es gefallen war, die der verlorene Krieg ihm zugezogen hat. In *allen* Ländern war es vor dem Krieg besser, im absolutistischen Rußland wie in der parlamentarischen Monarchie England, im Nationalitätenstaat Österreich wie in der Einheitsrepublik Frankreich. In der ganzen Welt sah es besser aus, und darum war der Krieg nicht nur ein Verbrechen an einem einzelnen Volk, sondern an der Menschheit, an der ganzen Kultur.

Wen aber trifft in erster Reihe die Verantwortung für diesen Krieg? Der monarchisch gesinnte Deutsche macht es in dieser Frage ähnlich, wie in einer der schönsten deutschen Volkserzählungen der Schwabe, der das Leberlein gefressen hatte. Er bildet sich ein, die Welt von der Unschuld Wilhelms II. zu überzeugen, indem er dessen Schuld einfach hartnäckig ableugnet. „Das Lamm hat keine Leber gehabt!", so behauptet der Schwabe der Volkserzählung in allen Prüfungen dem auf Erden wandelnden Herrgott gegenüber, bis er am Galgen steht und den Strick schon um den Hals hat, an dem er emporgezogen werden soll. Soll Deutschland es ebenso machen? Ehe es nicht in sich geht und die Frage der Verantwortung so beantwortet, wie sie beantwortet werden muß, wird es keinen besseren Frieden erhalten als den, der ihm zuteil geworden ist. Bloß formale Änderungen seiner Verfassung würden ihm nichts helfen. Nach dem Völkerrecht, so lehren alle seine Interpreten, bleibt ein Land für die Handlungen seiner Regierung haftbar, auch wenn es sie ab- und eine andere einsetzt. Begreiflich genug, denn wenn es anders wäre, würden die Völker niemals ein richtiges Verantwortlichkeitsgefühl entwickeln. Da es aber so ist, darf kein Volk seiner Regierung ein Recht über Krieg und Frieden anvertrauen, wie es nach der Ver-

fassung des Deutschen Kaiserreichs Wilhelm II. in den verhängnisvollen Juli-August-Tagen 1914 genoß. Wäre er, wie es jetzt die Verfassung der Republik vorschreibt, genötigt gewesen, die Volksvertretung zu befragen, ehe er mit der Kriegserklärung an Rußland den
Weltkrieg entfesselte, es wäre nie zu ihm gekommen. Das darf man
mit gutem Gewissen sagen, ohne sich über den Reichstag von 1914
irgendwelchen Selbsttäuschungen hinzugeben. Vor allen anderen
hätte die Sozialdemokratische Fraktion, wenn man, statt sie vor die
schon vollendete Tatsache des Krieges zu stellen, ihr vor der Kriegserklärung die Frage vorgelegt hätte, niemals ihre Zustimmung dazu
gegeben, daß auf so fadenscheinige Gründe hin, wie es tatsächlich
geschah, Deutschland einen Krieg erklärte. Und gegen das aus-
drückliche Votum der 110 Sozialdemokraten hätte die kaiserliche
Regierung den Krieg nicht wagen dürfen, selbst wenn diese mit ihrem Nein allein geblieben wären.

Aber gerade weil man das wußte, ward 1914 der Reichstag erst
auf den 4. August statt auf den 31. Juli einberufen. Genau so hatte
man, wie Kurt Eisner in seiner Schrift über den *Sultan des Weltkrieges*
auf Seite 52/53 nachweist, im Jahre 1905 plötzlich am 30. Mai die
Schließung des Reichstags verfügt, als der Sultan von Marokko im
Bewußtsein, Deutschland hinter sich zu haben, Frankreich die ihm
im Prinzip schon zugestandenen Reformen kühl abschlug und damit einen Krieg heraufbeschwor, der gegebenenfalls nach Europa
herüberschlagen mußte. Eisner schreibt, der „völlig verdutzte
Reichstag" sei plötzlich nach Hause geschickt worden. Verdutzt ist
aber noch zu wenig gesagt. Ausgenommen vielleicht einige wenige
eingeweihte Abgeordnete, war der Reichstag, dem der Schreiber
dieses damals angehörte, zugleich empört, als ihm ohne jede vorhe-
rige Verständigung mit den Fraktionsvorständen die Schließung
verkündet wurde. Selbst ein so zahmer Nationalliberaler wie der
Abgeordnete Paasche lief in höchster Entrüstung im Vorsaal der
Linken herum und fragte ein über das andere Mal, ob man sich das
gefallen lassen dürfe. Aber der Zorn dieser Leute hält nicht lange
vor. Und so ist es leider mit der breiten Masse des Bürgertums. Als
sich in den Oktober-November-Tagen 1918 in nicht mehr zu verhül-
lender Deutlichkeit zeigte, in welche furchtbare Lage das militaristische Kaisertum Deutschland gebracht hatte, da war auch es entrüstet, und die Revolution des 9. November begegnete aus seinen

Reihen kaum einem Widerspruch. Hinterher aber schimpft man über die Republik, weil sie das Wunder nicht fertig bringt, die durch die Schuld des Kaiserreichs über Deutschland heraufbeschworene finanzielle und allgemeine wirtschaftliche Zerrüttung, die einer Verminderung des deutschen Nationalreichtums um mindestens das Dreißigfache des jährlichen Reinertrags der deutschen Volkswirtschaft vor dem Kriege gleichkommt, in ein bis zwei Jahren ungeschehen zu machen. Man sucht überall nach Sündenböcken, um diejenigen weißwaschen zu können, die, selbst wenn sie nicht die allein Schuldigen sind, jedenfalls die Hauptschuld an dem Unheil tragen, unter dessen Folgen heute Millionen und aber Millionen verelenden. Ein Verhalten, das der Grundforderung aller Ethik „Wahrheit gegen dich selbst" ins Gesicht schlägt, und bei dem man daher versucht ist, denjenigen, welchen die Not des deutschen Volkes wirklich zu Herzen geht, die Worte des Dichters ins Gedächtnis zu rufen: „Unglücklich bist du schon; willst du es auch noch verdienen?"

———

Im Frühsommer 1915 wurde ich vom Vertreter eines deutsch-amerikanischen Blattes, das die deutsche Sache mit Leidenschaft verfocht, um eine Unterhaltung gebeten. Sie gestaltete sich anfangs sehr formell, nachdem aber die für die Zeitung bestimmte Antwort erledigt war und im weiteren Gespräch über Kunstfragen und dergleichen der Herr sich als sehr gebildet und wahrhaft feindenkend herausstellte, konnte ich mich nicht enthalten zu bemerken:

„Ich will es Ihnen nur offen sagen: ich bin aus tiefster Seele ganz entschiedener Gegner dieses Krieges. Er ist Deutschland *nicht* aufgezwungen worden, und es bestand für Deutschland *keinerlei Veranlassung*, ihn zu erklären. Es war uns ganz gut gegangen."

Ich hatte den letzten Satz kaum ausgesprochen, da schlug mein Unterredner mit der Faust auf den Tisch und rief mit ganz veränderter, zorniger Stimme: „Zu gut ist es uns gegangen! Wir waren zu üppig geworden!"

Das war das Urteil eines aufrichtigsten Patrioten hinsichtlich der Wahrheit über die Einkreisung.

Deutschland und Frankreich

(Friedens-Warte 1920)[1]

Fr. W. Foerster / Eduard Bernstein

(Aus einer Artikel-Reihe der „Neuen Schweizer Zeitung"
in Zürich, Pfingstweidtstraße 57)

„… Im August 1914 brachte die Pariser ‚Illustration' ein großes Titelbild, auf dem ein vorstürmender französischer Offizier eine Elsässerin umarmt; in diesem symbolischen Bilde kam mitten in der Kriegswut die ganze verborgene Liebe Frankreichs nach der deutschen Seele zum Ausdruck, daß die Wiedervereinigung Frankreichs mit einem deutschen Stamme als oberstes französisches Kriegsziel erschien – dahinter steckte weit mehr als das bloße Verlangen nach Land und Kali; denkende Franzosen haben von jeher betont, daß das alemannische Element für ihr nationales Leben ein unentbehrliches Gegengewicht gegen die südfranzösische Geistesart bilde. Henri Lichtenberger hat in diesem Sinne hervorgehoben, daß der Verlust des Elsaß das ganze innere Gleichgewicht Frankreichs zerstört habe; wer solchen Gesichtspunkten gegenüber nur auf die materiellen Vorteile verweisen wollte, der würde die geschichtliche Gewalt jener seelischen Momente völlig verkennen; er würde aber auch *ökonomisch* ganz oberflächlich urteilen, denn die tiefste Produktionskraft der Völker ist doch ihre Seele; daher hat der Drang zweier Völker nach kultureller Symbiose, das heißt nach Ausgleich ihrer seelischen Einseitigkeiten, auch eine geheimnisvolle ökonomische Bedeutung und ist letzten Endes wirtschaftlich-sozial wichtiger als der Austausch der Werkzeuge und der Rohstoffe. Der französische Chemiker Duhem schrieb während des Krieges in der ‚Revue des deux Mondes' (Februar 1915) in bezug auf die gegenseitige Ergänzung der französischen und deutschen Wissenschaft: ‚Die eine besitzt im Exzeß, was der anderen fehlt, die französische Wissenschaft findet ihre

---

[1] Textquelle | Eduard BERNSTEIN / Fr. W. FOERSTER: Deutschland und Frankreich. In: Die Friedens-Warte, 22. Jahrgang, Nr. 5 (August 1920), S. 157-159.

Ergänzung und Gegenwirkung in der deutschen soliden Prüfung oder der ernsten Zurückweisung der Hypothesen, die die französische Intuition der deutschen Wissenschaft gegeben hat.' Wenn ferner Renan in seinem Briefe an David Strauß mit Recht sagt: ‚Frankreich ist der Welt nötig als Gegenwirkung gegen Pedantismus, Rigorismus, Dogmatismus', so wollen wir nicht vergessen, welche Schule die französische Grazie einst für die deutsche Schwerfälligkeit gewesen ist, ja wie unumgänglich jener französische Einfluß war, um uns aus der humanistischen Pedanterie des 17. Jahrhunderts zu retten und uns für die Kultur der Griechen empfänglich zu machen. Der Deutsche muß erst durch die Schule französischer Lebensleichtigkeit und Grazie hindurchgehen, um die antike *humanitas* in ihrem tieferen Sinne zu würdigen und neu zu begreifen. Denn jene *humanitas* war ja selber die Gabe eines künstlerisch hochbegabten, schwungvollen, tanzenden Volkes an das schwere und ernstmoralische Wesen des Römers. Erst durch Hellas wurde die römische *gravitas* zur *anit* erhoben – genau so brauchte der Deutsche den Umweg über Frankreich, um Griechenland zu entdecken. Je mehr daher ein Mensch wirklich Deutscher ist, desto mehr wird er den französischen Geist lieben und bewundern. Wer Frankreich nicht in seiner ganzen Größe, Geistigkeit und künstlerischen Kraft erkennt, der versteht auch sein deutsches Volk nicht in seiner mystischen Tiefe, seinem schwerfälligen Ernst, seinem unvergleichlichen Opfersinn, sondern liebt nur deutsche Industrie, deutsches Militär und deutsche Technik – also lauter Dinge, die mit unserm tiefsten Wesen wenig zu tun haben. …

Alles in allem: Auf dem Gebiete ‚Organisation und Freiheit – Disziplin und Menschenwürde' können Frankreich und Deutschland unendlich viel von einander lernen. Der Franzose unterscheidet einen ‚*esprit de finesse*' und einen ‚*esprit de geometrie*' – in diesem Leben sind beide so nötig, wie Mann und Weib, und wo sie auseinanderfallen, da fällt Person und Gesellschaft auseinander. Frankreich und Deutschland hätten sich auch nie entfremdet, wenn der deutsche Sinn für Einheit und Universalität sich nicht in die preußische Staatsanbetung verirrt hätte. Frankreich hatte durch die Revolution und ihre Lehren von den Menschenrechten den anti-cäsaristischen Sprengstoff der christlichen Idee in seine Soziologie aufgenommen; auch das Elsaß hatte sich aus seiner alten deutschen Kultur heraus diesen Einflüssen geöffnet – nun prallten gerade in der elsässischen Frage die neudeutsche, militaristische Staatsidee und das humane westliche Lebensideal zusammen und fanden keine gemeinsame Sprache mehr, um sich über das Streitobjekt zu einigen. Auch dort, wo die deutsche Politik weitgehend im Rechte war, vermochte man die französische Seele so wenig zu behandeln wie die eigene Volksseele, es fehlte die Kunst des *‚menager les amours propres'* – so geschah es in der von allen Musen und Grazien verlassenen deutschen Marokkoaktion. Ein österreichischer Diplomat sagte damals dem Fürsten Lichnowsky: ‚Immer, wenn die Franzosen gerade dabei sind, die Revancheidee zu vergessen, so wißt Ihr sie durch einen Rippenstoß wieder daran zu erinnern'.

Eine Wiederversöhnung Frankreichs und Deutschlands ist daher auch nur auf dem Wege der Überwindung des preußischen Geistes durch Erneuerung des wahren deutschen Geistes möglich. Je mehr wir vom Staatsmenschentum zur Menschlichkeit zurückkehren, desto mehr wird es wieder eine gemeinsame Sprache zwischen Frankreich und Deutschland geben – trotz allen Gegensätzen der Begabung und Überlieferung."

Fr[iedrich]. W[ilhelm]. Foerster.

―――

„Mißtrauen und Furcht, die stets danach angetan sind, Haß zu gebären, herrschen nun noch heute, wo Deutschland demokratische Republik geworden ist, trotzdem in maßgebenden Kreisen Frankreichs ihm gegenüber vor. Sie bestimmten deren Verhalten bei Festlegung der Deutschland aufzuerlegenden Friedensbedingungen und nähren jetzt in ihnen die Idee, daß ein zu geordneten Zuständen gelangtes einiges Deutschland die erste günstige Gelegenheit ergreifen werde, über Frankreich herzufallen. Sie veranlassen sie, der deutschen Republik gegenüber eine Politik zu betreiben, die durchaus danach angetan ist, gerade diejenigen Stimmungen und Gesinnungen hervorzurufen und auf die Spitze zu treiben, die Völker zu Vergeltungskriegen hinreißen. Es hieße falsche Vorstellungen erwecken, wollte man bestreiten, daß heute die Stimmung im deutschen Volke Frankreich gegenüber wesentlich gereizter ist als in den ersten Monaten der Republik. Zu stark ist das Gefühl verbreitet, daß das Leitmotiv der Politik Frankreichs die mit allen Mitteln zu erwirkende Niederdrückung Deutschlands ist.

Als im November 1918 das arbeitende Deutschland im Angesicht des Zusammenbruchs der kaiserlichen Machtpolitik das Kaisertum stürzte und die demokratische Republik proklamierte, war man in den Kreisen der Vorkämpfer der Republik zwar darauf vorbereitet, daß diese neben anderen Verpflichtungen, die das Kaisertum ihr hinterlassen hatte, auch die der Wiedergutmachung zu übernehmen haben werde, und von dem redlichen Willen beseelt, ihr nach besten Kräften gerecht zu werden. Aber man hatte erwartet, und war nach den Erklärungen des Präsidenten Wilson auch berechtigt zu erwarten, daß die Sieger dem demokratische Republik gewordenen Deutschland Vertrauen entgegenbringen und ihm politische und wirtschaftspolitische Bedingungen stellen würden, die ihm erlaubten, sich als ein gleichberechtigtes Glied in der Republik der Nationen zu fühlen und zu bewegen.

Man ist darin grausam enttäuscht worden. Und es ist bekannt, wie sehr, soweit Frankreich in Betracht kommt, dessen Vertreter im Rat der Sieger dazu beigetragen haben, daß es sehr, sehr anders gekommen ist; wie von ihnen dahin gewirkt wurde, daß der Republik genau so, wie man es dem Kaisertum getan hätte, der Fuß auf den Nacken gesetzt wurde.

Nun wird von seiten der Vertreter dieser Politik Frankreichs für sie geltend gemacht, daß sich in Deutschland ‚gar nichts Wesentliches geändert‘ habe; die Deutschen haben mit der Proklamierung der Republik ‚nur die Fassade geändert‘, um sich dadurch nach Möglichkeit der Verpflichtung ledig zu erklären, die das kaiserliche Deutschland auf sich geladen habe. Im Wesen sei aber Deutschland ‚noch das alte‘ geblieben, und so könne daher auf dessen Züchtigung und Niederhaltung nicht verzichtet werden. Das haben uns, vom ‚Temps‘ angefangen, die einflußreichsten der französischen Zeitungen in allen Tonarten gepredigt. Es ist aber klar, daß, solange diese Auffassung bei den leitenden Staatsmännern Frankreichs vorherrscht und dessen Politik bestimmt, ein gutes Verhältnis der beiden Völker zueinander nicht zu erzielen sein wird.

Hier liegt nach meiner Ansicht der Kernpunkt der Frage. Wie die
Gestaltung der Friedensbedingungen selbst durch jene Auffassung
beeinflußt wurde, gleichviel ob sie aufrichtig geglaubt ward oder
mehr oder weniger Vorwand war, so auch jetzt die Auslegung und
Anwendung ihrer einzelnen Bestimmungen, sowie die Stellung zur
inneren Entwicklung Deutschlands und zu seiner Existenz als Nation. Das Problem ist also, diese Anschauung so zu entkräften, daß
sie die Fähigkeit verliert, die Politik Frankreichs ernsthaft zu beeinflussen …"

Eduard Bernstein.

Über das Kriegsende
und den Anbruch der Revolution

(Auszüge aus dem Buch „Die deutsche Revolution,
ihr Ursprung, ihr Verlauf und ihr Werk")
1921[1]

Eduard Bernstein

Das deutsche Kaiserreich der Hohenzollern brach zusammen. Die Macht, die bei seiner Erstehung Geburtshilfe hatte leisten müssen, die Politik von Blut und Eisen, ward sein Totengräber. Zu einer gewaltigen Machtstellung hatte es sich entwickelt. Die politische Einheit, die Niederreißung aller wirtschaftspolitischen Grenzpfähle im Innern und eine nur zeitweilig unterbrochene Politik der Handelsverträge mit der Klausel der Meistbegünstigung hatten sich der Entwicklung seiner Industrie und seines Handels äußerst förderlich erwiesen. Aus dem einst armen Deutschland war es, wie seine Nationalökonomen gerade in den Jahren 1912, 1913, 1914 mit Stolz ausrechneten, das „reiche Deutschland" geworden. Die Helfferich, die Steinmann-Bucher und Kollegen wiesen nach, daß Deutschlands Nationalreichtum der Summe nach den der Deutschland einst darin so überlegenen Westmächte England und Frankreich teils erreicht und teils sogar schon übertroffen hatte. Nicht minder machtgebietend stand es auf militärischem Gebiet da. Es hatte seine Kriegsflotte treibhausmäßig auf eine Höhe gebracht, die nur noch von der des

---

[1] Textquelle | Eduard BERNSTEIN: Die deutsche Revolution; ihr Ursprung, ihr Verlauf und ihr Werk. 1. Band: Geschichte der Entstehung und ersten Arbeitsperiode der deutschen Republik. Berlin-Fichtenau: Verlag Gesellschaft und Erziehung 1921. [Benutzte Online-Ausgabe: https://www.marxists.org; das Werk ist bezogen auf die Revolutionszeit nicht nur, aber überwiegend aus einer MSPD-Perspektive verfasst.] – Dargeboten werden an dieser Stelle nur Auszüge der ersten Kapitel; die Überschrift der Abteilung stammt vom Herausgeber des vorliegenden Bandes.

Inselreichs Großbritannien übertroffen wurde, und seine Landmacht war zwar der Ziffer nach von der Rußlands, der wirklichen Leistungsfähigkeit nach aber von der keines Landes übertroffen. Mit einem gewissen Recht hatte daher, soweit wenigstens Mittel- und Westeuropa in Betracht kamen, der dritte der Hohenzollernkaiser eines Tages das stolze Wort aussprechen können, daß ohne den Willen Deutschlands „kein Schuß in Europa fallen" werde. Dies Machtbewußtsein ward ihm jedoch zum Verhängnis.

Es liegt außerhalb des Rahmens dieser Arbeit, die Triebkräfte zu analysieren, die im Juli 1914 den Ausbruch des Krieges herbeigeführt haben, der sich dann zum Weltkrieg ausgewachsen hat. Das Eine darf aber als unbestreitbar festgestellt werden: wenn auf Seiten der Regierenden Deutschlands der entschiedene *Wille* vorhanden gewesen wäre, es nicht zum Krieg kommen zu lassen, dann wäre dieser auch tatsächlich vermieden worden. Aber dieser Wille fehlte eben. Das Machtbewußtsein war zum Machtdünkel geworden. Wilhelm II. von Hohenzollern bildete sich ein, in solchem Maße Herr über Krieg und Frieden zu sein, daß er ungestraft gewissermaßen Kriegslizenzen ausstellen dürfe, wie man Jagdlizenzen ausstellt: dieser Krieg – der Krieg Österreich-Ungarns wider Serbien – darf sein, und wehe dem, der sich in ihn einmischt! Das war das Motto für das Verhalten des kaiserlichen Deutschland in den schicksalsschweren Julitagen 1914, und weil das übrige Europa sich nicht bis soweit ihm fügen wollte, nahm es einen gemeldeten Grenzzwischenfall zum Anlaß, den Krieg zu erklären, der den größten Teil Europas in Brand gesetzt und den Zusammenbruch der drei Kaiserreiche des europäischen Festlands herbeigeführt hat.

Selbst wenn man auf Grund seiner Beteuerungen Wilhelm II. von der Schuld freisprechen will, den Krieg gewollt zu haben, und den Mangel eines mit voller Bestimmtheit handelnden Willens wird man ihm vielleicht zuzubilligen haben, wird damit seine Verantwortung für den Krieg noch lange nicht aufgehoben. Sogar die noch gar nicht übermäßig anspruchsvolle Ethik der Religionsgemeinschaften erklärt denjenigen, der einen Mord verhindern konnte und nicht verhindert hat, für mitschuldig an ihm. Mit der Größe der Macht aber wächst die Größe der Verantwortung. Es ist Wilhelm II. weder subjektiv noch objektiv mit der Erzwingung seines Rücktritts Unverdientes geschehen.

Seine Verantwortung wird auch dadurch nicht gemindert, daß sich seine Regierung im Laufe des Krieges wiederholt zu Friedensverhandlungen bereit erklärt hat. Denn allen diesen Erklärungen fehlte dasjenige Element, das sie im Angesicht des zu Anfang Geschehenen wirkungsvoll hätte machen können: das Bekenntnis zur Pflicht des Gutmachens. Wilhelm II. wollte immer nur einen solchen Frieden, der ihm erlaubt hätte, als *Sieger* heimzukehren. Man erinnere sich seines Erlasses an die deutsche Armee bei Gelegenheit des Friedensangebots vom Dezember 1916: „Als Sieger habe ich den Gegnern den Frieden angeboten." Selbst wenn man auf der Gegenseite damals zu Friedensverhandlungen bereit war, hätte, wie die Regierenden Englands, Frankreichs usw. nun einmal beschaffen waren, diese Sprache genügt, die Bereitschaft zu ertöten.

Mit dieser Feststellung soll natürlich das Verhalten der Staatsmänner der Gegenseite noch nicht für gerechtfertigt erklärt werden. Es handelt sich indes hier nicht um das Abwägen des Schuldkontos der europäischen Mächte gegeneinander. Es handelt sich um die Verantwortung Wilhelm II. und seiner Regierung *dem eigenen Volk gegenüber*. Sie wußten, mit wem sie es zu tun hatten, welche Auffassungen in den maßgebenden Kreisen der Gegner obwalteten, und mußten daher, wenn sie aufrichtig ihrem Volk die Fortsetzung des verheerenden Krieges ersparen wollten, ihre Sprache und ihre Vorschläge diesem Zweck unterordnen. Das ist aber bis zum Schluß n i c h t geschehen. Und zwar nicht nur deshalb nicht geschehen, weil persönliche Eitelkeit sich dagegen sträubte, sondern auch deshalb nicht, weil *das System es nicht erlaubte*. Aus den Ludendorff und Genossen, die den Krieg noch in die Länge zogen, nachdem sich schon unzweideutig gezeigt hatte, daß er nicht zu gewinnen war, sprach das *System*, dessen Träger sie waren. Um dieses Systems willen, von dem sie wußten, daß seine Existenz an das Herausgehen als Sieger aus dem Krieg gebunden war, setzten sie zuletzt das Schicksal der ganzen Nation aufs Spiel. Nur ein radikaler Bruch mit ihm hätte dieser das bittere Ende ersparen können. Dazu hat sich aber keiner der Staatsmänner aufschwingen können, die nacheinander das Ruder des Reiches in die Hand nahmen. Die Bethmann Hollweg, die Michaelis, die Max von Baden wollten das System ohne seine Logik und sind an diesem Widerspruch gescheitert. Die Ludendorff, Tirpitz usw. waren die stärkeren Logiker und brachten das Kaiserreich zum Schiffbruch. Aus Siegen hervorgegangen, mußte es untergehen, als diese ausblieben. Deutschland als Einheit konnte aber nur erhalten bleiben, wenn diejenige soziale Macht die Liquidation in die Hand nahm, die ihrer ganzen Natur und Überlieferung nach jenen radikalen Bruch bedeutete – die *Sozialdemokratie*.

Gehen wir in kurzen Umrissen die Ereignisse durch, die zur Revolution der Novembertage 1918 geführt haben.

Im Juli 1918 brach die Angriffskraft, im August 1918 auch die Widerstandskraft der deutschen Westarmee zusammen. Versuche, sie durch Verkürzung der Frontlinie wieder herzustellen, schlugen fehl. Die Soldaten waren durch keine Beruhigungsapparate mehr über den wahren Stand der Dinge hinwegzutäuschen. Anschaulich, wenn auch etwas zu impressionistisch schildert die Rückwirkung der Erkenntnis von der zunehmenden Verbesserung der Lage und Ausrüstung der gegnerischen Truppen auf die Geistesverfassung der deutschen Soldaten der Redakteur der ‚Berliner Volkszeitung‘ Dr. Karl Vetter, in seiner Flugschrift *Ludendorff ist schuld*, ruhiger, aber darum nicht weniger eindrucksvoll ist es dargelegt in der Schrift von Otto Lehmann-Rußbüldt ‚Warum erfolgte der Zusammenbruch an der Westfront?‘, die eine vom Verfasser dem General Ludendorff übermittelte *Denkschrift eines deutschen Landwehrmannes* enthält. Der deutsche Soldat sah, wie immer neue Nachschübe an kampfesfrischen Mannschaften die Truppenzahl auf der Gegenseite steigerten, immer neue leichtbewegliche Tanks deren Artillerie verstärkten, immer neue Fliegerschwärme ihr die Überlegenheit im Luftkampf sicherten, und büßte im entsprechenden Maße den Glauben an die Möglichkeit eines Sieges oder selbst nur andauernden Durchhaltens ein. In der dadurch erzeugten und durch die Unregelmäßigkeiten und oft herausfordernden Ungleichheiten in der Verteilung der Kost noch gesteigerten Mißstimmung bedurfte er keiner Beeinflussung durch Agitatoren, um die Überzeugung zu gewinnen, daß die Weiterführung des Krieges zweckloses Aufopfern von Menschen sei. Da er sie aber gewonnen hatte und doch sehen mußte, daß die zwecklos gewordenen Opfer gebracht wurden, mußte er um so mehr veranlaßt sein, denen ein geneigtes Ohr zu schenken, die ihm die Notwendigkeit eines gründlichen Wandels in den politischen Einrichtungen seines Landes, die Beseitigung eines Systems predigten, das diese Opfer forderte.

Daß eine sozialistisch-revolutionäre Agitation im Heere stattfand, soll nicht geleugnet werden. Hatten doch die Militärbehörden selbst für eine solche gesorgt, indem sie immer wieder Leute, die sich zu Hause wegen solcher Agitation mißliebig gemacht hatten, um sie zu strafen, eingezogen und an die Front geschickt hatten. Kein Wunder daher, wenn die in solcher Weise Gemaßregelten an Ort und Stelle ihren Kameraden gegenüber aus ihrer Gesinnung kein Hehl machten und auf sie in revolutionärem Sinne einzuwirken suchten. Aber der großen Zahl der Mannschaften gegenüber waren das doch zu wenige, um irgend etwas Wesentliches ausrichten zu können, wenn sie nicht Verhältnisse antrafen, die ohnehin den Soldaten den Glauben an die ihnen von oben mit ganz anderen Mitteln der Bearbeitung verkündeten Losungen und damit zugleich die Neigung nahmen, willenlos dem Hagel feindlicher Geschütze sich auszusetzen. In England hat es die ganze Zeit des Krieges über eine sehr eifrige Propaganda gegen den Krieg und den Kriegsdienst gegeben, die sich ziemlich frei bewegen konnte und durch die öffentlichen Verhandlungen gegen die vielen Kriegsdienstverweigerer weithin bekannt wurde. Und doch hat sie nicht verhindert, daß die englischen Truppen im allgemeinen genau so ihrer soldatischen Pflicht nachkamen, wie sie es getan hätten, wenn jene Agitation nicht gewesen wäre. In allen Ländern ist der Soldat zumeist Fatalist, der nur davonläuft, wenn er eine Sache für vollständig verloren hält. Der Krieg ist für Deutschland nicht verloren worden, weil die Soldaten infolge von Aufstachelung versagten, sondern die Soldaten versagten schließlich, weil sie den Krieg für verloren erkannten.

Daß sie darin nicht fehl sahen, geht übrigens klar aus den Aussagen der obersten Heerführer Ludendorff und Hindenburg vor dem Untersuchungsausschuß der Nationalversammlung hervor. Beide erklärten, im Winter 1916/17 auf Übergang zum uneingeschränkten Tauchbootkrieg bestanden zu haben, weil er „die einzige Möglichkeit" bot, den Krieg zu gewinnen. Darin lag das Eingeständnis, daß, wenn dieser Tauchbootkrieg sein Ziel verfehlte, der Krieg überhaupt nicht zu gewinnen war. Mitte 1918 war aber kein Zweifel mehr möglich, daß der Tauchbootkrieg seinen Zweck nicht erfüllt hatte und nicht erfüllen konnte. Ja, Amerika hatte eine Truppenmacht mit voller Ausrüstung über den Ozean gebracht, wie es 1916 von seiten der deutschen Heeresleitung für ganz unmöglich erklärt worden war. Deutschlands Verbündete dagegen, die Türkei, Bulgarien, Österreich-Ungarn, waren entkräftet – wie sollte da eine Möglichkeit bestehen, den Krieg noch länger auszuhalten? Er war verloren, und seine Fortführung das Verzweiflungsspiel eines bankerott Gewordenen, der in der Hoffnung auf irgend welchen außer aller vernünftigen Berechnung liegenden Glückszufall noch das Letzte opfert. Das Letzte, das waren hier Menschen von Fleisch und Blut, die sahen, wie die Sache stand, und nicht gleich Steinen im Spiel zu handhaben waren. Die Auflösung des Heeres riß ein. Einzelne Truppenteile hielten bestimmte Positionen mit Zähigkeit fest, aber die Verfügung über das Ganze glitt der Heeresleitung aus den Händen, und den völligen Zerfall mit der dann unausbleiblichen vernichtenden Niederlage vor Augen sandte sie am 24. September den Oberst Heye an die Reichsregierung mit der Meldung, daß sie für die Armee nicht mehr bürgen könne, es müsse schleunigst Waffenstillstand geschlossen werden.

Nachträglich haben die Herren erklärt, sich damals in der Abschätzung der Lage an der Front getäuscht zu haben, die Widerstandsfähigkeit sei noch nicht erschöpft gewesen. Das spricht aber höchstens gegen ihre Fassungskraft, beweist aber nichts gegen die Tatsache der deutschen Niederlage und die Schuld der Ludendorff und Genossen, daß es zu dieser verheerenden Katastrophe kam. Waren sie es doch gewesen, die ihren ganzen Einfluß dafür aufgeboten hatten, jede Friedensaktion zu vereiteln, welche es Deutschland ersparen konnte, seine Existenz von militärischen Zufällen abhängig zu machen. Denn mehr als Spekulation auf den Zufall hätte die Verlängerung des Krieges nicht geheißen. Alle berechenbaren Machtfaktoren ließen den Sieg der Gegenseite als unvermeidbar erscheinen. Es handelte sich nur noch um die Möglichkeit eines Aufschubs, der die Blutkosten des Krieges vermehrt, das Endergebnis für Deutschland aber lediglich zum Schlimmeren gestaltet hätte.

Der heimischen Regierung blieb, als die Meldung der Heeresleitung ihr überbracht wurde, nichts übrig, als die geforderten Schritte zu tun. Die Forderung war ihr, wie der damalige Reichskanzler Max von Baden es in dem Manuskript einer vor der Badischen ersten Kammer zu haltenden Rede geschildert hat, geradezu als ein Ultimatum vorgelegt worden.

Er hatte nämlich der Heeresleitung vorgeschlagen, zunächst einmal ein detailliertes Programm von Kriegszielen Deutschlands zu veröffentlichen, welches der Welt die Übereinstimmung mit den vom Präsidenten Wilson verkündeten Grundsätzen klarlegen solle, und dazu zu bemerken, daß Deutschland bereit sei, für diese Grundsätze schwere nationale Opfer zu bringen. Das ging aber den Militärs nicht schnell genug. Ihnen brannte das Feuer auf den Nägeln.

„Die militärischen Autoritäten erwiderten mir darauf", heißt es in dem Schriftstück, „auf die Wirkung einer solchen Kundgebung könne nicht mehr gewartet werden; die Lage an der Front fordere binnen 24 Stunden ein Waffenstillstandsangebot." (Abgedruckt u. a. bei Ferd. Runkel, ‚Die deutsche Revolution', S. 54.) Noch belastender ist folgende Aufzeichnung des Reichskanzlers Graf Hertling, die dessen Sohn, der Rittmeister Graf Karl von Hertling, veröffentlicht hat:

„Am 1. Oktober 1918 sprach Hertling über seinen Nachfolger mit dem Kaiser, der sich für Max von Baden noch nicht entschließen konnte. Da trat unangemeldet Ludendorff ins Zimmer und fragte sofort höchst erregt: ‚Ist die neue Regierung noch nicht fertig?', worauf der Kaiser ziemlich barsch erwiderte: ‚Ich kann doch nicht zaubern!' Darauf Ludendorff: ‚Die Regierung muß aber sofort gebildet werden, denn das Friedensangebot muß noch heute heraus.' Der Kaiser: ‚Das hätten Sie mir vor 14 Tagen sagen sollen!'„

Man ermesse danach, welche Stirn dazu gehört, jetzt hinterher die Schuld für die ermutigende Wirkung des Waffenstillstandsangebots auf die Militaristen und Hetzpatrioten der Gegenseite auf die Zivilregierung und die Revolution abzuschieben.

Max von Baden war kurz vorher der dritte Nachfolger Bethmann Hollwegs im Kanzleramt geworden. Der Dritte innerhalb eines Zeitraumes von fünfviertel Jahren. Auch das kennzeichnet die Haltlosigkeit der inneren Zustände des Deutschen Reichs.

Im Sommer 1917 hatte sich Bethmann Hollweg zum Rücktritt genötigt gesehen. Nicht daß die Reichstagsmehrheit, die in der Kriegszielfrage von ihm abwich, ihn gestürzt hätte. Gestürzt ist er, weil sie ihn gegen seine Widersacher von rechts nicht mehr stützen zu können erklärte, nachdem er einer von ihr vereinbarten Kundgebung für einen Frieden ohne Annexionen nicht hatte zustimmen wollen oder auch können. Die damaligen Vorkommnisse waren für die Zustände im kaiserlichen Deutschland überaus bezeichnend. Bethmanns Sturz wurde von den nur eine Minderheit des Reichstags bildenden Konservativen und Rechtsnational-Liberalen betrieben, mit den Leitern von Heer und Marine, denen dieser in keiner Weise antimilitaristische Staatsmann „zu schlapp" war, als Hintermänner. Im Reichstag aber hatten Mehrheitssozialisten, Zentrumspartei und fortschrittliche Volkspartei eine Koalition gebildet, die die Herbeiführung eines Ausgleichfriedens auf ihre Fahne geschrieben hatte. Ihr leitender Geist war der Zentrumsabgeordnete Matthias Erzberger, der zur Überzeugung gekommen war, daß Deutschlands Bundesgenossen vor dem Zusammenbruch standen, Deutschland allein aber den bis zum äußersten entschlossenen Gegnern auf die Dauer nicht werde standhalten können, und der nun den Kampf gegen die Kriegsverlängerer mit der gleichen Energie führte, mit der er ursprünglich auf deren Seite gekämpft hatte. Ob eine rückhaltlose Zustimmung der Reichsregierung zur Kundgebung der Koalition damals den Frieden herbeigeführt hätte, kann man bezweifeln, sie ließ für diesen Zweck noch zu wünschen übrig. Sicher aber ist, daß ihre von der Militärpartei durchgesetzte Ablehnung Deutschlands Schicksal besiegelt hat.

Unmittelbarer Nachfolger Bethmanns wurde nicht ein Mann nach der Wahl der Reichstagsmehrheit, sondern der von den Militärs ausgesuchte Frömmling Dr. Michaelis, der den Gegensatz zwischen den von ihm erstrebten Kriegszielen und der Kundgebung der Mehrheit des Reichstages mit der Erklärung zu übertuschen suchte, er könne jene akzeptieren – wiederholen wir es wörtlich „wie ich sie auffasse". Das hatte aber nur gefehlt, um sie im Lager der Gegner Deutschlands gründlich zu diskreditieren. Aber auch die Reichstagsmehrheit ließ sich, da die Lage immer ernster wurde, mit solchen Zweideutigkeiten nicht lange hinhalten. Nach vier Monaten mußte Michaelis abtreten und wurde durch den der Zentrumspartei angehörigen Grafen Hertling ersetzt, dem es an parlamentarischer Gewandtheit nicht mangelte, der aber das Kunststück nicht fertig bekam, die deutsche Politik so zu leiten, daß sie unzweideutig den in der Kundgebung der Reichstagsmehrheit niedergelegten Grundsätzen entsprach. Die Zwitternatur der Reichspolitik erhielt unter ihm schon kurze Zeit nach seinem Amtsantritt durch den Friedensschluß von Brest-Litowsk eine grelle Beleuchtung, deren Eindruck durch keine Dialektik verwischt werden konnte. Er wurde vielmehr noch dadurch verstärkt, daß die Militärpartei den Rücktritt des zum Staatssekretär für das Äußere berufenen Freiherrn von Kühlmann durchsetzte, nachdem dieser sich ihr durch die Bemerkung mißliebig gemacht hatte, daß der Friede nicht durch die Waffen allein zu erzielen sei. Da es jedoch der Mehrheitskoalition an der Entschlossenheit fehlte, die Ernennung eines Kanzlers zu erzwingen, der seine Aufgabe nicht bloß darin erblickte, nach Wunsch auszudeutende Erklärungen abzugeben, konnte sich Hertling solange im Amt halten, bis es zu spät war. Ein kranker Mann, der seinen Rücktritt nicht lange überleben sollte, nahm er seine Entlassung, als die deutsche Westarmee schon in vollem Rückzug begriffen war. An seine Stelle trat der Prinz Max von Baden, der für einen sehr liberalen Politiker und aufrichtigen Gegner aller Annexionspläne galt, aber kaum, daß er sich dem Reichstag als ein solcher vorgestellt hatte, dadurch zu einer für den Friedensschluß unmöglichen Person wurde, daß ein kurz vorher von ihm an den Prinzen von Hohenlohe geschriebener Brief bekannt wurde, worin er sehr anders lautenden Ansichten und Absichten geäußert hatte.

Die Armee im fluchtartigen Rückzug, dessen üble Folgen für das Land die Heeresleitung noch dadurch steigerte, daß sie weite Gebiete, die sie aufgeben mußte, schleunigst in Wüsteneien verwandelte, ein Kaiser im Aufbruch, auf den die Nation nicht mehr hörte, und dessen Absetzung die Sieger zur Vorbedingung jeder Friedensverhandlung gemacht hatten, ein Kanzler im Amt, dessen Worte nicht mehr für voll genommen wurden – so standen die Dinge, als ein durch ein wahnsinniges Unternehmen der Flottenleitung verursachter Aufstand der Marinetruppen die politische Revolution zum Ausbruch brachte.

„Man hat uns belogen und betrogen". Das waren die Worte, die der konservative Parteiführer von Heydebrand verzweifelnd ausgerufen haben soll, als sein Fraktionskollege Graf Westarp, dem der stellvertretende Reichskanzler von Payer nebst je einem Vertreter der anderen Parteien in einer schnell einberufenen vertraulichen Konferenz die Hiobspost vom Zusammenbruch der Armee mitgeteilt hatte, diese der Fraktion überbrachte. Mit größerem Recht als der weiland ungekrönte König und seine Freunde konnte und kann es die breite Masse des deutschen Volkes von sich sagen. Wie sie über die Entstehung des Krieges und seinen Verlauf während dessen Dauer systematisch belogen und betrogen worden ist, so auch noch heute. Und zwar sind es Parteigenossen des Herrn von Heydebrand, die jetzt in diesem Lügenfeldzug das Maßloseste leisten. Noch immer wird dem deutschen Volke in Flugschriften aller Art vorgeflunkert, daß Deutschland 1914 von boshaften und neidischen Gegnern heimtückisch zum Kriege *„gezwungen"* worden – manche lügen noch frecher und behaupten rundweg überfallen worden sei. Noch immer wird ihm der Krieg so geschildert, als ob deutscherseits nur Siege erfochten und höchstens gelegentlich zu weit vorgedrungene Truppen aus strategischen Gründen „zurückgenommen" worden seien. Nicht nur in der 1915 bei Reclam erschienenen ‚Kriegschronik' des Generalmajors Metzler wird die mehrtägige große *Schlacht an der Marne*, die zu den entscheidenden Schlachten der Weltgeschichte gehört, auf diese Weise vollständig verschwiegen, auch in der im November 1919 erschienenen Broschüre des Geheimen Studienrates Jaenicke ‚Weltkrieg, Revolution, Verfassung' wird der ununterrichtete deutsche Leser mit folgenden unwahren Redensarten über die Tatsache der am 12. September 1914 beendeten gewaltigen Niederlage der Armee des deutschen Kronprinzen hinweggetäuscht (die [Hervorhebungen] sind von mir. *Ed. B.*):

„Aber die deutschen Armeen hatten sich zu weit von ihren Versorgungsquellen entfernt. Sie mußten daher an der Marne umkehren, zumal sie hier an der Besatzung von Paris und anderen Reserven Joffres starken Widerstand fanden. Sie machten nach *siegreichen Rückzugsgefechten* erst hinter der Aisne und Oise halt."

In ähnlicher Weise wird der Ausgang wichtiger Seegefechte ins

Gegenteil umgedeutet. Vom Treffen am Skagerak (31. Mai 1916), das damit endete, daß die deutsche Flotte unter dem Schutze des Nebels das Feld räumte, heißt es: „Die Engländer verkündeten ihre offenbare Niederlage aller Welt als einen großen Sieg!" Tatsächlich war das Umgekehrte geschehen. Die englische Führung hatte zuerst nur freimütig ihre Verluste an Schiffen gemeldet und sich jeder Bemerkung über Sieg oder Niederlage enthalten, während die deutsche einen glänzenden Erfolg meldete und solange behauptete, kein einziges großes Schiff verloren zu haben, bis an die norwegische Küste getriebene Trümmer sie nötigten, den Verlust des Schlachtschiffes *Pommern* einzugestehen.

Mit solchen falschen Darstellungen kann man aber nur begrenzte Wirkungen erzielen. Am ehesten versagen sie gegebenenfalls bei den Truppen. Dort spricht sich die Wahrheit naturgemäß schneller herum als in der Zivilbevölkerung. Wie in der Landarmee selbst erkennt man mit Herbstanbruch 1918 in den Reihen der Marinesoldaten, daß der Krieg verloren ist, daß jedes Angriffsunternehmen nutzloses Opfern von Menschen bedeutet und den notwendigen Friedensschluß widersinnig verzögert. Die Kunde, daß die Leitung der Marine es auf eine neue Seeschlacht im größten Stil ankommen lassen will, um zum mindesten den Engländern den Verlust eines möglichst großen Teils ihrer Flotte zu verursachen, bringt gegen Ende Oktober 1918 die Besatzung der bei Kiel stationierten deutschen Kriegsschiffe in große Erregung und veranlaßt am 28. Oktober die Besatzung des Linienschiffes *Markgraf* zur ersten größeren Auflehnung. Sie verweigert das Ankerlichten und verhindert durch Besetzen der Windemaschinen das Auslaufen des Schiffes. Als andre Schiffe durch den Nordostseekanal nach Cuxhaven und von dort nach dem Jahdebusen geleitet werden, bemächtigt sich der Mannschaften gleichfalls die Überzeugung, es handle sich um einen Verzweiflungsstreich, der nur Menschenverluste und Verschlimmerung der Friedensbedingungen zur Folge haben könne. Auf einem Schiff nach dem anderen wiederholt sich die Weigerung auszufahren. Noch ist es indes keine revolutionäre Bewegung. Die Besatzungen verschiedener Schiffe haben folgenden Entschluß gefaßt und bekannt gegeben:

„Greift der Engländer uns an, so stellen wir unsern Mann und verteidigen unsere Küsten bis zum äußersten, aber *wir selbst greifen nicht an*. Weiter als bis Helgoland fahren wir nicht. Andernfalls wird Feuer ausgemacht."

So sprechen keine Aufrührer. Allerdings hatte es auf einigen Schiffen schon im Jahre vorher Kundgebungen von Matrosen gegeben, die sich der unabhängigen Sozialdemokratie zurechneten, und brutal genug waren sie unterdrückt worden, um den Opfern der Repression die Sympathien der Kameraden zuzuwenden. Aber diese Agitation hatte doch nur erst Minderheiten erfaßt und wäre nicht imstande gewesen, zur allgemeinen Revolte zu führen, wenn nicht auch sonst sich reichlich Stoff zu solcher aufgehäuft hätte und durch Repressionsmaßnahmen zum Entflammen gebracht worden wäre.

Am 30. und 31. Oktober erfolgt auf verschiedenen Schiffen unter Nichtbeachtung des obigen Beschlusses der Befehl zum Ankerlichten und wird jenem gemäß mit dem Herausreißen der Feuer unter den Kesseln und anderen Maßnahmen beantwortet, welche eine kriegerische Aktion unmöglich machen. Es erfolgen von Seiten der Vorgesetzten Zurechtweisungen und Drohungen, die auf einigen Schiffen zu Verhaftungen in größerem Maßstabe sich steigern.

Ganz besonders werden mit solchen Massenbestrafungen in Wilhelmshafen das Linienschiff *„Großer Kurfürst"* und in Kiel, wohin das dritte Geschwader zurückbefohlen war, das Linienschiff „*Friedrich der Große"* bedacht. Dies bringt das Ventil zum Platzen.

Am Sonntag, den 3. November 1918, findet in Kiel auf dem großen Exerzierplatz eine von Tausenden Marineangehöriger besuchte und sich dann zu einem großen Zug formierende Protestversammlung statt, welche nach Anhören leidenschaftlicher Reden die Freilassung der Verhafteten fordert. Der Zug wird auf dem Marsch zur Marinearrestanstalt von bewaffneten Maaten und Applikanten angehalten, die ihn zum Auseinandergehen auffordern. Auf die Weigerung hin, dem Folge zu geben, wird scharf geschossen. Acht Personen werden getötet, 29 verwundet, die anderen ergreifen die Flucht, und – am nächsten Tage, den 4. November, ist die ganze Marine in Aufruhr. Offiziere, die sich den Matrosen zu widersetzen versuchen, werden mißhandelt; auf dem Linienschiff *König*, das die Kriegsflagge führt, kommt es zum Schießen, wobei der Kommandant des Schiffes fällt, und um die Mittagszeit sind die Matrosen die

Herren aller Schiffe wie auch des Hafens, und die ganze Garnison von Kiel schließt sich ihnen an. Eine Abteilung Husaren, die von dem Hamburger Vorort Wandsbeck entsandt worden ist, die Aufrührer zur Ruhe zu bringen, muß umkehren.

Nun wird ein Soldatenrat gebildet, und dem Gouverneur von Kiel, der in einem Erlaß die Matrosen aufgefordert hatte, ihm ihre Wünsche zu unterbreiten, wird nach Beratung im Gewerkschaftshaus ein Programm radikaler Forderungen vorgelegt, von denen die wichtigsten lauten:

„Freilassung sämtlicher Gefangenen und politisch Inhaftierten. Vollständige Rede- und Preßfreiheit. Sachgemäße Behandlung der Mannschaften und Aufhebung der Grußpflicht. Volle Anerkennung des Arbeiter- und Soldatenrates. Offiziere, die sich mit seinen Maßnahmen einverstanden erklären, sollen willkommen sein, andere haben den Dienst ohne Anspruch auf Versorgung zu quittieren. Unterlassung aller Schutzmaßnahmen mit Blutvergießen. Die Maßnahmen zum Schutz des Eigentums trifft der Arbeiter- und Soldatenrat. Das Ausfahren der Flotte hat unter allen Umständen zu unterbleiben."

Der Gouverneur erklärt sich mit einem Teil der Forderungen einverstanden und verschiebt die endgültige Antwort bis zum Eintreffen der auf telegraphisches Ansuchen entsandten und schon auf dem Wege befindlichen Regierungsvertreter. Es sind dies der zum Staatssekretär ernannte Demokrat Haußmann und der Sozialdemokrat Gustav Noske. Das Ergebnis der mit den Genannten gepflogenen Beratungen ist der Entschluß, die Forderungen zu bewilligen. Seine Bekanntgabe wird mit allgemeinem Jubel aufgenommen. Nach Annahme der Forderungen verpflichten sich die Matrosen, unbedingte Ordnung aufrechtzuerhalten, und willigen in eine Bekanntmachung ein, die verkündet, daß jeder, der beim Plündern betroffen wird, auf der Stelle standrechtlich zu erschießen ist. Haußmann kehrt nach Berlin zurück, Noske erhält Arbeitszimmer im Stationskommando eingeräumt und wird auf Wunsch der Arbeiter faktischer Gouverneur von Kiel. Tags darauf, am 5. November, tritt die Arbeiterschaft Kiels in den allgemeinen Ausstand und bildet Arbeiterräte, denen sich die schon gebildeten Soldatenräte anschließen. Die Stadt des größten deutschen Kriegshafens wie dieser selbst ist in den Händen des Proletariats. Zur Vervollständigung des Ausschusses werden von den Arbeitern zwei Führer der Unabhängigen, die Reichstagsabgeordneten Haase und Ledebour nach Kiel berufen.

Und die Lawine kam in Fluß. Noch am gleichen Tage fahren Kriegsfahrzeuge unter der roten Fahne in Hamburg und Lübeck ein, die sich der Erhebung anschließen. In Lübeck geht die öffentliche Gewalt ohne Blutvergießen in die Hände des Soldatenrats über, in Hamburg kommt es schon am Abend des 5. November nach einer Massendemonstration zu Gunsten der Kieler Beschlüsse zu einem Zusammenstoß mit dem Militär, bei dem geschossen wird. Am 6. November wird ebenfalls in Hamburg vom Militär auf einen Zug in den allgemeinen Ausstand getretener Werftarbeiter, der dem Gebot zum Umkehren nicht Folge leistet, mit Maschinengewehren geschossen, wobei 9 Tote auf dem Platze bleiben. Eine Massenkundgebung, Plünderung der Waffenläden, Erstürmung und Ausraubung der in Altona gelegenen Waffenkammer ist die Folge.

In Lübeck gibt der Soldatenrat am Abend des 5. November den Übergang der öffentlichen Macht in seine Hände in folgendem Aufruf bekannt:

„Seit heute Abend ist Lübecks Macht in unseren Händen. Wir erklären hiermit, daß mit unserer Sache den Kameraden an der Front wie hier in der Heimat gedient ist. Es mußte mit den korruptiven Zuständen und der militärischen Diktatur von gestern gründlich aufgeräumt werden. Der Zweck unserer Sache ist sofortiger Waffenstillstand und Friede. Wir bitten die Bevölkerung Lübecks, größte Ruhe zu bewahren. Es wird von uns nichts unternommen, was die Betriebe zur Aufrechterhaltung der Ordnung stören könnte. Es geht alles seinen alten Gang. Wir erwarten von der Bevölkerung bereitwillige Mitwirkung. Wir können feststellen, daß diese Umwandlungen der militärischen Dinge in Lübeck unblutig verlaufen sind und hoffentlich weiter verlaufen werden. Wir warnen vor Ausschreitungen; Plünderungen und Diebstahl werden mit dem Tode bestraft. Die Lebensmittelverteilung bleibt in den Händen der Zivilverwaltung. – Der Soldatenrat.“

Nicht ohne Zusammenstoß mit Militärs, aber dank dem Übertritt der Mannschaften ohne Blutvergießen, tritt noch am gleichen Tage Bremen dem Aufstand bei. Die militärische Gewalt geht an eine Kommission über, die aus dem Garnisonältesten, zwei Offizieren und vier Vertretern der Mannschaften besteht, so daß die letzteren in ihr die Mehrheit haben. Daneben wird ein Arbeiterrat gebildet.

Am folgenden Tage breitet sich die Bewegung nach Westen – Hannover, Braunschweig, Köln u.s.w. und nach Süden aus, der Hauptstadt Berlin zu. Ehe sie diese erfaßt, sind Magdeburg, Leipzig, Dresden im Aufstand. Ganz Nordwest gerät in die Hände der Arbeiter- und Soldatenräte.

Noch ist es aber keine zusammenfassende, auf die Änderung des Ganzen der Verfassung des Reichs gerichtete Revolution, wenngleich es in den Reihen der Kämpfer an Leuten nicht fehlt, die bewußt auf dieses Ziel lossteuern. Keine Massenbewegung vollzieht sich ohne solche Elemente. Der Anstoß zu ihnen geht immer zunächst von einzelnen aus, die, sei es auch nur der Eingebung eines Augenblicks folgend, im gegebenen Zeitpunkt die Parole ausgeben, die nun plötzlich von Mund zu Mund läuft und die Geister entflammt. Wenn nachträglich die verschiedenen sozialistischen Fraktionen über ihr Verdienst an der Erhebung streiten, so werden sie alle ein Stück Recht haben. Sie hatten alle erkannt, daß es beim alten Stand der Dinge nicht bleiben konnte und verbreiteten jede in ihrer Art diese Erkenntnis unter ihren Anhängern. Ohne dies wäre die Allgemeinheit der Bewegung unmöglich gewesen. An den meisten Orten waren die Mehrheitssozialisten die bei weitem stärkere Verbindung, war ihr Einfluß auf die Arbeiterschaft so groß, daß jede Aktion, gegen die sie sich gestemmt hätten, an diesem Widerstand gebrochen wäre. Warum er unterblieb, zeigt ein Blick auf die Vorgänge im Reichstag und der Regierung in den Wochen seit dem Eintreffen der Verzweiflungspost des großen Generalstabs.

Daß die Matrosen richtig gesehen hatten, bestätigt der aus Regierungsstellen unterrichtete Mehrheitssozialist Friedrich Stampfer in seiner Gedenkschrift ‚Der 9. November' (Berlin 1919, Vorwärts-Buchhandlung). Er schreibt dort:

„Später stellte sich heraus, daß die Matrosen *recht* gehabt hatten, wenn sie an den harmlosen Charakter der angeblichen Manövrierfahrt nicht glaubten. Es war beabsichtigt gewesen, die Flotte bei Helgoland hinter einer Sperrkette von U-Booten aufmarschieren zu lassen, um die Engländer, herauszulocken und den U-Booten Gelegenheit zum Angriff auf sie zu geben. Der Plan zu einer Seeschlacht großen Stils! Und dieser Plan war erdacht worden und sollte ausgeführt werden, nachdem Deutschland unter lebhafter Beteuerung seines Abscheus vor weiteren nutzlosen Opfern um *Waffenstillstand* und *Frieden* ersucht hatte! Die Urheber dieses soldatisch tapferen, aber politisch idiotischen und verbrecherischen Planes versicherten später treuherzig, sie hätten dadurch, daß sie die ungebrochene Macht der deutschen Flotte zeigten, Deutschlands Stellung bei den Waffenstillstands- und Friedensverhandlungen – verbessern wollen."

Tatsächlich hätte die Ausführung des Planes selbstverständlich die entgegengesetzte Wirkung gehabt, sie hätte die Bedingungen für Deutschland noch verschlechtert. Die Rückwirkung der den gleichen Gedankengängen entsprungenen Versenkung der bei Skapa Flow internierten deutschen Kriegsschiffe hat das zur Genüge bewiesen. Mit Recht heißt es daher bei Stampfer weiterhin:

„Die Mannschaften bewiesen vielmehr *gesunden Menschenverstand* und *politischen Instinkt,* indem sie ihre Beteiligung an der geplanten Abschiedsvorstellung mit großer Energie ablehnten. Wenn es wahr ist, daß jedes Recht an seinem offenbaren Mißbrauch seine Grenze findet, so war das Befehlsrecht der Vorgesetzten hier an dieser Grenze angelangt."

Die Revolution war Notwendigkeit geworden.

REGIERUNG UND SOZIALDEMOKRATIE
VON ANFANG OKTOBER BIS ZUM 9. NOVEMBER 1918

Wie die Meinungsverschiedenheiten in der Sozialdemokratie Deutschlands hinsichtlich des Verhaltens im Kriege zu deren Spaltung geführt haben, muß in dieser Schrift als bekannt vorausgesetzt werden. Die Wirkung der Spaltung war gewesen, daß derjenige Flügel der Sozialdemokratie, der sich für gebunden hielt, der Reichsleitung die Kriegskredite zu bewilligen, dadurch in eine zweideutige Stellung ihr gegenüber geriet. Er konnte ihr die Mittel zur Kriegsführung nicht bewilligen, ohne seiner gegen ihre Methoden der Kriegsführung gerichteten Kritik die Wirkungskraft zu entziehen, wodurch diese Kritik einen Stich ins Unreale erhielt. Von den Gegnern der Kriegskreditbewilligung wiederum wurde ein Teil zu Gegnern der alten sozialdemokratischen Politik überhaupt und nahm die Überlieferungen der unmittelbar auf den politischen Umsturz gerichteten blanquistischen Bewegung auf. Die Kluft zwischen den Kreditbewilligern und den Kreditverweigerern erweiterte sich. Diese aber, deren linker Flügel zu Ostern 1917 sich als Partei der unabhängigen Sozialdemokratie konstituiert hatte, zerfielen in Sozialdemokraten und Anhänger des blanquistisch-revolutionären Spartakusbundes oder der gleichfalls antireformistischen Gruppe Internationale.

Nicht nur im Reichstag, sondern auch im Lande selbst waren die Kreditbewilliger damals die große Mehrheit. Sie verfügten über mehr als dreiviertel der sozialdemokratischen Zeitungen – teils vom Anfang des Konflikts an, teils durch Ausnutzung des Kriegszustandes zur Übernahme von in den Händen der Opposition befindlichen Organen – und konnten so auf die Arbeiter ohne Unterlaß in ihrem Sinne einwirken, während die Opposition nur in einzelnen Wahlkreisen über eigene, obendrein von der Zensur arg drangsalierte Blätter verfügte und in der Hauptsache auf die unterirdische Propaganda angewiesen war, was beiläufig nur dazu beitragen konnte, für konspirative Tendenzen Stimmung zu machen.

An Erklärungen zu Gunsten eines Verständigungsfriedens hatten es die Mehrheitler von Anfang an nicht fehlen lassen. Doch konnten diese auf die Sozialisten der Ententeländer keinen Eindruck machen, solange sie nur Begleitmusik waren zur Bewilligung von Kriegskrediten an eine Regierung, in der jene nicht mit Unrecht die Urheberin des Krieges erblickten. Ebenso ging es mit den Reden für einen solchen Frieden, die der redegewandte Führer der Mehrheitssozialisten, Philipp Scheidemann, vom Sommer 1916 ab in großen Versammlungen hielt und dann als Broschüren veröffentlichte. Auch von ihnen gilt das Obengesagte, daß sie im gegnerischen Lager nicht für wahr genommen wurden. Mehr Beachtung fand die parlamentarische Aktion für den Frieden, welche die Mehrheitssozialisten im Verein mit der Zentrumspartei und der fortschrittlichen Volkspartei im Juli 1917 unternahmen. Aber auch diese Aktion verfehlte ihre Wirkung, mußte sie verfehlen, weil sie nicht von einem so starken Druck auf Wilhelm II. begleitet war, daß dieser unmöglich das lächerliche Zwischenspiel mit Herrn Michaelis, dem Reichskanzler nach dem Herzen der Heeresleitung, dem Reichstag bieten durfte. Warum auch dessen Nachfolger Graf Hertling nicht der

Mann war, die gegnerischen Mächte davon zu überzeugen, daß die Herrschaft der Militaristen in Deutschland ausgespielt sei, ward im vorigen Kapitel bemerkt. Zu dem mit allen schönen Erklärungen vom Rechtsfrieden in Widerspruch stehenden Frieden von Brest-Litowsk kam unter seiner Kanzlerschaft das zweideutige Spiel mit der Ukraine, das die Möglichkeit eines allgemeinen Friedensschlusses immer weiter hinausschob, ward zuhause der Belagerungszustand verschärft und aus Furcht vor den Konservativen die fällig gewordene Wahlrechtsform für Preußen solange von neuem vertagt, bis der Zusammenbruch der Westarmee und die bestimmten Erklärungen der Regierungen der Entente sowie des Präsidenten Wilson, unter keinen Umständen mit einer Regierung Wilhelms II. Frieden zu schließen, eine revolutionäre Situation in Deutschland schufen. Durch in erster Linie gegen die Entente gerichtete Veröffentlichungen der bolschewistischen Regierung Rußlands aus den zarischen Geheimarchiven war auch Wilhelm II. so bloßgestellt, daß er international geradezu unmöglich geworden war. Sein mit Nicolaus II. zur Zeit des russisch-japanischen Krieges geführter Briefwechsel, wo er den Zaren gegen das gleichzeitig umschmeichelte England aufzustacheln suchte, ward allgemein als Beweis einer selbst für Personen in seiner Stellung seltenen Doppelzüngigkeit aufgenommen.

Um die Situation zu verbessern, nahm Hertlings Nachfolger im Amt, Prinz Max von Baden, Anfang Oktober 1918 neben Vertretern der fortschrittlichen Volkspartei und der Zentrumspartei auch zwei Mehrheitssozialisten in sein Kabinett auf, nämlich Gustav Bauer als Staatssekretär für ein einzurichtendes Reichsarbeitsamt und Philipp Scheidemann als Staatssekretär ohne besonderes Amt („ohne Portefeuille"). Indes täuschte er sich, wenn er vermeinte, dadurch den Thron retten zu können. Die beiden Sozialdemokraten hatten zwar in Übereinstimmung mit ihrer Fraktion den Eintritt in die Regierung lediglich von der Verpflichtung dieser auf ihr Friedensprogramm, sowie von der Ausgestaltung der Reichsverfassung im Sinne der Erhebung der Volksvertretung zur ausschlaggebenden Macht, der radikalen Demokratisierung des Wahlrechts und ähnlichen Reformen abhängig gemacht, die mit einer konstitutionellen Monarchie noch zur Not vereinbar waren, und verlegten ihre Tätigkeit demgemäß in erster Linie darauf, die schnellste Erzielung des Waffenstillstandes

und der Ausarbeitung der betreffenden Gesetzentwürfe und deren
parlamentarische Erledigung zu erwirken. Es war aber klar, daß es
sich für sie nicht um die Sicherung des Thrones oder der Dynastie,
sondern nur um die Rettung des deutschen Volkes und die schleu-
nige Herbeiführung des Friedens handelte. Als Wilson im Laufe des
Oktober 1918 rundheraus zu verstehen gab, daß mit Wilhelm II. kein
Friede gemacht werden würde, ertönte daher zunächst in der sozialdemokratischen Mehrheitspresse immer energischer der Ruf nach
dessen Rücktritt; und als dieser auf sich warten ließ, richtete Scheidemann Ende Oktober ein Denkschreiben an den Reichskanzler,
worin er ihm eingehend darlegte, daß der Verzicht Wilhelms II. auf
die Krone unerläßlich geworden sei, solle Deutschland nicht ver-
derblichster Zerrüttung anheimfallen. So leicht war jedoch der Ho-
henzoller nicht zum Rücktritt zu bewegen. Die unmittelbare Wirkung des Schreibens war vielmehr nur die, daß Wilhelm II. am 30.
Oktober 1918 Berlin verließ und sich ins große Hauptquartier begab,
wo er sich gesichert glaubte.

Vorher hatte er noch – am 28. Oktober – den in den Reichstags-
sitzungen vom 22. bis 26. Oktober beratenen und zum Beschluß erhobenen Gesetzentwürfen über die volle Parlamentarisierung der
Reichsregierung die verfassungsmäßig notwendige Unterschrift gegeben. Zugleich hatte sich die sozialdemokratische Mehrheitsfraktion durch den Hinweis auf die Gefahr, daß eine Erzwingung des
Rücktritts Wilhelms II. eine Gegenbewegung in den Einzelstaaten
hervorrufen und Deutschland in anarchische Zustände versetzen
könne, dazu bewegen lassen, die Frage der monarchischen Spitze
noch zurückzustellen. Einig aber war man darin, daß die Tage der
Kaiserschaft Wilhelms II. gezählt seien, und daß dessen Sohn Wilhelm erst recht unmöglich geworden sei. Im Hauptquartier zu Spaa
angelangt, erklärte Wilhelm II. seinerseits dem Minister Drews, der
ihm nachgereist war, um ihm von Scheidemann's Denkschrift Mitteilung zu machen, sein Rücktritt würde die Auslieferung Deutschlands an die Entente bedeuten und furchtbare Zerrüttung nach sich
ziehen, er könne es daher nicht verantworten zurückzutreten, sondern werde in seinem Amt verharren. In den oberen Militärkreisen
wiederum spielte man mit der hirnverbrannten Idee, mit Hilfe zu-
verlässiger Truppen erneut zum Widerstand überzugehen, da
Deutschland „noch nicht besiegt" sei. Für ein solches Unternehmen

wäre natürlich das Wort Hazardspiel noch zu mild gewesen. Verbrecherischer Wahnsinn war das richtige Wort.

Der Aufstand der Marinemannschaften und die sich an ihn anschließenden Erhebungen in den Hafenstädten machten nun durch alle derartigen Pläne kopflos gewordener Militärs einen dicken Strich. Sobald sie in ihrem Umfang und Charakter erkannt wurden, was freilich einige Tage dauerte, da der noch unter militärischer Zensur stehende Telegraf zuerst nur sehr abgeschwächte Meldungen über sie brachte, fanden sie im Lande allerorts in der Arbeiterschaft stärksten Widerhall. Wie nur natürlich, regten sich mit besonderem Eifer die Mitglieder des Bundes der Spartakusgruppen und die mit ihnen in Verbindung stehenden radikaleren Elemente der unabhängigen Sozialdemokratie.

Der Spartakusbund hatte am 7. Oktober 1918 in Gotha eine Konferenz abgehalten, auf der er sich für die Politik der russischen Bolschewisten – diktatorische Regierung durch Arbeiter- und Soldatenräte – entschied und allerorts für die Bildung solcher Räte zu arbeiten beschloß. Obwohl an Mitgliedern nicht sonderlich stark, war er unter den gegebenen Umständen doch ein beachtenswerter Faktor. In gespannter Situation kann auch eine kleine Minderheit, der ein bestimmter Wille und eine gute Dosis Entschlußkraft innewohnen, eine erhebliche Wirkung ausüben. An letzteren Eigenschaften fehlte es den meist jugendlichen Spartakusanhängern nicht, und da sie an verschiedenen Orten von Bedeutung vertreten waren und ihnen nun eine bestimmte Aktion vorgezeichnet war, die alsbald in die Wirklichkeit umgesetzt werden sollte, wird man ihre Einwirkung auf den Ausbruch der Revolution und die ersten Äußerungen der aufgebotenen Massen nicht als unwesentlich einschätzen dürfen. Gewiß ist die bolschewistische Doktrin nur der Phrase nach marxistisch, im Wesen aber blanquistisch* [*Soziale Revolution ohne Massenbasis]. Indes die blanquistische Auffassung ist, wie Schreiber dieses schon 1899 in der Schrift „Die Voraussetzungen des Sozialismus" dargelegt hat, nicht in allen Punkten falsch. Sie hat unter bestimmten Voraussetzungen für begrenzte politische Zwecke ihre Richtigkeit, und auf Grund ihrer unternommene Aktionen haben daher auch manche Erfolge zu verzeichnen gehabt. Hier aber waren für eine solche Aktion alle Voraussetzungen gegeben.

In Karl Liebknecht, den die neue Regierung am 21. Oktober aus dem Zuchthaus befreit hatte, zu dem ihn das Reichsmilitärgericht im Jahre 1916 für dieselbe Handlung verurteilt hatte, wegen deren ein Jahr darauf dem nun gleichfalls befreiten Wilhelm Dittmann nur Festungshaft auferlegt ward, hatte der Spartakusbund einen Führer von außergewöhnlicher Energie und Arbeitskraft. Auch die gleichfalls aus der Schutzhaft freigegebene Rosa Luxemburg stellte ihm ihre Dienste zur Verfügung. Geldmittel, die zum Teil zum Ankauf von Waffen verwendet wurden, flossen ihm durch die Berliner Botschaft der Bolschewistischen Regierung Rußlands zu. Überhaupt hatte diese Botschaft große Summen aufgewendet, eine revolutionäre Propaganda in ihrem Sinne in Deutschland zu fördern. Es wurden durch ihre Kuriere in Rußland in deutscher Sprache gedruckte Aufrufe und Flugschriften, die zur Revolution aufforderten, in Deutschland eingeschmuggelt und an Mittelspersonen behufs Aushändigung an Spartakisten und andere revolutionäre Sozialisten versandt. Die Tatsache kam dadurch an den Tag, daß am 4. November 1918 am Anhaltischen Bahnhofe in Berlin einem gerade ankommenden dieser Kuriere eine mit solcher Literatur angefüllte Kiste infolge eines Stoßes zur Erde fiel und platzte, wobei der Inhalt, darunter zu Attentaten und Terror auffordernde Flugblätter, zum Vorschein kam.

Da nach dem geltenden Völkerrecht die den Botschaftern und ihrem Personal zugesicherten Privilegien – die sogenannte Exterritorialität – zur Gegenbedingung die Verpflichtung haben, sich jeder Einmischung in die inneren Angelegenheiten des Gastlandes streng zu enthalten, nahm die Regierung die nunmehr amtliche Feststellung des schon wiederholt in bürgerlichen Blättern zur Sprache gebrachten Zuwiderhandelns gegen jene Verpflichtung zum Anlaß, den diplomatischen Verkehr mit der bolschewistischen Regierung abzubrechen. Dem Botschafter Joffe und seinem Stab wurden sofort die Pässe eingehändigt, sodaß sie am 6. November 1918 Berlin verließen. Von Moskau aus hat Joffe etwas später Erklärungen veröffentlicht, in denen er die ihm vorgeworfenen Handlungen in der Hauptsache zugab und es als sein Verdienst rühmte, auf diese Weise am Sieg der inzwischen in Deutschland ausgebrochenen Revolution mitgewirkt zu haben. An diese Feststellungen knüpfte er Bemerkungen, die so verstanden werden konnten und auch dahin ausgelegt wurden, daß führende Mitglieder der unabhängigen Sozialdemokratie von ihm Gelder zu gleichen Zwecken, das heißt zur konspirativen Organisierung der Revolution erhalten hatten. Davon war indes nur soviel richtig, daß Gelder, die der am 10. November Volksbeauftragter gewordene Emil Barth Mitte Oktober in seiner Eigenschaft als besonders tätiges Mitglied revolutionärer Gruppen von deutschen Gesinnungsgenossen für den Ankauf von Waffen erhalten hatte, in der Tat von Joffe herrührten und Barth darum gewußt hat. Joffe's einige Tage später abgegebene Erklärung, daß er am Abend vor seiner Abreise aus Deutschland, das heißt am Abend des 5. November 1918, dem Mitglied der Unabhängigen Sozialdemokratie Oskar Cohn, der Rechtsbeistand der russischen Botschaft gewesen war, 150.000 Mark und 150.000 Rubel zur „Förderung der Revolution" gegeben habe, ward von diesem mit dem Bemerken rückhaltlos bestätigt, er habe gemäß seiner Überzeugung, daß die Parteien der sozialistischen Internationale einander unterstützen müßten, das Geld „gern entgegengenommen" und „seinem Zweck, die Verbreitung des Gedankens der Revolution, zugeführt", mit den zum Ankauf von Waffen gegebenen Summen habe das jedoch nichts zu tun. Dem von Joffe als Mitwisser genannten Vorsitzenden der Unabhängigen Sozialdemokratie Hugo Haase gegenüber konnte ersterer dagegen nur aufrecht erhalten, daß er mit ihm politische Gespräche geführt und ihm politisches Material zu Reichstagsreden geliefert habe, was Haase um so eher zuzugeben in der Lage war, als er selbst schon öffentlich davon gesprochen hatte.

Der Vorstand der Unabhängigen Sozialdemokratie veröffentlichte am 10. Dezember 1918 in dem Organ der Partei eine Erklärung, deren entscheidende Stelle wie folgt lautet:

„Die Unabhängige Sozialdemokratische Partei Deutschlands hat schon vor Monaten, längst vor der Revolution, beschlossen gehabt, Gelder, die aus russischen Quellen herrühren könnten, zurückzuweisen, da sie stets die Auffassung vertrat, daß aus fremden Staaten stammende Mittel nicht in den Dienst der Parteipropaganda gestellt werden sollten. Die Partei hat diesen Beschluß dann kürzlich noch einmal erneuert. Wir müssen die Unterstellungen des Herrn Joffe aufs Entschiedenste zurückweisen, die nur dazu dienen können, der sozialistischen Bewegung in Deutschland Schwierigkeiten zu bereiten und die Durchsetzung ihrer Ziele zu behindern."

Damit sei die Sache für die Partei selbst erledigt, es sei nur noch

Sache der von Joffe genannten Personen, zu dessen Behauptungen Stellung zu nehmen.

Grundsätzlich muß zu der Angelegenheit folgendes bemerkt werden: Es gibt keinen politischen Sittenkodex, der einer Partei verbietet, von einer ausländischen Bruderpartei Unterstützungen anzunehmen. Wie weit sie darin gehen will, bleibt ihrem eigenen Schicklichkeitsgefühl überlassen. Gründe der Reinlichkeit des politischen Lebens und der guten internationalen Beziehungen der Völker sprechen jedoch dafür, hierin sich auf Beiträge für die Propaganda von Ideen und die Unterstützung Verfolgter zu beschränken und, wo nicht zwingende Notwendigkeiten dagegen sprechen, das, was man tut, öffentlich zu tun. Wie die Sozialdemokratie die Geheimdiplomatie und die geheimen Machenschaften, Aufwiegeleien und so weiter des alten Systems verwirft, so muß sie sich selbst Öffentlichkeit ihres Handelns zum Gebot machen und von Konspirationen in anderen Ländern Abstand nehmen. Die deutsche Revolution ist ohne die mit russischem Gelde angeschafften Waffenlager gekommen. Diese konnten, da man solche Lager nicht lange verborgen halten kann, nur dazu verleiten, die bewaffnete Erhebung zu einem Zeitpunkt schon zu versuchen, wo sie mangels der nötigen Stimmung der Volksmasse mit Fehlschlag geendet hätte. Auch ist der Mißbrauch der völkerrechtlichen Ausnahmestellung von Botschaftern und Botschaftsmitgliedern zur Finanzierung und Anzettelung von Konspirationen im Gastlande aus allgemeinen Gesichtspunkten zu verwerfen. Die Sozialdemokratie hat das Völkerrecht, das internationale Gesetz für die guten Beziehungen der Nationen zu einander, nicht nach rückwärts, sondern nach vorwärts zu entwickeln, Treu und Glauben zwischen den Nationen nicht zu untergraben, sondern zur höchsten Wahrheit zu machen. Es ist eines der dunkelsten Kapitel in der Geschichte des Bolschewismus, daß maßgebende seiner Führer unbedenklich über die elementarsten Grundsätze des internationalen Sittengesetzes sich hinweggesetzt haben, wenn sie dadurch ihre Zwecke zu fördern meinten. Daß, wenn man in diesen Dingen gewisse Schranken durchbricht, es schließlich hinsichtlich des Zuwiderhandelns gegen Treu und Glauben keinen Halt mehr gibt und, was man erst nur kapitalistischen Regierungen antat, nun später auch demokratischen und sozialistischen Regierungen gegenüber praktiziert wird, wenn sie nicht nach Wunsch handeln, haben unter anderen Österreich und Ungarn erfahren müssen. Genutzt hat es der Arbeiterklasse nirgends, es hat nur dazu beigetragen, die Korruption der Moral und die Mißachtung des Menschenlebens international zu verschärfen. Obendrein ist es zweierlei, ob eine Partei einer anderen von ihren eigenen Mitgliedern aufgebrachte Mittel zuwendet oder Staatskassen zu diesem Zweck schröpft.

Im Oktober und in den ersten Novembertagen 1918 hatte die Agitation der Spartakusleute in Deutschland um so eher Erfolge zeitigen können, als auch die Presse der Mehrheitssozialisten eine immer revolutionärere Sprache anstimmte. Aus der Weigerung Wilsons und der Entente, mit einer Regierung Wilhelms II. zu verhandeln, zog sie mit anerkennenswerter Schärfe die politischen Folgerungen. Einige Provinzblätter, geführt von der ‚Fränkischen Tagespost‘ in Nürnberg, die sich allerdings etwas freier bewegen durfte als damals der am Sitz der Militärzensur erscheinende ‚Vorwärts‘, machten den Anfang und forderten die Absetzung Wilhelms II. Noch schien dies Vorgehen so unerhört, daß bürgerliche Blätter voller Entrüstung Protest erhoben und Einschreiten der Militärbehörden verlangten. Diese hatten indes schon ihr Selbstvertrauen eingebüßt und zauderten, in der sozialdemokratischen Partei aber mehrten sich die Rufer und fanden bald im ‚Vorwärts‘ einen Mitstreiter, der sich der zu leistenden Aufgabe in vollem Maße gewachsen zeigte. Kaum jemals vorher hat er in Leitartikeln von großer politischer Schärfe und Überzeugungskraft das Gebot der Stunde für das deutsche Volk so eindringlich dargelegt als in jenen Tagen. Sein Absatz stieg denn auch in kurzer Zeit bis zu einer Höhe, daß er zeitweilig das verbreitetste Blatt Berlins war. Unter dem Einfluß seiner Artikel ward es der breiten Volksmasse klar, daß die Frage nunmehr so stand: entweder das deutsche Volk oder Wilhelm II. Mit Entsetzen wurden die Leiter der Militärzensur dessen inne und versuchten durch ein Verbot der weiteren Behandlung dieser Frage in der Presse die Hohenzollern-Krone zu retten. Da schrieb Ph. Scheidemann am 28. Oktober 1918 den schon erwähnten Brief an den Reichskanzler, worin er als Mitglied des Kabinetts und im Namen der sozialdemokratischen Partei selbst die Abdankung Wilhelms II. forderte; er erhob gleichzeitig Protest gegen die Eingriffe der Militärzensur in das Recht der freien Meinungsäußerung und verlangte

Abhilfe. Der gerade bettlägerige Kanzler bat um einige Tage Aufschub, weil er zunächst mündlich mit Wilhelm II. über diese Frage verhandeln wollte, wozu es jedoch, da jener nun schleunigst ins Hauptquartier verschwand, nicht mehr gekommen ist.

Dann trafen die Nachrichten von der Bewegung unter den Mannschaften der Marine im Reichskanzleramt ein. Wie im dritten Kapitel mitgeteilt, entsandte die Regierung am 4. November den demokratischen Staatssekretär Haußmann und den sozialdemokratischen Abgeordneten Gustav Noske nach Kiel, mit den Aufständischen zu verhandeln. Die Abgesandten konnten aber dort nur den Sieg dieser letzteren feststellen, als deren Vertrauensmann Noske in Kiel zurückbleibt und die Funktionen des Gouverneurs übernimmt. Am 6. November fassen der nach Berlin einberufene Parteiausschuß und die Reichtagsfraktion der Mehrheitssozialisten nach längerer Beratung einstimmig folgende Entschließung:

„Fraktion und Parteileitung fordern, daß der Waffenstillstand ohne jede Verzögerung durchgeführt werde. Die Fraktion und der Parteiausschuß fordern weiter die Amnestie für militärische Vergehen und Straffreiheit der Mannschaften, die sich gegen die Disziplin vergangen haben. Sie fordern unverzüglich Demokratisierung der Regierung sowie der Verwaltung Preußens und der anderen Bundesstaaten. Die Reichstagsfraktion und der Parteiausschuß beauftragen die Parteileitung, dem Reichskanzler mitzuteilen, daß die Fraktion und der Parteiausschuß den von der Parteileitung in der Kaiserfrage unternommenen Schritt entschieden billigen und unterstützen und eine schnelle Regelung dieser Frage fordern."

Diese Forderungen werden der Regierung übermittelt, angesichts der Unschlüssigkeit im Hauptquartier und des dadurch bedingten Zauderns des Reichskanzlers wird Tags darauf, am 7. November nachmittags 5 Uhr diesem von der Parteileitung der Mehrheitssozialisten durch Ph. Scheidemann folgendes Ultimatum zugestellt:

„Die sozialdemokratische Partei fordert,
1. daß die Versammlungsverbote für heute (die vom Oberkommando verfügt waren) aufgehoben werden,

2. daß Polizei und Militär zur äußersten Zurückhaltung angehalten werden,
3. daß die Preußische Regierung sofort im Sinne der Reichstagsmehrheit umgestaltet wird,
4. daß der sozialdemokratische Einfluß in der Reichsregierung
   verstärkt wird,
5. daß die Abdankung des Kaisers und der Thronverzicht des
   Kronprinzen bis zum 8. November mittags bewirkt werden.
Werden diese Forderungen nicht erfüllt, so tritt die Sozialdemokratie aus der Regierung aus."

Mit Ausnahme der beiden konservativen Fraktionen samt Anhang
erkannten auch die bürgerlichen Parteien an, daß der Rücktritt Wilhelms II. unabweisbar geworden war, und ließen das den Reichskanzler wissen. Dieser bietet dem Kaiser seine Entlassung an, da
auch er die Abdankung für notwendig halte und nicht Kanzler bleiben könne, wenn der Kaiser anderer Meinung sei. Er wird aber von
jenem veranlaßt, noch einige Tage im Amt zu bleiben, bis dessen
Entscheidung gefallen sei, was in kürzester Frist geschehen werde.
Offenbar hatten Wilhelm II. und seine Leute von den Vorgängen in
den Hafenstädten Kunde erhalten und wollten erst abwarten, ob die
Flut weiter steigen oder sich noch einmal verlaufen werde. In der
Tat gelang es, durch den Hinweis darauf, daß der Abschluß des
Waffenstillstandes vor der Tür stehe und durch einen Regierungswechsel einen Aufschub erleiden könne, die Führer der Mehrheits-
sozialisten zu bewegen, ihren Austritt aus der Regierung und die
Frist ihres Ultimatums wegen Rücktritt des Kaisers und Verzicht des
Kronprinzen auf einige Tage zu verschieben. Ein vom 8. November
datierter Aufruf von Parteivorstand und Reichstagsfraktion teilt
dies den Parteigenossen und der breiten Arbeiterschaft mit. Er stellt
fest, daß ein Teil der an die Regierung gestellten politischen Forderungen erfüllt seien, weist auf die unvermeidliche Verzögerung des
Abschlusses des Waffenstillstandes hin und fährt dann fort:

„Deshalb haben Parteivorstand und Reichstagsfraktion die gestellte Frist bis zum Abschluß des Waffenstillstandes verlängert,
um erst das Aufhören des Blutvergießens und die Sicherung des
Friedensschlusses herbeizuführen.

Sonnabend Vormittag treten die Vertrauensmänner der Arbeiter
erneut zusammen.
Arbeiter! Parteigenossen! Es handelt sich also nur um einen Aufschub von wenigen Stunden.
Eure Kraft und Eure Entschlossenheit vertragen diesen Aufschub.
Der Vorstand der sozialdemokratischen Partei Deutschlands
und die Reichstagsfraktion."

Aber die Flut war im Steigen und ließ sich durch nichts mehr aufhalten, der Aufstand rückte der Hauptstadt fast stündlich näher. In
München und in Braunschweig war sogar schon die Republik verkündet. Als am Abend des 8. November noch keine bestimmte Antwort aus dem Hauptquartier vorlag, erklärten die sozialdemokratischen Mitglieder der Regierung – neben Bauer und Scheidemann
waren zuletzt noch Ed. David, August Müller und Robert Schmidt
in diese berufen worden – ihren Austritt, und die Parteileitung der
Mehrheitssozialisten, die sich in dieser Zeit in enger Fühlung mit
den Berliner Funktionären der Partei und anderen Vertrauensleuten
der Arbeiterschaft gehalten hatte, versammelte diese noch am gleichen Abend zu einer Beratung der Frage um sich, ob ein weiteres
Warten noch angängig sei. Die Antwort fiel verneinend aus. Es ward
beschlossen, wenn am Morgen des 9. November die Abdankung
noch nicht erfolgt sei, den Generalstreik zu verkünden, zu dessen
Leitung auch sofort ein zwölfgliedriger Ausschuß gewählt wurde.

Auch die Leitung der Unabhängigen Sozialdemokratie und die
Vertrauensmänner des Spartakusbundes trafen Vorkehrungen für
Massenerhebungen. Die letzteren verfügten, wie oben mitgeteilt,
über Waffen, zu deren Ankauf ihnen von bolschewistischer Seite
Gelder zugewandt waren, und die man an geeignet erscheinender
Stelle aufbewahrt hatte, um sie gegebenenfalls im Kampf mit der bewaffneten Macht des alten Regimes zu verwenden. Sie gingen indes
dabei ihre eigenen Wege, wie sie ihnen das Vorbild der Bolschewisten vorzuschreiben schien. Ähnlich behielt sich die Unabhängige Sozialdemokratie eigene Aktionen vor. Versuche, wenigstens die beiden sozialdemokratischen Fraktionen zu gemeinsamem Vorgehen
in der Friedensfrage zusammenzubringen, waren kurze Zeit vorher
fehlgeschlagen.

Diese Versuche waren im Sommer 1918 ausgegangen von der Ortsverwaltung Berlin des deutschen Metallarbeiterverbandes und knüpften an eine politische Streikbewegung an, die Ende Januar 1918 in Berlin wie auch an anderen Orten Deutschlands zum Zweck der Beschleunigung des Friedens ausgebrochen war, aber von der Polizei mit Aufgebot von Militär noch hatte unterdrückt werden können. Um in den Fabriken den endlosen Streitereien zwischen den Anhängern der beiden sozialdemokratischen Parteien wegen der Gründe des Mißerfolges jener Streikbewegung eine Grenze zu setzen, beschloß die Ortsverwaltung, an die Leitung der beiden Parteien wegen einer neuen, die Gesamtheit der Arbeiter umfassenden Demonstration heranzutreten. Am 13. Juli ward mit dem Parteivorstand der Mehrheitssozialisten, am 29. Juli mit der Parteileitung der Unabhängigen Sozialdemokratie verhandelt. Bei beiden stieß man auf grundsätzliche Bereitwilligkeit, an der Organisierung und Leitung einer Massenaktion für den Frieden und die demokratischen Volksrechte sich zu beteiligen, doch erwies es sich als unmöglich, die beiden Parteien zusammenzubringen. Als nach etlichen Vorverhandlungen am 29. August 1918 an den Parteivorstand der sozialdemokratischen Partei die schon vorher (am 29. Juli) der Parteileitung der Unabhängigen vorgelegte konkrete Frage gerichtet wurde, ob er gegebenenfalls bereit sei, sich an die Spitze einer solchen Aktion zu stellen, antwortete er durch seinen Vorsitzenden Fritz Ebert:

„Nach Auffassung des Parteivorstandes muß zum Herbst unbedingt etwas geschehen, um die Friedensfrage und die Wahlrechtsfrage zu fördern, jedoch sollen erst alle parlamentarischen Mittel erschöpft werden. Um eine solche Aktion nicht von vorn herein illusorisch zu machen, ist es unbedingt notwendig, daß die Vorverhandlungen für streng vertraulich erklärt werden. Es dürfen also auch keine Flugblätter hinausgehen, auch nicht solche ohne Unterschrift. Ist die Sache reif, dann muß ein Aufruf mit Namensnennung und Beifügung des vollen Titels an die Massen des Volkes gerichtet werden.“

Die Leitung der Unabhängigen, der dieser Bescheid von den damit beauftragten Mitgliedern des Metallarbeiterverbands Gustav *Heller* und Wilhelm *Siering* überbracht worden war, antwortete unterm 18. September 1918, nach ihrer Auffassung könnten sich

„nur solche Körperschaften an einer derartigen Waffenaktion beteiligen, die eine rein proletarische Politik, d. h. den rücksichtslosen Klassenkampf zur Beseitigung des Regierungssystems und zur Herbeiführung des Friedens betreiben wollten und das durch Erfüllung nachfolgender Voraussetzungen bestätigten:

1. Ablehnung von Kriegskrediten jeder Art,
2. Verzicht auf Beteiligung an einem Block mit bürgerlichen Parteien,
3. Zurückziehung der Mitglieder politischer und gewerkschaftlicher Organisationen aus Regierungsämtern."

Auf diese Bedingungen erklärten die Mehrheitssozialisten nicht eingehen zu können. Neue Kriegskredite würden entweder bloße Entmobilmachungskredite sein oder dadurch nötig werden, daß die Gegner den Krieg fortsetzen und auf deutschen Boden tragen wollten, obwohl Deutschland Wilsons Bedingungen restlos angenommen habe. Die Partei habe das große Opfer gebracht, Mitgliedern den Eintritt in die Regierung zu gestatten, um zu einem baldigen Frieden zu gelangen, da ohne die Sozialdemokratie ein solcher nicht zustande zu bringen sei.[2] Zu ihrer Zurückziehung liege zurzeit keine Veranlassung vor. Die Forderungen der Unabhängigen könnten nur so aufgefaßt werden, daß diese die Verhandlungen unter allen Umständen zum Scheitern bringen wollten.

Die Unabhängige Sozialdemokratie beantwortete diese ihr übermittelte Erklärung am 26. Oktober 1918 mit einem längeren Schreiben, das an der ganzen Politik der Mehrheitssozialisten bittere Kritik übte und unter anderem die Behauptung, daß das Verbleiben der Sozialisten in der Regierung im Interesse der Erzielung eines Friedens geboten sei, für nicht stichhaltig erklärte. Nach Empfang des Schreibens beschloß die Kommission der Metallarbeiter einstimmig, ihre Bemühungen als gescheitert anzusehen. „Die Kommission be-

---

[2] Wie Philipp SCHEIDEMANN in seiner Schrift ‚Der Zusammenbruch‘ (Berlin, Verlag für Sozialwissenschaften) erzählt, hatten u. a. er, Otto Landsberg und Fr. Stampfer in der Fraktionssitzung der Mehrheitssozialisten, in der die Frage des Eintritts in die Regierung zur Entscheidung kam, scharf gegen den Eintritt gesprochen, waren aber überstimmt worden, weil in der Fraktion die Meinung überwog, daß die Partei dem Lande das Opfer zu bringen habe. (SCHEIDEMANN, a.a.O., S. 174/177)

dauert", endet ihr Beschluß, „daß es ihr nicht gelungen ist, in den beiden für die Arbeiterklasse so überaus wichtigen Fragen (Friede und Wahlreform) eine Einigung herbeizuführen, und sieht daher ihre Aufgabe als erledigt an."

So standen sich die Parteien der Sozialisten Deutschlands am Vorabend der Revolution voller Mißtrauen und Bitterkeit gegenüber.

Der neunte November 1918 in Berlin

„Remember, remember, the fifth of November –" Gedenket, gedenket des fünften November!

Dieser Ruf, mit dem in England die Kinder am 5. November den Jahrestag der Entdeckung der großen Pulververschwörung vom Jahre 1605 ausrufen, kann nun in Deutschland ein Gegenstück erhalten. Einen Ruf, der einer Sache von ganz anderer Bedeutung gelten würde, als der Errettung eines Königs und seines Parlaments vom politisch aussichtslosen Anschlag einer kleinen Bande religiöser Fanatiker. Für Deutschland ist der 9. November 1918 der Geburtstag der demokratischen Republik, das heißt, der Selbstregierung seines Volkes.

Schon der Vormittag brachte die Entscheidung. Spät um Mitternacht des 8. November hatte noch der Staatssekretär Dr. Solf den Vorsitzenden des Vorstands der Mehrheitssozialisten Fritz Ebert angerufen und sich erboten, sofort ins Hauptquartier abzureisen, um die Kaiserfrage zur Entscheidung zu bringen. Die Antwort aber war gewesen, er könne sich die Mühe sparen, es sei jetzt zu spät. Der folgende Vormittag werde den Generalstreik sehen.

Und so geschah es. Am Morgen des 9. November um acht Uhr früh traten der Vorstand der Sozialdemokratischen Partei Deutschlands (Mehrheitssozialisten) und die Berliner Vertrauensmänner noch einmal zusammen, um den entscheidenden Entschluß zu fassen. Die Besprechung war kurz. Da vom Hauptquartier noch immer keine zufriedenstellende Erklärung eingelaufen war, kam man ohne viel Reden überein, nicht länger zu warten, sondern die Arbeiter ohne Verzug zum Generalstreik aufzurufen und mit der Parteileitung der Unabhängigen Sozialdemokratie in Verbindung zu treten.

Sendboten eilten nach allen Richtungen, den Beschluß in den Fabriken kundzutun. Bis zur Frühstückspause waren gemäß ausgegebener Weisung die Arbeiter in den Fabriken verblieben. Nun folgten sie, die großen Elektrizitätswerke und Maschinenfabriken voran, bereitwillig der Parole: „Heraus aus den Betrieben! Auf die Straße!" Waren doch auch von Seiten eines aus unabhängigen Sozialisten und Spartakusleuten zusammengesetzten Revolutionsausschusses, der in fast allen großen Fabriken Berlins seine Vertreter hatte, Handzettel folgenden Inhalts in den Betrieben und auf der Straße zur Verbreitung gelangt:

Arbeiter, Soldaten, Genossen!
Die Entscheidungsstunde ist da! Es gilt der historischen Aufgabe gerecht zu werden.
Während an der Wasserkante die Arbeiter- und Soldatenräte die Gewalt in Händen haben, werden hier rücksichtslos Verhaftungen vorgenommen. Däumig und Liebknecht sind verhaftet.
Das ist der Anfang der Militärdiktatur, das ist der Auftakt zu nutzlosem Gemetzel.
Wir fordern nicht Abdankung einer Person, sondern Republik! Die sozialistische Republik mit allen ihren Konsequenzen. Auf zum Kampfe für Friede, Freiheit und Brot.
Heraus aus den Betrieben! Heraus aus den Kasernen!
Reicht Euch die Hände.
Es lebe die Republik.
Der Vollzugsausschuß des Arbeiter- und Soldatenrates.
Barth, Brühl, Eckert, Franke, Haase, Ledebour, Liebknecht, Neuendorf, Pick, Wegmann.

Von dieser Seite hatte man schon am 4. November die Erhebung ins Werk setzen wollen, dann aber den Termin um einige Tage hinausgeschoben, während deren die Polizei von dem Vorhaben Kenntnis erhielt und verschiedene Verhaftungen, zuletzt – am 8. November – die von E. Däumig vornahm. Auf die Nachricht von dieser waren die Vertrauensleute – die revolutionären Obleute – schleunigst zusammengetreten, hatten beschlossen, nun nicht länger zu zaudern, und den vorstehenden Aufruf vereinbart, dessen Stil die Eile verrät, in der er abgefaßt worden war. Er war unter den gegebenen Verhält-

nissen natürlich nur geeignet, die Bereitwilligkeit der Massen noch
zu steigern.

Ungeheure Züge bildeten sich, die mit roten Fahnen dem Stadt-
innern zuströmten und die großen Verkehrsstraßen durchzogen.
Berlin füllte sich mit Massen, denen gegenüber selbst einer ihrer
Truppen sicheren Regierung die Lust zum Widerstand vergangen
wäre.

Aber solche Truppen gab es für die Regierung Wilhelms II. nicht.
Der neue Oberbefehlshaber in den Marken, General von Linsingen,
und der Polizeipräsident von Berlin hatten es an Sicherheitsmaß-
nahmen verschiedenster Art nicht fehlen lassen. Das Rathaus war
stark mit Polizei besetzt. Hauptpost und Telegraphenamt hatten militärische Besatzung, das königliche Schloß war abgesperrt, an wichtigen Stellen wurden Maschinengewehre aufgefahren, reichlich Militär war in der Hauptstadt zusammengezogen, dagegen der Eisen-
bahnverkehr vom Norden und Nordwesten her, wo der Aufstand
siegreich war, vollständig eingestellt. Indes was halfs? Abgesandte
der Sozialdemokratie, die nach den Kasernen zogen, mit den verschiedenen Regimentern zu verhandeln, erhielten überall die Zusi-
cherung, daß man unter keiner Bedingung auf das Volk schießen
werde. Von dieser Stimmung der Truppen unterrichtet, ließ sich der
Reichskanzler von einer an ihn entsandten Deputation leicht zu einem Erlaß bewegen, der in einer Extra-Ausgabe des *Vorwärts* wie
folgt bekannt gegeben wurde:

„Es wird nicht geschossen!
Der Reichskanzler hat angeordnet, daß seitens des Militärs
von der Waffe kein Gebrauch gemacht werde."

Ein weiteres, vom ‚Vorwärts' herausgegebenes Flugblatt lautete:

„Generalstreik !
Der Arbeiter- und Soldatenrat von Berlin hat den Generalstreik
beschlossen. Alle Betriebe stehen still. Die notwendige Versorgung der Bevölkerung wird aufrecht erhalten. Ein großer Teil
der Garnison hat sich in geschlossenen Truppenkörpern mit Maschinengewehren und Geschützen dem Arbeiter- und Soldatenrat zur Verfügung gestellt. Die Bewegung wird gemeinschaftlich

geleitet von der Sozialdemokratischen Partei Deutschlands und
der Unabhängigen Sozialdemokratischen Partei Deutschlands.
Arbeiter, Soldaten, sorgt für Aufrechterhaltung der Ruhe und
Ordnung, Es lebe die soziale Republik !
Der Arbeiter- und Soldatenrat.“

Das Flugblatt eilte in etwas den Tatsachen voraus. Die Leitung der
Unabhängigen Sozialdemokratie war am Vormittag des 9. November nicht zusammengetreten und hatte auch nicht herangezogen
werden können. Die an den Reichskanzler entsandte Deputation bestand aus den mehrheitssozialistischen Abgeordneten Fritz *Ebert*,
Philipp *Scheidemann* und Otto *Braun* und den mehrheitssozialistischen Mitgliedern des Zwölferausschusses Fritz *Brolat* und Gustav
Heller. Sie begab sich in die Reichskanzlei, wo der Reichskanzler und
die übrigen Kabinettsmitglieder gerade Sitzung abhielten, und ward
alsbald vorgelassen. Ebert als Sprecher der Deputation eröffnete den
Herren, das arbeitende Volk wolle jetzt seine Geschicke selbst in die
Hand nehmen. Es wisse die ungeheure Mehrheit der Bevölkerung
hinter sich und sei entschlossen, die volle Demokratie zur Verwirklichung zu bringen. An einen erfolgreichen Widerstand der Regierung sei nicht zu denken, ein großer Teil der Garnison sei bereits
zum Volk übergegangen.

Auf die Frage des Kanzlers an Ebert, ob er glaube, die Aufrechterhaltung der Ordnung verbürgen zu können, antwortete dieser mit
ja. Der Kanzler teilte nun mit, daß nach einem soeben eingegange-
nen Telegramm der Kaiser zurückgetreten sei, und nach kurzer daran sich anknüpfenden Besprechung erklärten die Kabinettsmitglieder insgesamt gleichfalls ihren Rücktritt, und Max von Baden trat
seine Befugnisse als Reichskanzler in aller Form an Fritz Ebert ab.
Die Tatsache wurde von letzterem in folgendem Wortlaut der Öffentlichkeit bekannt gegeben:

Mitbürger! Der bisherige Reichskanzler Prinz Max von Baden
hat mir unter Zustimmung der sämtlichen Staatssekretäre die
Wahrnehmung der Geschäfte des Reichskanzlers übertragen. Ich
bin im Begriffe, die neue Regierung im Einvernehmen mit den
Parteien zu bilden, und werde über das Ergebnis der Öffentlichkeit in Kürze berichten.

Die neue Regierung wird eine Volksregierung sein. Ihr Bestreben wird sein müssen, dem Deutschen Volke den *Frieden* schnellstens zu bringen und die *Freiheit*, die es errungen hat, zu befestigen.

Mitbürger! Ich bitte euch alle um eure Unterstützung bei der schweren Arbeit, die unser harrt. Ihr wißt, wie schwer der Krieg die Ernährung des Volkes, die erste Voraussetzung des politischen Lebens, bedroht.

Die politische Umwälzung darf die Ernährung der Bevölkerung nicht stören. Es muß die erste Pflicht aller in Stadt und Land bleiben, die Produktion von Nahrungsmitteln und ihre Zufuhr in die Städte nicht zu hindern, sondern zu fördern.

Nahrungsmittelnot bedeutet Plünderung und Raub mit Elend für alle. Die Ärmsten würden am schwersten leiden, die Industriearbeiter am bittersten getroffen werden.

Wer sich an Nahrungsmitteln oder sonstigen Bedarfsgegenständen oder an den für ihre Verteilung benötigten Verkehrsmitteln vergreift, versündigt sich aufs schwerste an der Gesamtheit.

Mitbürger! Ich bitte euch alle dringend, verlaßt die Straßen, sorgt für Ruhe und Ordnung!

Berlin, den 9. November 1918 Der Reichskanzler
Ebert.

Soweit Wilhelm II. als wollende Persönlichkeit in Betracht kam, war die Mitteilung von seinem Rücktritt eine fromme Vorwegnahme kommender Ereignisse. Tatsächlich hatte er sich noch zu nichts entschlossen, sondern suchte noch immer nach Möglichkeiten, sich und seiner Dynastie die Krone zu retten. In der Erkenntnis, daß längeres Zögern die Situation nur verschlimmern könne, hatte Max von Baden ein Telegramm, das eine halbe Zusage enthielt, für voll ausgelegt. Wie sein Erlaß durchblicken läßt, hoffte er auf diese Weise, wenn nicht für Wilhelm Vater und Sohn, so doch vielleicht für ein anderes Mitglied der Familie Hohenzollern die Krone zu retten. Das sollte nun freilich vergebene Liebesmühe sein.

Von der Deputation der Mehrheitssozialisten eilten Scheidemann und Otto Braun in den Reichstag zurück. Die andern waren gerade im Begriff, das Gebäude der Reichskanzlei zu verlassen, als sie auf die eben in es eingetretenen Abgeordneten der Unabhängigen Sozialdemokratie Oskar *Cohn*, W. *Dittmann* und Ewald *Vogtherr* stießen. Sie machten ihnen von dem Geschehenen Mitteilung, und Ebert schlug ihnen vor, es solle ein zu gleichen Teilen aus Mehrheitlern und Unabhängigen zusammengesetztes Kabinett gebildet werden, dem Mitglieder der bürgerlichen Parteien der Linken als Fachminister zur Seite stehen könnten; Deutschland solle als Republik mit tiefgreifendem sozialistischen Programm und dem Ziel der Erstellung einer sozialistischen Republik ausgerufen werden. Damit erklärten sich die genannten Abgeordneten grundsätzlich einverstanden, setzten aber hinzu, daß sie keine Vollmacht hätten, eine ihre Partei bindende Abmachung zu treffen, sondern dies dem Zentralvorstand überlassen müßten. Sie schlugen für diesen eine Bedenkzeit bis Nachmittag vier Uhr vor, worauf die andern willig eingingen.

Das Anerbieten von Ebert und Genossen an die Unabhängigen hat auf eine gerechte Würdigung Anspruch. Als es gemacht wurde, hatten die Mehrheitssozialisten nicht nur im Lande die übergroße Mehrheit der sozialistischen Arbeiter hinter sich, selbst in Berlin war ihnen die Unterstützung der Mehrheit des sozialistischen Proletariats noch sicher. Da war es ein Beweis großer Einsicht in die Erfordernisse des Augenblicks und ein Beispiel versöhnlichen Entgegenkommens, daß sie von jedem Gedanken einer Verteilung der Stellungen im Kabinett nach den Stärkeverhältnissen der Reichstagsvertretung oder der Mitgliederzahl der sozialistischen Parteien ohne weiteres Abstand nahmen und der organisatorisch noch sehr viel schwächeren sozialistischen Rivalin die gleiche Zahl Mitglieder der Regierung anboten, die sie für ihre Partei beanspruchten. Auch unterließen sie jeden Versuch ihr hinsichtlich der Auswahl der Vertreter Bedingungen zu stellen. Auf die Frage Oskar Cohns: „Wie denken Sie über den Eintritt noch weiter links stehender Sozialisten in das Kabinett? Ich will ganz offen reden: wie denken Sie über den Eintritt von Karl Liebknecht?" antwortete Ebert: „Bitte, bringen Sie uns Karl Liebknecht, er soll uns angenehm sein. Von Personenfragen machen wir die Bildung der Regierung nicht abhängig." Trotzdem stieß ihr Anerbieten in der Leitung der Unabhängigen Sozialdemokratie keineswegs auf einhellige Annahme.

Mittlerweile rückte der Nachmittag heran. Auf dem Platz vor dem Reichstag hatten sich ungeheure Züge von Arbeitern und Sol-

daten, denen sich ein nicht minder zahlreiches gemischtes Publikum
zugesellt hatte mit wehenden roten Fahnen und Plakaten, auf denen
die Worte „Frieden! Freiheit! Brot!" standen, aufgestellt, eine unabsehbare singende und rufende Menschenmenge. Vor sie tritt an einem Fenster des Reichstags Philipp Scheidemann, gibt ein Zeichen,
das Ruhe eintreten läßt, und verkündet dann:

„Mitbürger! Arbeiter ! Genossen !
Das monarchische System ist zusammengebrochen. Ein großer
Teil der Garnison hat sich uns angeschlossen. Die Hohenzollern
haben abgedankt. Es lebe die große deutsche Republik! Fritz
Ebert bildet eine neue Regierung, der alle sozialdemokratischen
Richtungen angehören. Dem Militäroberbefehlshaber ist der sozialdemokratische Abgeordnete Göhre beigeordnet, der die Ver-
ordnungen mit unterzeichnen wird. Jetzt besteht unsere Aufgabe darin, den vollen Sieg des Volkes nicht beschmutzen zu lassen, und deshalb bitte ich Sie, sorgen Sie dafür, daß keine Stö-
rung der Sicherheit eintrete. Sorgen Sie dafür, daß die Republik
die wir errichten, von keiner Seite gestört werde. Es lebe die freie
deutsche Republik!"

Nachdem schon an verschiedenen Stellen der Ansprache stürmische
Beifallsrufe die Ankündigung unterbrochen hatten, löste der
Schlußruf brausende, sich immer wiederholende Hochs aus, denen
dann erneutes Absingen sozialistischer Lieder folgte.

Im Reichstag selbst hielten nun die beiden sozialdemokratischen
Fraktionen Sonderberatungen ab, um zu dem Vorschlag der Bildung eines paritätischen Kabinetts Stellung zu nehmen, und beja-
hendenfalls ihre Vertreter zu diesem zu bestimmen. Die große
Mehrheitsfraktion brauchte dazu keine lange Zeit. Sie erklärte sich
ohne Zaudern mit dem Vorschlag einverstanden und ernannte zu
ihren Vertretern im Kabinett die beiden Vorsitzenden der Partei
Fritz *Ebert* und Philipp *Scheidemann*, der eine als Sattler, der andere
als Schriftsetzer aus der Arbeiterklasse hervorgegangen, und den als
Juristen hochgeschätzten Otto *Landsberg*. Alle drei seit Jahrzehnten
Mitglieder der Sozialdemokratie.

Nicht so einfach spielten sich die Dinge in der Leitung der Unabhängigen Sozialdemokratie ab, die, Vorstand und Reichstagsfrak-

tion, im Sitzungszimmer der letzteren sich versammelt hatte. Hier stieß schon der bloße Gedanke eines Zusammenarbeitens mit den von den Mehrheitssozialisten ausgewählten Personen auf den leidenschaftlichen Widerspruch eines Teils der führenden Parteivertreter, dessen energischster Sprecher Georg *Ledebour* war. Nach ihm und Gleichdenkenden waren die Führer der Mehrheitler, die Ebert, Scheidemann, Landsberg und Genossen, Verräter am Sozialismus, mit denen man unter keinen Umständen eine Regierung bilden dürfe. Diese Leute müßten von vornherein abgelehnt werden. Das hätte nun faktisch die Ablehnung der Zusammenarbeit mit den Mehrheitlern überhaupt geheißen. Denn die Partei der Unabhängigen konnte diesen um so weniger Vorschriften über die Auswahl ihrer Vertreter machen, als gerade ihre Wortführer stets auf das Schärfste den Standpunkt vertreten hatten, daß die Partei bei Entsendung von Mitgliedern in eine gemischte Kommission unter keinen Umständen von Außenstehenden sich in die Auswahl hineinreden lassen dürfe. Auch hätten die Mehrheitler sich schwerlich die Ablehnung ihrer anerkanntesten Führer gefallen lassen. Ein Teil der Unabhängigen trat deshalb dafür ein, daß der Grundsatz des Selbstbestimmungsrechts der Parteien in bezug auf die Auswahl ihrer Vertreter festgehalten werden müsse und nur das Grundsätzliche der Kabinettsbildung den Gegenstand der Verhandlung zu bilden habe. Die Debatte darüber nahm viel Zeit in Anspruch, sodaß Sendboten der Mehrheitler, die erfragen sollten, ob man zu einer Entscheidung gekommen sei, wiederholt unverrichteter Sache den Rückzug antreten mußten. Indes endete sie mit einem Sieg der letzteren Anschauung. Als man darauf dazu überging, das politische Grundprinzip der neuen Republik zu erörtern, nahm der kurz vorher mit einigen seiner Anhänger ins Zimmer getretene Karl Liebknecht das Wort und diktierte dem Schriftführer der Fraktion fast befehlenden Tones die Worte: „Alle exekutive, alle legislative, alle richterliche Gewalt bei den Arbeiter- und Soldatenräten." Er hatte am Nachmittag an der Spitze seines Anhangs auf dem Berliner Schloß die rote Fahne aufziehen lassen und von einem Fenster des Schlosses herab an die unten versammelte, Kopf an Kopf gedrängte Menge eine revolutionäre Ansprache gehalten, die jubelnden Beifall fand und endlose Hochs auslöste. Jetzt folgte auf seine Worte zunächst eine seltsame Pause. Keiner schien ihm rückhaltlos zuzustimmen, keiner sich mit ihm in eine Debatte einlassen zu wollen.[3] Noch war diese nicht wieder aufgenommen, als Philipp Scheidemann, der Hauptsprecher der ob des langen Wartens immer ungeduldiger werdenden Mehrheitler, begleitet von Brolat und Heller selbst in das Fraktionszimmer der Unabhängigen kam und an diese halb vorwurfsvoll die Frage richtete: „Seid Ihr nun endlich zu einem Entschluß gekommen?" Man sagte ihm, es handle sich noch um die grundsätzlichen Bedingungen des Zusammenarbeitens. Auf die weitere Frage, ob denn ein Vorschlag vorliege, ward ihm die Niederschrift des Liebknecht'schen Diktats gereicht. Er betrachtete sie lange und sagte dann in fast väterlichem Tone: „Ja, aber Leute, wie denkt ihr euch denn das?" Liebknecht antwortet schroff, es müsse sein, und es entspann sich eine Diskussion zwischen ihm, den zur Linken der Partei zählenden unabhängigen Arbeitern Emil Barth und Richard Müller einerseits und Scheidemann, Brolat und Heller andererseits. Aus der Tatsache, daß die gemäßigteren Mitglieder der Unabhängigen Sozialdemokratie schwiegen, schlossen die Mehrheitler, daß die Partei für die Unterhandlung absichtlich ihren linken Flügel vorgeschoben hatte, um den rechten zu entlasten. So u. a. Friedrich Stampfer in seiner Denkschrift ‚*Der 9. November*' (Berlin, Buchhandlung Vorwärts). Das ist aber, wie man sieht, durchaus irrig. Die gemäßigten Mitglieder der Partei schwiegen, weil sie Liebknecht nicht beipflichten konnten, ihm aber auch nicht vor andern entgegentreten mochten, bevor nicht die Parteileitung unter sich zu einer bestimmten Stellungnahme gelangt war.

Mit welchem Bescheid schließlich Scheidemann und seine Begleiter zur Mehrheitsfraktion zurückkehrten, ersieht man aus der Antwort, die der Parteivorstand dieser um 8½ Uhr abends dem Vorstand der Unabhängigen Sozialdemokratie zugehen ließ. Sie lautet:

„Von dem aufrichtigen Wunsche geleitet, zu einer Einigung zu gelangen, müssen wir unsere grundsätzliche Stellung zu Ihren Forderungen klarlegen.

---

[3] Der Schreiber dieses kann hier eine persönliche Bemerkung nicht unterdrücken. Ich hatte bis dahin trotz weitgehender Meinungsverschiedenheiten zwischen uns viel Sympathie für Karl Liebknecht gehabt. Als er aber in der geschilderten Weise der Partei das Bolschewistensystem aufzudiktieren sich anschickte, zuckte es mir wie ein Blitz durch den Kopf: „Er bringt uns die Konterrevolution."

Sie fordern:

1. Deutschland soll eine *soziale Republik* sein. Diese Forderung ist das Ziel unserer eigenen Politik, indessen hat darüber das *Volk* durch die konstituierende Versammlung zu entscheiden.

2. In dieser Republik soll die *gesamte exekutive, legislative* und *jurisdiktionelle Macht* ausschließlich in den Händen von gewählten Vertrauensmännern der gesamten werktätigen Bevölkerung und der Soldaten sein.

   Ist mit diesem Verlangen die Diktatur eines Teils einer Klasse gemeint, hinter dem nicht die Volksmehrheit steht, so müssen wir *diese Forderung ablehnen*, weil sie unseren demokratischen Grundsätzen widerspricht.

3. Ausschluß aller *bürgerlichen* Mitglieder aus der Regierung. Diese Forderung müssen wir *ablehnen*, weil ihre Erfüllung die *Volksernährung* erheblich gefährden, wenn nicht unmöglich machen würde.

4. Die Beteiligung der Unabhängigen gilt nur *für drei Tage* als ein Provisorium, um eine für den Abschluß des Waffenstillstands fähige Regierung zu schaffen. Wir halten ein Zusammenwirken der sozialistischen Richtungen mindestens bis zum Zusammentritt der Konstituante für erforderlich.

5. Die *Ressortminister* gelten nur als technische Gehilfen des eigentlichen und entscheidenden Kabinetts. Dieser Forderung stimmen wir zu.

6. Gleichberechtigung der beiden Leiter des Kabinetts. Wir sind für die Gleichberechtigung aller Kabinettsmitglieder, indessen hat die konstituierende Versammlung darüber zu entscheiden."

Da der nach Kiel entsandte und auf der Rückreise befindliche Vorsitzende des Vorstands und der Fraktion der Unabhängigen Hugo Haase noch nicht in Berlin eingetroffen war, die Parteileitung aber ohne ihn eine so wichtige Entscheidung nicht treffen wollte, mußte die Beantwortung dieses Schreibens auf den nächsten Tag zurückgestellt werden. Während all dieses in den Sitzungszimmern vor sich ging, flutete draußen und in den anderen Räumen des Reichstags noch das Leben einer im Zustand der ersten Lebensäußerung befindlichen Revolution. Wichtige öffentliche Gebäude, darunter das Postamt und das Telegraphenamt wurden von Sozialisten besetzt, andere unter Bewachung genommen. An verschiedenen Stellen der Hauptstadt kam es auch zu Schießereien, die ernstesten davon in der Umgebung kaiserlicher Schlösser. Aus dem oberen Stock des der Ostseite des Berliner Schlosses gegenübergelegenen Marstalls wurden gegen 6 Uhr abends plötzlich Schüsse auf die vorübergehende Menge abgefeuert und forderten ihre Opfer. Mit Maschinengewehren bewaffnete Soldaten und Zivilisten erzwangen nach kurzem, aber schwerem Kampf, bei dem es mehrere Tote gab, den Eingang, fanden aber beim Vordringen keine Besatzung vor. Sie mußte sich aus irgendeinem unbekannten Ausgang geflüchtet haben. Noch mehr Tote gab es, als aus dem Gebäude der ehemaligen Königlichen Bibliothek und dem Gebäude der Universität, das eine neben, das andere gegenüber dem am Opernplatz gelegenen Palais, auf Passanten geschossen wurde und im Anschluß daran sich ein erbittertes Gefecht zwischen Belagerern und Besatzung entwickelte. Wieviel politischer Fanatismus und wieviel nervöse Überreizung oder mißverstandene Aufträge mit diesen und anderen Zwischenfällen gleicher Art zu tun gehabt haben, ist unaufgeklärt geblieben. Von irgendwelchem militärischerseits organisierten Widerstand war keine Rede. Die in Berlin weilenden militärischen Befehlshaber folgten der vom abgetretenen Reichskanzler ergangenen Weisung und ließen es ruhig geschehen, daß auch das Kommandanturgebäude und das Gebäude des Polizeipräsidiums von Sozialisten besetzt wurden.

Es war das Beste, was sie tun konnten. Hatten doch die Truppen der Berliner Garnison sich vorbehaltlos auf die Seite der Revolution gestellt. Voran das Kaiser-Alexanderregiment und das vierte Jägerregiment, die in derselben Kaserne lagen, bei deren Einweihung Wilhelm II. am 28. März 1901 jene Rede gehalten hatte, in der er zu den Soldaten sagte:

„Wie eine feste Burg ragt eure neue Kaserne in der nächsten Nähe des Schlosses auf. Das Kaiser Alexander-Regiment ist berufen, gewissermaßen als Leibwache Tag und Nacht bereit zu sein, um für den König und sein Haus, wenn es gilt, Leben und Blut in die Schanze zu schlagen. Und wenn jemals wieder in dieser Stadt eine Zeit wie damals (Anspielung auf den 18. März 1848) kommen sollte,

eine Zeit der frechen Auflehnung gegen den König, dann, davon bin
ich überzeugt, wird das Regiment Alexander alle Unbotmäßigkeit
und Ungehörigkeit wider seinen Königlichen Herrn mit dem Bajo-
nette zu Paaren treiben."

Die „Burg" war noch da, aber die Besatzung hielt es nicht für ihre
Aufgabe, als Leibwache gegen das Volk sich zu betätigen. Ziemlich
spät am Abend, gegen ½ 10 Uhr, kamen die gewählten Arbeiter-
und Soldatenräte im großen Sitzungssaal des Reichstags zu einer
ersten und großen Sitzung zusammen. Sie wird von Emil *Barth*, der
zum Vorsitzenden gewählt wird, mit einer feurigen Ansprache eröffnet, die den siegreichen Aufstand des Berliner Proletariats feiert
und der Berliner Garnison Anerkennung und Dank dafür aus-
spricht, daß sie sich auf die Seite des Volkes gestellt und durch ihr
Verhalten der Revolution einen fast unblutigen Sieg gesichert habe.
Es wird beschlossen, am folgenden Tage vormittags 10 Uhr in allen
Fabriken Berlins Wahlen für den Arbeiterrat und in allen Kasernen
und Lazaretten Wahlen für den Soldatenrat regelrecht vorzuneh-
men. Auf je 1.000 Arbeiter und Arbeiterinnen sollte ein Mitglied des
Arbeiterrats und auf jedes Bataillon oder entsprechende Formation
ein Mitglied des Soldatenrats gewählt werden, und die Gewählten
sollten am Nachmittag behufs Wahl der provisorischen Regierung
zusammentreten. [...]

Schuld und Sühne
in den Völkerbeziehungen

(Friedens-Warte 1923)[1]

Eduard Bernstein,
Mitglied des Deutschen Reichstags

Die Vorgänge, die sich seit dem 10. Januar dieses Jahres im Gebiet der Ruhr und in den von französischen Truppen besetzten Teilen der Rheinprovinz zwischen diesen und der einheimischen Bevölkerung abspielen, erscheinen der großen Mehrzahl der Deutschen als brutale Vergewaltigungen eines friedlich seiner Arbeit nachgehenden Volkes durch einen bis an die Zähne bewaffneten Siegerstaat, dem Durchschnitt der Franzosen aber als durch das widersetzliche Verhalten jener, von der deutschen Regierung aufgestachelten Bevölkerung hervorgerufene Begleiterscheinungen einer Exekution, zu der Frankreich im Verein mit Belgien gemäß einem internationalen von Deutschland unterschriebenen Vertrag – dem Vertrag von Versailles – berechtigt sei.

So sehr die genannten Vorgänge die Gemüter erregen, so darf man doch diese Unterschiede in der Beurteilung der rechtlichen Seite der Frage nicht aus dem Auge verlieren, will man für die moralische Einschätzung der Vorgänge nicht jeden objektiven Maßstab verlieren. Vieles, was die Truppen im Ruhrgebiet verübt haben, ist meiner Überzeugung nach freilich auch dann nicht zu verteidigen, wenn man ihrer Erklärung der Rechtslage zustimmen könnte. Aber es erführe doch durch sie eine mildere Beurteilung. Indes hält auch diese Erklärung keiner genauen Nachprüfung Stand. Ganz abgesehen davon, daß der Versailler Vertrag, auf dem es fußt, unter Umständen zustande gekommen ist, die dem rechtstheoretischen Begriff des Wortes *Vertrag* so wenig entsprechen, daß ein in gleicher Weise zustandegekommener zivilrechtlicher Akt mit Aussicht auf

---

[1] Textquelle | Eduard BERNSTEIN: Schuld und Sühne in den Völkerbeziehungen. In: Die Friedens-Warte, 23. Jahrgang, Nr. 4/5 (April/Mai 1923), S. 116-119.

Erfolg als nichtig angefochten werden könnte, fehlt jeder Beweis dafür, daß die Verfehlungen an ihm, die Deutschland vorgeworfen werden, doloser Natur waren. Gewiß ist der Artikel des Versailler Diktats, auf den die französische Regierung und die ihr zur Seite gehende belgische Regierung sich für ihr gemeinsames Vorgehen gegen Deutschland berufen – Artikel 18 des zweiten Anhangs zum Abschnitt VII – sehr dehnbar, aber diese Unbestimmtheit kann doch vernünftigerweise nur so verstanden werden, daß das den sich beschwert fühlenden Mächten zugestandene Recht der Selbsthilfe von diesen, gemäß dem Grade der Verfehlung, bezw. der Möglichkeit, ihr Recht zu erlangen in Anwendung gebracht werden soll, nicht aber, daß es ihnen ein Freibrief sein soll, nach ihrer Laune unbedeutende Versäumnisse mit Gewaltakten zu beantworten, die nach moderner Rechtsauffassung selbst im Kriege unzulässig sind.

Indem ich das ausspreche, liegt es mir meilenfern, die materielle Verpflichtung Deutschlands, von der der Streit seinen Ausgang genommen hat, irgendwie in Frage stellen zu wollen. Worum es sich für mich hier handelt, ist lediglich die rechtliche Seite der Frage, und zwar rechtlich im ethischen Begriff des Worts. Der wahre Friede zwischen den Nationen wird nur in dem Maße gesichert sein, als die ethische Auffassung vom Recht bei ihnen Geltung erlangt hat.

Von diesem Gedanken beseelt, habe ich vor ziemlich Jahresfrist in der von Parvus Helphand herausgegebenen Wochenschrift „Die Glocke" einen Aufsatz über die Haftbarkeit der Völker veröffentlicht, der durch die Vorgänge an der Ruhr und was mit ihnen zusammenhängt, jetzt eine neue Aktualität erlangt hat. Es sei mir daher gestattet, ihn etwas ausgiebig zu zitieren. Gerade die „Friedenswarte" ist ja der Ort für Erörterungen dieser Art.

Der Artikel beginnt wie folgt:

„Eine Frage von größerer Tragweite für die Beziehungen der Nationen und das moderne Völkerleben überhaupt, als die meisten sich vorstellen, ist die Frage der Haftbarkeit der Völker für die von ihren Regierungen begangenen oder veranlaßten Handlungen. Das internationale Recht, das in Deutschland Völkerrecht genannt wird, behauptet diese Haftbarkeit als einen seiner grundlegenden Rechtsgedanken. Eine Nation kann sich nach ihm der Verpflichtungen, die eine von ihr anerkannte Regierung auf sich geladen hat, nicht dadurch entledigen, daß sie diese Regierung wechselt.

Grundsätzlich ist der Gedanke, der in diesem Satz Ausdruck findet, wohl zu rechtfertigen. Er entspricht den Rechtsbedürfnissen im Zeitalter des Verkehrs. Dem friedlichen Zusammenleben der Völker wäre eine seiner wichtigsten Vorbedingungen entzogen, wenn Verpflichtungen von Land zu Land nach Belieben vom Zufall der Regierungsbildung abhängig gemacht werden könnten. Als Nationen sind die Völker politische Einheiten, deren juristische Form der Staat ist, wie immer er sich nennen oder aufgebaut sein mag. Infolgedessen ist der Staat notwendigerweise das Subjekt in den Rechtsbeziehungen der Nationen zueinander und bleibt es, auch wenn er seine Regierung oder seine ganze Verfassung ändert.

Diesen Grundsatz leugnen, hieße den Rechtsbeziehungen der Nationen zueinander jede feste Grundlage entziehen und die Anarchie im Sinne der Willkür und eines brutalen Gewaltrechts proklamieren.

Aber diesen Grundsatz anerkennen, heißt noch nicht, alle Ausdeutungen anerkennen, die er gefunden hat, bezw. für die er angerufen worden ist.

… Eine mißbräuchliche Ausdeutung liegt z. B. vor, wenn der juristischen Haftbarkeit die *moralische* Verantwortlichkeit schlechthin gleichgesetzt, die letztere schon deshalb für gegeben erklärt wird, weil die erstere begründet werden kann. Eine Nation mag juristisch für die Schäden haftbar gemacht werden können, die ihre Regierung verursacht hat, sie ist aber darum noch lange nicht als für sie *moralisch* verantwortlich zu erklären. Und das ist keine bloß theoretische Unterscheidung. Wo der juristisch begründeten Haftbarkeit die Ergänzung der moralischen Verantwortlichkeit fehlt, pflegt in unserer Zeit erstere auch im bürgerlichen Geschäftsverkehr oft weniger schroff bis auf das Äußerste geltend gemacht zu werden, als wo zugleich die letztere vorliegt. Um wieviel mehr ist daher diese Unterscheidung im Verkehr der Völker am Platze. Daß ein Volk für gewisse Verfehlungen seiner Regierung juristisch haftbar gemacht werden kann, berechtigt noch nicht, ihm auch die moralische Verantwortung aufzubürden.

Das geschieht aber heute verschiedentlich und wird dadurch erleichtert, daß in der Politik eine Ausdrucksweise sich forterhalten hat, die der Zeit des Absolutismus entstammt. Als der Herrscher oder die Herrscherkaste noch durchweg den Begriff des *Landes* bildeten, als es dem Ausland gegenüber für die politischen Entscheidungen überhaupt keinen anderen Willen gab als den des Herrschers oder der Herrscherkaste, konnten Ausdrücke wie „*Xland* hat gewollt" oder „*Xreich* ist es *gewesen*" keinen Irrtum darüber erwecken, auf welche Personen oder Gruppen sich das bezog. Die Völker mußten zwar trotzdem gewöhnlich für die Schuld der Herrscher büßen, aber niemand fiel es ein, ihnen auch die moralische Verantwortung für sie aufzubürden. Heute dagegen erweckt diese ja noch vielfach beliebte Ausdrucksweise die widersprechendsten Vorstellungen, indem ein und dasselbe Wort abwechselnd in ganz verschiedener Deutung gebraucht wird, das Wort ‚Xland' z. B. bald auf eine *Regierung*, bald aber auf die *Nation* selbst bezogen wird.

Ein klassisches Beispiel hierfür bietet die in diesen Tagen viel zitierte berühmte Antwortnote der alliierten und assoziierten Regierungen vom 16. Juni 1919 auf die Einwände der deutschen Friedensdelegation gegen das Versailler Friedensdiktat dar. Da wird zunächst der am 1. August 1914 ausgebrochene Krieg für das größte Verbrechen gegen die Menschheit und gegen die Freiheit der Völker erklärt, „das eine sich für zivilisiert ausgebende *Nation* jemals mit Bewußtsein begangen hat". Das besagt, die deutsche Nation sei schuldig, den Krieg *mit Bedacht* entfesselt zu haben. Gleich im nächsten Stück der nun folgenden Sätze werden aber „die Regierenden Deutschlands" angeklagt, den Krieg systematisch vorbereitet zu haben, um „ein unterjochtes Europa zu beherrschen und zu tyrannisieren[“], so wie sie „ein unterjochtes Deutschland beherrschten und tyrannisierten". Dann wiederum erscheint das *Land* als Subjekt. Es wird erklärt: „Indessen beschränkt sich die Verantwortlichkeit *Deutschlands* nicht auf die Tatsache, den Krieg gewollt und entfesselt zu haben. Deutschland ist in gleicher Weise für die rohe und unmenschliche Art, auf die er geführt worden ist, verantwortlich". Bei Aufzählung der im Krieg begangenen Gewalttaten indes werden aus dem abstrakten „Deutschland" sehr konkret und unterschiedslos „*die* Deutschen": „Die Deutschen sind es, welche als erste die giftigen Gase benutzt haben, sie sind es, welche mit dem Bombardement durch Flieger und der Beschießung von Städten auf weite Entfernung den Anfang gemacht haben", usw., usw., bis zusammenfassend erklärt wird:

„Deshalb haben die alliierten und assoziierten Mächte nachdrücklichst erklärt, Deutschland müsse als grundlegende Bedingung des Vertrages ein Werk der Wiedergutmachung bis zur äußersten Grenze seiner Fähigkeit unternehmen, ist doch die Wiedergutmachung des Unrechts, das man verursacht hat, das eigentliche Wesen der Gerechtigkeit."

Hier ist also wieder „Deutschland' schlechthin der Schuldige.

Hier eine Zwischenbemerkung.

Bis soweit haben wir es in der Antwortnote nur mit Unregelmäßigkeiten der Ausdrucksweise zu tun, die nicht notwendig von einer bestimmten Tendenz diktiert gewesen zu sein brauchten und wahrscheinlich auch nicht von einer solchen diktiert waren. Was die Verfasser hier beweisen wollten, nämlich die Pflicht Deutschlands als Nation zur Wiedergutmachung, wird von der Wahl der Ausdrücke nicht berührt. Entscheidend war, ob und inwieweit die behaupteten Tatsachen zutrafen. Und man hätte ihnen die Frage entgegenhalten können, ob es dem „Wesen der Gerechtigkeit" entspricht, ein „unterjochtes Deutschland" für die wirklichen oder behaupteten Missetaten seiner „Unterjocher" bis ins Äußerste haftbar zu machen. Die von der Republik nach Versailles entsandte deutsche Delegation hat die Frage nicht in dieser schroffen Form gestellt. Aber sie hat doch den Einwand erhoben, das deutsche Volk könne für die Politik der kaiserlichen Regierung Deutschlands, deren Alleinschuld am Kriege sie nicht zugeben könne, nicht in dieser Weise verantwortlich gemacht werden, nachdem es durch die Revolution den Beweis geliefert habe, daß es jene Politik verwerfe. Die Rückantwort der Verfasser der Versailler Note hierauf ist überaus charakteristisch. Dem Einwand der deutschen Delegation einfach mit dem Hinweis auf dem oben von mir angeführten Grundsatz des internationalen Rechts zu begegnen, ging nicht an, denn die Delegation hatte nur in Abrede gestellt, daß das deutsche Volk in der Weise für den Krieg verantwortlich gemacht werden könne, wie es das Aktenstück über die Friedensbedingungen der Alliierten tat, die Haftbarkeit für die angerichteten materiellen Schäden in keiner Weise von Deutschland abgewiesen. So nahmen denn die Verfasser der Antwortnote zu folgender Konstruktion ihre Zuflucht. Sie erklärten, sich zwar zu der in Deutschland vollzogenen Revolution zu beglückwünschen und die besten Hoffnungen an sie zu knüpfen, aber sich mit dem

Hinweis auf sie nicht abspeisen lassen zu können. Dann heißt es
wörtlich:

„Die deutsche Revolution wurde verzögert, bis die deutschen
Heere im Felde geschlagen worden waren, bis jede Hoffnung, aus
einem Eroberungskriege Nutzen zu ziehen, sich verflüchtigt hatte.
Sowohl während des ganzen Verlaufs des Krieges, wie auch vor
dem Kriege ist das deutsche Volk und sind seine Vertreter für den
Krieg gewesen; sie haben für die Kredite gestimmt, sie haben die
Kriegsanleihen gezeichnet, sie haben allen Befehlen ihrer Regierung,
so roh auch diese Befehle sein mochten, gehorcht. Sie haben die Verantwortung für die Politik ihrer Regierung geteilt; hätten sie sie
doch in jedem Augenblick, wenn sie nur gewollt hätten, stürzen
können. Wenn diese Politik der deutschen Regierung geglückt wäre,
so hätte das deutsche Volk ihr mit ebensoviel Begeisterung zuge-
jauchzt, wie es den Kriegsausbruch begrüßt hat. Das deutsche Volk
kann also nicht behaupten, daß, weil es, nachdem der Krieg einmal
verloren, seine Regierenden gewechselt hat, die Gerechtigkeit wolle,
daß es den Folgen seiner Kriegshandlungen entzogen werde."

Es liegt nahe, hier auszurufen: *Ex ungue tigrim*. Bei diesem Satz
hatte ohne Zweifel der böse Geist Pate gestanden, der es zu keiner
aufrichtigen Verständigung zwischen dem deutschen und dem
französischen Volk kommen zu lassen [sic]. Es atmet jene Neigung,
dem Gegner, mit dem man zu tun hat, die niedrigsten Beweggründe
zu unterstellen. So kann ich denn nur wiederholen, was ich in der
„Glocke" so schonend wie möglich dazu bemerkt habe:

„Diese Beweisführung wäre selbst dann im höchsten Grade un-
billig gewesen, wenn die Republik nicht – was sie aber tatsächlich
getan hat – freiwillig die Pflicht des Wiedergutmachens anerkannt
hätte. Die Verfasser der Note wußten sehr gut, daß das deutsche
Volk ohne jede Befragung in den Krieg hineingezogen worden war;
daß es, als der Krieg ausbrach, in den Glauben versetzt worden war,
er sei Deutschland aufgezwungen worden, dieses befinde sich im
Zustande legitimer Verteidigung; daß mindestens neun Zehntel des
Volks allen Kriegsagitationen ferngestanden hatten, und daß die Behauptung, das Volk habe, wenn es nur gewollt hätte, schon mitten
im Krieg die Regierung jeden Augenblick stürzen können, psycho-
logisch und materiell Unmögliches involviert."

Geflissentlich verschweigt die Note, daß schon im Jahre 1915 die große Sozialdemokratische Partei Deutschlands auf einer Konferenz ihrer Reichstagsfraktion und des Parteiausschusses in einer Beschlußfassung über ihre Kriegsziele sich entschieden gegen jede gewaltsame Annexion ausgesprochen, daß 1916 eine allgemeine Konferenz der Partei diesen Beschluß noch verschärft und daß im Jahre 1917 der deutsche Reichstag eine Resolution zugunsten eines Friedens *ohne Annexionen und Kontributionen* mit Mehrheit beschlossen hat. Wenn die Alliierten Mächte sich in Versailles hinsichtlich der Frage der Schuld für die Entfesselung des Krieges auf Gutachten von Juristen ersten Ranges stützen konnten, denen man zugeben muß, daß sie die bis dahin bekannt gewordenen Akten geprüft und berücksichtigt, und sich in ihrer Erkenntnis auf die Betonung der Schuld verantwortlicher Regierungen beschränkt haben, so entbehrt im Gegensatz dazu diese Aburteilung über ein ganzes Volk jeder Spur von juristischem Geist und von Sinn für Gerechtigkeit.

Ich gehöre nicht zu denen, die im Versailler Diktat nur Übles sehen, ich verkenne vielmehr durchaus nicht, daß die ihm vorangeschickte Grundsatzerklärung ein bedeutungsvolles, man kann sogar sagen, epochemachendes Dokument ist. Aber wir wissen jetzt auch, welche Geister dafür gesorgt haben, daß der Inhalt an vielen Stellen den verkündeten Grundsätzen ins Gesicht schlägt.

Man kann inbezug auf politische Verantwortungen über Personen und geschlossene Körperschaften zu Gericht sitzen, obwohl zur Erzielung eines gerechten Urteils sehr viel mehr Material gehört, als den Juristen der Alliierten zur Verfügung stand. Aber es ist eine unerhörte Vermessenheit, in solcher Frage über ein ganzes Volk leichtsinnig den Stab zu brechen. Hier könnte eine Instanz Recht sprechen, die mit der größten Sachkunde die höchste Unparteilichkeit gewährleistet, von allem Vorurteil, aller Leidenschaft frei ist. Diese Instanz ist kein Tribunal von ausgewählten Richtern, diese Instanz ist allein die Geschichte. Bis sie ihr Verdikt spricht, vergehen Generationen. Inzwischen sind aber die Völker durchaus nicht jeder Verantwortung enthoben. Auch ohne daß sie Mitschuldige ihrer Regierungen sind, haben sie für deren Schuld mitzubüßen, besteht zwischen ihnen und ihren Regierungen gerade im Krieg eine materielle Solidarität, haben in der Hauptsache sie zu spüren, was jene verschuldet.

Eduard Bernstein (1924) – Lithographie des Pressezeichners Emil Stumpp
(Reproduktion nach: R. Lütgemeier-Davin: Köpfe der
Friedensbewegung 1914-1933. Essen 2016, S. 71)

Der Sinn der Kriegsschuldfrage

Eine zeitgemäße Erörterung
(März 1930)[1]

Eduard Bernstein, M.d.R.

Noch immer treiben in deutschen Zeitungen oder auch Zeitschriften Artikel über die sogenannte Kriegsschuldfrage ihr Wesen. Wohlgemerkt über die *sogenannte* Kriegsschuldfrage. Denn von einer Schuld im ethischen Begriff dieses Wortes am Weltkrieg ist im von den Ententestaaten als Siegern Deutschland und Oesterreich-Ungarn auferlegten Friedensdiktat nicht die Rede. Es wird da nur von Deutschland und seinen Verbündeten als *Urhebern* gesprochen, was etwas ganz anderes ist. In der Feststellung, daß ein Staat oder eine Staatengruppe einen Krieg angefangen haben, ist ein ethisches Urteil noch nicht niedergelegt. Das in Betracht kommende Satzstück – Artikel 231 des Friedensdiktats – lautet allerdings in seiner offiziellen deutschen Übersetzung (Deutsches Weißbuch „Ist Deutschland schuldig?" Berlin 1919):

> „Die alliierten und assoziierten Regierungen erklären und Deutschland erkennt an, daß Deutschland und seine Verbündeten als *Urheber* für alle Verluste und alle Schäden verantwortlich sind, welche die alliierten und assoziierten Regierungen und ihre Staatsangehörigen infolge des ihnen durch den Angriff Deutschlands und seiner Verbündeten aufgezwungenen Krieges erlitten haben."

Das spricht aber kein ethisches, sondern nur erst ein politisches, beziehungsweise juristisches Urteil aus. Es kommt auf die *Umstände* an, unter denen ein Krieg erklärt ward, ob die Erklärung, die ihn einleitete, als eine *ethische Schuld*, das heißt als ein *soziales* Verbrechen zu beurteilen ist. Waren ihr von der Gegenseite Handlungen

---

[1] Textquelle | Eduard BERNSTEIN: „Der Sinn der Kriegsschuldfrage". Eine zeitgemäße Erörterung. In: Die Zeit – Organ für grundsätzliche Orientierung. Herausgegeben von Friedrich Wilhelm Foerster, 1. Jg., Heft 6 (20. März 1930), S. 167-170.

vorausgegangen, die nach allgemeinem Urteil als *starke Herausforde-rung* wirken mußten, so war sie bisher dadurch in der öffentlichen Meinung entschuldigt. Erst in neuester Zeit hat in dieser Hinsicht eine höhere Ethik Geltung erlangt, welche die Kriegserklärung un-ter allen Umständen verwirft. Auf sie können sich aber die Vertreter und Verfechter der ehemaligen kaiserlichen Regierung Deutsch-lands nicht berufen, da diese sich 1914 zur Kriegspolitik der mit ihr verbündeten kaiserlichen Regierung Oesterreich-Ungarns gegen Serbien zustimmend verhalten, sie als ein unanfechtbares Recht Oesterreich-Ungarns dem übrigen Europa gegenüber hochgehalten und dann mit ihrer Kriegserklärung gegen das durch jene Politik er-regte Rußland den Weltkrieg entscheidend eingeleitet hat.

Das ausgesucht brutale Ultimatum Oesterreich-Ungarns an Ser-bien vom 23. Juli 1914 hatte den Zweck, den Krieg *unvermeidlich zu machen*. Während die Leiter des Wiener Kabinetts den bei ihnen an-fragenden Botschaftern vorlogen, Oesterreich werde an Serbien *nur annehmbare* Forderungen stellen – Oesterreichs Forderungen an Ser-bien sind „höchst annehmbar" hatte Minister Berchtold in der letz-ten Woche Juli 1914 dem russischen Botschafter Schebeko wahr-heitswidrig beteuert – hatten sie geflissentlich sorgsam daran gear-beitet, die Forderungen so zu formulieren, daß, wie die Regierung in Wien der Berliner Regierung erklärte, „kein Staat, der seine Selb-ständigkeit achtet, sie annehmen" konnte. Das Habsburger Kaiser-reich wollte eine Ausrede dafür haben, daß es, der 27 Millionen Staat, den serbischen 2 ½ Millionen Staat mit Krieg überzog. Die Kriegsabsicht leuchtete aus dem Machwerk so deutlich durch, daß, als die Wiener Regierung, nachdem sie es der serbischen Regierung hatte überreichen lassen, den Wortlaut bekannt gab, der Vorstand der deutschen Sozialdemokratie sich veranlaßt sah, am 25. Juli 1914 in der Form eines Aufrufs folgenden Protest zu veröffentlichen:

„Die vom österreichischen Imperialismus entfesselte Kriegsfurie schickt sich an, Tod und Verderben über ganz Europa zu brin-gen. Verurteilen wir auch das Treiben der großserbischen Natio-nalisten, so fordert doch die *frivole Kriegsprovokation* der öster-reich-ungarischen Regierung den schärfsten Protest heraus. Sind doch die Forderungen dieser Regierung so brutal, wie sie in der Weltgeschichte noch nie an einen selbständigen Staat gestellt sind, und können sie doch nur darauf berechnet sein, den Krieg *geradezu zu provozieren.*

Das klassenbewußte Proletariat Deutschlands erhebt im Namen der Menschlichkeit und der Kultur flammenden Protest *gegen dies verbrecherische Treiben der Kriegshetzer.* Es fordert gebieterisch von der deutschen Regierung, daß sie ihren Einfluß auf die österreichische Regierung zur Aufrechterhaltung des Friedens ausübt."

Zu dieser Kundgebung schreibt Karl Kautsky, der die einschlägigen Akten auf das sorgfältigste durchgearbeitet hatte, in seiner die *Tatsachen* aufdeckenden Schrift *„Wie der Weltkrieg entstand"* (Berlin 1919, Verlag Paul Cassirer):

„Hätte das deutsche Proletariat vom wirklichen Stand der Dinge eine Ahnung gehabt, hätte es gewußt, daß das ‚verbrecherische Treiben der Kriegshetzer' ein abgekartetes Spiel zwischen Wien und Berlin war, dann wäre es nicht so naiv gewesen, die deutsche Regierung aufzufordern, auf die österreichische im Sinne des Friedens zu wirken, dann hätte es sich einmütig ebenso gegen die deutsche wie gegen die österreichische Regierung gewendet, und große Massen auch der nichtproletarischen arbeitenden Schichten des deutschen Volkes hätten sich ihm angeschlossen. Bei einer solchen Stimmung hätte die deutsche Regierung unmöglich einen großen Krieg entfesseln können. Die deutsche Sozialdemokratie konnte den Weltfrieden retten. Ihr Ansehen und damit das des deutschen Volkes in der Welt wäre unendlich gewachsen durch die Niederlage, die sie der kriegerischen deutschen Regierung bereitete."

Gewiß. In der ganzen Welt hatte man aus dem Wiener Ultimatum den bösen Kriegswillen der dortigen Regierung herausgelesen. Aber woher sollte der Vorstand der deutschen Sozialdemokratie, wenn nicht wissen, so wenigstens ahnen, daß zwischen Wien und Berlin *ein abgekartetes Spiel* getrieben wurde? Allerdings haben die Staatsmänner von Wien und Berlin, wie man bei Kautsky nachlesen kann, bei diesem Spiel Tölpeleien genug begangen, aber wenn sie keine Meister in weitsichtiger Politik waren, so verstanden sie sich immerhin genug auf das diplomatische *Komödienspiel,* um imstande zu sein, unbefangene Seelen hinters Licht zu führen. Das deutsche Volk ist damals und wird auch heute noch von literarischen Wortführern der regierenden Schichten des kaiserlichen Deutschland mit Bezug auf die Kriegsschuldfrage in gröblichster Weise irregeführt. Zunächst ist es eine *grobe Unwahrheit*, wenn dem deutschen Volk immer wieder im Ton höchster sittlicher Entrüstung vorerzählt wird, daß die Siegermächte Deutschland als grundlegende Friedensbedingung die Anerkennung der „Alleinschuld Deutschlands" am Weltkrieg zur Bedingung gemacht hätten. Tatsächlich wird man in nicht einem Schreiben der Entente an Deutschland über die Friedensbedingungen das Wort Alleinschuld oder einen Ausdruck finden, der einen gleichen Vorwurf wie jenes einschließt. Es wird da, wo von angenommenen Urhebern des Krieges die Rede ist, immer erklärend hinzugesetzt: „Deutschland und Oesterreich", wird immer *Oesterreich* ausdrücklich als *Miturheber* genannt, werden gelegentlich sogar auch Bulgarien und die Türkei wegen bestimmter, auf Veranlassung von Oesterreich begangener Handlungen der Beteiligung an der Urheberschaft bezichtigt. Das Wort „Alleinschuldlüge", mit dem die nationalistische Presse und von dieser irregeführte Blätter das deutsche Volk für ein Verhalten in der Außenpolitik zu verleiten suchen, das Deutschland nur schaden kann, ist selbst eine dicke Lüge. Empörung über dieses systematische Täuschungsmanöver hat den aus Oesterreich stammenden Genossen Dr. Fritz Adler, den Lieblingssohn unseres Viktor Adler, zur Abfassung jener Broschüre veranlaßt, der er demonstrativ den Titel gab *„Die Unschuldslüge"*, und in der er an der Hand beweiskräftigen Tatsachenmaterials das Gerede von der Unschuld der kaiserlichen Regierung Deutschlands am Weltkrieg als *von Grund aus unwahr* gekennzeichnet hat.

In der Tat wird kein ehrlich empfindender Deutscher das Aktenmaterial über die Entstehung und Führung des Weltkriegs nachlesen können, ohne von einem Gefühl der Beschämung über die von den Oberen Deutschlands dabei entwickelten Verstöße gegen die elementaren Anforderungen ethischer Sitten übermannt zu werden. Von diesem Empfinden zeugt des Friedenspolitikers Professor Dr. E. G. Gumbel Schrift *„Vier Jahre Lüge"* und selbst der als Geschichtsphilosoph stets streng objektiv urteilende Karl Kautsky bricht gegen Ende seiner Schrift *„Wie der Weltkrieg entstand"* bitter in den Ruf aus: „Mit Lüge und Perfidie wurde der Krieg im Anfang Juli eingeleitet, mit Lüge und Perfidie wurde er in den ersten Augusttagen begonnen." Und er setzt hinzu: „Letzteres war die unvermeidliche Konsequenz der Einleitung. Auch diesmal erwies es sich als der Fluch der bösen Tat, daß sie fortzeugend immer Böses gebären mußte. Regierung und Heeresleitung wurden die Lüge nicht mehr los, der sie sich einmal ergeben hatten, und sie mußten das Lügengebäude immer höher auftürmen, bis es am 9. November 1918 krachend zusammenbrach" (a. a. O. 165/166). Kautskys geschichtliche Arbeit, so sachlich sie gehalten ist, oder vielmehr gerade weil sie die Vorgänge so sachlich behandelt hat, ist den Berliner Offiziösen sehr unbequem, und so suchen von diesen beeinflußte Journalisten auf jede mögliche Weise ihre Zuverlässigkeit als sehr zweifelhaft hinzustellen. Zu diesem Zweck erzählen sie den deutschen Lesern gern, daß Karl Kautsky von Abstammung ein Tscheche und als solcher natürlich gegen Deutschland voreingenommen sei, so daß man gut tue, ihm nicht alles zu glauben. Tatsächlich hat aber Karl Kautsky zwar einen tschechischen Vater, aber eine deutsche Mutter gehabt, und zwischen dieser Mutter, Frau Minna Kautsky, die als deutsche Schriftstellerin Ausgezeichnetes geleistet hat, und dem Sohn Karl hatte sich, als er in die Jahre der Reife eingetreten war, ein ganz besonders inniges geistiges Verhältnis entwickelt. Indes war dessen politisches Urteil schon so stark ausgebildet, daß es durch keine persönliche Beziehung zu beeinflussen war. Seine Schrift über die Entstehung des Weltkriegs hat mit irgend welcher nationalen Voreingenommenheit nicht das Mindeste zu tun. Er war, als er im November 1919 daran ging, die auf die Entstehung des Krieges bezüglichen Akten durchzuarbeiten, Mitglied der unabhängigen Fraktion der deutschen Sozialdemokratie, hatte sein Vorhaben dem Rat der Volksbeauftragten der jungen deutschen Republik mitgeteilt, auf dessen Wunsch er als beigeordneter Staatssekretär in das Auswärtige Amt eingetreten war, und erachtete es für die ihm vor allem erwachsene Pflicht, auf Grund der Akten die *Wahrheit* über die *Urheberschaft* am Ausbruch des Weltkrieges festzustellen, damit sie dem *deutschen Volk* kundgegeben werden könne.

Das deutsche Volk über die Urheberschaft am Weltkriege aufzuklären, war und ist eine Grundbedingung der gesunden Entwicklung der inneren wie der äußeren Politik Deutschlands. Solange das deutsche Volk in seiner Mehrheit das verlogene Gerede von der

angeblich im Friedensdiktat der Entente enthaltenen „Alleinschuldlüge" für bare Münze nimmt und sich einreden läßt, die im Friedensdiktat Deutschland auferlegte schwere Zahlungspflicht stütze
sich einzig auf jene „Lüge", wird es sich immer wieder für eine nationalistische Außenpolitik einfangen lassen, von der man ihm Abschüttelung jener Last und womöglich noch Kriegsgewinne dazu in
Aussicht stellt, während sie tatsächlich für Deutschland mit Notwendigkeit nur verschärfte Isolierung und in deren Folge neue
schwere Niederlagen nach sich ziehen würde. Erfährt das Volk aktenmäßig genau und unzweideutig, welche verhängnisvolle Rolle
Wilhelm II. und seine Militärs bei der Hineintreibung Deutschlands
in den furchtbaren Krieg gespielt haben, der Millionen von Deutschen die Gesundheit, anderen Millionen das Leben, Hunderttausenden und Aberhunderttausenden die wirtschaftliche Existenz gekostet hat, und daß sie ohne die monarchistische Verfassung und
die militaristischen Einrichtungen jene verhängnisvolle Rolle niemals hätten spielen können, dann wird es keinen Augenblick darüber in Zweifel sein, welches unvergleichlich köstliche Gut es in den
demokratischen Einrichtungen seiner Republik und ihrer Friedenspolitik hat.

Nicht minder als Karl Kautsky hat sich der jüngst verstorbene
demokratische österreichische Schriftsteller Dr. Heinrich *Kanner* um
die Aufklärung über die Verantwortung am Weltkrieg verdient gemacht. Lange Jahre Mitherausgeber der sehr angesehenen Wiener
Zeitung „Die Zeit" hat er mit großer Gewissenhaftigkeit und Schärfe
unermüdlich die schweren Fehlgriffe der von der kaiserlich-habs-
burgischen Regierung verfolgten Politik aufgedeckt, und als diese
Politik Kriegspolitik wurde, hat er sie mit nie versagendem Mut bekämpft. Er hat über sie Arbeiten veröffentlicht, die für jeden, der sich
über die neuere Geschichte Mitteleuropas und speziell Deutschlands genauer unterrichten will, von größtem Wert sind.

Eine der wichtigsten dieser Arbeiten Kanners ist seine im Jahre
1926 erschienene Schrift *„Der Schlüssel zur Kriegsschuldfrage"*. Sie wird
ihrem Titel in jeder Hinsicht gerecht, sowohl was die logisch kor-
rekte Fragestellung als was die Vollständigkeit der Anführung des
für die Frage in Betracht kommenden diplomatischen Aktenmateri-
als anbetrifft. Und nicht nur wird dieses Material von Kanner in der
Schrift einer höchst scharfsinnigen Analyse unterzogen, Kanner hat

auch zugleich mit seiner Analyse eine Tatsache von großer geschichtlicher Bedeutung ans Licht gebracht, die bis dahin den beteiligten Völkern verborgen gehalten wurde, nämlich die im Jahre 1909 durch eine Militärkonvention vollzogene Umwandlung des deutsch-österreichischen Bündnisses von 1887 aus einem Vertrag für etwa notwendig werdende *militärische Verteidigung* („Defensiv-Bündnis") in ein auch für einen von einer der beiden Vertragsparteien als angezeigt erachteten *Angriff bindendes Bündnis*. Eine Änderung, welche die Wiener Regierung schon längere Zeit vorher angestrebt, für sie auch die Zustimmung leitender Militärs von hüben und drüben gewonnen hatte, gegen deren Zustandekommen aber der Fürst Bismarck zeit seines Lebens seinen ganzen Einfluß hatte spielen lassen.

Sicher nicht mit Unrecht. Auch wer dem ersten Kanzler des deutschen Reiches sonst als politischer Gegner gegenüberstand, wird ihm das Zeugnis nicht versagen, daß, wo er über weltpolitische Fragen mit Militärs in ernsten Gegensatz geriet, er fast immer sich als der bei weitem klarer blickende Staatsmann erwiesen hat. Die schweren Folgen der Änderung des deutsch-österreichischen Defensiv-Bündnisses in eine *Militärkonvention auf „Angriff und Verteidigung"* für das deutsche Volk haben sich seit 1914 deutlich genug gezeigt, um es außer Zweifel zu stellen, daß Bismarck die in Wien maßgebenden Geister richtig eingeschätzt hatte, als er voraussah, daß die von jenen angestrebte Militärkonvention Deutschland in die Lage bringen konnte, für ein von ihnen ausgeklügeltes Kriegsabenteuer seine Existenz aufs Spiel setzen zu müssen, oder, wie er es 1887 warnend formulierte: Deutschland müsse von dem Gedanken der Militärkonvention Abstand nehmen, wenn man nicht „Oesterreich in Versuchung führen wolle, auf *unsere* (Deutschlands) Kosten Krieg zu provozieren". Als aber Bismarck nicht mehr war, ward im geheimen die Konvention abgeschlossen, und wie stark sie auf Wien als *„Versuchung"* gewirkt hat, heißt, wie die Regierer in Wien nun sich berechtigt hielten, von Deutschland auf Grund der Konvention gehorsames Mitgehen in der Kriegspolitik zu verlangen, zeigen unzählige Stellen in den diplomatischen Kriegsakten. Diese Konvention liefert ganz ersichtlich den Schlüssel zur Kriegsschuldfrage. Ihre Verfechter schmiedeten das Schlagwort von der „Nibelungentreue", mit der Deutschland dem stammesverwandten Oesterreich

zur Seite zu stehen habe, und dieses Schlagwort hat auf große Teile
des deutschen Volkes wie bezaubernd gewirkt. Nicht Eroberungspläne, sondern ethische Gedanken schwebten den Massen in
Deutschland vor, die sich im Jahre 1914 für den Krieg begeisterten.
Weil aber die Massen über den wahren Charakter der Militärkonvention in Unklarheit gelassen – nein *gehalten* wurden, fielen sie
auch falschen Auslegungen über die Ursachen des Krieges zum Opfer.

Um zu einer richtigen Beantwortung der Kriegsschuldfrage zu
gelangen, muß man sich vor allem über den vernünftigen Sinn dieser Frage im klaren sein. Wird sie, wie es zumeist geschieht, nur als
eine Frage zwischen Nationen, d. h. von Nationen gegen Nationen
aufgefaßt, so wird sie fast immer zu einer falschen Antwort führen.
Es erscheint dann als ein Gebot des nationalen Interesses, die Schuld
der gegnerischen Nation festzustellen, weil nur dadurch die eigene
Unschuld bewiesen werden könne. Die Erörterung der Frage wird
dann ein Streithandel, bei dem alle Leidenschaften angestachelt
werden, während die Sprache der Vernunft in den Hintergrund gedrängt wird. Soll die Sprache der Vernunft zu ihrem Recht gelangen,
so muß man sich zunächst über eine dem nationalistischen Streit
entrückte Erklärung des Begriffs Kriegsschuld im klaren sein. So begriffen ist Kriegsschuld in erster Reihe eine *Schuld gegen den Frieden*.
Sie kann als solche eine Schuld von Nation gegen Nation, sie kann
aber auch eine Schuld gegen die eigene Nation sein, und ist es auch
recht oft schon gewesen. Über die Kriegsschuld von Nationen gegen
Nationen ist viel geschrieben worden und wird auch lebhaft bekämpft. Die ihrer Bekämpfung gewidmete Bewegung führt den Namen Friedensbewegung und hat als solche schon viel Gutes für die
Menschheit geleistet. Von der Kriegsschuld gegen die eigene Nation
wird verhältnismäßig wenig gesprochen und geschrieben, obwohl
sie, wie oben gesagt, keineswegs sehr selten ist. Und zwar weil sie
noch keineswegs immer als eine Schuld begriffen wird. Hier fehlt es
eben noch an der nötigen Aufklärung darüber, daß der Frieden ein
Recht der Völker und die Wahrung des Friedens eine Pflicht der *Regierenden*, bezw. der *Volksvertretungen*, der *politischen Parteien* und
der *sozialen Organisationen* ist. Nur in dem Maße als dies begriffen
wird, werden die Völker zu einem vernünftigen Sinn für das gelangen, was heute oft ins Blaue hinein Kriegsschuldfrage genannt wird.

ANHANG

„E d u a r d B e r n s t e i n, *6.1.1850; † 18.12.1932 Berlin | Journalist und sozialdemokratischer Politiker, dessen Name eng mit dem sich nach 1890 in der SPD ausbreitenden Revisionismus verbunden ist, zählte schon vor dem Ersten Weltkrieg zu denjenigen Sozialisten, die aufgrund ihres reformistischen Konzepts die zwischen Sozialdemokratie und Pazifismus bestehenden Schranken zu überwinden vermochten. – Von 1908 an setzte sich Bernstein dafür ein, daß die SPD ihre Politik gegenüber der Friedensbewegung revidierte. Als erster Sozialdemokrat seit 1912 in der ‚Friedens-Warte‘ publizierend, verteidigte er den wissenschaftlichen Pazifismus von A. H. Fried gegen Attacken aus dem radikalen Lager seiner Partei. Obwohl er den Kriegskrediten zustimmte, erkannte er früh im kaiserlichen Deutschland den eigentlichen Schuldigen am Ausbruch des Ersten Weltkrieges und schloß sich als eines der ersten zehn Mitglieder dem ‚Bund Neues Vaterland‘ (BNV) an. Auch der ‚Deutschen Friedensgesellschaft‘ (DFG) trat er bei. 1915 wurde er Mitglied des ‚Internationalen Rates, eines Organs der im Frühjahr in Den Haag gegründeten ‚Zentralorganisation für einen dauernden Frieden‘. Am 19. Juni 1915 veröffentlichte er mit H. Haase und K. Kautsky in der ‚Leipziger Volkszeitung‘ den Aufruf ‚Das Gebot der Stunde‘, in dem ein sofortiger Verständigungsfrieden gefordert wurde. Als einen der vierzig Unterzeichner des Gründungsaufrufes der ‚Zentralstelle Völkerrecht‘ (ZV) wählte ihn deren Gründungsversammlung 1916 in die Geschäftsleitung. 1917, als er sich der USPD anschloß, gehörte er zu den Teilnehmern des Kongresses zum Studium der Grundlagen eines künftigen Friedens in Bern. Im gleichen Jahr entwarf Bernstein eine ‚sozialdemokratische Völkerpolitik‘, deren Ziel ein demokratisch fundierter ‚Bund der Völker‘ sein sollte. – Nach 1918 war Bernstein, der Ende Dezember 1918 aus der USPD ausgeschlossen wurde, weil er, um seinen Wunsch nach Wiedervereinigung der beiden sozialdemokratischen Parteien zu Ausdruck zu bringen, [am 23.12.1918] auch der MSPD (Mehrheitsdemokratie) beigetreten war, Mitglied der Geschäftsleitung der DFG. Ebenso gehörte er dem ‚Internationalen Ehrenausschuß‘ des von R. Brode gegründeten ‚Bundes für Menschheitsinteressen‘ an und war Mitglied des Präsidiums der ‚Deutschen Liga für Völkerbund‘ (DLV). Bernstein, der unbeirrbar an der Feststellung der Alleinschuld Deutschlands am Krieg festhielt, registrierte – vor allem auf dem im Juni 1919 stattfindenden Parteitag der SPD – enttäuscht den Unwillen der Partei, dieser Forderung zu entsprechen: ‚Für mich ist der dritte und vierte August [gemeint ist der Tag, an dem auch die Fraktion der SPD die Kriegskredite bewilligte] der schwärzeste Tag meines Lebens. Er war ein Unheil für unser Volk‘.“ (Lothar WIELAND: „Eduard Bernstein“. In: Helmut Donat / Karl Holl, Bearb.: Die Friedensbewegung: Organisierter Pazifismus in Deutschland, Österreich und der Schweiz. Hermes Handlexikon. Düsseldorf: Econ Taschenbuch Verlag 1983, S. 39-40.)

‚Juden sind die geborenen Pazifisten'

Nachwort des Herausgebers

„Nicht, weil sie die Gewalt nicht ausüben können ..., sondern auf Grund der *Geschichte* ihres Volkes sind die Juden die geborenen Pazifisten." (Eduard Bernstein, 1917)

„Wer den Mann mit dem Kopfe eines gütigen Rabbi in den letzten Jahren seiner parlamentarischen Tätigkeit sah, konnte kaum glauben, dass dieser Patriarch, der aus einer anderen Zeit in die Gegenwart hineinragte, ein sehr aktiver Kämpfer gewesen war, der um seines politischen Bekenntnisses willen Verfolgung und Ausweisung auf sich genommen hatte." (Nachruf für Eduard Bernstein: Berliner Tageblatt, 20.12.1932)[1]

Im Gefolge der reinen Lehre nach Marx-Engels können Kriege als „Geburtshelfer der Revolution" betrachtet und Programme der Pazifisten unterschiedlichster Couleur als „Friedenswindbeuteleien" verlästert werden.[2] Erst wenn der Kapitalismus auf dem ganzen Erdkreis überwunden ist, lässt sich der Völkerfrieden denken ... Aufgrund solcher Anschauungen, an denen die Internationale im ‚langen 19. Jahrhundert' gottlob nicht kleben blieb, kam es zu fürchterlichen Verirrungen. Namentlich in der sich weltweit als führend dünkenden deutschen Sozialdemokratie konnte eine ursprüngliche

---

[1] Hier zitiert nach Eduard BERNSTEIN: „Ich bin der Letzte, der dazu schweigt". Texte in jüdischen Angelegenheiten. Herausgegeben und eingeleitet von Ludger Heid. Potsdam 2004, S. 56. [Kurztitel: BERNSTEIN 2004]

[2] Vgl. hierzu und zum folgenden Arno KLÖNNE: Die deutsche Arbeiterbewegung vor 1914 – eine Friedensbewegung? In: Gernot Heiss / Heinrich Lutz (Hg.): Friedensbewegungen – Bedingungen und Wirkungen. Wien 1984, S. 136-151. – Zum Spannungsfeld ‚Sozialdemokratie, Krieg und Frieden' vgl. die im Anhang des vorliegenden Bandes aufgeführte Sekundärliteratur (→S. 343-374); einen guten Einblick in die Problematik einer ‚preußenaffinen' SPD vor 1914 vermittelt Wolfram WETTE: Militarismus in Deutschland. Geschichte einer kriegerischen Kultur. Frankfurt a. M.: Fischer TB 2008, S. 80-86: „Die ambivalente Haltung der Vorkriegs-Sozialdemokratie zum Militarismus".

Fundamentalopposition zum preußisch-deutschen Militarismus, der die Welt dann zweimal in Brand setzen wird, nicht zum Zuge kommen. Bürgerliche Nonkonformisten, die den Namen „linksliberal" wirklich verdienten, oder „Tolstojaner" mussten weithin die Leerstellen ausfüllen. Innerhalb jener SPD-Kreise, die als Leitgestalten ‚wehrfreudige' Patrioten wie Friedrich Ebert oder Gustav Noske aufs Podium setzten, brachte man es gar fertig, mit orthodoxen ‚marxistischen Argumenten' den Internationalismus und das bahnbrechende Konzept des Antikriegsstreiks (nebst Wehrdienstverweigerung) abzutun – und später gar den deutschen „Kriegssozialismus" der Militärdiktatur im Hohenzollernreich gleichsam als Meilenstein auf dem Weg zur Befreiung der Arbeiter zu würdigen.

Für eine linke Kritik wider die „nationalmilitärische Loyalität der deutschen Sozialdemokratie" steht vor allem Karl Liebknecht ein, der aber – wie Arno Klönne vermerkt – in seiner Schrift *„Militarismus und Antimilitarismus"* (1907) „eher moralisch als ‚marxistisch'" argumentiert. Als die Mächtigen des ‚preußenfreundlichen SPD-Komplexes' sich 1914 anschicken, einem System zu Diensten zu sein, das hunderttausende Arbeiter in die Massengräber des Weltkrieges hineintreibt, kommt es zu Besinnung und Widerspruch noch in einem ganz anderen Lager: Eduard Bernstein (1850-1932), der geschmähte Vordenker der Revisionisten und Verfasser bedenklicher kolonialpolitischer Texte[3], durchschaut sehr bald die Kriegslüge der herrschenden Klasse im Kaiserreich, die sich u. a. die tradierte Russophobie innerhalb der Sozialdemokratie zunutze gemacht hat. Von nun an wird er sich der von oben diktierten Parteidisziplin nicht mehr beugen. Ein tief verankerter Humanismus und Abscheu vor dem Krieg lassen diesen wunderbaren Menschen zur Lichtgestalt in der deutschen Friedensbewegung werden.[4] Im Kreis der von ihm mitbegründeten Unabhängigen Sozialdemokratie lernt er, der Revisionist, Karl Liebknecht schätzen. Für wenige Jahre wird

---

[3] Vgl. noch spät Eduard BERNSTEIN: Die Kolonialfrage und der Klassenkampf. In: Socialistische Monatshefte, Jg. 1907, Heft 12, S. 238-251.

[4] Vgl. als Überblick zu den Mitgliedschaften in pazifistischen Organisationen Lothar WIELAND: „Eduard Bernstein". In: Helmut Donat/Karl Holl (Bearb. / Hg.): Die Friedensbewegung. Organisierter Pazifismus in Deutschland, Österreich und der Schweiz. Düsseldorf 1983, S. 39-40. (Im vorliegenden Band dokumentiert auf →Seite 326).

das Modell einer auch von Herzlichkeit getragenen linken Pluralität ansichtig, ohne die ein Widerstand gegen das Monopol der Kriegsertüchtiger gar nicht vorstellbar ist.

Der hier vorliegende fünfte Band unseres Regals „Pazifisten und Antimilitaristen aus jüdischen Familien" erschließt alle zentralen Texte Bernsteins mit Bezug auf den Ersten Weltkrieg. Dank des einleitenden Essays und freundschaftlicher Hinweise von Helmut Donat ist die *nützliche* Quellensammlung auch ein *schönes* Buch geworden. Politische Entwicklungen Bernsteins werden nachvollziehbar. Textpassagen, die nicht zu einem idealen – widerspruchsfreien – ‚Heiligenbild' beitragen, fallen keineswegs unter den Tisch.

Eduard Bernstein hat – im Gegensatz zu nicht wenigen Genossen – seine Prägungen in einem jüdischen Elternhaus wiederholt thematisiert (→S. 15-46). 1902 und 1903 sah er sich auch aufgrund seiner Herkunft berufen, über die Verfolgung von Juden in Rumänien und im Zarenreich aufzuklären. Doch die Solidarität galt allen Unterdrückten und Verfolgten, wie u. a. seine wegweisende Rede *„Die Leiden des armenischen Volkes und die Pflichten Europas"* (1902) zeigt.[5] Noch weitere Anwälte des universellen Menschenrechts aus jüdischen Familien haben sich *vor* dem 2. Weltkrieg von der Leidensgeschichte der Armenier zutiefst berühren lassen, zunächst schon 1902 Bernsteins Genosse Georg Gradnauer (1866-1946). Der polnische Friedensforscher Raphael Lemkin (1900-1959) wurde Jurist und Wegbereiter des internationalen Rechts wider Genozid, weil ihn die Nachgeschichte des – mit deutscher ‚Duldung' durchgeführten – Völkermords an den Armeniern während des Ersten Weltkrieges schon in jungen Jahren um den Schlaf brachte. Der pazifistische Dichter Franz Werfel (1890-1945) rüttelte die Öffentlichkeit auf mit seinem historischen Roman *„Die vierzig Tage des Musa Dagh"* (1933).

Schon in seinem – kritikwürdigen – revisionistischen Werk *„Sozialdemokratie und Imperialismus"* (1900) schreibt Bernstein: „Die Socialdemokratie ist in eminentem Sinne eine Partei des Friedens, sie würde einer ihrer vornehmsten Aufgaben untreu werden, wenn sie darauf verzichtete, Hüterin des Friedens und des Vertrauens der

---

⁵ Vgl. den einleitenden Essay im vorliegenden Band (→S. 7-31) sowie Helmut DONAT (Hg.): Eduard Bernstein – Otto Umfried: Armenien, die Türkei und die Pflichten Europas. Mit Beiträgen von Georg Gradnauer, Gunnar Heinsohn, Otto Luchterhandt, Steffen Reiche und Helmut Donat. Bremen: Donat Verlag 2005.

Völker zu einander zu sein." Im Jahr 1911 plädierte er auf dem Jenaer SPD-Parteitag „für eine Verpflichtung der Reichsregierung, ‚in Fällen internationaler Verwickelungen den Reichstag einzuberufen' und ihn über diplomatische Verhandlungen zu berichten"[6]. Schon vor 1914 steht der Sozialdemokrat in Verbindung mit der Deutschen Friedensgesellschaft (DFG), begründet von dem ebenfalls aus einer jüdischen Familie stammenden Alfred Hermann Fried (1864-1921); er warnt u. a. 1912 in der ‚Friedens-Warte' vor den Erzeugern einer gefährlichen Kriegsstimmung (→S. 47-59). Spätestens ab 1915 ist Bernstein selbst prominenter Akteur des organisierten Pazifismus.[7]

Seine Texte des Jahres 1914 zeigen zunächst noch Nähe zum Kurs des „Burgfriedens" (→S. 60-72), weisen hin auf den sich früh formierenden Annexionismus (→S. 73) und bieten einen internationalen Überblick zu Kriegs/Friedens-Diskursen im sozialistischen Lager (→S. 74-138). Am 19. Juni 1915 veröffentlichen Eduard Bernstein, Hugo Haase und Karl Kautsky ihren – vom SPD-Vorstand mit Starrsinn abgewiesenen – Aufruf *„Das Gebot der Stunde"* (→S. 153-156): „Nachdem die Eroberungspläne vor aller Welt offenkundig sind, hat die Sozialdemokratie die volle Freiheit, ihren gegensätzlichen Standpunkt in nachdrücklichster Weise geltend zu machen, und die gegebene Situation macht aus der Freiheit eine Pflicht." Seinen Dissens bringt Bernstein auch in *„Leitsätzen zur Friedensfrage"* vom August 1915 zu Papier (→S. 157-158).

Im März 1916 kommt es zu antisemitischen Ausfällen nach der Friedensrede von Hugo Haase im Parlament[8]; die SPD-Fraktion schließt siebzehn kriegsgegnerische Abgeordnete aus ihren Reihen aus, die daraufhin eine eigene „Sozialdemokratische Arbeitsge-

---

[6] Yuval RUBOVITCH: Eduard Bernstein: Deutscher, Sozialdemokrat und „trotz allem Jude". (= Jüdische Miniaturen, Bd. 242). Berlin: Hentrich & Hentrich 2019, S. 32. [Kurztitel: RUBOVITCH 2019]

[7] Vgl. Fußnote 4

[8] „Am 24. März 1916 hielt Haase im Reichstag seine bekannte Rede gegen den Krieg. Dabei wurde er nicht nur von dem SPD-Abgeordneten Wilhelm Keil als ‚Verräter' bezeichnet. Auch Mitglieder der Fortschrittlichen Volkspartei versuchten ihn antijüdisch zu diffamieren: ‚Wieder mal ein Jude, ein Jude, was wollen denn die Juden hier? Bravo Keil!'" (Yuval RUBOVITCH: Die jüdischen Reichstagsabgeordneten und die Spaltung der Sozialdemokratie zwischen 1916 und 1922. In: www.fes.de, 06.04.2022.)

meinschaft" (SAG) bilden. Die ungehorsamen Parlamentarier mit ‚jüdischem Familienhintergrund', die der Arbeitsgemeinschaft angehören, sind Eduard Bernstein (1850-1932), Oskar Cohn (1869-1934), Hugo Haase (1863-1919), Joseph Herzfeld (1853-1939), Arthur Stadthagen (1857-1917) und Emanuel Wurm (1857-1920).[9] Ludger Heid konstatiert: „Jüdische Abgeordnete der Sozialdemokratie sind während des Weltkrieges in weit größerer Zahl als nichtjüdische Fraktionsmitglieder von der offiziellen Parteipolitik abgewichen. Fast zwei Drittel lehnte nach und nach die Kriegskredite ab, mehr als die Hälfte trennte sich 1917 von der alten sozialdemokratischen Fraktion und gründete eine neue linke Partei. Fast ein Drittel der neuen, zwanzig Mann starken Fraktion der Unabhängigen Sozialdemokratischen Partei Deutschlands bestand aus Juden."[10] Die Abweichler sahen sich in der eigenen Partei – auch zuvor schon – mit judenfeindlichen Haltungen konfrontiert: „innerhalb des ‚David-Kreises' waren antisemitische Äußerungen hinter vorgehaltener Hand oder gar im Plenarsaal des Reichstages unüberhörbar: Etwa die Zwischenrufe der SPD-Abgeordneten und führenden Gewerkschaftsfunktionäre Gustav Bauer und Carl Legien, die dem Fraktionskollegen Hugo Haase in einer turbulenten Reichstagssitzung im März 1916 drohten, mit der ‚Judenbande' müsse ‚Schicht' gemacht werden und die ‚Judenjungen' müssten aus der Fraktion"[11].

Im Juni 1915 hatte Bernstein in der ‚Friedens-Warte' seinen Aufsatz *„Überschätzte Friedensmächte"* (→S. 139-151) veröffentlicht. Darin spricht der Verfasser über Enttäuschungen, weil erhoffte Friedenspotenzen der ‚schwarzen Internationale' (katholische Weltkirche), der sozialistischen Internationale und des als übernational be-

---

[9] Abgeordnete mit jüdischem ‚Familienhintergrund' in der SPD-Fraktion, die den Kriegskurs der Mehrheit teilten oder zumindest lange duldeten, waren: Max Cohen-Reuss (1876-1963), Ludwig Frank (schon September 1914 als Kriegsfreiwilliger umgekommen), Georg Gradnauer (1866-1946), Gustav Hoch (1862-1942) und Otto Landsberg (1869-1957).

[10] L. Heid in: BERNSTEIN 2004, S. 32-33. – Heid zählt hier vermutlich auch die schon Anfang 1916 aus der SPD-Fraktion ausgeschiedenen Parlamentarier Karl Liebknecht und Otto Rühle mit zur SAG.

[11] L. Heid in: BERNSTEIN 2004, S. 28-29. – Vgl. zu antisemitischen Ausfällen der SPD-Kriegskreditbefürworter gegen die sozialdemokratischen Abweichler aus jüdischen Familien auch Ludger HEID: Oskar Cohn. Ein Sozialist und Zionist im Kaiserreich und in der Weimarer Republik. Frankfurt a. M. u. a. 2002, S. 75-80.

trachteten Judentums sich leider als Trugschluss erwiesen haben: Es „wetteiferte schon in den Sommermonaten 1914 der größte Teil der deutschen Judenheit mit dem antisemitischen Alldeutschtum darin, England als den vor allem zu vernichtenden Feind hinzustellen … und in Annexionsplänen, deren Ausführung Verrat an Europa und dem zukünftigen Weltfrieden wäre, wetteiferten ebenfalls Juden mit den waschechtesten christlichen Germanen. … Diese Juden haben aufgehört, im politischen Sinne in solcher Weise menschheitlich zu empfinden, wie ihr Ursprung es ihnen einprägen müßte." Die lange als ‚vaterlandslose Gesellen‘ verhetzten Juden (oder Katholiken) üben sich im Hypernationalismus.

Diese einseitige frühe Sicht fiel freilich zu pessimistisch aus. *Frauen und Männer aus jüdischen Familien*, die nach anfänglichen Beweisen ihrer ‚Vaterlandstreue‘ das Verbrechen des Weltkrieges klar durchschauten, waren ja in Politik, Wissenschaft, Philosophie, Kunst oder Literatur ähnlich *überproportional* vertreten wie in der abgespaltenen Gruppe der friedliebenden SPD-Parlamentarier. Woher stammten diese ausgeprägte Abscheu vor dem Krieg und die Affinität zu Kants ‚Ewigem Frieden‘? Standen im Hintergrund die der *Einen Menschheit* geltenden Friedensbotschaften der hebräischen Bibel und des rabbinischen Judentums? Oder die so bedrückenden eigenen Gewalterfahrungen von Juden auf dem ganzen Erdkreis? Oder ein übernationales Verwandtschaftsgefüge, die intellektuelle Wachheit der einstmals noch stärker unterdrückten Minderheit (jüdische Aufklärung, Reformjudentum, Philosophie, Demokratengeist und Sozialismus[12]), ein sich u. a. auch in mannigfachen Sprachkompetenzen ausdrückender Kosmopolitismus …? Bernstein skizziert in seiner 1917 veröffentlichten Schrift *„Die Aufgaben der Juden im Weltkriege"*[13] (→S. 159-180) eigene Deutungen:

> „In dem Maße, als sie am allgemeinen Leben der Nation Anteil nehmen konnten, betrachteten die Juden sich naturgemäß als zu dieser Nation gehörig und damit auch gehalten, die Pflichten des Staatsbürgers gegen sie zu erfüllen. Aber die Zugehörigkeit zu

---

[12] Vgl. auch L. Heid in: BERNSTEIN 2004, S. 16-20: „Sozialistischer Internationalismus, jüdisch gesehen".

[13] Vgl. zu dieser Schrift auch L. Heid in: BERNSTEIN 2004, S. 33-36; RUBOVITCH 2019, S. 51-54.

der über die Welt zerstreuten jüdischen Volksgesamtheit bestand daneben doch noch fort und wurde durch Blutbande oder andere Verbindungen persönlicher Natur, die über die Grenzen hinausreichten, dem Bewußtsein lebendig erhalten. So konnten die Juden tatsächlich ein verbindendes Element für die Völker der Kulturwelt werden, was den deutschen Juden insbesondere auch dadurch noch erleichtert wurde, daß sie in stärkerem Verhältnis als diese Völker selbst sich fremde Sprachen aneigneten. Es fiel ihnen eine Rolle als Mittler der Nationen zu, die auch verschiedentlich mit Bewußtsein ausgefüllt wurde. […]

Als aber die ständischen Verfassungen fielen und namentlich als die Ideen der großen französischen Revolution ihren Siegesmarsch durch die Welt nahmen, begann auch für die Juden die Zeit der Teilnahme am öffentlichen Leben. Sie konnte zwar zunächst auch nur geistiger Natur sein, wurde aber grade darum von vielen mit um so größerer Inbrunst und Tiefe geübt. Mit Begeisterung ergriffen die Intellektuellen des Judentums die Ideen der politischen Freiheit und des Weltbürgertums, von denen sie die politische Emanzipation und die soziale wie geistige Hebung der großen Masse ihrer Stammesangehörigen erhoffen zu können glaubten. […]

Nicht die nationale oder ethnologische Wurzellosigkeit machen den Weltbürger, sondern das mit einem bestimmten Pflichtbewußtsein verbundene Gefühl der Zusammengehörigkeit mit der großen Völkerfamilie, die den geistigen Kosmos unseres Planeten bildet. […] Nicht, weil sie die Gewalt nicht ausüben können […], sondern auf Grund der *Geschichte* ihres Volkes sind die Juden die geborenen Pazifisten. Ihre Geschichte weist ihnen die Aufgabe zu, das zu pflegen, was die Völker verbindet, und dem entgegenzuwirken, was sie trennt und Haß zwischen ihnen säet. Sie befähigt sie und gebietet ihnen, die Kämpfe der Zeit in ihrem großen Zusammenhange zu erfassen, nach deren Endresultat für das Zusammenleben der Gesamtheit der Kulturwelt zu fragen und der Antwort gemäß ihre Stellung zu bestimmen. […]

Und noch eine zweite Erinnerung verweist den Juden an die Seite derer, die Mittler der Nationen zu sein streben. Es ist der innere Zusammenhang der sozialen Befreiungsbewegungen unserer Zeit mit den Bewegungen für die allseitige Durchführung des Gedankens der Verbundenheit der Völker in der Gegenwart. Braucht es noch einer besonderen Darlegung, um erkennen zu lassen, warum der Jude, unbekümmert um seine persönliche Klassenlage, seine privaten materiellen Interessen, jenen sozialen Befreiungsbewegungen nicht fremd und teilnahmslos gegenüber stehen darf? Das Hauptgebet der jüdischen Religion enthält den Satz, der, in seiner vollen Bedeutung erfaßt, das kategorische Pflichtgebot für den Juden ausdrückt, für sie mit größter Hingebung einzutreten und in ihrem Sinne als Mittler der Völker sich zu betätigen: *Gedenke, daß du ein Knecht warst in Ägypten !"*

Im Juni 1919 fand in Weimar ein Parteitag der (Mehrheits-)Sozialdemokratie statt. Aus der Basis waren heftige Anklagen wider Gustav Noske laut geworden, doch der Reichswehrminister sah keinerlei Anlass zu einer Selbstrechtfertigung und konnte sich von der Mehrheit seiner Genossen geradezu feiern lassen.[14] Ganz anders erging es Eduard Bernstein, der trotz bestehender USPD-Mitgliedschaft auch der MSPD wieder beigetreten war[15], um die Spaltung zu überwinden, und ein Referat zur Außenpolitik übernommen hatte (→S. 207-230). Die meisten Delegierten wollten von Kritik am „Burgfrieden"-Kurs der Partei ab 1914, von deutscher Kriegsschuld und von „Notwendigkeiten" des harten Friedensvertrages nichts hören. Eduard Bernstein musste während seiner Rede und in der sich anschließenden Aussprache ein regelrechtes Spießrutenlaufen absolvieren. Gustav Scheidemann klagte z. B., er trete den Feinden Deutschlands wie ein Engel gegenüber, während er das eigene Land scharf richte. Mehr noch, auf dem SPD-Parteitag 1919 kam – passend zum deutschen Zeitgeist – wieder die *anti-intellektuelle und anti-pazifistische Judenfeindschaft* zum Durchbruch.[16] Bernstein war einiges gewohnt. (Schon Anfang 1873 hatte der im Sauerlanddorf Eslohe geborene Carl Wilhelm Tölcke, bis heute gefeiert als maßgeblicher ‚Gründer der westfälischen Sozialdemokratie', ihn im Parteiblatt ‚Neuer

---

[14] Vgl. Wolfram WETTE: Gustav Noske. Eine politische Biographie. Düsseldorf 1987, S. 446-459: „Noske im Mittelpunkt des SPD-Parteitages im Juni 1919".

[15] RUBOVITCH 2019, S. 67, Anm. 72: „Da eine Doppelmitgliedschaft in beiden sozialdemokratischen Parteien zu diesem Zeitpunkt noch nicht verboten war, entschloss sich Bernstein am 23. Dezember 1918 dazu, wieder Mitglied der SPD zu sein. Er wurde von der Parteipresse der SPD herzlich begrüßt."

[16] Vgl. L. Heid in: BERNSTEIN 2004, S. 29-31.

Sozialdemokrat' mit „Jüdchen" tituliert.[17]) Jetzt attackierte Adolf Braun (1862-1929), der selbst aus einer jüdischen Familie stammte, unter lebhaftem Beifall wie folgt den Redner: „Genosse Bernstein, Sie müssen uns schon gestatten, dass wir Ihnen jetzt einmal ganz offen sagen, was wir von der Art Ihres Wesens denken. Sie müssen einmal hören, dass wir Ihnen in der talmudischen Methode Ihrer Politik nicht folgen können." Hermann Müller „fuhr auf diesem Niveau fort: Man dürfe ‚eben nicht alle Dinge unter dem Gesichtspunkte des Rabbiners von Minsk behandeln', Bernstein komme daher wie ein ‚Hosenhändler', wenn er [hinsichtlich der ‚Notwendigkeiten' im Versailler Vertrag] zunächst von neun und dann von acht Zehnteln spreche. David machte sich über Bernsteins internationalistische Emphase lustig. – Der Genosse Kummer aus Leipzig verglich ihn mit [dem ermordeten] Kurt Eisner, auf dessen Grab geschrieben werden müsse: ‚Er litt arg am Wahrheitsfimmel'."[18]

Bis in seine letzten Lebensjahre hinein hat sich Eduard Bernstein mit den Ursachen und Urhebern des Ersten Weltkrieges auseinandergesetzt. Unsere Sammlung schließt – gemäß Vorschlag von Helmut Donat – mit seinem Aufsatz *„Der Sinn der Kriegsschuldfrage"* vom März 1930 (→S. 317-324). Darin nimmt der Vordenker des Revisionismus – trotz oder gerade wegen der gegen Ende der Weimarer Republik wieder erstarkten deutschen Militärreligion – kein Blatt vor den Mund und zitiert eine bittere Wahrheit aus Karl Kautskys Schrift „Wie der Weltkrieg entstand" von 1919: „Hätte das deutsche Proletariat vom wirklichen Stand der Dinge eine Ahnung gehabt, hätte es gewußt, daß das ‚verbrecherische Treiben der Kriegshetzer' ein abgekartetes Spiel zwischen Wien und Berlin war … Die deutsche Sozialdemokratie konnte den Weltfrieden retten. Ihr Ansehen und damit das des deutschen Volkes in der Welt wäre unendlich gewachsen durch die Niederlage, die sie der kriegerischen deutschen Regierung bereitete."

---

[17] Vgl. dazu L. Heid in: BERNSTEIN 2004, S. 26. – Wie rechts die SPD im schwarzen ‚CDU-Sauerland' mitunter sein kann, darüber könnte der – ebenfalls in Eslohe geborene – Herausgeber des vorliegenden Bandes auch aus eigener Anschauung manch Unerfreuliches berichten.

[18] Teresa LÖWE: Der Politiker Eduard Bernstein. Eine Untersuchung zu seinem politischen Wirken in der Frühphase der Weimarer Republik 1918 – 1924. Bonn 2000, S. 49-54.

In seinem letzten Lebensjahrzehnt äußerte sich Bernstein zunehmend freundlicher zum linken ‚Arbeiter-Zionismus‘[19], was im übrigen seiner schönen Neigung entsprach, sich bei Erstarken von Antisemitismus immer noch stärker in der Öffentlichkeit mit einer ‚jüdischen Sache‘ zu identifizieren bzw. zu solidarisieren[20]. Zur diesbezüglichen Zionismus-Kontroverse mit seinem Freund Karl Kautsky sagte er Anfang 1930: „Ich habe […] den Standpunkt vertreten, dass die Juden eine Heimstätte haben müssten, dass diese Heimstätte aber niemals nationalistisch und völkisch aufgezogen werden dürfe […] eine Heimstätte, die wirklich auch eine Heimstätte sei und der jeder nationalistische Beigeschmack fehlt."[21] Die ‚Liga für das arbeitende Palästina‘ überreichte Bernstein zum 81. Geburtstag 1931 eine ehrende Urkunde; dieser hatte schon 1928 dem „einem sozialistischen Geist verpflichteten" Programm der Liga, das „auch die nationale Integrität der arabischen Bevölkerung zu achten versprach", seine Zustimmung ausgesprochen.[22]

Düsseldorf, 10. November 2024   Peter Bürger

---

[19] Vgl. BERNSTEIN 2024; Yuval RUBOVITCH: Marxismus, Revisionismus, Zionismus. Eduard Bernstein, Karl Kautsky und die Frage der jüdischen Nationalität. Berlin / Leipzig 2021.

[20] Vgl. L. Heid in: BERNSTEIN 2004, S. 298, Anm. 12 zu einer 1930 dokumentierten Äußerung Bernsteins: „Er hätte den Austritt aus dem Judentum nicht vollzogen, wenn er die (antisemitische) Entwicklung voraus geahnt hätte."

[21] Hier zitiert nach L. Heid in: BERNSTEIN 2004, S. 50. – Vgl. auch RUBOVITCH 2019, S. 57 zur Debatte des Jahres 1929: „Der Zionismus sei ‚[keine] Bewegung für die Umwandlung Palästinas in einen nationalistisch konstruierten jüdischen Staat‘, schrieb Bernstein. Das Ziel … sei nicht, ‚die Araber bzw. die Moslems … aus Palästina zu verdrängen‘ …".

[22] L. Heid in: BERNSTEIN 2004, S. 54.

Bibliographie

SCHRIFTEN VON EDUARD BERNSTEIN – AUTOBIOGRAPHISCHES,
KRIEGSPOLITIK & TEXTE MIT BEZUG ZUM JUDENTUM
(Auswahl)

BERNSTEIN: 1899 = Eduard Bernstein: Die Voraussetzungen des Sozialismus und die Aufgaben der Sozialdemokratie. Stuttgart: J. H. W. Dietz Nachf. 1899. [Online-Ausgabe: https://www.marxists.org].

BERNSTEIN 1900 = Eduard Bernstein: Sozialdemokratie und Imperialismus. In: Socialistische Monatshefte, Jg. 1900, Nr. 5 (Mai 1900), S. 238-251. [Online-Ressource: https://www.marxists.org/deutsch/referenz/bernstein/1900/05/sozdemimp.htm]. [Revisionistische Betrachtung zum Imperialismus; darin jedoch das Votum: „Die Socialdemokratie ist in eminentem Sinne eine Partei des Friedens, sie würde einer ihrer vornehmsten Aufgaben untreu werden, wenn sie darauf verzichtete, Hüterin des Friedens und des *Vertrauens der Völker zu einander* zu sein."] [Lit. Hans Christoph SCHRÖDER: Eduard Bernsteins Stellung zum Imperialismus vor dem Ersten Weltkrieg. In: Horst Heimann / Thomas Meyer, Hg.: Bernstein und der demokratische Sozialismus. Bericht über den wissenschaftlichen Kongreß ‚Die historische Leistung und aktuelle Bedeutung Eduard Bernsteins'. Berlin/Hannover 1978].

BERNSTEIN 1902a = Eduard Bernstein: Die Ausrottungspolitik wider die Juden in Rumänien. In: Vorwärts, 30. April 1902, S. 1.

BERNSTEIN 1902b = Eduard Bernstein: Die Leiden des armenischen Volkes und die Pflichten Europas. Rede, gehalten in einer Berliner Volksversammlung am 26. Juni 1902. Berlin: Dr. John Edelheim Verlag 1902. [44 Seiten] [Neu dargeboten in Helmut DONAT (Hg.): Eduard Bernstein – Otto Umfried: Armenien, die Türkei und die Pflichten Europas. Mit Beiträgen von Georg Gradnauer, Gunnar Heinsohn, Otto Luchterhandt, Steffen Reiche und Helmut Donat. Bremen: Donat 2005, S. 19-55].

BERNSTEIN 1903 = Eduard Bernstein: Die Wahrheit über die Judenkrawalle in Homel. In: Ders. (Hg.): Dokumente des Sozialismus. (= Hefte für Geschichte, Urkunden und Bibliographie des Sozialismus, Band 2). Stuttgart 1903, S. 568.

BERNSTEIN: 1905a = Eduard Bernstein: Kongress von Rouen. In: Europa – Wochenschrift für Kultur und Politik, 1. Jahrgang (1905), S. 6 ff.

BERNSTEIN: 1905b = Eduard Bernstein: Marokko-Kungel. In: Europa – Wochenschrift für Kultur und Politik, 1. Jahrgang (1905), S. 496 ff.

BERNSTEIN 1907 = Eduard Bernstein: Die Kolonialfrage und der Klassenkampf. In: Socialistische Monatshefte, Jg. 1907, Heft 12 (November 1907), S. 238-251. [Online-Ressource: https://www.marxists.org/deutsch/referenz/bernstein/1907/11/kolonial.htm] [Bernstein verteidigt in diesem äußerst befremdlichen Text u. a. seine in der sozialistischen Bewegung kritisierte Aussage: „Wir werden *bestimmte Methoden* der Unterwerfung von Wilden verurteilen und bekämpfen, aber nicht, *daß* man Wilde unterwirft und ihnen gegenüber das *Recht der höheren Kultur* geltend macht."]

BERNSTEIN 1909 = Eduard Bernstein: Die Internationale Politik der Sozialdemokratie. In: Sozialistische Monatshefte, 13. Bd. (1909), S. 613-624. [Online-Zugang: https://library.fes.de/cgi-bin/digisomo.pl?id=03050&dok=1909/1909_1 0&f=1909_0613&l =1909_0624].

BERNSTEIN 1911 = Eduard Bernstein: Die englische Gefahr und das deutsche Volk. Berlin: Buchhandlung Vorwärts Paul Singer 1911. [48 Seiten].

BERNSTEIN 1912 = Eduard Bernstein: Wie man Kriegsstimmung erzeugt. In: Die Friedens-Warte, 14. Jahrgang, Nr. 1 (Januar 1912), S. 2-7. *Text* →S. 47-59.

BERNSTEIN 1914 = Eduard Bernstein: Der Krieg, sein Urheber und sein erstes Opfer. In: Sozialistische Monatshefte, Jg. 18/2, Nr. 16 (13. August 1914), S. 1015-1023. [Online-Zugang: https://library.fes.de/sozmon/pdf/1914/1914_16.pdf]. *Text* →S. 60-72.

BERNSTEIN 1914-1917 = Eduard Bernstein (Hg.): Dokumente zum Weltkrieg 1914. Sechzehn Hefte. Berlin: Vorwärts Paul Singer GmbH 1914-1917.

BERNSTEIN 1915a = Eduard Bernstein: Die Internationale der Arbeiterklasse und der europäische Krieg. Tübingen: Verlag von J. C. B. Mohr (Paul Siebeck) 1915. [56 Seiten]. *Text* →S. 74-138.

BERNSTEIN 1915b = Eduard Bernstein: Überschätzte Friedensmächte. In: Die Friedens-Warte, 17. Jahrgang, Nr. 6 (Juni 1915), S. 127-133. *Text* →S. 139-151.

BERNSTEIN 1915c (BERNSTEIN/HAASE/KAUTSKY 1915) = Eduard Bernstein, Hugo Haase & Karl Kautsky: Das Gebot der Stunde. Zuerst erschienen in: Leipziger Volkszeitung Nr. 139 vom 19.06.1915. [Online-Version: https://ghdi.ghi-dc. org]. *Text* →S. 153-156.

BERNSTEIN 1916a = Eduard Bernstein: Die Parlamentarische Kontrolle der auswärtigen Politik. Den Haag 1916. [Bibliographiert nach Lothar Wieland: Die Verteidigungslüge, Bremen 1998].

BERNSTEIN 1916b = Eduard Bernstein: Vom Patriotismus der Juden. In: Die Friedens-Warte XVIII. Jg., Nr. 8/9 (August/September 1916), S. 243-248.

BERNSTEIN 1917a = Eduard Bernstein: Vom Mittlerberuf der Juden. In: Neue Jüdische Monatshefte (14), Heft vom 25. April 1917, S. 397-401.

BERNSTEIN 1917b = Eduard Bernstein: Die Aufgaben der Juden im Weltkriege. Berlin: Erich Reiss Verlag 1917. [52 Seiten]. *Text* →S. 159-180.

BERNSTEIN 1917c = Eduard Bernstein: Sozialdemokratische Völkerpolitik. Die Sozialdemokratie und die Frage Europas. Leipzig: Verl. Naturwissenschaften 1917. [Aufsatzsammlung; 222 Seiten] [Online-Ausgabe: https://www.digita le-sammlungen.de/de/details/bsb11125421].

BERNSTEIN 1917/18 = Eduard Bernstein: Wie ich als Jude in der Diaspora aufwuchs. In: Der Jude – Eine Monatsschrift, 2. Jg. (Berlin/Wien 1917/1918), S. 186-195. [https://sammlungen.ub.uni-frankfurt.de/cm]. *Text* →S. 33-46.

BERNSTEIN 1918 = Eduard Bernstein: Völkerbund oder Staatenbund. Eine Untersuchung. Berlin: Verlag von Paul Cassirer 1918. [28 Seiten] [Online-Ausgabe auf https://www.marxists.org]. *Text* →S. 181-205.

BERNSTEIN: 1919a = Eduard Bernstein: Völkerrecht und Völkerpolitik. Wesen, Fragen und Zukunft des Völkerrechts. Berlin: Paul Cassirer 1919. [Digitalisat: https://toc.library.ethz.ch/objects/pdf/z06_004304509_01.pdf].

BERNSTEIN 1919b = Eduard Bernstein: Referat auf dem Weimarer MSPD-Parteitag im Juni 1919, o. T. (Dritter Verhandlungstag). In: Protokoll über die Verhandlungen des Parteitages der Sozialdemokratischen Partei Deutschlands, abgehalten in Weimar vom 10. bis 15. Juni 1919. | Bericht über die 7. Frauenkonferenz, abgehalten in Weimar am 15. und 16. Juni 1919. Berlin: Buchhandlung Vorwärts Paul Singer G.m.b.H. 1919, S. 240-249 (Referat Bernstein), S. 277-281 (Schlusswort Bernsteins). [Nachdruck: Berlin/Bonn: J. H. W. Dietz Nachf. 1973; 540 Seiten]. *Text* →S. 207-230 (Referat und Schlusswort Bernsteins).

BERNSTEIN 1919/20 = Eduard Bernstein: Die Wahrheit über die Einkreisung Deutschlands. Dem deutschen Volke dargelegt. Erstes bis drittes Tausend. Berlin: Verlag Neues Vaterland / E. Berger & Co. 1920. [48 Seiten]. *Text* →S. 231-262.

BERNSTEIN 1920 (BERNSTEIN/FOERSTER 1920) = Eduard Bernstein / Fr. W. Foerster: Deutschland und Frankreich. In: Die Friedens-Warte, 22. Jahrgang, Nr. 5 (August 1920), S. 157-159. *Text* →S. 263-267.

BERNSTEIN 1921 = Eduard Bernstein: Die deutsche Revolution – ihr Ursprung, ihr Verlauf und ihr Werk. 1. Band: Geschichte der Entstehung und ersten Arbeitsperiode der deutschen Republik. Berlin-Fichtenau: Verlag Gesellschaft und Erziehung 1921. [198 Seiten; Digitalisat: https://digital.zlb.de/viewer/metadata/16361485/207/] [Freie Online-Ausgabe: https://www.marxists.org/deutsch/referenz/bernstein/1921/drev/index.html]. *Textauszüge* →S. 268-308.

BERNSTEIN 1923 = Eduard Bernstein: Schuld und Sühne in den Völkerbeziehungen. In: Die Friedens-Warte, 23. Jahrgang, Nr. 4/5 (April/Mai 1923), S. 116-119. *Text* →S. 309-315.

BERNSTEIN 1925 = Eduard Bernstein: Für das arbeitende Palästina. In: Der Neue Weg, Februar/März 1925, S. 72 f.

BERNSTEIN 1926 = Eduard Bernstein: Von 1850 bis 1872. Kindheit und Jugendjahre. Berlin: Erich Reiss Verlag 1926. [219 Seiten; Autobiographie].

BERNSTEIN 1929 = Eduard Bernstein: Die Aussichten des Zionismus. Eine Antwort an Karl Kautsky. In: Vorwärts, 46. Jg., Nr. 575 v. 8.12.1929, 2. Beilage.

BERNSTEIN 1930 = Eduard Bernstein: „Der Sinn der Kriegsschuldfrage". Eine zeitgemäße Erörterung. In: Die Zeit – Organ für grundsätzliche Orientierung. Hg. F. W. Foerster, 1. Jg., Heft 6 (20. März 1930), S. 167-170. *Text* →S. 317-324.

BERNSTEIN/ENGELS 1970 = Helmut Hirsch (Hg.): Eduard Bernsteins Briefwechsel mit Friedrich Engels. Assen: Van Gorcum & Comp 1970. [452 Seiten].

BERNSTEIN 2024 = Eduard Bernstein: „Ich bin der Letzte, der dazu schweigt". Texte in jüdischen Angelegenheiten. Herausgegeben und eingeleitet von Ludger Heid. Potsdam: Verlag für Berlin-Brandenburg 2004. [Enthält sämtliche, auch zuvor nicht greifbare schriftliche Äußerungen Bernsteins, „die er in jüdischen Angelegenheiten getätigt hat", sowie im Anhang ein umfangreiches Literaturverzeichnis unter besonderer Berücksichtigung der Themenfelder „Juden und Sozialismus" & „Sozialdemokratie und Antisemitismus"].

LITERATUR ÜBER EDUARD BERNSTEIN
(Auswahl)

ANGEL 1961 = Pierre Angel: Eduard Bernstein et l'évolution du socialisme allemand. Paris: Didierer 1961.

CARSTEN 1993 = Francis L. Carsten: Eduard Bernstein 1850–1932. Eine politische Biographie. München: Beck 1993. [Mit einem umfassenden Verzeichnis der Schriften Bernsteins].

COLLETTI 1971 = Lucio Colletti: Bernstein und der Marxismus der Zweiten Internationale. Frankfurt a. M.: EVA 1971.

DEUTSCHE ENZYKLOPÄDIE 1995 = ‚Eduard Bernstein'. In: Deutsche Biographische Enzyklopädie. Herausgegeben von Walther Killy. Band 1. München / London / Paris 1995, S. 475.

DONAT 2005 = Helmut Donat (Hg.): Eduard Bernstein – Otto Umfried: Armenien, die Türkei und die Pflichten Europas. Mit Beiträgen von Georg Gradnauer, Gunnar Heinsohn, Otto Luchterhandt, Steffen Reiche und Helmut Donat. Bremen: Donat 2005.

EICHBORN 2002 = Wolfgang Eichhorn: Über Eduard Bernstein. Gegensatz und Berührungspunkte zu Rosa Luxemburg – und W. I. Lenin. In: Jahrbuch für Forschungen zur Geschichte der Arbeiterbewegung. Heft 1, 2002, S. 38-47. [https://library.fes.de/jbzg/jbzg2002_1.pdf].

GAY 1952 = Peter Gay: Das Dilemma des demokratischen Sozialismus. Eduard Bernsteins Auseinandersetzung mit Marx. Nürnberg: Nest Verlag 1952.

HEID 1992 = Ludger Heid: Bernstein, Eduard. In: Julius H. Schoeps (Hg.): Neues Lexikon des Judentums. Gütersloh / München: Bertelsmann Lexikon Verlag 1992, S. 72.

HEIMANN/KÜPPER/SCHERER 2020 = Horst Heimann / Hendrik Küpper / Klaus-Jürgen Scherer (Hg.): Geistige Erneuerung links der Mitte. Der Demokratische Sozialismus Eduard Bernsteins. (= Schriftenreihe der Hochschulinitiative Demokratischer Sozialismus, Bd. 31). Marburg: Schüren 2020.

HEIMANN/MEYER 1978 = Horst Heimann / Thomas Meyer (Hg.): Bernstein und der demokratische Sozialismus. Bericht über den wissenschaftlichen Kongreß ‚Die historische Leistung und aktuelle Bedeutung Eduard Bernsteins'. Berlin / Hannover: J. H. W. Dietz Verlag. Nachf. 1978. [Darin u. a. Susanne Miller: ‚Bernsteins Haltung im Ersten Weltkrieg und in der Revolution 1918 / 1919'].

KAMPFFMEYER 1930 = Paul Kampffmeyer: Eduard Bernstein und der sozialistische Aufbau. Zum 80. Geburtstag Ed. Bernsteins. Berlin: J. H. W. Dietz 1930.

KAUTSKY 1899 = Bernstein und das Sozialdemokratische Programm. Eine Antikritik von Karl Kautsky. Stuttgart: J. H. W. Dietz 1899.

KLEIN 2013 = Horst Klein: Zeugnis einer lebenslangen Freundschaft und geistigen Gemeinsamkeit: Der Briefwechsel von Eduard Bernstein und Karl Kautsky 1891 bis 1932. In: Jahrbuch für Forschungen zur Geschichte der Arbeiterbewegung. Heft 3, 2013, S. 26-42. [https://library.fes.de/jbzg/2013/horst_klein.pdf].

KRELL 2021 = Christian Krell: ‚Eduard Bernstein‘. In: Manfred Brocker (Hg.): Geschichte des politischen Denkens. Ein Handbuch. Berlin: suhrkamp 2021, S. 898-911.

KUTZ 1997 = Martin Kutz: ‚Bernstein, Eduard‘. In: Manfred Asendorf / Rolf von Bockel: Demokratische Wege. Deutsche Lebensläufe aus fünf Jahrhunderten. Stuttgart/Weimar: J. B. Metzler 1997, S. 52-54.

LEESCH 2024 = Klaus Leesch: Eduard Bernstein (1850-1932). Leben und Werk. Frankfurt a. M. / New York: Campus 2024.

LEMKE 2008 = Matthias Lemke: Republikanischer Sozialismus. Positionen von Bernstein, Kautsky, Jaurès und Blum. Frankfurt / New York: Campus 2008.

LÖWE 2000 = Teresa Löwe: Der Politiker Eduard Bernstein. Eine Untersuchung zu seinem politischen Wirken in der Frühphase der Weimarer Republik 1918 – 1924. (= Gesprächskreis Geschichte, Bd. 40). Bonn 2000. [Online-Ausgabe: https://library.fes.de/fulltext/historiker/00926toc.htm].

LÜTGEMEIER-DAVIN 2016 = Reinhold Lütgemeier-Davin: Köpfe der Friedensbewegung (1914-1933). Gesehen von dem Pressezeichner Emil Stumpp. (= Frieden und Krieg – Beiträge zur Historischen Friedensforschung, Bd. 22). Essen: Klartext Verlag 2016, S. 71 (mit Bildnis).

MAYER 1955 = Paul Mayer: ‚Bernstein, Eduard‘. In: Neue Deutsche Biographie (NDB). Band 2, Duncker & Humblot, Berlin 1955, S. 133 f. [https://www.deutsche-biographie.de/gnd118509993.html#ndbcontent].

MEYER 1977 = Thomas Meyer: Bernsteins konstruktiver Sozialismus. Bonn 1977.

NUTZINGER 2008 = Hans G. Nutzinger: Die Arbeiterbewegung. In: Eduard Bernstein: Die Arbeiterbewegung. Marburg: Metropolis-Verlag 2008, S. 215-311.

PLECHANOW 1898 = G. Plechanow: Bernstein und der Materialismus. In: Die neue Zeit. Revue des geistigen und öffentlichen Lebens. 16.1897/98, 2. Bd. (1898), Heft 44, S. 545–555. [https://library.fes.de].

PÖßNECK 1993 = Ehrenfried Pößneck: Was wollte Bernstein? Ein Beitrag zum Inhalt seiner Gesellschaftsauffassung. Leipzig: Gesellschaft für Politik und Zeitgeschichte 1993.

PÖßNECK 2007 = Ehrenfried Pößneck: Zurück zu Eduard Bernstein? Eine Betrachtung seiner friedenspolitischen Ansichten. Dresden: Selbstverlag 2007.

RADCZUN 1970 = Günter Radczun: ‚Bernstein, Eduard‘. In: Geschichte der deutschen Arbeiterbewegung. Biographisches Lexikon. Berlin: Dietz 1970, S. 41-43.

REXIN 2002 = Manfred Rexin: 18. Dezember 2002: 70. Todestag von Eduard Bernstein – Kranzniederlegung der SPD Tempelhof/Schöneberg auf dem städtischen Friedhof Eisackstraße (Nähe Innsbrucker Platz) und Ansprache am Grab von Eduard Bernstein. [https://www.spdschoenberg.de/inhalte/rexin.htm, Zugriff 05.03.2005].

RICKENBACHER 2018 = Jean-Luc Rickenbacher: „Für den Frieden in einer Zeit des Krieges“. Schweizerische Friedensgesellschaft und organisierter Pazifismus während des Ersten Weltkrieges. Bern: Open Publishing 2018, S. 114. [https://boris.unibe.ch/118365/1/BSG5_1_Rickenbacher_%C2%ABF%C3%BCr_den_Frieden_in_einer_Zeit_des_Krieges%C2%BB.pdf].

RUBOVITCH 2019 = Yuval Rubovitch: Eduard Bernstein: Deutscher, Sozialdemokrat und „trotz allem Jude". (= Jüdische Miniaturen, Bd. 242). Berlin: Hentrich & Hentrich 2019.

RUBOVITCH 2021 = Yuval Rubovitch: Marxismus, Revisionismus, Zionismus.
Eduard Bernstein, Karl Kautsky und die Frage der jüdischen Nationalität.
Berlin / Leipzig: Hentrich & Hentrich 2021.

SCHELZ-BRANDENBURG 1992 = Till Schelz-Brandenburg: Eduard Bernstein und
Karl Kautsky. Entstehung und Wandlung des sozialdemokratischen Partei-
marxismus im Spiegel ihrer Korrespondenz 1879 bis 1932. Köln: Böhlau 1992.

SCHIFRIN 1933 = Alexander Schifrin: Eduard Bernstein. In: Deutsche Republik, 7.
Jg., Heft 14 (1.1.1933), S. 430-433.

SELBMANN 1965 = Elisabeth Selbmann: Selbständige Veröffentlichungen von und
über Eduard Bernstein. Literaturzusammenstellung. Berichtszeit: 1891–1965.
Leipzig 1965. [Bibliographiert nach: https://de.wikipedia.org/].

STEINBERG 1973 = Hans-Josef Steinberg: Karl Kautsky und Eduard Bernstein. In:
Hans-Ulrich Wehler (Hg.): Deutsche Historiker. Göttingen: Vandenhoeck &
Ruprecht 1973, S. 429–439.

STROHSCHNEIDER 2029 = Tom Strohschneider (Hg.): Eduard Bernstein oder: Die
Freiheit des Andersdenkenden. Berlin: Dietz Verlag 2019. [https://dietzber
lin.de/wp-content/uploads/2021/01/Mini_Bio_Bernstein.pdf].

TETZEL 1984 = Manfred Tetzel: Philosophie und Ökonomie oder das Exempel
Bernstein. Studie zur Geschichte des historischen Materialismus. Berlin:
Dietz Verlag 1984.

VADASZ 2004 = Sándor Vádasz: Die Rolle Bernsteins bei der Gründung der USPD.
In: Jahrbuch für Forschungen zur Geschichte der Arbeiterbewegung. Heft 2,
2004, S. 71-77. [https://library.fes.de/jbzg/jbzg2004_2.pdf].

WETTE 1971 = Wolfram Wette: Kriegstheorien deutscher Sozialisten – Marx, Engels, Lasalle, Bernstein, Kautsky, Luxemburg. Ein Beitrag zur Friedensforschung. Stuttgart / Berlin: W. Kohlhammer 1971.

WIELAND 1983 = Lothar Wieland: „Eduard Bernstein". In: Helmut Donat / Karl
Holl (Bearb. / Hg.): Die Friedensbewegung: Organisierter Pazifismus in
Deutschland, Österreich und der Schweiz. Hermes Handlexikon. Düsseldorf:
Econ Taschenbuch Verlag 1983, S. 39-40.

WININGER 1925 = S. Wininger: Eduard Bernstein. In: Große Jüdische National-
Biographie – Ein Nachschlagewerk für das jüdische Volk und dessen Freunde. Band 1. Czernowitz 1925, S. 351 f.

WISTRICH 1992 = Robert S. Wistrich: Eduard Bernsteins Einstellung zur Judenfrage. In: Ludger Heid / Arnold Paucke (Hg.): Juden und Deutsche Arbeiterbewegung bis 1933. Soziale Utopien und religiös-kulturelle Traditionen.
(=Schriftenreihe wissenschaftlicher Abhandlungen des Leo-Baeck-Instituts,
49). Tübingen: Mohr Siebeck 1992.

LITERATUR ZUM SPANNUNGSFELD „SOZIALDEMOKRATIE, KRIEG
UND PAZIFISMUS VOR 1933" / KRIEGSSCHULD-DISKURSE
(Auswahl)

BARKELEY 2024 = Richard Barkeley [früherer Name: Richard Baumgarten]: Die deutsche Friedensbewegung 1870 – 1933. Unveränderter Text der Darstellung von 1947, ergänzt durch eine Bibliographie und Hinweise zum Verfasser. Neu herausgegeben von Peter Bürger. Norderstedt: BoD 2024, S. 20-29, 30-37, 40-44, 50,57, 66-67, 88-89, 91-95, 102-103, 107-108, 111-112.

BLOCH 1935/2014 = Camille Bloch: Die Ursachen des Ersten Weltkrieges – historisch dargestellt. Herausgegeben und mit einer Einleitung von Helmut Donat. Bremen: Donat Verlag 2014.

BOLL 1976 = Friedhelm Boll: Die deutsche Sozialdemokratie zwischen Resignation und Revolution. Zur Friedensstrategie 1890-1919. In: Wolfgang Huber / Johannes Schwerdtfeger (Hg.): Frieden, Gewalt, Sozialismus. Studien zur Geschichte der Sozialistischen Arbeiterbewegung. Stuttgart: Klett 1976.

BOLL 1980 = Friedhelm Boll: Frieden ohne Revolution? Friedensstrategien der deutschen Sozialdemokratie vom Erfurter Programm 1891 bis zur Revolution 1918. Bonn: Verlag Neue Gesellschaft 1980.

BUTTERWEGE/HOFSCHEN 1984 = Christoph Butterwege / Heinz-Gerd Hofschen: Sozialdemokratie, Krieg und Frieden. Die Stellung der SPD zur Friedensfrage von den Anfängen bis zur Gegenwart. Eine kommentierte Dokumentation. Heilbronn: Distel 1984. [Umfangreiche Bibliographie auf S. 391-399].

CHICKERING 1975 = Roger Chickering: Imperial Germany and a World without War. The Peace Movement and German Society (1892-1914). Princeton 1975.

DONAT 1981 = Helmut Donat: Die radikalpazifistische Richtung in der DFG (1918-1933). In: Karl Holl / Wolfram Wette (Hg.): Pazifismus in der Weimarer Republik. Beiträge zur historischen Friedensforschung. Paderborn: Ferdinand Schöningh 1981, S. 27-46.

DONAT 1982 = Helmut Donat: Preußenlegende, Pazifismus, Sozialdemokratie und neue Friedensbewegung. In: Helmut Donat / Johann P. Temmen (Hg.): Friedenszeichen – Lebenszeichen. Pazifismus zwischen Verächtlichmachung und Rehabilitierung. Ein Lesebuch zur Friedenserziehung. Bremerhaven: edition „die horen" 1982, S. 259-276.

DONAT/WIELAND 1980 = Das Andere Deutschland. Unabhängige Zeitung für entschiedene republikanische Politik. Eine Auswahl (1925-1933). Herausgegeben und eingeleitet von Helmut Donat und Lothar Wieland. Mit einem Vorwort von Ingeborg Küster. Königstein/Ts.: Verlag Autoren-Edition 1980.

DRECHSLER 1965 = Hanno Drechsler: Die Sozialistische Arbeiterpartei Deutschlands (SAPD). Meisenheim: Verlag Anto Hain 1965.

ERLER 2009 = Hans Erler: Judentum und Sozialdemokratie. Würzburg: Königshausen & Neumann 2009.

FABIAN 1925/1985 = Walter Fabian: Die Kriegsschuldfrage. Grundsätzliches und Tatsächliches zu ihrer Lösung. Mit einem Nachwort von Fritz Fischer. Bremen: Donat & Temmen 1985.

FABIAN/LENZ 1922 = Walter Fabian / Kurt Lenz: Die Friedensbewegung. Ein Handbuch der Weltfriedensströmungen der Gegenwart. Unter Mitarbeit von 64 hervorragenden in- und ausländischen Vertretern des Pazifismus. Berlin: Schwetschke & Sohn 1922. [Reprint m. Vorwort in Köln: Bund-Verlag 1985].

FERNAU 2014 = Hermann Fernau: Paris 1914 – Tagebuch eines deutschen Republikaners und Pazifisten (25. Juli – 22. September 1914). Herausgegeben, kommentiert und mit Beiträgen von Helmut Donat und Lothar Wieland. Bremen: Donat Verlag 2014.

FISCHER 1961 = Fritz Fischer: Griff zur Weltmacht. Die Kriegszielpolitik des kaiserlichen Deutschland 1914/18. Düsseldorf: Droste 1961. [Erweiterte Auflage erstmals 1964].

FISCHER 1969 = Fritz Fischer: Krieg der Illusionen. Die deutsche Politik von 1911 bis 1914. Düsseldorf: Droste 1969.

FISCHER 1979 = Fritz Fischer: Bündnis der Eliten. Zur Kontinuität der Machtstrukturen in Deutschland 1871-1945. Düsseldorf: Droste 1979.

FOERSTER 1920 = Wilhelm Julius Foerster: Mein Kampf gegen das militaristische Deutschland. Gesichtspunkte zur deutschen Selbsterkenntnis und zum Aufbau eines neuen Deutschland. Stuttgart: Verlag „Friede durch Recht" 1920.

FOERSTER 1932 = Wilhelm Julius Foerster: Die Dominanten der Kriegsschuld. Berlin-Baumschulenweg: Zeitbücher-Verlag 1932. [44 Seiten].

FRIED 1918/2005 = Alfred Hermann Fried: Mein Kriegstagebuch. (Vier Teile). Zürich: Max Rascher 1918/1920. [461 Seiten (archive.org)]. [Neuedition hg. von Gisela & Dieter Riesenberger | Alfred Hermann Fried: Mein Kriegstagebuch – 7. August 1914 bis 30. Juni 1919. Bremen: Donat Verlag 2004; 384 Seiten].

GERLACH 1994 = Helmut von Gerlach: Die große Zeit der Lüge. Der Erste Weltkrieg und die deutsche Mentalität (1871-1918). Herausgegeben von Helmut Donat und Adolf Wild. Mit einem Nachwort von Walter Fabian. Bremen: Donat Verlag 1994.

GRELLING 1915 = [Richard Grelling:] J'accuse! Von einem Deutschen. Lausanne 1915. [Pseudonyme Erstveröffentlichung.]

GRUMBACH 2018 = Salomon Grumbach: Das annexionistische Deutschland. Eine Sammlung von Dokumenten, die seit dem 4. August 1914 in Deutschland öffentlich oder geheim verbreitet wurden. Mit einem Anhang: Antiannexionistische Kundgebungen. Neu herausgegeben von Helmut Donat. Mit einer Einleitung von Klaus Wernecke und Beiträgen von Lothar Wieland & Helmut Donat. Bremen: Donat Verlag 2018.

GRÜNEWALD 2016 = Guido Grünewald (Hg.): „Organisiert die Welt!" – Der Friedensnobelpreisträger Alfred Fried (1864-1921). Leben, Werk und bleibende Impulse. Bremen: Donat Verlag 2016.

HAENISCH 1919 = Konrad Haenisch: Die deutsche Sozialdemokratie in und nach dem Kriege. Vierte Auflage. Berlin: E. A. Schwetschke & Sohn 1919.

HEID/PAUCKER 1992 = Ludger Heid / Arnold Paucker (Hg.): Juden und Deutsche Arbeiterbewegung bis 1933. Soziale Utopien und religiös-kulturelle Traditionen. (=Schriftenreihe wissenschaftlicher Abhandlungen des Leo-Baeck-Instituts, 49). Tübingen: Mohr Siebeck 1992.

HEINEMANN 1983 = Ulrich Heinemann: Die verdrängte Niederlage. Politische Öffentlichkeit und Kriegsschuldfrage in der Weimarer Republik. Göttingen: Vandenhoeck & Ruprecht 1983.

HERMAND 2020 = Jost Hermand: „Völker, hört die Signale!" Zum Bekennermut deutsch-jüdischer Sozialisten und Sozialistinnen vor 1933. Wien/Köln/Weimar: Böhlau 2020.

HOLL 1988 = Karl Holl: Pazifismus in Deutschland. Frankfurt M.: suhrkamp 1988.

HUBER/SCHWERDTFEGER 1976 = Wolfgang Huber / Johannes Schwerdtfeger (Hg.): Frieden, Gewalt, Sozialismus. Studien zur Geschichte der Sozialistischen Arbeiterbewegung. Stuttgart: Klett 1976.

JANSEN 2024 = Christian Jansen: Die Deutsche Liga für Menschenrechte im Kampf gegen Krieg und Militarismus, für Demokratie, Frieden und Freiheit. In: Helmut Donat / Reinhold Lütgemeier-Davin (Hg.): Geschichte und Frieden in Deutschland 1870-2020. Eine Würdigung des Werkes von Wolfram Wette. Bremen: Donat Verlag 2024, S. 151-171. [Bezug: Eduard Bernstein].

KAUTSKY 1919 = Karl Kautsky: Wie der Weltkrieg entstand. Berlin: Cassirer 1919.

KIRCHHOFF 2004 = Auguste Kirchhoff: „Mensch sein, heißt Kämpfer sein!" Schriften für Mutterschutz, Frauenrechte, Frieden und Freiheit 1914-1933. Hg. und eingeleitet von Henriette Kirchhoff-Wottrich. Bremen: Donat Verlag 2004.

KLÖNNE 1984 = Arno Klönne: Die deutsche Arbeiterbewegung vor 1914 – eine Friedensbewegung ? In: Gernot Heiss / Heinrich Lutz (Hg.): Friedensbewegungen – Bedingungen und Wirkungen. Wien: Verlag für Geschichte und Politik 1984, S. 136-151.

KRAUSE 1975 = Hartfried Krause: USPD. Zur Geschichte der Unabhängigen Sozialdemokratischen Partei Deutschlands. Frankfurt a. M. / Köln: Europäische Verlagsanstalt 1975.

LAMSZUS 1912/2014 = Wilhelm Lamszus: Das Menschenschlachthaus [zuerst 1912]. Visionen von Krieg. Erster u. Zweiter Teil. Bremen: Donat Verlag 2014.

LANGE u.a. 2022 = Hans Paasche – Ein Leben für die Zukunft. Herausgegeben von Helmut Donat in Verbindung mit dem Rostocker Friedensbündnis. Mit Beiträgen von P. Werner Lange, Jürgen Reulecke, Heinz Kraschutzki, Eike Andreas Seidel, Gernot Scholz, Wolfgang Schlott und Helmut Donat. Bremen: Donat Verlag 2022.

LEHMANN-RUSSBÜLDT 1927 = Otto Lehmann-Russbüldt: Der Kampf der Deutschen Liga für Menschenrechte vormals Bund Neues Vaterland für den Weltfrieden 1914-1927. Berlin: Hensel & Co. 1927. [Eduard Bernstein war Gründungsmitglied der Liga].

LIPP/LÜTGEMEIER-DAVIN/NEHRING 2010 = Karlheinz Lipp/ Reinhold Lütgemeier-Davin / Holger Nehring (Hg.): Frieden und Friedensbewegungen in Deutschland 1892 – 1992. Ein Lesebuch. (= Frieden und Krieg – Beiträge zur historischen Friedensforschung, Bd. 16). Essen: Klartext Verlag 2010. [Siehe Personenregister].

LÜTGEMEIER-DAVIN 1982 = Reinhold Lütgemeier-Davin: Pazifismus zwischen Kooperation und Konfrontation. Das Deutsche Friedenskartell in der Weimarer Republik. Köln: Pahl-Rugenstein 1982. [Siehe Personenregister].

MILLER 1976 = Susanne Miller: Zur Haltung jüdischer Sozialdemokraten im Ersten Weltkrieg. In: Walter Grab (Hg.): Juden und jüdische Aspekte in der deutschen Arbeiterbewegung 1848-1928. (= Jahrbuch des Instituts für Deutsche Geschichte, Beiheft 2). Tel Aviv 1976, S. 229-245.

PAASCHE 1992 = Hans Paasche: Ändert euren Sinn! Schriften eines Revolutionärs. Bremen: Donat Verlag 1992.

PANTER 2014 = Sarah Panter: Jüdische Erfahrungen und Loyalitätskonflikte im Ersten Weltkrieg. Göttingen: Vandenhoeck & Ruprecht 2014.

PRAGER 1921 = Eugen Prager: Geschichte der USPD. Entstehung und Entwicklung der Unabhängigen Sozialdemokratischen Partei Deutschlands. Berlin 1921. [https://nbn-resolving.de/urn:nbn:de:kobv:109-1-12649938].

QUIDDE 1979 = Ludwig Quidde: Der deutsche Pazifismus während des Weltkrieges 1914-1918. Aus dem Nachlaß Ludwigs Quiddes, herausgegeben von Karl Holl unter Mitwirkung v. Helmut Donat. Boppard a.Rh.: Boldt 1979. [416 S.].

RIESENBERGER 1985 = Dieter Riesenberger: Geschichte der Friedensbewegung in Deutschland. Von den Anfängen bis 1933. Göttingen: V. & R. 1985.

SCHEER 1983 = Friedrich-Karl Scheer: Die Deutsche Friedensgesellschaft (1892 – 1933). Organisation, Ideologie, politische Ziele. Ein Beitrag zur Geschichte des Pazifismus in Deutschland. Zweite Auflage. Frankfurt am Main: Haag und Herchen 1983. [665 Seiten].

SILBERNER 1953 = Edmund Silberner: German Social Democracy and the Jewish Problem prior to World War I. In: Historia Judaica (New York), Band XV, 1953, S. 24-32.

SILBERNER 1962 = Edmund Silberner: Sozialisten zur Judenfrage. Ein Beitrag zur Geschichte des Sozialismus vom Anfang des 19. Jahrhunderts bis 1914. Berlin: Colloquium Verlag 1962.

STEINBERG 1972 = Hans-Josef Steinberg: Die Stellung der II. Internationale zu Krieg und Frieden. (= Schriften aus dem Karl-Marx-Haus, 8). Trier 1972.

STRÖBEL 1919 = Heinrich Ströbel: Die Kriegsschuld der Rechtssozialisten. Berlin-Charlottenburg: Verlagsgenossenschaft „Freiheit" 1919. [68 Seiten].

ULLRICH 1997 = Volker Ullrich: Die nervöse Großmacht. Aufstieg und Untergang des deutschen Kaiserreichs 1871-1918. Frankfurt a. M.: S. Fischer 1997.

ULLRICH 1999 = Volker Ullrich: Vom Augusterlebnis zur Novemberrevolution. Beiträge zur Sozialgeschichte Hamburgs und Norddeutschlands im Ersten Weltkrieg 1914-1918. Bremen: Donat Verlag 1999.

WEIPERT u.a. 2017 = Axel Weipert / Salvador Oberhaus / Detlef Nakath / Bernd Hüttner (Hg.): „Maschine zur Brutalisierung der Welt"? Der Erste Weltkrieg – Deutungen und Haltungen 1914 bis heute. Münster: Verlag Westfälisches Dampfboot 2017. [https://www.rosalux.de/fileadmin/rls_uploads/pdfs/sonst _publikationen/Weipert-download-RosaLux.pdf].

WETTE 1971 = Wolfram Wette: Kriegstheorien deutscher Sozialisten – Marx, Engels, Lasalle, Bernstein, Kautsky, Luxemburg. Ein Beitrag zur Friedensforschung. Stuttgart/Berlin: W. Kohlhammer 1971.

WETTE 1987 = Wolfram Wette: Gustav Noske. Eine politische Biographie. Düsseldorf: Droste 1987.

WETTE 1991 = Wolfram Wette: Militarismus und Pazifismus. Auseinandersetzung mit den deutschen Kriegen. Mit einem Vorwort von Fritz Fischer. (= Schriftenreihe Geschichte und Frieden, Band 3). Bremen: Donat Verlag 1991, bes. S. 11-25 (Die deutsche Sozialdemokratie zu Krieg und Frieden) und S. 91-120 (Sozialdemokratie und Pazifismus in der Weimarer Republik).

WETTE 2008 = Wolfram Wette: Militarismus in Deutschland. Geschichte einer kriegerischen Kultur. Frankfurt a. M.: Fischer Verlag 2008.

WETTE 2017 = Wolfram Wette: Ernstfall Frieden. Lehren aus der deutschen Geschichte seit 1914. Bremen: Donat 2017. [Siehe darin das Inhaltsverzeichnis].

WETTE/DONAT 2020 = Wolfram Wette (Hg.) / Unter Mitwirkung von Helmut Donat: Weiße Raben: Pazifistische Offiziere in Deutschland vor 1933. Bremen: Donat Verlag 2020.

WIELAND 1982 = Lothar Wieland: „Diese Lebensauffassung ist undeutsch". Zur Bekämpfung und Verfolgung des Pazifismus in Deutschland von 1914 bis 1933. In: Helmut Donat / Johann P. Temmen (Hg.): Friedenszeichen – Lebenszeichen. Pazifismus zwischen Verächtlichmachung und Rehabilitierung. Ein Lesebuch. Bremerhaven: edition „die horen" 1982, S. 241-257.

WIELAND 1983a = Lothar Wieland: „Sozialdemokratie und Pazifismus". In: Helmut Donat / Karl Holl (Bearb.): Die Friedensbewegung: Organisierter Pazifismus in Deutschland, Österreich und der Schweiz. Hermes Handlexikon. Düsseldorf: Econ Taschenbuch Verlag 1983, S. 363-371.

WIELAND 1983b = Lothar Wieland: „Der Sozialist. Unabhängige sozialdemokratische Wochenschrift". In: Helmut Donat / Karl Holl (Bearb.): Die Friedensbewegung: Organisierter Pazifismus in Deutschland, Österreich und der Schweiz. Hermes Handlexikon. Düsseldorf: Econ Taschenbuch Verlag 1983, S. 371-372.

WIELAND 1991 = Lothar Wieland: Sozialdemokratie und Pazifismus 1914-1919. Eine historische Standortbestimmung. In: Gerhard Kraiker / Dirk Grathoff (Hg.): Carl von Ossietzky und die politische Kultur der Weimarer Republik. Symposion zum 100. Geburtstag. Oldenburg: b i s 1991.

WIELAND 1998 = Lothar Wieland: Die Verteidigungslüge. Pazifisten in der deutschen Sozialdemokratie 1914-1918. Bremen: Donat Verlag 1998.

WIELAND 2008 = Lothar Wieland: „Wieder wie 1914!" Heinrich Ströbel (1869-1944) – Biografie eines vergessenen Sozialdemokraten. Bremen: Donat Verlag 2008. [Umfangreiche Bibliographie auf S. 375-401].

WIELAND 2018 = Lothar Wieland: Hans-Georg von Beerfelde (1877-1960) und die Revolution der Wahrheit. Unter Mitwirkung und mit einem Geleitwort von Helmut Donat. Bremen: Donat Verlag 2018.

WITTWER 1964 = Walter Wittwer: Streit um Schicksalsfragen. Die deutsche Sozialdemokratie zu Krieg und Vaterlandsverteidigung 1907-1914. Berlin-Ost: Akademie-Verlag 1964. [106 Seiten; heute verlegt bei *De Gruyter* für 109 €].

WOTTRICH = Henriette Wottrich: Auguste Kirchhoff. Eine Biographie. Bremen: Donat Verlag 1990.

Ernst Toller
Nie wieder Friede

Eine bittere Komödie über Militarismus
und Antipazifismus aus dem Jahr 1936.

Norderstedt: BoD 2014. – ISBN: 978-3-7583-8246-8
(Paperback; 140 Seiten; 7,80 Euro)

Über Nacht haben Militarismus und Kriegsertüchtigung wieder die Kontrolle über das öffentliche Leben übernommen. Noch gestern hatte man den Ewigen Frieden in der Verfassung beurkundet und sich stolz gebrüstet, bei den ‚Lehren aus der Geschichte‘ alle anderen zu überflügeln. Doch jetzt bläst dieselbe Fraktion zur Hetze gegen die ‚Lumpenpazifisten‘, bringt Militainment zur besten Sendezeit und setzt eine gigantische Aufrüstung der Waffenarsenale ins Werk. Die angestrebte Weltmeisterschaft gilt nunmehr dem Sektor der Totmach-Industrien.

Ernst Tollers bittere Komödie *„Nie wieder Friede"* (1934/36) klärt uns auf, wie so etwas möglich ist. Das falsche Friedensplakat trug auf seiner Rückseite immer schon die Parole für neue Kriegsabenteuer: „Man muß es nur umdrehen." Ob Kosmopolitismus oder nationale Weltgeltung, ob Freiheitspredigt oder autoritäre Staatspolitik, ob Krieg oder Frieden – das entscheidet sich stets an der jeweiligen Lageeinschätzung der Besitzenden und Herrschenden. Zu folgen ist den Einflüsterungen der Kriegsprofiteure.

Wer wird beim Experiment zur Kriegstauglichkeit der Erdenbewohner gewinnen: Soldatenkaiser Napoleon oder Franziskus aus Assisi? Der Verfasser des hochaktuellen Bühnenstücks war linker Pazifist mit jüdischer Herkunft. Damit passte er gleich dreimal ins Feindbildvisier der Nazis. 1933 setzte NS-Deutschland Toller auf die allererste ‚Ausbürgerungsliste‘ und warf seine Werke ins Feuer. Nach neun Jahrzehnten sollten wir die „verbrannten Bücher" wieder unter die Leute bringen, denn der Militarismus scheint unausrottbar zu sein.

Zu den Beigaben dieser friedensbewegten Edition gehören acht Kapitel aus Tollers Autobiographie „Eine Jugend in Deutschland" (1933), die Schluß-Szene des Dramas „Hinkemann" (1923) und eine Warnung des Schriftstellers vor dem deutschen Faschismus aus der ‚Weltbühne‘ vom Oktober 1930.

Ein Band der *edition pace*,
herausgegeben von Peter Bürger

Johann von Bloch
Die wahrscheinlichen politischen und wirtschaftlichen Folgen eines Krieges zwischen Großmächten

Neuedition der Übersetzung von 1901 mit Begleittexten von
B. Friedberg, Manfred Sapper und Jürgen Scheffran.

(*Regal*: *Pazifisten & Antimilitaristen aus jüdischen Familien* 1)
Norderstedt: Bod 2024. – ISBN: 978-3-7597-2313-0
(edition pace – Paperback; 176 Seiten; 9,90 Euro)

Der russische Staatsangehörige und Eisenbahnmagnat Johann von Bloch (1836-1902), aufgewachsen in Polen als Sohn einer ärmlichen jüdischen Handwerkerfamilie, veröffentlichte 1898 in sechs Bänden sein in mehrere Sprachen übersetztes monumentales Werk über den modernen Krieg im Industriezeitalter – ein „Klassiker der Friedensforschung" (M. Sapper). Der vorliegende Band enthält eine erst nach der Jahrhundertwende erschienene kleine Arbeit „*Die ... Folgen eines Krieges zwischen Großmächten*" (Übersetzung: Berlin 1901) sowie drei ausführliche Begleittexte zu Blochs pazifistischem Wirken.

Im Juli 1919 schrieb Dr. B. Friedberg in der jüdischen Monatsschrift Ost und West rückblickend: Die Anstifter des Weltkrieges „werden sie sich nicht damit entschuldigen können, sie wären nicht gewarnt worden; denn Gott wird zu ihnen sprechen: Habe ich nicht Propheten zu euch geschickt, die euch zur Umkehr und zum Frieden mahnten ... Es war etwas ganz Neues, bis dahin Unerhörtes, als im Jahr 1899 aus den Reihen der *Wirklichkeitsmenschen*, der Führer und Organisatoren des europäischen Wirtschaftslebens dem Völkerfrieden ein mächtiger Fürsprecher, dem Kriege ein heftiger und unerbittlicher Gegner erstand, nämlich *Johann von Bloch*, der wirkliche Urheber der *Haager Friedenskonferenzen*."

In seinen Studien zum Krieg der Zukunft „wollte Bloch nicht nur beschreiben, er wollte den Gang der Geschichte auch beeinflussen. ... Die Analysen Blochs wurden mit geradezu unerbittlicher Präzision im Ersten Weltkrieg bestätigt. Viele Überlegungen zum Krieg wie zum Frieden bleiben bis heute aktuell. Die Vernichtungswirkung der Waffentechnik wurde gegenüber dem Ersten Weltkrieg ins Unermessliche gesteigert und führte zum Totalen Krieg, der ganze Gesellschaften erfasste ... Damit Krieg unmöglich wird, gilt es ..., die zum Kriege drängenden Sachzwänge zu vermeiden und alternative Entscheidungsspielräume zu schaffen. Hierzu gehört, den Bedingungen für einen neuen großen Krieg entgegen zu wirken ..." (*Jürgen Scheffran*).

Rudolf Goldscheid

Menschenökonomie, Weltkrieg und Weltfrieden

Ausgewählte Schriften 1912 – 1926.
Herausgegeben von Peter Bürger, in Kooperation
mit dem Lebenshaus Schwäbische Alb.

(Regal: Pazifisten & Antimilitaristen aus jüdischen Familien 2)
Norderstedt: Bod 2024. – ISBN: 978-3-7597-7885-7
(edition pace – Paperback; 268 Seiten; 11,90 Euro)

Der Österreicher Rudolf Goldscheid (1870-1931) zählte zu den Pionieren der Soziologie im deutschsprachigen Raum und votierte für einen demokratischen Sozialismus. Der vorliegende Band erschließt zentrale pazifistische Texte aus seiner Forschungswerkstatt. Für Goldscheid waren Vernunft und Menschlichkeit keine Gegensätze, sondern notwendige Entsprechungen. Nur unter dem Vorzeichen des Friedens und eines neuartigen Internationalismus lässt sich eine Zukunft des homo sapiens überhaupt denken:

„Nichts kurzsichtiger, als zu glauben, in dem Ringen um Vermeidung von Kriegen handle es sich nur um eine politische oder gar lediglich um eine parteipolitische Angelegenheit. Hier stehen wir vielmehr vor der alles Politische weitaus überragenden Grundfrage unserer Gattung überhaupt. Zu so gewaltiger Größe hat die Entwicklung des wissenschaftlichen und organisatorischen Genius die Kriegstechnik entfaltet, dass die Kulturmenschheit sich nur vor Selbstmord zu bewahren vermag, wenn sie dafür sorgt, die selbstgeschaffene Höllenmaschine nicht in Funktion geraten zu lassen. Das sicherste Mittel hierzu ist natürlich ihr systematischer Abbau. Zu diesem schreiten heißt aber, die Friedenstechnik in noch viel vollkommenerer Weise ausbauen wie bisher die Kriegstechnik, heißt also mit glühendstem Eifer die allgemeine pazifistische Wehrpflicht verfechten, sich mit Leib und Seele in den Dienst des allumfassenden Vaterlandes friedlicher Kultur stellen. - Nie wieder Krieg, nie wieder Völkermord, nie wieder planmäßige, bestialisch organisierte Massenschlächterei !" (R. Goldscheid: Friedenswarte, 1924)

Moritz Adler

Wenn du den Frieden willst, bereite Frieden vor

Texte wider den Krieg 1868 – 1899.
Herausgegeben von Peter Bürger, in Kooperation
mit dem Lebenshaus Schwäbische Alb.

(Regal: Pazifisten & Antimilitaristen aus jüdischen Familien 3)
Norderstedt: Bod 2024. – ISBN: 978-3-7597-9450-5
(edition pace – Paperback; 272 Seiten; 11,99 Euro)

Der vorliegende Quellenband zum „Regal: Pazifisten & Antimilitaristen aus jüdischen Familien" erschließt Schriften des Österreichers Moritz Adler (1831-1907). Schon im Alter von 20 Jahren verschrieb dieser Kritiker des preußischen Bellizismus sich der Friedensidee und veröffentlichte dann 1868 eine der Zeit weit vorauseilende Europa-Vision unter dem Titel „Der Krieg, die Kongressidee und die allgemeine Wehrpflicht". In einem Sendschreiben an den Chirurgen Professor Theodor Billroth verglich er 1892 systematische Maßnahmen für eine verbesserte Medizinversorgung des Kriegsapparates mit der Bereitstellung neuer Kanonen für den institutionalisierten Massenmord.

Im Rahmen seiner zahlreichen Beiträge für Bertha von Suttners Zeitschrift „Die Waffen nieder!" schrieb Adler im November 1898: „Ist es nicht beschämend unlogisch, dass jede Großmacht zwei mit hunderten Millionen ausgestattete Ministerien für den Krieg zu Lande und zur See besitzt, für den Krieg, den man in den Thronreden und Botschaften zu hassen behauptet; und nicht eine einzige Million für den Frieden aufwendet, den man doch liebt und um die Wette preist, und den man offenbar auf dem direkten Wege, durch ein verschwindendes Opfer für ihn, weit sicherer, dauerhafter und edler haben könnte, als auf dem indirekten Wege über Krieg, permanente Rüstung, Spionage und Diplomatie. Denn dass die Ministerien des Äußeren nichts anderes als Affiliierte der Kriegsministerien sind, die den letzteren hauptsächlich ihren Bedarf an Rüstungspressionen ... beizustellen haben, das lehrt gerade die neueste Geschichte und Tagesgeschichte auf jedem ihrer Blätter. Ein Ministerium für Frieden und Fortschritt würde uns mit der Zeit vom Ministerium des Krieges erlösen ..."

Eduard Loewenthal
Der Krieg ist abzuschaffen

Friedensbewegte Schriften für das Europa der Völker
und einen Weltstaatenbund, 1870 – 1912.
Herausgegeben von Peter Bürger, in Kooperation
mit dem Lebenshaus Schwäbische Alb.

(*Regal: Pazifisten & Antimilitaristen aus jüdischen Familien* 4)
Norderstedt: Bod 2024. – ISBN: 978-3-7583-5069-6
(edition pace – Paperback; 252 Seiten; 11,99 Euro)

Eduard Loewenthal (1836-1917) stammte aus einer jüdischen Familie in Württemberg und musste aufgrund seiner publizistischen Arbeit wiederholt staatliche Repressionen erleiden. Er ist im 19. Jahrhundert als scharfer Kritiker des Militarismus, Verfechter einer obligaten internationalen Friedensjustiz und Pionier der damals im deutschen Sprachraum noch kaum entwickelten Friedensbewegung hervorgetreten. Der vorliegende Band enthält seine Friedensschriften aus den Jahren 1870 – 1903 sowie die autobiographische Darstellung „*Mein Lebenswerk*" (1912).

„Krieg gegen den Krieg ..., dann werden wir Tausende von Millionen, die jetzt zur Beschaffung von Werkzeugen des Todes verwendet werden, für die Wohlfahrt des Volkes, für Zwecke des Lebens und echter Humanität verwenden können, dann wird Vereinigung der Völker und eine Friedenssicherheit eintreten" (E. Loewenthal, Dezember 1868).

„Das Ministerium des *Kriegs-* oder *Mord-Kultus* hat dem Untertanen den Glauben beizubringen, dass das *Kasernenleben* mit dem *Zuchthausleben* nicht zu vergleichen sei, dass der Untertan, sobald er des Königs Rock trägt, nicht mehr sich selbst, sondern mit Leib und Leben dem König gehöre, dass er *nicht mehr selbst denken und wollen*, sondern *nur gehorchen* darf *bzw. muß*. ‚Stramm wie ein Corporal und stumm wie ein Leichnam' ist das erste Gebot für den preußischen Gladiator. Dafür bekommt er auch seine schöne Uniform und ‚ein Gewehr, das er kann mit Pulver laden und mit einer Kugel schwer'. Überlebt er seine Soldatenzeit, so ist in ihm auch ein gehorsamer königstreu dressierter Pudel, wollte sagen Bürger erzogen, der ... im Sinne der Regierung spricht und stimmt" (E. Loewenthal, 1871).